广视角·全方位·多品种

权威·前沿·原创

皮书系列为
“十二五”国家重点图书出版规划项目

2014 年
湖南两型社会发展报告

ANNUAL REPORT ON HUNAN'S TWO-ORIENTED SOCIETY DEVELOPMENT (2014)

湖南省人民政府经济研究信息中心
两型社会与生态文明协同创新中心
主　编 / 梁志峰
副主编 / 唐宇文

图书在版编目（CIP）数据

2014年湖南两型社会发展报告/梁志峰主编. —北京：社会科学文献出版社，2014.4
（湖南蓝皮书）
ISBN 978-7-5097-5819-9

Ⅰ.①2… Ⅱ.①梁… Ⅲ.①城市经济-经济发展-研究报告-湖南省-2014 Ⅳ.①F299.276.4

中国版本图书馆CIP数据核字（2014）第058684号

湖南蓝皮书
2014年湖南两型社会发展报告

主　　编／梁志峰
副 主 编／唐宇文

出 版 人／谢寿光
出 版 者／社会科学文献出版社
地　　址／北京市西城区北三环中路甲29号院3号楼华龙大厦
邮政编码／100029

责任部门／皮书出版分社（010）59367127
电子信箱／pishubu@ssap.cn
项目统筹／邓泳红　桂　芳
经　　销／社会科学文献出版社市场营销中心（010）59367081　59367089
读者服务／读者服务中心（010）59367028
责任编辑／桂　芳
责任校对／张　媛
责任印制／岳　阳

印　　装／北京季蜂印刷有限公司
开　　本／787mm×1092mm　1/16
印　　张／25.75
字　　数／417千字
版　　次／2014年4月第1版
印　　次／2014年4月第1次印刷
书　　号／ISBN 978-7-5097-5819-9
定　　价／128.00元

《湖南蓝皮书·2014 年湖南两型社会发展报告》

主要编撰者简介

梁志峰 湖南省人民政府经济研究信息中心主任，管理学博士。历任中共湖南省委办公厅秘书处秘书，中共湖南省委高校工委组织部部长，湘潭县委副书记，湘潭市雨湖区委书记，湘潭市委常委、秘书长、组织部部长。主要研究领域为资本市场和区域经济学，先后主持多项省部级研究课题，发表CSSCI论文20多篇，著有《资产证券化的风险管理》《网络经济的理论与实践》《古云村 古城村调查》等。

唐宇文 湖南省人民政府经济研究信息中心副主任，研究员。1984年毕业于武汉大学数学系，获理学学士学位，1987年毕业于武汉大学经济管理系，获经济学硕士学位。2001~2002年在美国加州州立大学学习，2010年在中共中央党校一年制中青班学习。主要研究领域为区域发展战略与产业经济。先后主持国家社科基金项目及省部级课题多项，近年出版著作有《打造经济强省》《区域经济互动发展论》等。

摘 要

本书是由湖南省人民政府经济研究信息中心组织编写的年度性报告。全书分为主题报告、总报告、综合篇、区域篇、专题篇及实践篇。主题报告是湖南省领导关于湖南两型社会建设的全局性、前瞻性的重要论述。总报告是湖南省人民政府经济研究信息中心对2013~2014年湖南两型社会建设的分析研究成果。综合篇从相关部门的视角，分析了湖南资源节约、环境保护、绿色发展、水利建设、国土开发等两型相关领域的建设情况。区域篇是对湖南14个市州两型社会建设情况的总结分析和谋划。专题篇是专家学者从不同角度对湖南两型社会建设相关问题的深入剖析和探讨。实践篇展示了部分两型示范区、产业园区等推进两型社会建设的成功经验和做法。

2013年，湖南两型社会建设深度推进，成效显著。长株潭两型社会试验区获批以来，以“两个转变”为主题的改革形成了两型社会建设的“湖南模式”，以低碳清洁技术为核心的科技创新创造了“自主创新的长株潭现象”，以“湘江一号重点工程”为引领的生态环境治理保护吹响了新的“集结号”，以“两型五进”为重点的两型示范创建正由“盆景”向“花园”转变，以“十大标志性工程”为载体的项目建设助推“三量齐升”。

2014年，湖南两型社会建设将突出重点领域改革，加快清洁低碳技术推广，加强生态环境建设，深化两型示范创建，强化考核监管，着力打造两型湖南“升级版”。

Abstract

This book is the annual report compiled by the Economic Research and Information Center of Hunan Provincial People's Government. The Research Team of the Economic Research and Information Center of Human Provincial Government book can be divided into keynote reports, general report, comprehensive reports, region reports, special reports and case reports. The keynote reports is a forward-looking discussion of the leaders of Hunan province about Hunan two-oriented society construction. The general report is the analytical investigation achievements of 2013 – 2014 construction of resource-conserving & environmental-friendly society in Hunan province, conducted by the Economic Research and Information Center of Hunan Provincial People's Government. From the perspective of relevant departments, the comprehensive reports analyzes the construction situation that related to the field of two-oriented society, to be specific, resource saving, environmental protection, environmental-friendly development, water conservancy construction and land development. The region reports is a summary, analysis and scheme towards the construction of the two-oriented society of 14 prefecture level cities in Hunan province. The special reports is the profound analysis and discussion, by specialist and scholars from different angles, of questions relating to the two-oriented society construction in Hunan. The case studies displays some two-oriented society demonstration areas and industrial parks, and other successful experiences and practice in promoting two-oriented society construction.

In 2013, Hunan province has achieved remarkable results in two-oriented society construction. The reform that takes "two types of transformation" as its theme has formed "Hunan Pattern" in two-oriented social construction; the technological innovation, with low-carbon clean technologies as its core, has produced "Changsha-Zhuzhou-Xiangtan phenomenon of self-innovation"; the ecological environmental management and protection, guided by "Xiangjiang River No. 1 Priority Project", has began its new journey; the construction of two-oriented society demonstration area, taken "two-oriented and five-entering" as its focus, has been transforming from "potted landscape" to a real "garden"; and project construction, with "ten landmark projects" as its carrier, will contribute to synchronous development of economic aggregate, average per capita and operation quality.

In 2014, Hunan two-oriented society construction pay more emphasis on the reform of important area, speed up the promotion of low-carbon clean technologies, reinforce the ecological environment construction, deepen the creation of two-oriented society demonstration area, intensify the evaluation and supervision, and construct the "updated version" of two-oriented Hunan.

目录

𝔹Ⅰ 主题报告

𝔹Ⅱ 总报告

𝔹Ⅲ 综合篇

BⅣ 区域篇

BⅤ 专题篇

BⅥ　实践篇

BⅦ 大事记

皮书数据库阅读**使用指南**

CONTENTS

B I Keynote Reports

B II General Report

B III Comprehensive Reports

BIV Region Reports

B V Special Reports

B VI Case Studies

B VII Chronicle of Major Events

主 题 报 告

Keynote Reports

做两型社会标杆　建高端品质新城

易炼红*

大河西先导区的开发建设，是省委、省政府，市委、市政府的一项重大战略决策。五年来，大河西先导区取得了令人鼓舞的建设成效，得到了方方面面的高度评价。前来湖南考察、指导工作的领导和参观的客人，大多要到大河西先导区看一看，这意味着大河西先导区已经成为长沙乃至湖南一张亮丽的名片，成为对外展示的一个窗口。这些年，大河西先导区较好地实施了市委、市政府“一江两岸、跨江发展”的战略意图，“再造一座长沙城”的宏伟蓝图也在逐步展开。大河西先导区勇敢地担当起国家赋予湖南省的两型社会综合配套改革试验的神圣使命，扎实探索两型社会建设之路，积累经验、创新举措，发挥了先行先试的标杆作用，为全省两型社会建设担当了重任。这些成绩的取得，表明了省、市关于大河西先导区开发建设的战略决策是正确的，是切合长沙发展需要的，也是引领长沙乃至湖南两型社会建设的成功之举。我们要坚定

* 易炼红，中共湖南省委常委、长沙市委书记。

不移地推进大河西先导区的大建设、大发展、大提升；坚定不移地朝着大河西先导区发展的近期目标和长远目标挺进；坚定不移地创新大河西先导区的管理体制和运行机制，使之更加规范完善、更加充满活力、更加富有效率。

一　要站在战略高度来认识提升大河西先导区规划建设水平的意义

大河西先导区不仅是长沙的，正如长沙作为省会城市，其建设发展不仅仅是长沙自身的事情一样，我们要把它放在全省的高度、更广的层面来认识。特别是大河西先导区作为两型社会综合配套改革试验的示范区，不仅要成就我们自己两型社会建设的梦想，更重要的是要为全国两型社会建设提供一个标杆、一个示范、一个版本，让别人可以遵循、可以参照、可以借鉴。这个责任就不是一个“自家的事情自家干”的问题，而是要承担起全国试点、示范的责任。

（一）提升大河西先导区的规划建设水平，是推动转型发展、创新发展的当务之急

我们要走转型发展、创新发展之路，经济的转型、创新是推动经济社会更好更快发展的关键所在、支点所在。过去几年，长沙经济社会发展取得了令人骄傲的成绩，由全国省会城市的第 12 位快速上升到第 7 位，我们为之骄傲和自豪。但是昨天、今天骄傲和自豪，并不代表着明天可以继续骄傲和自豪。长沙能不能保住第七的位置，现在面临着严峻考验。全市上下要高度重视和高度警觉。要想守住位置、稳住阵脚，甚至挺进全国省会城市前五强，需要什么？需要我们加快发展、更好更快发展，而更好更快发展的唯一路径是转型发展、创新发展。为此，全市上下要共同努力，而大河西先导区责任更加重大，使命尤为重要。大河西先导区规划面积 1200 平方公里，核心区 500 多平方公里，长沙需要这样新的核心增长点和战略支撑点。大河西先导区必须以更大的力度和作为，来进一步提高规划和建设水平，以良好的发展基础、强劲的发展态势乘势而上，按照转型发展、创新发展的要求，真正把大河西先导区建设成为高新产业新区、高端品质新城，为全市更好更快发展担当更大责任，做出更大贡

献，提供更有力的支撑。我反复强调：先导区的建设要一年一个样、三年成规模，聚产业、旺人气、成新城。现在我们有亮点可看，但更多的是看生态环境和基础设施，新城规模尚未形成，成为产业聚集之地、人气兴旺之地的目标尚未实现，要以更强的担当精神，推动大河西先导区的建设和发展。

（二）提升大河西先导区的规划建设水平，是优化空间布局、提升整体实力的重要途径

目前，河东旧城区环境容量已经接近饱和，发展空间已经受到制约，建设成本偏高，交通承载能力、生态承载能力都有限。我们要做大长沙城，还得靠拉开“骨架”，否则交通拥堵的问题就很难解决。现在全市汽车保有量达到140多万辆，道路怎么建设也跟不上车辆的增长速度。大河西先导区环境容量大、生态条件好、聚集辐射能力强、科教人才资源丰富、承载功能很强，是可以大有作为的一块热土。提升大河西先导区规划建设水平，有助于全市优化空间布局，提升整体发展品质。对大河西的规划建设，不能仅仅局限于河西，而要从长沙东西互动、两翼齐飞的全局来把握。要通过大河西的带动、拓展和承载，来缓解河东地区的人口、交通等压力，进而实现“一江两岸、东提西拓”的空间布局和功能优化，建设更具国际品质的现代化大都市。拉开“骨架”、拓展空间，缓解河东人口交通压力，这也是两型社会建设所需要的。为什么现在强调加快大河西规划建设步伐、聚集产业、兴旺人气，目的就是分流压力、拉开骨架，否则居民白天上班开着车过来，下班开着车回去，没有把人流聚集在这里，河东的交通压力就难以缓解。

（三）提升大河西先导区的规划建设水平，是发挥示范作用、加快两型建设的内在要求

我们担负着的重要责任，就是率先建成两型社会，为两型社会建设提供平台、探索道路、积累经验。大河西先导区既然是两型社会建设的示范区，规划建设就要始终贴上两型的标签。如果失去两型的标签，那就不是两型社会综合配套改革试验区的先导区。两型作为大河西先导区开发建设永恒的标签、鲜明的标签、一贯的标签，不能更改，而且要把这标签越擦越亮。大河西先导区的

规划建设给人们展示的一定要是资源节约、环境友好的形象，包括绿色低碳出行、绿色低碳生活、绿色低碳产业发展等等，以此来实现长沙人民的“两型梦”。省委、省政府对长沙提出的“六个走在前列”要求，其中就明确提出，要在加快两型社会建设中走在前列。长沙要走在全省的前列，大河西先导区必须走在全市的前列。如果有一天，我们可以有底气地说，“看两型社会就看大河西先导区”，有底气把任何人领到这里来实地考察、验证，那么大河西先导区两型社会建设试点的任务就完成了，我们就没有辜负大家的期望。要从顶层设计入手，从规划建设着力，对大河西先导区进行新一轮大提升、大提质，把大河西先导区打造成名副其实的两型社会建设标杆。

二　要瞄准国际水准、高端品质来推进大河西先导区的规划建设

大河西先导区的规划建设，要瞄准具有国际水准的高端品质来推进。过去几年，大河西先导区也是朝着一个较高的目标在努力，包括梅溪湖的生态修复、环境打造，彰显了两型理念、两型眼光和较高的建设水平，这让我们备受鼓舞。但必须看到，大河西先导区在规划建设上仍然存在可提升的空间和待挖掘的潜力。打造具有国际水准的高品质新城，要成为我们矢志不渝的奋斗目标。

（一）要进行高起点的功能定位

着眼于大长沙、新长沙的建设，聚集大河西的生态优势、文化优势、科技优势，对先导区的功能定位进行梳理和提升。一方面，要从整体来考虑，与河东地区形成优势互补、强劲互动的格局。重点开发、适度开发、控制开发、禁止开发的区域，要十分明确。人口的聚集，交通的组织，建设的品质，文化的融入，包括天际线和建筑立面等等，要通盘考虑，以免走过去的老路。现在大河西先导区交通的组织，包括区内交通要提升、完善规划，否则一旦人口聚集起来，就会出现交通拥堵。之所以要提升规划，因为现实的情况也在警示我们，相对于更高的标准，过去的某些工作还是留有遗憾的。当然，这样一个大

的区域，规划建设不留一点遗憾也是不可能的。今后，大河西先导区的规划建设，要做到少留遗憾、不留败笔，使大河西先导区的规划建设成为经典，每一栋建筑都精美、精致、精巧、精准，做到天衣无缝，与周边的自然生态环境完全融合。另一方面，要以片区为单位，相互之间形成统筹协调、统一推进的合力。沿湘江西岸，滨江新城、梅溪湖国际新城、洋湖生态新城、大王山旅游度假区以及长沙高新区、望城区的滨水新城，包括宁乡经开区、金洲新区、望城经开区等，要有相对错位的功能定位，要特色化，生态区、科技区、文化区、金融区、服务区要科学安排，规划要精确到每座具体的建筑。规划一旦定下来，每个区域、每个项目甚至每栋建筑都要严格按规划建设。

（二）要推进高质量的项目建设

新区建设的品质，不仅体现在区域整体的规划品位上，也体现在单个项目的建设品位上。要科学策划项目。在项目导向上，重点抓四类项目，即基础设施项目、产业项目、生态项目和民生项目。房地产项目不可能没有，作为新城开发推进的一个支点，这是必须要有的。但是，我们打造两型社会建设标杆，建设高端品质新城，房地产项目一定要服从于、服务于整个大河西先导区开发建设的大局，要适当控制规模，不能遍地开花，它不能成为一个房地产开发的片区。要特别强调的是，最优的资源和最美的景观要尽可能让公众共同享用、持久享用，要努力解决优势资源、优美景观的独占性问题，提高优质资源、优美景观的普惠性、公益性、公共性。要认真筛选项目。对项目的引进，要严格把关，追求经济效益、社会效益与生态效益的平衡。要强力推进项目建设。既要落实推进快速化的要求，又要解决项目结构优化的问题，这就需要有创新的思路和更广的视野，要有更加有效的招商引资举措，引进具有战略性、长远性、长效性的项目。要在项目引进方面集中更多精力，统筹考虑，加大选项目、引项目的力度，拓宽选项目、引项目的视野。

（三）要培育高端化的产业体系

新城不能变成空城，不能出现空心化和空壳化，否则就不可持久。这就需要我们把产业支撑摆到重要位置，把产业培育提到战略高度。要优化产业布局。在产业的引进、建设、培育方面，要适当地分区定位、错位发展，要把更多的精力放在追求新兴产业的业态上。要追求产业高端化。打造两型社会标杆，要坚持严格的产业准入与淘汰落后产能两手抓，实现存量与增量的同步提升，不断增强与先导区相匹配的产业支撑能力。整个大河西区域，产业发展要以知识密集型、技术密集型、文化密集型、人才密集型的产业为主。要着力打造产业链。抓产业要始终注重上下游的配套、注重相关产业的融合发展，实行先进制造业与现代服务业双轮驱动，实行科技创新与生态文明相得益彰，实现金融、物流、文化、旅游、商业、居住等产业的深度融合。

（四）要提供高水平的公共服务

一座城市特别是一座新城，公共服务平台的打造和公共服务的提供是十分重要的。否则，就聚集不了人气、留不住人才。要完善公共服务体系。加快新区科技、教育、文化、卫生、体育、社会保障等公共服务的覆盖，要以此来不断满足人民群众对公共产品和公共服务的需求；要加强对生态水体、公共道路、城市公园等公共资源的建设和保护，让人民群众共享。要创新公共服务模式。建立公共服务供给的社会和市场参与机制，支持社会组织参与公共服务和社会管理，促进公共服务主体、公共服务格局和公共服务模式的多元化、专业化、社会化。要加大公共服务投入。特别是对一些公益性、公共性的设施建设，政府要加大投入，让更多的群众享受到公共财政的阳光。

三　要为提升大河西先导区规划建设水平提供保障

大河西的规划、建设、发展是一个有机整体，要在提质的基础上提速，加快推进，合力推进，力争在两到三年时间内树立新区的新形象。提出这样的要求，我们要有强有力的保障，来推动大河西先导区规划建设水平的提高。

（一）要强化组织保障

推进先导区规划建设是全市各级各部门义不容辞的责任。市委、市政府既然决定实施大河西先导区开发建设的战略，各级各部门就应该本着支持的态

度、助推的态度来对待大河西先导区的开发建设。省委、省政府对此非常重视，这对长沙是一种利好和鼓励。长沙内部也要向先导区、向各区县进一步授权，以授权来激发活力、增强动力、强化责任、推动发展。授权是一把双刃剑，授权给你，意味着你责任更大，不能怠慢，不能有负所托，要把事情真正干好。先导区内部的管理也要进一步规范，完善相关的规则，严格相关的流程。授权与如何用好权，如何规范用权、高效用权、合理用权、秉公用权，这是要同时解决的问题。大河西先导区涉及相关区县，各区县要局部服务大局，服务大河西先导区开发建设的大局，服务于两型社会综合配套改革试验的大局。反过来，大局要带动局部，要通过大局的形成，大的战略目标的实现和战略构想的实施来带动局部的发展。小区要支持大区，高新区、岳麓区、望城区、宁乡县要支持大河西先导区，大河西先导区要扶持小区，归根到底就是要心往一处想、劲往一处使，相互理解，相互配合，相互支持，共同发展。全市各级各部门也要牢固树立“一盘棋”的思想，自觉服务于先导区的开发建设这个大局。

（二）要强化环境保障

环境就是生产力、竞争力、凝聚力，所以要通过创造良好的环境来体现先导区的竞争优势。优化政务环境。减少行政审批，提高办事效率，要使先导区成为全国行政审批项目最少、行政办事效率最高、行政运行成本最低、行政过程最透明的区域。优化人文环境。文化是一座城市的灵魂，没有文化内涵的城市是缺乏生机和活力的。要营造有利于大河西先导区开发建设更好更适宜的人文环境。优化舆论环境。要加强对大河西先导区的正面舆论宣传、舆论鼓舞和舆论引导。

（三）要强化制度保障

要按照科学发展观的要求，按照有利于先导区先行先试的宗旨，凡是符合国家通行做法的，凡是有利于激发发展活力的，都要鼓励大河西先导区大胆地试、大胆地闯。要创新生态环境保护的体制机制，创新市场配置资源的体制机制，创新各方协调联动的体制机制，建构一个更加有利于先导区先行先试、敢闯敢冒尖的体制机制，使其充满活力，充满创业激情，充分释放全部智慧和力量，这是市委、市政府的职责。大河西先导区的同志们，有了这么一个体制机制，就可以更加大胆、更加尽情地施展你们的聪明才智。当然，任何事情都是讲究科学的，先行先试、敢闯敢冒尖，不是脱离实际，不是好高骛远，不是一味地标新立异，而是要以科学、务实、严谨的态度和作风去试、去闯、去冒，这一点也请先导区的同志们时刻保持清醒，使大河西先导区的开发建设更加科学，更加契合发展的规律以及长沙的发展实际和需要。

打造先导区，建设大河西，是省市做出的重大战略决策，也是长沙人民的夙愿。经过五年奋斗，已经有了很好的基础、态势和前景。我们要百尺竿头、更进一步，更加奋进、自我提升，努力创造出无愧于历史、无愧于时代、无愧于人民的发展业绩。

B.2

打造“两型”升级版的有益探索

——对湖南两型社会建设的调查与思考

张文雄*

打造经济升级版，是我国经济经历30多年高速增长后的必然选择，也是实现“中国梦”的重要途径。什么是升级版？打造什么样的升级版？怎样打造升级版？长株潭城市群两型社会建设的实践，为打造升级版做了有益探索。

一 加快两型社会建设是打造升级版的必然选择

打造升级版，包含丰富的时代内涵，其“结构特征”是速度与质量、结构与效益的紧密结合体；其“动力机制”是推动经济转型，把改革的红利、内需的潜力、创新的活力叠加起来，形成新的动力机制；其“人本属性”是改善民生和促进社会公平正义有机统一。一句话，打造升级版，就是加快经济转型，使质量和效益、就业和收入、环境保护和资源节约有新的大幅提升。

资源节约、环境友好不仅是实现经济转型升级的紧迫任务，也是打造升级版的必然要求。改革开放30多年来，随着经济社会的发展，特别是进入工业化、城镇化中后期，资源环境不仅成为发展的“硬约束”，而且开始演化为突出的社会矛盾和问题。

一是能源资源有限而消耗高。我国的资源总量和人均资源占有量严重不足。从资源总量看，我国石油储量仅占世界的1.8%、天然气占0.7%、铁矿石约占9%、铜矿低于5%、铝土矿不足2%。从人均资源占有量看，我国人均45种主要矿产资源为世界平均水平的1/2，人均耕地、草地资源为1/3，人

* 张文雄，中共湖南省委常委、湖南省长株潭两型社会建设综合配套改革试验区工作委员会书记。

均水资源为1/4，人均森林资源为1/5，人均石油占有量仅为1/10。而资源能源消耗约占世界能源消耗的15%左右，钢材、水泥消耗约占世界消耗量的50%左右。我国单位产值能耗比世界水平高2.4倍，是德国的4.97倍、日本的4.43倍、美国的2.1倍、印度的1.65倍。每万元产值消耗的铜、铝、铅、锌、锡、镍合计70.47公斤，是日本的7.1倍、美国的5.7倍、印度的2.8倍。2012年我国GDP占世界总量的11%，但消耗了全球50%的钢材、21%的能源。主要工业产品单位产品能耗比国际先进水平高10%~20%。

二是环境容量有限而染污重。2011年，中国二氧化碳排放总量占全球的26%，此比重相当于美国（15.56%）的1.67倍。《2012年中国环境状况》显示，2011年全国化学需氧量排放量为2423.7万吨，氨氮排放量为253.6万吨；地下水监测点中，较差至极差水质监测点占57.3%；城市空气质量新标准评价中，重点城市达标比例为23.9%。我国农业农村污染严重，每年生产90亿吨污水、2.8亿吨垃圾，绝大部分没有被处理。中国60万个行政村普遍缺乏设备，只能“污水靠蒸发、垃圾靠风刮”。中国每公顷农田使用318公斤化肥，是全球平均水平的2.5倍，大多数农田施用的化肥只有35%有效，65%是将污染物留在环境中。

三是生态空间有限而退化快。全国80%以上草原出现不同程度的退化，荒漠化面积占国土总面积的27.9%，水土流失面积占国土总面积的37%，海洋自然岸线不足42%。生物多样性锐减，濒危动物达258种，濒危植物达354种，濒危或接近濒危状态的高等植物有4000~5000种。全球人均生态足迹（即自然资源消耗量）为2.23公顷，人均生态容量为1.78公顷，人均生态赤字为0.45公顷。中国人均生态足迹为1.6公顷，低于世界平均水平，但由于人口数量巨大，人均生态容量为0.8公顷，人均生态赤字为0.8公顷（高于全球平均水平）。

四是经济效益有限而损失大。生态破坏、环境污染本身就构成经济损失和财富流失。有数据表明，我国GDP以每年8%~12%的速度增长，环境损失却占当年GDP的8%~13%。每年由气象灾害造成的经济损失在2000亿~3000亿元之间，占GDP的1%~3%。有关部门和世界银行多年计算的平均结果显示，经济增长的GDP中至少有18%是靠资源和生态环境的透支实现的，有相

当一部分是靠牺牲后代的发展机会获得的。据中国工程院院士罗锡文 2011 年 10 月的报告，全国 3 亿亩耕地正在受到重金属污染的威胁，占全国农田总数的 1/6 以上，以 20 世纪日本富山县土壤修复为例，863 公顷农田（12945 亩）总共投入 3.4 亿美元，花费 33 年时间，平均每亩修复费用近 18 万元（人民币）。即使我国采取较便宜的办法如植物修复法修复土壤，每亩成本也在 2 万元以上，按 3 亿亩算，也需 6 万亿元。

总之，粗放型的发展方式不转型，资源难以支撑，环境难以容纳，社会难以承受，发展难以持续。生态资本已经成为最为稀缺的资本，生态赤字已经成为最大约束，生态危机已经成为最大危机，生态问题的确到了“最危险的时候”。

二　湖南两型社会建设为打造“升级版”进行了有益探索

处于工业化、城镇化加速时期的湖南，同中部其他省份一样，都面临发展不足和发展不优的双重矛盾、资源与环境的双重约束、加快发展与加快转型的双重压力。

——发展进入快车道，经济总量迈上新台阶，但基础仍然薄弱，人均水平低，加快发展任务十分繁重。2013 年，全省人均 GDP 为 36763 元，仅为全国平均水平的 88%，在全国处于第 19 位，排在中部地区第 2 位；人均财政收入仅为全国的 52%，排在中部地区第 4 位；人均消费品零售总额为全国的 76%，排在中部地区的第 3 位；人均固定资产投资为全国的 80.3%，排在中部地区末位。

——城乡、区域发展不平衡，经济结构尤其是产业结构不合理，产业转型升级压力大。2013 年湖南城镇居民人均可支配收入为 23414 元，是农村居民纯收入的 2.8 倍；2013 年，城镇化率为 47.96%，比全国平均水平低 5.77 个百分点；全省城乡居民年收入最高的长沙市分别是最低的湘西自治州的 2.04 倍和 3.74 倍。2013 年湖南三次产业结构中，一产比重比全国平均水平高 2.7 个百分点，三产比重比全国平均水平低 5.8 个百分点。长期以来形成了以重化工型、资源加工型、投资主导型为特征的经济结构，全省大中型企业中60%分布在重化工领域，规模以上工业中重化工业增加值超过60%，工业企业中60%是高耗能企业，投资对经济增长的贡献率在60%以上。产业结构处于U形微笑曲线的底端，污染物排放处在倒U形库茨涅兹曲线的上升阶段。

——人均资源占有量小，资源能源利用率较低，能源资源瓶颈制约日益趋紧。一方面，资源利用率不高，2012年万元GDP能耗为0.83吨标煤，高出全国平均水平（0.697吨标准煤）。另一方面，缺少战略性煤田、油田、气田，人均电力装机容量和人均发电量分别为全国平均水平的61.43%和46.67%。湖南淡水资源相对丰富，但也存在水量减少、水质变差、水灾增多等问题。由于降雨时空分布不均，区域性、季节性缺水问题凸显。全省29个建制市一半以上出现缺水。湖南人均占有土地面积0.32公顷，仅为全国平均水平的44%。

——生态环境良好，但山清水秀背后掩盖了许多环境污染问题，历史性污染包袱沉重。湖南是有名的“有色金属之乡”“非金属矿产之乡”“鱼米之乡”，历史上为国家做出过重大贡献，也留下了一些积累性环境污染问题。一是有色金属企业多。郴州三十六湾、衡阳水口山、株洲清水塘区、湘潭竹埠港、湘西“锰三角”等，既是湖南有色矿产及加工的“集中区”，也是重金属污染的“重灾区”。二是湘江重金属污染程度深。湘江流域集中了湖南60%的人口、70%的经济总量，也承载了60%以上的污染，一度被称为“全国污染最严重的河流之一”。2010年，湘江流域工业废水排放的重金属量占到全省的95%。三是农村面源污染广。2010年，湖南由农业污染源排入水体的总氮、总磷和化学需氧物分别占同期水体主要污染物的82%、96%和56%。

面对这些突出问题，湖南省以两型社会建设为抓手，紧紧围绕“三个率先”（率先形成有利于资源节约、环境友好的新机制，率先积累传统工业化转型的新经验，率先形成城市群发展的新模式），进行了大胆探索。

（一）以改革为动力，积极创新体制机制

按照国家批复的试验区改革总体方案和城市群区域规划，先后在长株潭试验区实施原创性改革106项；2012年启动了资源型产品价格、产业转型升级、

联合产权交易平台建设、$PM_{2.5}$监测及防治、排污权交易、生态补偿、绿色建筑推广、绿色出行、绿色 GDP 评价等十大重点改革，初步形成了有利于资源节约、环境友好的新机制。在资源性产品价格机制方面，发挥市场配置资源的基础性作用，对矿产资源、土地资源实行“招拍挂”，建立了集企业产权、物权、债权、排污权、非公众公司股权于一体的区域性联合产权交易平台。2012年，湖南省联交所累计成交项目 1045 宗，成交金额 207.8 亿元。在全省试行民用阶梯电价，在长株潭三市推行居民生活用天然气阶梯气价，在长沙市推行非居民用水超定额累进加价政策，在常德市启动阶梯水价试点。以居民阶梯电价改革为例，2013 年下半年全省居民生活用电增幅由上年同期的 9.46% 降至 7.05%，累计节约用电 2.83 亿度，折合标煤 9.11 万吨，分别减少二氧化碳、二氧化硫排放量 22.5 万吨和 0.21 万吨。在产业转型升级机制方面，出台长株潭三市共同的产业环境准入标准，制定 11 大类产品能耗限额，综合运用政策引导、倒逼、补偿等手段，淘汰落后产能，加快传统产业转型升级，重点支持装备制造、新能源、新材料、文化创意产业发展。2013 年，全省淘汰工业落后产能企业 249 家。在市场化减排机制方面，率先探索达标排放补偿方式，在湘江流域试行“上游对下游超标排放或环境事故责任赔偿、下游对上游水质地目标值补偿”双向担责，对流域内 67 个县市区生态公益林实施生态补偿。湖南省环保厅、长株潭三市和衡阳获批建立排污权交易机构并开展交易。在考核评价机制方面，探索建立包括单位 GDP 用地、能耗、物耗等 24 项具体指标在内的绿色 GDP 考核评价体系，完成了 14 个市州绿色 GDP 指数测算，正在长株潭三市先行试点。建立了两型社会建设重点工作责任分工、专项督查、绩效考核等制度，开展领导干部资源环境离任审计和企业两型审计试点。

（二）以治理为重点，加大环境污染整治力度

围绕“天蓝、地绿、水净”，以治土、治水、治气为重点，大力实施湘江重金属污染治理、氮氧化物减排、重点湖库水环境保护、大气联防联控、农村环境集中整治等十大环保工程。实施湘江流域水污染治理行动计划，关停污染企业 1019 家，削减重金属排放 50% 以上。实施湘江流域重金属污染治理工程，关闭涉重金属企业 756 家，废气、废水中汞、镉、铅、砷、铬等重金属排

放量比2008年下降20.5%。加大重点污染地区的整治力度，株洲清水塘绿色搬迁改造已落实搬迁企业39家，淘汰中小污染企业67家；湘潭竹埠港“退二进三”全面启动，停产企业9家，湘潭锰矿获批国家综合治理示范项目；长沙坪塘老工业区涉重金属企业已全部淘汰退出。实施大气污染联防联控，推进火电、水泥、钢铁、石化、有色等重点行业脱硫脱硝、氮氧化物治理和工业粉尘治理。加强汽车尾气排放治理，淘汰注销机动车、黄标车5.28万辆。2012年，全省氮氧化物排放比上年下降8.87%，扭转了不降反升的局面。开展农村环境集中整治，攸县探索“分区包干、分散处理、分级投入、分期考核”的四分模式，长沙县在全国首创农村环保合作社，形成“农户—村组保洁员—乡村合作社”的环保自治工作体系和“户分类、村收集、乡中转、县处理”的垃圾分类处理模式，被誉为“农民生活方式的一次深刻变革”。

（三）以科技为支撑，推广清洁低碳技术

把科技作为两型社会建设的战略支撑，围绕解决资源环境中的突出问题，加强重点领域科技攻关，组建了亚欧水资源与研究利用中心、国家重金属污染防治工程技术研究中心等国家级、省级工程技术研究中心和重点实验室；组织重金属污染防治技术创新战略联盟等产学研协同创新平台建设，实施重大科技专项300多个，取得重大关键技术成果100多项，建设两型低碳技术应用示范工程120多个。推广新能源发电、重金属污染治理、脱硫脱硝、工业锅（窑）炉节能、餐厨垃圾资源化利用和无害化处理等十大清洁低碳技术，以技术的力量撬动两型社会建设，提高科技进步对环境保护、生态建设和绿色增长的贡献率。湖南康奕达油茶生物科技公司推出了世界第一个用水酶法提取油茶籽油的国际领先技术，并编制了国际上第一个用水酶法提取油茶籽油的安全标准，获得世界绿色设计大奖。长沙市自主研发并率先建成日处理能力375吨的餐厨垃圾处理工程，2013年底全市城区餐厨废弃物资源化利用和无害化处理率达到70%以上。

（四）以法制为保障，加大对资源环境的监管力度

两型社会建设牵涉到方方面面的利益，必须通过加强立法、严格执法来保

障。近几年来，湖南先后颁布实施《长株潭城市群区域规划条例》《湘江保护条例》《长株潭生态绿心地区保护条例》等20多部法规规章。出台了16个两型标准、23个节能减排标准和43项两型地方标准，探索形成了两型标准体系。创新区域环境执法联动机制，探索在资源环境领域开展相对集中行政处罚权、相对集中行政许可权试点。在长株潭先行开展$PM_{2.5}$监测。开发企业用能排污监测系统，搭建全国首个节能减排监管平台和“数字环保系统”。推行新上项目严格环评、约束性指标严格考评、环境事故严格追责，试行“一票否决”责任制度。

（五）以创建为抓手，推动全民共建共享

在长株潭试验区范围内规划建设大河西、云龙、昭山、天易、滨湖5大示范区、18个片区，作为先导区、“试验田”。2012年，示范片区以全省1.6%的国土面积，创造了全省14.3%的GDP、14.9%的财政收入、21.5%的固定资产投资和25%的工业增加值，万元GDP能耗降幅、城镇生活污水处理率、生活垃圾无害化处理率均高于全省和长株潭三市平均水平。广泛深入开展两型示范创建活动，推动两型社会建设进机关、进学校、进企业、进社区、进园区、进乡村、进景区，评选了342个示范创建单位。湘潭市创造了“教育一个孩子、影响一个家庭、带动一个社区”的经验。全省470多万小学生踊跃参与“争创两型小先锋”活动，1000多万青少年积极参加“跟随大雁去迁徙”“地球熄灯一小时”等两型主题活动，1700多万家庭重拎菜篮子、布袋子，使用节能家电、节水器具和高效照明产品，实行垃圾分类、旧物回收等等，两型生活、绿色消费正成为时尚。

两型社会建设实践，给湖南经济社会发展带来了一系列深刻变化。

从发展状态看，从2008年起，湖南省经济总量连续六年、工业增加值连续四年进入全国十强。2013年，全省国内生产总值达到2.45万亿元，工业增加值达10001亿元，财政总收入达到3307.3亿元。长株潭城市群2008年以来GDP年均增长13.85%，分别高于全国、全省年均增速5.1个和1.34个百分点。2013年，长株潭三市经济总量达到10539.2亿元，占全省的43.1%，正在成为湖南的“增长极”。

从产业业态看，2013 年，三次产业结构比例由 2007 年的 17.6∶42.7∶39.7 调整为 12.7∶47.0∶40.3。全省主营业务收入过千亿元的工业产业达到 9 个，战略性新兴产业增加值占 GDP 的比重达到 10.7%。全省高新技术产业产值突破 1 万亿元，增加值占规模工业的比重达 40.8%，六大高耗能行业占规模工业的比重比 2007 年下降 10.1 个百分点。生产性服务业对经济增长的贡献率达到 19%。近年来，湖南文化、旅游产业保持 20% 以上的增速，成为千亿产业；2013 年，文化创意产业增加值增长 15%，占 GDP 的比重约 5.3%，对经济增长的贡献率超过 8%。

从经济质量看，能源资源消耗和污染物排放大幅下降。“十一五”期间，湖南节能减排约束性指标全面完成，以年均 8.8% 的能耗增速支撑了年均 14% 的经济增长。2012 年，长株潭万元 GDP 能耗比 2007 年累计下降 23%。2012 年全省万元 GDP 能耗同比下降 6.87%。2011、2012 年累计下降 10.24%，完成“十二五”规划进度的 62.27%，两年完成了三年的任务。“十二五”以来，湖南省的化学需氧量排放总量下降 5.79%，二氧化碳排放减少 9.15%，单位 GDP 碳排放量下降 13.77%，超过度目标 6.57 个百分点。

从环境生态看，全省 2012 年的森林覆盖率达 57.34%，14 个市州空气质量均达到国家二级标准。全省 98 个主要江河省控监测断面中，Ⅰ～Ⅲ类水质断面占 92.9%，水质达标率比上年提高 2.1 个百分点。长沙获得全国文明城市、“全球绿色城市”称号，株洲市获“中国人居环境范例奖”，湘潭成为全国园林城市。

从干部群众心态看，“既要金山银山，也要绿水青山”“宁要两型，不要三高”成为共识，“企业不消灭污染，污染就消灭企业”的紧迫感已经形成。两型理念深入人心，两型生产方式和消费模式逐步成为人们的自觉行动和生活习惯。全省从上到下形成了浓厚的创建两型社会的氛围。2011 年 3 月习近平同志在湖南考察时指出：“湖南以长株潭试验区为契机，把加快转变经济发展方式与两型社会建设结合起来，取得了重要阶段性成果，希望再接再厉，继续把推进‘四化两型’建设作为转变发展方式的重大举措和重要抓手。”李克强同志 2013 年 3 月 6 日参加十二届全国人大一次会议湖南代表团审议时指出：“这几年湖南抓住两型社会建设这个重大抓手，使发展有质量、有效益、有后

劲、可持续，希望湖南在经济转型探索中走在前列，提供新鲜经验。”中国改革发展研究院评估后认为：“长株潭两型社会建设的实践，不仅带来了看得见的经济社会发展变化，而且带来了发展理念、生产生活方式等看不见的变化；不仅对当前湖南的转型发展有着重大的影响和明显作用，而且为未来湖南的可持续发展打下了具有决定性的基础；不仅是湖南发展方式转变的突出特色，而且也是全国实践科学发展的先行示范。”

三 “‘两型’湖南样本”为打造升级版提供了深刻启示

（一）打造升级版必须切实转变发展方式

坚决摒弃“先污染后治理，先破坏后修复”的老路，决不以牺牲生态环境为代价、以牺牲人民群众的根本利益为代价，换取一时的发展，坚定不移地走生产发展、生活富裕、生态良好的文明发展道路。从湖南省的实践看，主要是三条。

一是要破解“两难”。是要“金山银山”，还是要“绿水青山”，这是一种“两难选择”。破解两难，着眼点是要牢固树立科学发展观和正确的政绩观；关键点是要坚持在发展中转型，在转型中发展；结合点是要大力推进资源节约、环境友好的两型社会建设。在经济形势好的时候，要坚持两型社会建设；在经济形势困难的时候，更要毫不放松两型社会建设。

二是要加快“两转”。主要是加快转变发展方式，转变生活方式。两型社会建设既是转变发展方式的根本出路，也是转变人们生活方式的重要途径。

三是要推动“两创”。一方面要推动体制机制创新，建立制度保障体系；另一方面要推动科技创新，建立技术支撑体系。通过政策创新和科技创新，推动经济转型升级。

（二）打造升级版必须实行“三项最严格制度”

习近平总书记指出：“只有实行最严格的制度、最严密的法治，才能为生态文明建设提供可靠保障。”

一是认真落实最严格的耕地保护制度。主要是坚决守住18亿亩耕地红线。18亿亩耕地是最宝贵的资源。落实最严格的耕地保护制度和节约用地制度，关键在持续推进政府领导干部耕地和基本农田保护离任审计制度，落实土地违法责任追究制度，建立健全耕地保护激励补偿机制，构建耕地保护长效机制。

二是认真落实最严格的水资源管理制度。水是生命之源、生产之要、生态之基。落实最严格的水资源管理制度，关键是要守住水资源开发利用控制、用水效率控制、水功能区限制纳污“三条红线”，健全水资源监控体系，完善流域管理与行政区域管理相结合的水资源管理体制，加强流域水资源的统一规划、统一管理和统一调度，严格水功能区监督管理，加强饮用水水源保护，推进水生态系统保护与修复实行“上游对下游超标排放或环境事故责任赔偿、下游对上游水质地目标值补偿”双向担责，建立健全水生态补偿机制。

三是认真落实最严格的环境保护制度。在污染产生、转移或扩散、治理等全过程中严把保护关，在大力强化环境保护监督管理的同时，建立健全生态环境保护责任追究和环境损害赔偿等制度，从而实现污染持续下降、生态持续改善。目前，法律、法规对我国建立和完善最严格的环境保护制度的支撑力度仍然不足，《环境保护法》等法律、法规亟待进行修订、完善。同时，要加强环境管理能力，尤其是基层的环境管理能力建设，切实解决基层的环境监测能力不足、环境执法力量不足等问题。

（三）打造升级版必须建立科学评价体系和责任追究制度

习近平总书记指出：“最重要的是要完善经济社会发展考核评价体系，把资源消耗、环境损害、生态效益等体现生态文明建设状况的指标纳入经济社会发展评价体系，使之成为推进生态文明建设的重要导向和约束。要建立责任追究制度，对那些不顾生态环境盲目决策、造成严重后果的人，必须追究其责任，而且应该终身追究。”建立科学评价体系和责任追究制度，抓住了打造升级版的关键。这些年来，发展中出现的问题，根本原因还在于评价体系不科学，责任追究制度不严格。只有建立科学评价体系，发展才有正确的导向；只有建立最严格的责任追究制度，节约资源、保护环境才有“硬约束”。

总 报 告

General Report

B.3 2013～2014年湖南两型社会发展报告

湖南省人民政府经济研究信息中心课题组*

2013年，在湖南省委、省政府的坚强领导下，全省上下围绕“四化两型”建设，加快转变经济发展方式，深度推进长株潭试验区第二阶段改革，全省两型社会建设成效显著，诸多方面实现重大突破。

一 2013年湖南两型社会建设的成就

2013年，湖南以深入推进“四个十大”（十大重点领域改革、十大清洁低碳技术、十大环保工程、十大标志性工程）为主要抓手，两型社会建设取得了显著成就。

（一）重点领域改革深入推进

一是资源性产品价格机制改革。在全省深入推进用电、用水、用气阶梯价

* 课题组组长：梁志峰；课题组成员：彭蔓玲、刘琪、廖勇强、宋军。

格改革，阶梯水价试点从长沙、常德扩展到株洲、湘潭、怀化等市州，实现工商用水同价的市州由 2012 年的 7 个增加到 2013 年的 10 个，是全国唯一一个全面推进居民用水、电、气阶梯价格改革的省份，成效显著。长沙市实行阶梯水价用户的总用水量从改革前的 963.63 万吨降低至 775.56 万吨，下降了 18.5%；全省居民生活用电量增长幅度由 2012 年上半年的 19.4% 下降为 2013 年上半年的 0.7%，增幅下降 18.7 个百分点；用气量较改革前减少了 20% 以上。

二是产业转型升级机制改革。发布《2013 年湖南省工业行业淘汰落后产能目标任务和企业名单》，引导企业淘汰落后产能和转型升级。加强能耗、物耗标准体系建设，推行节能评估和审查制度。加快现代服务业发展改革试点，长沙市下发了《关于切实推进长沙市现代服务业综合试点项目建设的通知》，首批 28 个试点项目总投资超过了 300 亿元；省政府出台《关于支持衡阳市加快推进服务业综合改革试点的意见》，推动衡阳市加快推进服务业综合改革试点。

三是 $PM_{2.5}$ 监测与防治体制改革。建立湖南省环境质量发布平台，长沙、株洲、湘潭、常德、岳阳、张家界等 6 个重点城市按照修订的《环境空气质量标准》监测空气质量，公众可随时查阅空气质量。加强大气监测能力基础设施建设，投入使用湖南省首辆环境空气质量监测车，可对环境空气质量 6 个参数进行实时监测。建立重度污染应急机制，长沙市出台《长沙市空气重污染应急预案（试行）》，有效应对空气污染。

四是排污权交易机制改革。排放权交易覆盖到湘江流域 8 市州，对 8 个市州所有的工业企业以及全省范围内的火电、钢铁企业，全部实行排污权有偿使用和交易政策。增加新的交易品种，在现有化学需氧量、二氧化硫基础上，增加了氨氮、氮氧化物、铅、镉、砷。完成湘江流域 8 市州工业企业排污权初始分配，开征有偿使用费，全面实施了市场交易。

五是农村环境污染治理体制改革。株洲攸县“四分模式”、长沙县的农村环境治理经验在全省推广，农村环境污染连片整治扩大到全省。湘潭积极推广“发酵床”生态养殖模式，累计建成农村户用沼气池 12.2 万口。浏阳市枨冲镇率先在全国实施散户养殖密集区合同环境服务污染治理试点，其经验得到国

家环保部的肯定。

六是生态补偿机制改革。完成湘江流域水质自动监测站建设，实现断面水质指标全部自动采样。开展生态补偿配套检测办法与资金管理办法制订工作。长沙市率先对境内河流试行生态补偿办法，规定凡是交界断面当月水质指标值超过水质控制目标，上游区（县市）应当给予下游区（县市）超标补偿。提高森林生态效益补偿标准，集体和个人生态林每年每亩由以前的 8.5 元增至 12 元，国有生态林由 5 元增至 7 元。启动湿地生态效益补助省级试点。实施"矿山复绿"行动，3 个国家级矿山公园和 18 个国家级绿色矿山的建设工程启动。

七是绿色建筑推广机制改革。加强顶层设计，出台湖南省《绿色建筑行动实施方案》，推进建筑节能。重点推进 37 个建筑节能及绿色建筑创建项目建设。截至 2013 年 11 月，湖南省共有绿色建筑一星级设计评价标识 8 个、二星级 6 个、三星级 3 个。梅溪湖中学、梅溪湖小学获二星级绿色建筑设计标识，是省内首批学校类绿色建筑。

八是绿色出行改革。公共自行车租赁系统覆盖面不断扩大，2013 年已有长沙、株洲、湘潭、常德、岳阳、郴州 6 个城市建有公共自行车租赁系统。推进长株潭城区公交车全面实现清洁、新能源化，长沙 100 辆纯电动车投入使用，一天减少碳排放量 27 吨。湖南首条 0.7 公里长的绿道建设完工，位于长沙香樟路至木莲路之间。发布湖南《关于开展城市绿荫行动的通知》，规划 2 年内 7 成县市道路建成林荫路。

九是绿色 GDP 评价体系改革。探索建立一套全新的两型社会综合评价统计指标体系。新指标体系分资源节约、环境友好和经济社会发展等 3 个方面，设置单位 GDP 用地能耗、生态用地比例、空气质量良好天数达标率、清洁能源使用等 39 个二级指标，有望成为全国首个运用两型指标体系评价社会经济发展的省份。目前，长沙县和长沙望城区已建立了绿色政绩考核体系。

十是绿色采购改革。制订《湖南省两型产品政府采购认定管理办法（试行）》、湖南省地方标准《两型产品（公共类）认定规范》《湖南省政府采购支持两型产品办法》等制度，发布了《湖南省两型产品政府采购目录》，公布了第一批政府采购支持的 300 多个两型产品，引导、推动湖南省两型社会建设。

十一是科技创新体制改革。创新成果转化机制，在全国率先实行两个 70% 的政策（知识产权和科技成果入股，占股比例最高可达公司注册资本的 70%。成果持有单位最高可以从技术转让所得的净收入中提取 70% 的比例，奖励科技成果完成人）。开展科技金融结合试点，在长株潭国家高新区开展企业股权和分红激励试点。创新科技计划管理模式，建立科技重大专项“四评三审”立项制度和“两条线”监管模式，全国首创对科技重大专项实行公开招投标制度。

（二）低碳清洁技术加速推广

一是加快清洁低碳推广技术的项目建设。启动一批新能源发电、餐厨垃圾处理、绿色建筑、脱硫脱硝、湘江重金属污染治理等技术推广项目，组织实施了 300 个重点项目，清洁低碳技术推广成效显著。如长株潭地区新能源发电项目总装机容量达 34 万千瓦，“城市矿产”再利用创造了汨罗、永兴模式，长株潭市区餐厨废弃物资源化利用和无害化处理率达到 70% 以上，整合 1.7 亿元资金重点推进 300 个禽畜养殖污染综合治理项目。

二是建立绿色信贷机制。为破解清洁低碳技术推广中的资金难题，省长株潭试验区管委会编制了包括全省 14 个市州 800 多个清洁低碳技术项目在内的《清洁低碳技术重点项目目录》，与国开行湖南省分行、进出口银行湖南省分行、省中小企业担保公司等金融机构签署战略框架协议，引导金融机构优先考虑对《清洁低碳技术重点项目目录》内的清洁低碳项目提供金融支持。2013 年，已支持和拟支持的贷款额度达 500 亿元。

（三）湘江治理工作成效明显

2013 年，湖南省十大环保工程完成项目 129 个、总投资 35.3 亿元，核心是推进湘江流域治理与保护。省政府常务会议把湘江治理保护确定为湖南省“一号重点工程”，提出 9 年内实施三个三年行动计划，实现湘江干流水质稳定保持在三类以上，从湘江率先探索实行“环保终身责任追究”制度。并已制定出台《湖南省湘江污染防治第一个“三年行动计划”实施方案》及考核办法，使湘江治理有了具体操作指南。制定出台并全面实施《湖南省湘江保护条例》和《〈湖南省湘江保护条例〉实施方案》，明确用10 年左右时间，打

造湘江流域“山青、岸绿、河畅、水净”的优美环境，是湖南省推进湘江治理的指导性文件。

加大湘江流域治理的资金支持力度，规划的389个重金属污染治理项目有280个获中央资金支持，已获得中央补助资金38亿元。衡阳、株洲、湘潭、郴州等市成功发行重金属污染治理专项债券，共计50亿元。

通过以上措施，湖南省湘江治理初见成效。2013年，全省完成污染源综合治理项目共计150个，淘汰退出涉重金属企业1018家，涉重金属污染企业散、小、乱的格局得到有效改变；主要污染物排放量大幅削减，湘江流域废水中汞、镉、铅、砷、铬等重金属排放量削减359.03吨，排放量2012年较2008年下降20.5%；湘江环境质量有所提高，2012年湘江干支流镉、砷的浓度分别比2007年下降26.6%、38.9%，2013年湘江流域42个省控监测断面中，Ⅰ～Ⅲ类水质断面39个，监测断面达标率达92.8%。

（四）“十大标志性工程”建设进展顺利

一是湘江风光带长株潭段建设进展顺利，全长8公里的长沙湘江风光带中心城区段建成；湘潭出台《湘江风光带修建性详细规划》，提出将湘江风光带打造为体现湖湘文化特色的生态文明走廊和文化传承带；株洲湘江风光带河东段建设加快。二是长株潭城际铁路站前工程全线开工，截至2013年，累计完成投资68亿元。三是株洲清水塘“绿色搬迁”改造试点通过国家发改委现场评审，醴陵旗滨玻璃产业项目开工建设，标志清水塘老工业区企业“绿色搬迁”正式启动。四是湘潭竹埠港“退二进三”加快推进，2013年，关停企业15家。五是昭山绿心保护完成171个项目。六是岳阳城陵矶临港产业新区建设加快，吸引了岳阳城陵矶临新港、中国水电第八工程局有限公司等一批龙头企业，投资15亿元的海仑国际物流项目等一批重大项目顺利签约，已形成以港口为依托，以物流仓储、先进装备制造、新材料、光电子等为主导产业的港口经济带。七是湘江长沙综合枢纽三期工程开工建设，目前已完成投资10.1亿元。2013年，长沙综合枢纽船闸过闸船舶9253闸次，过闸货运量2934万吨，相当于三峡船闸首年总量。八是金州大道西线－宁乡段、九华大道、黄桥大道等城际干道建设加快推进。

（五）两型示范创建工作进一步深化

2013 年，湖南按照“两型五进”（两型技术产品、两型生产生活方式、两型服务设施及优美生态环境，两型文化进社区、进园区、进厂区、进办公区、进校区）的要求，推进两型示范创建，发挥两型的引领作用，促进两型社会建设。

一是建立健全两型创建机制体制。2013 年，长株潭两型工委出台《关于推进两型综合示范点建设的实施意见》《两型示范创建指南》《两型示范创建单位管理办法》等制度，两型创建科学化水平提升。完善“市县抓创建，省里抓示范”机制，市县抓本级创建的指导和评审，省直有关部门抓行业创建，工委、管委会协调全省创建工作并抓省级示范。

二是完善两型创建标准。截至 2013 年，湖南省共发布 16 项两型标准，涉及产业发展、城乡建设、社会事业和民生，促进两型生产方式和消费模式在全省推广。

三是营造“人人参与两型、践行两型”的浓厚氛围。召开编撰《湖南两型大典》专题论证会，进一步推动全民深入了解两型社会。积极开展“两型知识进高校学术讲座”，推进湖南高校两型校园建设。编制印发了全国首个中小学两型教育指导纲要和小学生两型读本，通过“教育一个孩子、影响一个家庭、带动一个社区”。

四是示范区经济实力稳步提升。2013 年前三季度，五区 18 片完成 GDP、规模工业增加值、固定资产投资、地方财政收入同比分别增长 12.1%、13.9%、29.6% 和 27.9%，均高于全省平均水平。

二　湖南省推进两型社会建设面临的新机遇和新挑战

（一）湖南省推进两型社会建设面临的新机遇

1. 我国全面深化改革将给湖南两型社会建设体制机制创新注入新的活力和动力

党的十八届三中全会做出了《中共中央关于全面深化改革若干重大问题

的决定》，对我国下阶段全面深化改革做出了战略部署。湖南随后也发布了《中共湖南省委贯彻落实〈中共中央关于全面深化改革若干重大问题的决定〉的实施意见》，其中一条就是明确要求立足于加快推进两型社会建设，进一步深化生态文明体制创新和改革，加快绿色湖南建设的步伐，争取湖南在两型社会和生态文明建设上走在全国前列。

当前湖南的两型社会建设正处于第二阶段纵深推进期，所进行的体制机制改革创新也因为进入深水区和攻坚期而面临越来越大的困难，很多改革因为涉及利益格局的巨大调整而面临重重阻碍。十八届三中全会报告和湖南的实施意见的推出、改革红利的释放无疑给处于瓶颈期的湖南两型社会体制机制创新注入强大的强心剂和助推剂。湖南在行政管理体制机制、资源节约和环境保护体制机制、城乡统筹发展体制机制等方面的面临障碍有望得到有效突破。

2. "一带一部"所蕴涵的区位新优势将给湖南两型社会建设带来发展新机遇

湖南承东启西、联南接北，拥有地处东部沿海地区和中西部地区过渡带、长江开放经济带和沿海开放经济带接合部"一带一部"的区位优势。近年来，我国区域经济战略布局重点正向中西部地区转移，在原有西部大开发战略和中部崛起战略基础上，2013年9月，国家发改委与交通运输部又启动了《依托长江建设中国经济新支撑带指导意见》的研究起草工作。希望依托长江经济支撑带带动我国东、中、西部整盘复兴和协调发展，将长江经济带打造成东部沿海经济带之外的第二条支撑带，长江经济带的开发建设已经正式上升到国家战略层面。长江经济带涵盖云南、贵州、四川、重庆、湖北、湖南、江西、安徽、江苏、浙江、上海等九个省二个直辖市，将成为今后很长时间内我国经济增长潜力最大的区域。长江经济带的开发建设，对于地处"一带一部"的湖南而言，无疑将是重大利好，对于湖南加强与长江流域各省市区的合作互动发展将起到巨大的推动作用，也有利于湖南进一步发挥比较优势，提升综合竞争力；还将重塑湖南经济地理，助推湖南区域经济协调发展。与此同时，经过多年的建设，湖南立体交通网已初具规模，高速公路网、普速铁路网日益完善，长沙黄花机场地位日益攀升，支线机场建设亦在加速。交会于长沙的京广高铁、沪昆高铁（在建）、渝厦高铁（规划），更使湖南成为迈入高铁时代的中国中部最大的高铁枢纽，给湖南发展带来崭新的机遇。日益明显的区位优势和日益完善的交通网络相结合，将进一步强化湖南在全国区域发展总体布局中的战略地位，有力推动湖南两型社会建设。

（二）湖南省推进两型社会建设面临的新挑战

1. 重点领域改革仍需发力

一方面，土地、财税、投融资、行政管理、对外开放等重点领域，改革创新力度仍然不够。工业两型促进机制、联合产权交易平台及其机制、$PM_{2.5}$监测及防治机制、排污权交易、农村环境污染治理、生态补偿机制、绿色建筑推广、绿色出行、资源性产品价格、土地征用制度、建立绿色 GDP 评价体系等重点领域的改革，仍未取得面上推广的经验，纵深推进两型社会建设的动力依然不足。

另一方面，利益分配协调存在制度障碍，湘江流域综合治理、城际交通网络、生态环境保护等问题均具有外部性，排污费、碳税、燃油税、排污标准、强制性技术标准、排污权交易、可再生能源配额制、生产者延伸责任制等各项政策工具有待进一步整合。同时，湖南资源要素优化配置合力有待进一步加大，当前仍存在不合理的区域准入限制，社会事业领域改革步伐不快，教育、科技等资源难以共享，文化体育设施缺乏统筹布局和综合利用，推进社保一体化面临众多困难和阻力。

2. 能源资源约束日益严峻

湖南自身能源资源禀赋不足，但发展阶段正处于工业化和城镇化加速时期，能源消耗总体较高，使得能源供需缺口较大。2012 年，湖南一次能源生产总量为 10017.64 万吨标准煤，而一次能源消费总量则达到 16744.08 万吨标准煤，缺口达到 6726.44 万吨标准煤。预计到 2015 年全省能源消费总量将达 2 亿吨标煤，一次性能源对外依存度将高达 63% 以上。同时，湖南能源消费结构不尽合理，2012 年一次能源消费总量中煤品燃料占 60.81%，油品燃料占 11.22%，水电、核电、风电等占 17.88%，天然气占 1.49%，其他能源占 8.6%。以煤炭为主的能源消费结构，引起了大气污染和温室效应，加大了环境保护的压力，是湖南两型社会建设的重要瓶颈。与此同时，能源利用效率较低，2012 年全省万元 GDP 能耗达到 0.83 吨标准煤，居全国第 17 位，中部第 4 位。

土地资源约束强化。“十一五”期间，湖南城市建成区面积年均增长 5%，远高于城镇化率 3.1% 的平均增长率。低强度的工业开发模式加剧了土地的紧缺。根据规划，“十二五”期间，湖南省用地需求预计在 8 万公顷以上，但国家分配给湖南省的用地指标仅有约 4 万公顷，用地缺口达到 50%，全省每年用地计划缺口在 10 万亩以上，未来用地需求还在刚性增长，缺少土地已经成为湖南两型项目建设的主要制约因素。

3. 大气污染等环境问题愈发突出

2013 年，由大气污染引发的雾霾天气成为全省乃至全国关注的焦点话题，湖南大气污染形势非常严峻，在全国 113 个大气污染防治重点城市中，湖南有 6 个（长沙、株洲、湘潭、岳阳、常德和张家界市）。《环境空气质量标准 GB3095－2012》实施后，据省统计局、省环保厅按新标准统计，2013 年一季度，长株潭三市持续爆发雾霾天气，环境空气质量总体达标率仅为 31.5%，远低于全国 74 个重点城市 44.4% 的平均水平；二季度由于气候有利，长株潭三市空气质量有所好转，但上半年达标率也只有 75.8%；而前三季度的达标率又降低到 65.6%，超标天数占比为 34.4%，其中轻度污染占 19.3%，中度污染占 6.6%，重度污染占 8.5%。影响长株潭三市空气质量的首要污染物，依次为 $PM_{2.5}$、O_3、PM_{10}，所占天数比例分别为 55.4%、20.5%、11.2%，可见 $PM_{2.5}$ 是影响长株潭三市空气质量的元凶，并且由于以前没有进行 $PM_{2.5}$ 指标监测，空气质量问题因此而被掩盖和忽视。按标准更低的 GB3095－1996 统计，2013 年上半年、前三季度，全省空气质量达标率与上年同期相比，分别下降了 8.8%、6.1%，除永州市达标率有所升高外，其余城市均有不同程度的降低。

生态系统也呈退化趋势。据统计，全省现有和潜在石漠化面积达 2.9 万平方公里，居全国第 4。水土流失面积占全省国土面积的 19% 以上，超过 26% 的耕地受到不同程度的面源污染和重金属污染。

4. 示范区建设尚待加强

一方面，体制机制仍需理顺。湖南不少示范区已是一级财政，但行政主体地位并没有有效落实，难以直接享受上级财政转移支付、项目申报等方面的政策支持与资金扶助，在办证、编号、经济指标的统计等方面也面临诸多具体困难，给示范区各级部门甚至居民带来较大困扰。部分示范区的发展定位不明确，招商引资中存在许多低层次的无效竞争，各具特色、优势互补的产业格局难以形成。大部分示范区的不同片区位于不同的市（县、区），普遍存在对接难、协调难、配套难等问题，难以形成集聚效应，工作效率亟待提高。

另一方面，基础设施建设难度较大。示范区公共基础设施建设任务重，涉及面广，资金需求量大。但示范区融资平台少，门槛高，渠道不畅，导致资金缺口大，各项基础设施建设项目开工不足，进展缓慢，难以竣工。同时，示范区加强基础设施建设，需要进一步拓展用地指标，但国家在土地管理等方面出台了一系列的规定，严格控制新增建设用地，示范区土地供需矛盾较为尖锐。

三 进一步推动湖南两型社会建设的对策建议

（一）深化改革，加快体制机制创新

一是优化国土空间开发格局。完善主体功能区制度，优化国土空间布局，探索划定耕地、森林、湿地、水体等生态保护红线，建立生态环境损害责任终身追究制和环境污染事故追究制，对于不顾生态保护、只看短期利益盲目决策或者决策失误、造成严重环境损害后果者，要彻底追究责任，以杜绝个别地方官员的短视行为。针对不同区域经济发展水平和生态环境水平的不同，实施差异化的扶持政策，对经济发展水平较高、生态环境质量较差的地区，实行最严格的生态环境保护红线制度；对经济发展水平相对较低、生态环境质量相对较高的地区，设定生态环境保护红线时可留有适当余地，为当地经济社会发展提供空间。

二是实行资源有偿使用制度和生态补偿制度。加快自然资源及其产品价格改革，在全省范围内全面推行阶梯式水、电、气价制度。建立健全森林、湿地、林木、水资源生态效益评估机制，实行生态资源有偿使用。建立健全生态补偿制度，推行差别化生态补偿，推行节省能量、碳排放权、排污权、水权交易制度，实施绿色消费政策，推行政府两型采购制度，完善清洁低碳技术研发和推广应用机制。

三是改革生态环境保护管理体制。加强环境监管制度建设，加紧制定出台

《湖南省环境保护工作责任规定》，进一步明确政府各部门、市场、企业和公众各自职责，最大限度地整合各方资源。健全大气、水体、土壤和生物资源的生态环境监测网络，建立资源环境承载能力监测预警机制，制定出台相关政策，实行以奖代投，支持企业加快生态环境监测设施配套建设。健全环境信息公开制度和举报制度，加强社会监督，健全基层信息报告渠道网络，建立公众报告、举报奖励制度，通过设立基层信息员等方式，不断拓宽环境信息报告渠道。探索建立环境监测、污染控制、行政处罚一体的环境联合执法机制。

四是加快行政审批制度改革。要打破“玻璃门”“弹簧门”，让一切生产要素能够自由流动；减少行政审批，切实在完善市场经济体制和改革行政管理体制上取得新进展。特别是加大对示范区的放权力度，对长沙大河西先导区赋予部分省级经济管理权限，支持云龙示范区行使 37 项市级行政审批权、九华示范区行使 29 项市级行政审批权，探索省级托管模式，简化审批流程，实行流程再造，对所有审批项目实行一站式审批。

（二）切实加强节能减排和生态环境保护

一是大力推进节能减排。加快推进节能减排全覆盖工程，在全省推广节能减排在线监测，争取形成市场化、信息化、标准化的节能减排体制机制。提高能源资源利用效率，推行绿色、低碳和循环型生产生活方式，研究非居民超计划、超定额用水、用电、用气应对办法，促进资源循环利用、再生利用产业化。运用总量替代、标准提升、区域限批、项目管理等手段，继续淘汰一批落后产能和生产装置。大力发展合同能源管理，促进节能服务业发展。扩大排污权有偿使用和交易范围，对现有排污单位和新改扩建项目实行差别化政策，积极推进现有排污单位通过初始分配有偿获得排污权，新改扩建项目通过市场交易取得排污权。推动环保设施运营市场化。

二是切实加强环境保护。重点加强以湘江为核心的水资源保护与治理。加强重金属污染治理，按照“升级一批、搬迁一批、淘汰一批”的整体思路，实现对涉重企业、行业和重点区域的科学化、规范化管理，落实重金属排放企业的各项防控要求。推进大气污染防治立法进程，加强环境管理过程控制，强化污染物排放行为监管，加大违法行为惩治力度，努力从根本上扭转环境质量恶化趋势。加快推进十大环保工程，在现有成果上，按照“一个工程、一套政策”的原则，有效整合环保、节能减排、新型工业化、水利建设、新农村建设等多方面资金，支持工程建设和实施。

三是加强生态建设。加强生态绿心地区保护，提高森林覆盖率和绿化覆盖率；逐步进行林相调整、林分改造，加快生态修复提质，大力提升生态绿心地区生态服务功能。推进湘江生态经济带建设，把湘江生态经济带建设成为具有明显的生态良性循环特征、城乡一体化的生态经济发达，景观环境优美，适宜人类休闲和居住的生态经济发展走廊，培育湘江新区增长极。加快洞庭湖保护立法步伐，落实《洞庭湖国家级生态功能保护区建设规划》。在全省加强重点生态功能区保护和管理，着力抓好封山育林、退耕还林、退田还湖等生态环境修复工程和生态林工程建设，提高森林碳汇功能，加强对生态风景名胜区、饮用水源、生态敏感区的保护，以生态创建带动城乡绿化，构建区域生态环境安全体系、区域环境保护联动机制、生物入侵预警预防机制、“四水”流域治理问责机制。

（三）加快两型产业发展

一是大力推动两型产业发展。发挥好“一带一部”的区位优势，抓住国际和沿海省份产业梯度转移的大好机遇，推进传统产业高新化、战略性新兴产业规模化发展，发展壮大两型生产性服务业。围绕装备制造、新材料、汽车、信息、生物医药等湖南已有一定发展基础、潜力较大的产业，提升产品质量，加强本土配套，加速培育多点支撑的产业新增长点。抢抓移动互联网、物联网、云计算和大数据等信息技术迅猛发展的机遇，促进现代金融、现代物流、电子商务、研发设计等现代两型服务业发展。

二是完善两型产业制度和技术支持体系。一方面，要严格按照湖南的资源承载能力和环境容量限制，优化企业布局，严格准入标准，在争取、引进和开发项目的过程中，对照项目准入制度严格把关，坚决防止为了短期利益而引进高污染高耗能项目。另一方面，进一步整合省内高校、科研院所、重点园区和企业的科技资源，建设公共服务平台，进行两型产业技术的研发和推广应用工作，集中优势力量重点突破两型核心技术，建立并完善科研设施和信息共享机

制，构建两型产业技术创新联盟，建设一批两型相关科研成果转化和产业孵化基地。

三是突出区域特色和产业配套，进一步优化产业发展布局。长株潭地区，要大力发展战略性新兴产业，加快打造电子信息、生物医药、工程机械、装备制造、汽车及零部件等一批优势产业集群，同时加快发展现代金融、现代物流等生产性服务业，依托区位优势，着力打造全国商贸物流中心。长株潭周边城市，围绕长株潭地区产业布局特点，立足本市产业基础，加快实施工业对接和配套，提升主导产业的协作水平。湘南地区，进一步加大承接珠三角相关产业转移力度，积极打造电子信息、纺织服装及鞋帽等产业新洼地，同时，发挥自身资源优势，实现有色金属、钢铁冶炼等传统产业的转型升级。大湘西地区，在保护本地生态资源环境不被破坏的基础上，大力发展农林产品加工、特色工艺品、绿色食品及酒类等产业。

（四）增强两型科技支撑能力

一是创建长株潭国家自主创新示范区。增强示范区在政策、资金、人才等方面的自主创新能力，破解区域协同创新、体制机制创新、科技成果转化等诸多方面的重点难点问题，为全省两型社会改革提供可借鉴的示范经验。

二是构建充满活力的两型技术创新体系。健全两型社会主导产业的技术开发体系，依托高等学校、科研院所、企业技术中心、重点实验室、博士后工作站等，加快知识创新体系和技术开发体系建设，提升原始创新能力和推广应用能力，努力构建支撑两型社会建设的主导产业技术开发体系，增强产业发展的核心竞争力。实施两型社会的产业关键技术专项，努力促进主导产业的技术升级和发展方式的根本性转变，跟踪产业发展的技术前沿，着力支持企业解决制约产业发展的关键技术难题。建设两型社会的公共技术服务平台。通过整合技术创新资源和优化布局、组合利用，构建产业聚集的公共技术平台，促进产业集群的生长和产业链的延伸，促使公共科技服务能力适应两型社会自主创新的需求。

三是大力推广十大清洁低碳技术。瞄准湖南两型社会建设中的重点、难点，如新能源发电技术、“城市矿产”再利用技术、重金属污染治理技术、脱硫脱硝技术、工业锅（窑）炉节能技术、绿色建筑技术、餐厨废弃物资源化利用和无害化处理技术、生活垃圾污泥焚烧及水泥窑协同处置技术、长株潭城市公共客运行业清洁能源节能与新能源汽车、沼气化推动农村畜禽污染治理和资源化利用技术，着力解决经济社会发展中的能源资源瓶颈问题、资源环境领域的热点问题、影响群众生产生活的突出问题，满足老百姓多元化的生态消费需求，让老百姓呼吸上新鲜的空气，喝上干净的水，吃上放心的食品，享有宜居的生态空间。

（五）深入推进两型示范创建

一是提升两型示范水平。按照“以市县为主体、省直部门抓行业（产业）、省里抓示范”的思路，深入开展两型示范创建活动，进一步完善提升两型社会建设标准体系，拓宽示范创建领域。按照《长株潭城市群两型社会示范区建设工程实施方案（2011～2015年）》的规定，进一步完善工作统计、考核制度，建立动态管理和淘汰机制，纵深推进示范单位和示范项目创建，着力打造两型示范“升级版”。

二是集成两型示范经验。在全省范围内大力推动两型技术产品、两型生产生活方式、两型服务设施、优美生态环境、两型文化等两型要素进社区、进园区、进厂区、进校区、进办公区，培育打造一批两型生产方式、生活方式的集中展示区，形成规模、形成示范，充分运用媒体加大对两型示范的宣传和推介力度，在全国形成较大影响力。

三是倡导两型生活方式。以深入开展两型社区、村镇、学校、家庭、机关等创建活动为载体，加强两型社会建设宣传教育，激活基层社会细胞，增强全民节约意识、环保意识、生态意识，倡导广大群众建立起两型生产方式、生活方式和消费模式，进一步营造全社会自觉体验两型、参与两型、践行两型的良好氛围，努力使建设成效让人民群众看得见、摸得着，发展成果让老百姓实实在在享受到。

（六）增强政策保障能力

一是进一步充实完善两型改革试验相关规划。推进各专项规划、详细规划的编制完善，促进资源合理配置、城市功能互补、产业错位发展、交通互联成

网、城乡环境同治。出台环境保护、生态发展、主要污染物总量控制、城市综合交通体系、历史文化名城保护、中心城区绿地系统规划等专项规划。加快推进核电、天然气、生物质能、太阳能等新能源规划的编制。建立规划执行调度制度，对经济社会发展规划、土地利用总体规划、城市总体规划、投融资规划等重大规划进行统筹协调，加大两型规划实施力度。

二是加强两型改革试验的政策法规支持。围绕两型产业发展、两型城市建设、两型农业、城乡统筹、生态建设、社会管理等重点领域，从激励两型、约束非两型的角度，进一步出台相关政策措施，制定完善两型社会在土地利用、产业发展、投融资、资源环境、招商引资、简政放权等方面的配套政策，加快形成保障有力的政策体系。建立完善政府两型采购制度，加大对两型产品、技术、产业、标准等发展和推广的引导支持力度。

三是加强宣传教育。通过多种途径加强对两型社会的宣传力度，进一步营造全社会自觉体验两型、参与两型、践行两型的良好氛围，不断强化企业和居民的两型理念和环保意识，使资源节约和环境保护成为全社会的自觉行动。

综 合 篇

Comprehensive Reports

B.4

加快转变资源利用方式促进两型社会建设

方先知*

近年来，湖南省国土资源系统在省委、省政府和国土资源部的坚强领导下，紧紧围绕全省改革发展大局，坚持最严格的耕地保护制度和节约用地制度，加快转变资源利用方式，有力地促进了全省两型社会建设。

一 2013 年湖南国土资源工作情况

（一）牢牢守住了耕地红线，切实保障了发展用地

补充耕地 12.3 万亩，连续 14 年实现耕地占补平衡。建成高标准农田 400 万

* 方先知，湖南省国土资源厅党组书记、厅长。

亩，超额完成国家规定的任务。永久基本农田划定工作基本完成。在全国省级政府耕地保护目标责任考核中，湖南省初评结果排名第一。湘潭、怀化、湘西、常德、永州、长沙、株洲等地耕地保护富有成效。争取新增建设用地计划指标27万亩，批准建设用地37万亩，完成征地拆迁15万亩，被省政府评为“重点建设项目组织协调管理先进单位”。土地市场进一步规范，土地储备与融资管理得到加强，全省土地出让价款首破千亿元大关，达1020亿元。清理盘活闲置土地4.5万亩、开发低丘缓坡未利用地7500亩，全省2009~2012年总体供地率提高到77%。隆回、汉寿、安化、桃源获评第二批国家级节约集约模范县。继续加强直属土地管理，先后为74家省直单位处置土地157宗，实现土地价款61.6亿元。

（二）加大地质找矿力度，不断规范矿产资源开发秩序

全年投入资金10.3亿元，新发现矿产地25处（其中大型1处、中型6处），全面完成找矿突破战略行动（2011~2020年）第一阶段（2011~2013年）任务，花垣－凤凰铅锌矿、祁零盆地锰矿等整装勘查区取得重大进展，黄沙坪、宝山、黄金洞等老矿山边深部找矿取得重大成果，湘西、常德、娄底等地页岩气勘查取得新的进展。制订完善锰矿、铁矿、磷矿、金矿及有色金属产业发展规划。调整实施煤、铁、铅锌等部分矿种一般性工业指标，新增一大批可利用资源储量。开展“矿山储量动态监管质量建设年”活动。全面落实矿山督察员制度，深入推进打非治违、金属非金属矿山整顿等专项行动，依法查处矿产违法案件383个。郴州、湘西、永州、益阳、怀化、湘潭、株洲等地矿产开发秩序整顿规范成果得到较好巩固。邵阳整顿关闭落后小煤矿试点进展顺利。地质灾害防治体系建设得到加强，成功避让地质灾害52起，避免人员伤亡2275人，杜绝了群死群伤事件。组织开展抗旱打井找水专项行动，解决5万余人生产生活用水问题。大力推进矿山复绿行动，已累计治理矿山1500余家。通道万佛山、安化雪峰湖获批国家地质公园资格。郴州宝山国家矿山公园正式开园。

（三）扎实推进数字湖南地理信息基础工程，加强测绘地理信息管理

长沙、株洲、湘潭、衡阳、益阳、郴州、湘西七地以及茶陵、湘乡两个县

城的数字城市工程通过验收。地理信息共建共享机制不断完善，省厅已与14个市州、5个县以及工商、公安等11个省直单位签订地理空间数据共享与交换协议。“天地图·湖南”实现全天候不间断服务。全面推进地理国情普查。全省更新1:10000地形图4.1万平方公里。提供各类地图4万幅。加强测绘统一监管，组织开展测绘成果质量专项检查，审核地图67件，发布测绘资质单位信用信息430条。成功举办全省首届国家版图知识媒体培训班以及第三届测绘地理信息行业职业技能竞赛。

（四）推进重大专项工作，着力夯实基层基础

以“发铁证、确实权、进度服从质量”为原则，扎实推进农村集体土地所有权确权登记颁证工作，已调查土地130.7万宗，占任务量的87%。土地矿产卫片执法检查首次被纳入省委省政府对市州党委政府的绩效考核范围，全省违法占用耕地比例降至4.41%。组织开展国土资源领域安全生产大检查，排查各类安全隐患9500多个，省厅连续三年被省委省政府评为安全生产工作先进单位。加强财务保障能力建设，争取中央资金21亿元、征收各类税费133亿元。圆满完成地质资料“两化”试点，成果被部评为优秀级别。国土资源科技工作取得新成绩，16个项目获得部省级科技成果奖。突出抓好信访工作，厅领导带头包案，化解信访积案69件。

二　存在的困难和问题

（一）土地管理方面

土地供需矛盾紧张与土地粗放低效利用并存，全社会节约集约用地意识不强，激励约束机制不健全。特别是一些地方多头管地、多头供地、违规以地融资、违规低价供地，破坏了土地统一市场。目前，全省尚有批而未供土地64.7万亩，15个县市供地率不达标。重发展用地、轻耕地保护的现象比较突出，耕地占补平衡难度大，占优补劣、占水田补旱地比较普遍。征地拆迁推进艰难，因征地引发的信访问题居高不下。未批先用、少批多用等土地违法问题时有发生，个别地方比较严重。

（二）矿产资源管理方面

受宏观经济影响，矿业权市场相对低迷。矿产资源开发整顿整合压力很大，特别是2013年煤矿关闭整合任务艰巨。矿产资源综合利用水平不高，规模化、集约化程度仍有待提高。重点矿区非法采矿、超深越界开采时有反弹。地质灾害防治任务重，矿山地质环境问题突出。由国家政策调整带来的矿权遗留问题多，情况复杂，处理难度大。

（三）测绘地理信息管理方面

基础测绘公共财政投入不足，数据更新不及时，地理信息共建共享机制不健全，市县测绘行政管理体制不顺，力量薄弱，公共服务能力不强。

三　2014年湖南国土资源工作思路及重点

总体思路是：全面贯彻落实省委经济工作会议和全国国土资源工作会议精神，围绕全省促进“三量齐升”、推进“四化两型”、实施分类指导全面建成小康社会的总体部署，深入开展党的群众路线教育实践活动，尽职尽责保护国土资源，节约集约利用国土资源，尽心尽力维护群众权益，积极稳妥推进改革，不断提高国土资源保障和管理服务水平。

（一）切实加强耕地保护与建设

建立完善耕地保护责任体系，严格实行年度考核和离任审计，全面落实各级政府一把手负总责的耕地保护责任。科学划定并严格保护永久基本农田，确保“落地到户、上图入库、监管到位”。严格控制建设占用耕地，没有耕地占用计划的，没有占优补优、占水田补水田的，一律不予批地。涉及基本农田的，一律报国务院审批。抓好第二次全国土地调查，调减耕地土地开发项目，充实补充耕地储备。以环洞庭湖、娄邵盆地两个重大工程和25个连片推进土地整治示范县为主战场，大力推进农村土地综合整治，确保完成高标准农田建设任务。创新土地整治模式，以村集体经济组织为主体，探索开展“先建后补、以补促建”试点。完善项目管理制度，将项目测量、设计、招投标、监理、验收等具体事务下放到市县。进一步加强土地复垦管理，组织实施一批复垦项目。

（二）保障转方式、调结构、惠民生合理用地需求

按照省委经济工作会议确定的工作重点，切实保障全省重大项目、新型城镇化、产业转型升级、民生改善等各类合理用地需求。改革计划下达模式，除湘西外，将计划直接下达到县、市，加强计划执行考核。规范推进低效用地再开发、城乡建设用地增减挂钩、低丘缓坡未利用地开发、工矿废弃地复垦利用，切实盘活存量，拓展用地空间。加强土地储备与融资管理，严格落实土地储备计划、融资规模审核报备制度，组织开展融资平台名下储备土地清理核查，切实防范土地融资风险。做好下放长沙市部分土地审批权的衔接和后续监管工作。

（三）大力推进节约集约用地

开展国土空间规划编制研究，科学划定生产、生活、生态空间开发管制界限。严格土地利用总体规划实施管理，除省以上重大基础设施项目实施、行政区划调整、区位条件发生重大变化、工程选址有特殊要求等情况外，禁止涉及占用水田的调规，坚决杜绝“规划跟着老板走、政府换届规划换届”现象。组织开展第四轮开发园区（含省级工业集中区）土地节约集约利用评价，启动城市土地节约集约利用评价工作。全面清理各种以低价供地为条件的招商引资优惠政策，建立有效调节工业用地和居住用地的合理比价机制，坚决制止工业用地零地价甚至负地价现象。探索建立工业用地租赁制、弹性年期出让制以及退出机制。全面开展闲置及低效用地清理，全面掌握两类土地的规模、结构、布局及其原因。完善用地定额标准体系，建立健全以土地供应率、项目开竣工率等为核心指标的节约集约考核指标体系，全面实行新增建设用地计划、农用地转征审批与土地供应相挂钩制度，严格考核奖惩。推广新的节地模式和节地技术。落实国家下达的单位 GDP 建设用地消耗下降目标。确保节约集约模范县市创建活动达标率达到 100%。

（四）积极推进不动产统一登记和土地调查监测

在省政府领导下，以土地、房屋、草原、林地等不动产为重点，加强不动产统一登记前期调研，全面摸清各部门登记机构、簿册、依据和信息平台等基本情况。研究制定湖南省不动产登记实施办法。积极筹建不动产登记局。以“数字湖南”基础地理信息系统为平台，探索构建不动产统一登记信息平台。按照国家的要求，认真抓好二次调查成果发布、宣传、解读以及应用工作。加强农村地籍调查，全面完成集体土地所有权确权登记颁证工作，加快集体建设用地、宅基地使用权确权登记颁证进度。全面推进宗地统一编码工作。完善土地年度变更调查机制，确保成果质量。加强土地综合整治中的土地权属管理以及储备土地登记管理。开展自然资源资产产权和资产管理制度研究。

（五）建立城乡统一的建设用地市场

开展地级市城市地价动态监测。规范城镇基准地价更新管理，扩大集体建设用地基准地价试点范围，完善以基准地价、标定地价为核心的城乡一体的公示地价体系。选择有条件的地方开展集体经营性建设用地出让、租赁、入股试点，研究建立农村集体经营性建设用地产权流转和增值收益分配制度。逐步将集体经营性建设用地使用权、承包经营权、林权等纳入城乡统一的国土资源交易平台。深化土地有偿使用制度改革，探索推动部分公共管理和公共服务用地、经营性基础设施用地以出让方式供地。加强土地二级市场建设，完善省直管土地处置政策，切实规范划拨或出让土地改变用途管理，坚决防止国有资产流失。研究完善农村宅基地取得、分配、管理和退出办法，严格落实一户一宅政策和面积标准，决不允许城镇户籍人口赴农村买地建房。

（六）提高矿产资源勘查、开发管理水平

启动新一轮矿产资源总体规划修编。完善矿产资源管理和矿业经济发展政策。推进找矿突破战略行动第二阶段工作，优选一批新的整装勘查区和找矿靶区，深入推进优势矿产资源和老矿山深边部找矿。以石门、张家界、常德、涟源等地为重点，启动新一轮页岩气区块出让工作。推动已出让区块积极创建页

岩气勘查示范区。加强地勘项目质量管理。以优势矿种和保护性开采矿种为重点，探索建立矿产资源战略储备制度。加强矿业权市场建设与调控。抓好矿产资源综合利用示范基地建设。积极做好关闭落后小煤矿工作，暂停发放煤炭探矿权与采矿权，妥善解决历史遗留问题。继续对矿业违法保持高压态势，严厉整治超深越界、滥采乱挖现象。深入开展“矿山储量动态监管质量建设年”活动。完善探明资源、占用资源登记制度。扎实推进长株潭城市群以及重点矿区、整装勘查区地质资料“两化”工作。

（七）全面加强测绘地理信息工作

全面推进地理国情普查，为常态化的地理国情监测和自然资源资产统一管理提供基础平台。推进地理空间数据共享交换制度建设，整合分散在各部门的地理信息数据，着力打造统一通用、高效便捷的基础地理信息系统。在全面建成数字岳阳、常德、娄底、永州的基础上，启动一批数字县城建设。加快市县数据以及三维街景数据采集，提高“天地图 · 湖南”的分辨率、现势性，扩大其覆盖面，适时推出“天地图 · 湖南”手机版。加快测绘装备更新换代，实施湖南省卫星地面增强系统（HNCORS）二期工程，加快北斗卫星与地理信息、导航与位置服务、遥感监测等融合应用，促进地理信息产业发展与园区建设。依法落实全行业、全过程、全方位的测绘质量和成果保密监管。以导航电子地图、互联网地图为重点，组织开展地理信息市场专项治理。落实测绘市场信用年度评价制度，切实强化测绘统一监管。加强国家版图意识宣传教育。

（八）继续强化依法行政和执法监察

全面清理各级国土资源部门的行政许可与审批事项，没有法律法规依据的，一律取消；继续保留的，一律纳入行政审批事项权利清单向全社会公开。深化土地和矿业权审批改革，科学合理划定各级管理权限，着力精简资料、优化程序、规范中介服务与收费、提高审批效能。继续推进政府规章和规范性文件清理，扎实做好立、改、废工作。完善应复应诉和争议裁决机制。研究制定国土资源中长期依法行政纲要。深化国土资源行政执法体制改革，建立健全国土资源执法监察共同责任机制，加快建立“发现在初始、解决在萌芽”的源

头防范机制。坚持和完善执法监察专员制度，加大社会监督力度。认真抓好卫片执法检查工作，加大案件督办、查处、问责力度。会同有关部门采取有效措施坚决遏制违法建设、销售“小产权房”行为。

（九）切实维护群众权益

深入开展纠正征地拆迁中损害群众利益行为的专项整治行动。稳妥推进征地制度改革，探索兼顾国家、集体、个人的土地增值收益分配办法。进一步规范征地拆迁管理，健全征地补偿动态调整机制，探索多元化安置途径和保障措施。扎实推进地质灾害防治高标准“十有县”建设，加快完善地质灾害预警预报、群测群防和应急处险体系。深入实施矿山复绿行动，组织实施一批矿山地质环境治理示范工程。启动洞庭湖区以外地区的多目标地球化学调查。加强地下水资源勘查与监测管理。加强矿泉水、地热、地温能的开发利用。编制全省浅层地温能调查评价和开发利用规划。要实现更高水平的政府信息公开，切实保障群众的知情权、参与权和监督权。全面落实信访工作责任，严格执行领导干部接访、下访、包案制度，落实信访救助资金，推动化解一批信访积案。落实重大事项社会稳定风险评估制度。

（十）大力加强基层基础工作

完善行政事业性和服务性项目收费标准，规范土地出让金和两权价款收支管理，健全土地整治、地质勘查、基础测绘项目预算标准，加大财务监管力度。专项资金分配继续向武陵山罗霄山连片特困地区倾斜，支持基层国土资源部门特别是乡镇国土资源所建设。加强重大装备的引进、开发与应用工作，增强科技创新能力。深入推进“金土工程”，完善电子政务、综合监管和信息服务平台。有条件的地区要将“金土工程”深入基层国土资源所。围绕国土资源管理改革，组织实施一批重大调研课题，着力提高决策科学化水平。加大国土资源国情省情、政策法规、职能职责、先进典型、工作成效宣传力度，加强重大政策解读和形势研判工作，完善应急事件处置机制，增强舆论引导能力。深化国土资源对外合作与交流，实施“走出去，请进来”战略。继续推进国土资源标准化建设。

B.5 推进污染减排　建设两型社会

刘尧臣*

近年来，在省委、省政府的高度重视和正确领导下，全省各级各相关部门各有关单位密切配合，全力推进主要污染物总量减排。“十二五”期间，国家下发湖南省的主要污染物总量控制指标是：到 2015 年湖南省化学需氧量和氨氮排放总量分别控制在 124.4 万吨、15.29 万吨以内，比 2010 年的 134.1 万吨、16.95 万吨分别减少 7.2% 和 9.8%；二氧化硫和氮氧化物排放总量分别控制在 65.1 万吨、55 万吨以内，比 2010 年的 71 万吨、60.4 万吨分别减少 8.3% 和 9.0%。截至 2013 年底，湖南省主要污染物总量减排四项指标中：化学需氧量完成目标任务的 95%，氨氮完成目标任务的 71%，二氧化硫完成目标任务的 116%，氮氧化物完成目标任务的 29%。预计到 2015 年能全面完成减排任务。通过推进主要污染物总量减排，湖南经济结构不断优化，环境质量有所改善，为促进“四化两型”和生态文明建设发挥了重要作用。

一　充分认识推进主要污染物减排的重大意义

（一）推进主要污染物减排是解决突出环境问题、改善环境质量的重要措施

国家“十一五”“十二五”规划中将主要污染物总量减排列为政府考核的约束性指标，湖南省政府与各市、州政府分别签订了“十二五”污染

* 刘尧臣，湖南省环境保护厅党组书记、厅长。

减排目标责任书，明确了各级政府为主要污染物总量减排的责任主体，实行“一票否决”。“十一五”以来，各级各部门为完成污染减排任务，采取了一系列有效措施来实行总量控制，着力解决重点区域、重点领域突出环境问题，加快产业结构调整，大力增强污染减排能力，强化环境监督执法，加快环保产业发展，增强环境监管能力，有力地促进了湖南环境保护各项工作。

（二）推进主要污染物减排是两型社会建设的重要抓手

加快推进两型社会建设，是科学发展观在湖南的具体实践，是湖南转变发展方式的重要目标和着力点。湖南省坚持以长株潭城市群两型社会建设综合配套改革为突破口，把建设两型社会与加强生态文明建设结合起来，以全面推进污染减排为重要抓手，实施了两型社会建设八大工程之一的节能减排全覆盖工程，按照谁污染谁治理的原则，大力削减主要污染物排放量，加大落后产能淘汰工作力度，坚决关闭影响生态文明建设的排污设施和落后生产工艺设备，在全国率先形成节能减排考核评价、行业标准、用能标准和设计规范等系统管理的体制机制，大力推进了湖南两型社会建设。

（三）推进主要污染物减排是经济社会建设可持续发展的重要保障

推进主要污染物减排，倒逼产业结构调整，破解污染难题，转变发展方式，可为湖南经济社会建设可持续发展提供重要保障。坚持严格按照国家淘汰落后产能的政策要求，加大对钢铁、水泥、有色金属、化工、造纸等行业中严重浪费资源、污染环境的落后生产工艺的淘汰力度，为先进产能腾出环境容量和市场空间，促进湖南经济发展方式转变和产业结构优化。例如，2006年，省环保局组织实施了洞庭湖造纸业整治会战行动，湖区造纸企业由原来的300多家减少到80多家，排污量减少2/3，有效地解决洞庭湖地区污染严重和环境容量超载难题，为当地以高新技术、电子技术和环保产业为主体的低排放产业上马腾出了环境容量，洞庭湖流域经济保持了快速增长、率先发展的态势。

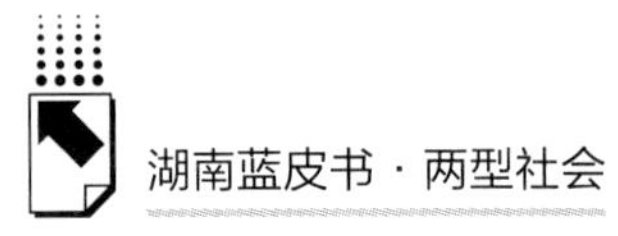

二　明晰路径狠抓落实，全力推进目标任务的完成

（一）以省政府重点工程为核心，统领污染减排工作

2013 年，省政府相继批复了《湖南省“十二五”主要污染物总量控制规划》《湖南省“十二五”城镇污水处理及再生利用设施建设规划》《湖南省湘江污染防治第一个“三年行动计划”实施方案》。省委书记徐守盛十分重视全省污染减排工作，要求毫不放松地抓好节能减排工作，建设天蓝、地绿、水净的美丽湖南。杜家毫省长主持召开湘江流域保护和整治委员会会议，明确将湘江流域重金属污染治理列入省政府“一号重点工程”，提出“若毁绿水青山，宁弃金山银山”的发展理念。陈肇雄常务副省长多次召集相关部门，专题研究污染减排工作。全省 14 个市州政府对污染减排工作也高度重视，严格按照污染减排分解任务和“一号重点工程”的要求，认真履行职责，落实减排措施，确保完成年度减排任务和重点项目。

（二）以总量减排考核为抓手，促进减排工作

突出总量减排工作的责任主体，强化地方政府责任，建立完善考核评估机制，将减排工作落实情况作为各级政府和有关部门考核的重要内容（将减排指标每年都纳入市州党委政府绩效评估和新型工业化考核体系），与奖优评先、项目审批密切联系，并严格奖惩制度。按照《国务院办公厅关于转发环境保护部“十二五”主要污染物总量减排考核办法的通知》的要求，拟制了《湖南省“十二五”主要污染物总量减排考核办法》，将以省政府的名义下发。

（三）以“六厂（场）一车”为重点，支撑减排工作

一是继续狠抓城镇污水处理厂及配套管网建设。从资金、政策等方面优先支持国家、省责任书项目建设。针对污水处理设施运营经费缺口大的问题，省财政每年安排 1.1 亿元对通过考核、符合政策的市县城镇污水处理设施给予运营补贴。乡镇污水处理厂的建设成效逐步明显，如长沙市将乡镇污水处理厂建

设纳入市政府对各区、县（市）政府绩效考核范围，全市建成乡镇污水处理厂48家，已实行第三方运营23家。

二是加快火电厂脱硝工程建设。2013年支持并完成9台火电机组脱硝项目建设，截至2013年底，全省39台火电机组中已有25台建成脱硝设施（脱硫设施已于“十一五”期间全部建成）。目前，国家发改委利用电煤价格下降腾出的电价空间，在原有脱硫电价的基础上，提高了脱硝电价标准，新增了除尘电价，鼓励火电企业正常运行污染治理设施，减少大气污染物排放。湖南已建成脱硝设施，采用新技术进行除尘设施改造，烟尘浓度低于30mg/m^3（重点地区低于20mg/m^3）的火电机组均享受了相应的电价支持。

三是继续大力推进水泥行业脱硝工程建设。湖南水泥脱硝建设工作走在全国前列，2013年全省完成39条新型干法水泥生产线的脱硝建设，截至2013年底，全省所有63条新型干法水泥生产线全部建成脱硝设施。

四是高度重视畜禽养殖场污染治理。大力开展畜禽养殖治理工作，积极推进标准化栏舍改造建设、禁养限养适养区划定、新建项目进行环评，落实“三同时”制度、清洁生产工程以及沼气池建设等制度和措施，全省推广微生物发酵床养殖技术面积约200万平方米；1.8万个生猪规模养殖场采用了清理干粪、多级沉淀、生物发酵、净化处理等工艺；沼气池用户保有量230万个，养殖粪尿污水年排放减少3500万吨以上。整合环保专项资金和生猪调出大县补助资金，着重支持列入国家、省目标责任书及年度减排计划的畜禽养殖污染治理项目。积极探索湖南农业源减排新技术，大力推广污水深度处理、以粪便生产有机肥的新模式，提高削减率。

五是积极实施机动车污染防治。株洲市政府、湘潭市政府相继发布了《关于实施机动车环保检验和环保标志管理的通告》，长沙市政府出台了《机动车环保检验合格标志管理办法（试行）》。长沙、株洲、湘潭三市已全面开展机动车排气检测和环保标志发放工作。省环保厅于2013年7月下发了《关于开展对新注册机动车绿色环保检验合格标志发放工作的通知》，全省其他11个市州已陆续对上户的新车发放环保标志。长沙市从2013年10月开始供应国Ⅳ标准汽油，油品硫含量从国III标准的少于150ppm降低至少于50ppm，同时能够降低30%左右的氮氧化物排放量，大幅减少对大气环境的污染。

（四）以总量指标管理和排污权交易为基础，助力减排工作

按照国家环保部的要求，制定了《湖南省建设项目主要污染物排放总量指标管理办法》，从2013年起把污染物排放总量指标作为环评审批的前置条件，提高新建项目的环境准入门槛，从源头减少主要污染物新增排放量，采取项目替代、排污权交易等措施实现了对主要污染物新增排放量的有效控制。稳步推进排污权交易工作。湖南是全国开展排污权有偿使用和交易试点的省份之一，在排污权初始分配和有偿使用、排污权市场交易机制等方面进行了积极的探索，迄今为止省市共出台9部政策规章、11项工作制度。坚持“促进环境质量改善”的原则，全面实施初始排污权分配，目前湖南工业企业排污权初始分配核定工作基本完成，全省分配核定了7664家企业的初始排污权，逐步建立起产权明晰的环境容量资源产权制度。建立了比较合理、适用的排污权有偿使用收费机制，按照“底价起步，逐步提高”的思路，制定了较低的排污权有偿使用收费标准；收取的有偿使用费主要用于收购储备排污权指标、实施污染治理和交易工作运行。目前，长株潭三市试点范围内92%的企业已经缴纳有偿使用费，合计收缴有偿使用费4600余万元。以促进治污减排为目标，稳步推进市场化的交易机制，充分发挥市场在环境资源配置中的决定性作用；按照“政府指导与治理成本挂钩”的原则，参考10年期污染治理成本，并适当考虑购买企业的承受能力，出台了市场交易指导价，力图基本补偿减排企业的治理投入。截至2013年底，长株潭三市试点范围内已累计实施市场交易188笔，合同额4700余万元。下一步排污权交易实施范围将由长株潭三市扩大到湘江流域8个市州，计划在现有二氧化硫和化学需氧量两个交易因子的基础上增加氨氮、氮氧化物、铅、镉、砷等交易因子。此外，全省排污权交易拍卖大厅已正式建成，湖南省排污权网络交易平台已开发完成，减排指标和储备指标档案库正逐步建立，能够及时收集各企业减排信息、发布排污权指标求购公告。

（五）以减排新模式、新技术为突破口，创新减排工作

针对污染减排的突出问题和环境质量改善的应用需求，将科技创新与技术进步作为推动减排工作成效的重要手段。2013年，支持建设了株洲华新水泥

"城市生活垃圾预处理及水泥窑资源综合利用一体化项目"，该项目是湖南首家利用水泥窑协同处理生活固废的项目，是城市生活垃圾处置技术工艺的创新突破。同时还支持了国电益阳电厂采用高频电源加柔性电极烟气深度净化技术对1号机组锅炉烟气治理设施进行改造，内容包括静电除尘器的提效、引增系统改造、脱硫后烟气深度净化系统。该项目实施后，益阳电厂1号机组烟囱出口烟气带水明显减少，基本消除了"石膏雨"现象；装置脱硫效果显著，有效缓解了烟囱腐蚀；与现有脱硫、除尘、脱硫设备配套使用，可满足火电厂烟尘浓度低于20mg/m^3的特别排放限值要求。

虽然湖南生态文明建设和环境保护工作取得了一定成效，污染减排工作基本实现了预期的目标，但是湖南作为有色金属之乡和后发展省，发展经济和保护环境的压力持续加大，加上产业结构不合理、当前国内外经济形势复杂等原因，湖南环境保护形势依然较为严峻，污染减排工作任重道远。主要存在以下问题。

一是经济社会快速发展对主要污染物总量削减的压力持续加大。湖南产业结构以有色、化工等重污染行业为主，污染物排放总量偏大。2013年湖南省GDP同比增长10%，高出全国7.7%的平均水平，火电、水泥、10种有色金属、机制纸及纸板产量均保持快速增长态势，污染减排压力十分突出。

二是部分重点减排项目建设进度滞后。受宏观经济不景气、污水处理厂建设规划调整等因素的影响，2013年的国家重点项目进展情况不理想。从近期调度的情况来看，还有少数污水处理厂仍在进行前期工作。

三是机动车尾气治理难度大。全省大部分市州机动车减排和配套措施进展还比较滞后，还需要进一步推进机动车环保检验和环保标志管理工作，加大黄标车淘汰工作力度。

三　以改革创新精神，持续推进污染物减排，服务两型社会建设和经济社会发展

（一）改革创新污染减排机制体制

制定完善相关管理制度，完善污染物减排财政激励机制，建立健全污染物

减排三大技术支撑体系和市场化运行体系，制定完善污染物减排政策，确保污染物减排各项措施落到实处。特别是要建立健全污染物减排目标考核机制，进一步提高污染物减排工作在各级政府目标考核中比重，制定和完善环保考核评估管理办法。推动省委省政府适时出台环境保护职责规定与“责任清单”，明确排污主体（包括企事业单位、公民个人）、主管排污主体的组织机构及行业管理部门、环境保护监管执法部门和地方党委政府四个层次的责任，对那些偷排超排的企业、单位负责人，污染减排监管不力的党政府领导干部、执法人员严格实行行政问责，做到源头严防、过程严管、后果严惩。巩固和扩大企业排污权交易的成果，完善排污权有偿使用管理办法，扩大市场交易规模，完善环境保护责任保险，完善企事业单位污染处理设施，实施第三方运营和环境污染的第三方治理。

（二）完善并落实污染减排措施手段

着力推进重点行业污染工程减排，抓好重点工业企业脱硫、脱硝设施建设和工艺升级改造，加快规模化畜禽养殖场污染治理设施建设，推进污水集中处理、废水深度处理和农业面源污染治理；要推动落后产能淘汰退出，以严格执法为手段，积极配合相关部门，加大钢铁、水泥、造纸、纺织印染、化工、有色、制革等行业落后工艺技术装备和产能淘汰退出力度，推进企业清洁生产，深化结构减排；要加快环境基础设施建设，重点加快大中城市和重点集镇污水处理设施和配套管网建设，增强城镇污水收集能力；要确保重点减排项目的实施，对列入国家、省减排目标责任书的重点项目，按年度要求完成建设任务并实际营运。

（三）大力加强全民环保宣传教育

要加强对全社会的环保知识普及和宣传引导，通过电视、报纸、网络等媒体广泛宣传普及环保科技知识，引导人民群众加深对国情、省情的了解，进一步增强共同保护环境的责任感和紧迫感，让人民群众真正认识自然、尊重自然、爱护自然，充分认识到环境容量的有限性、污染减排的重要性、两型建设的必要性，同时了解当前我国环境问题的复杂性，以及解决环境问题的艰巨性、长期性，教育并引导社会公众高度重视与广泛参与污染减排，从生活中节约用水做起，从出行中减少用车做起，从工作中节约办公用品做起，牢固树立污染减排思想理念，加快建立资源节约、环境友好的生产模式和消费模式。

（四）大力促进环保产业快速发展

保护环境、推进污染减排、建立两型社会，并不是不要发展经济，而是要坚持科学发展，使经济增长与生态保护和谐共进，促进经济又好又快发展和社会和谐进步。要推进经济增长方式由粗放型向集约型转变，鼓励发展低能耗、高环保型企业，并在政策和资金上给予支持。更重要的是，大力发展循环经济，建立生态经济产业园，在工业、农业、林业、旅游、交通、清洁能源、环保产业和服务业等领域发展生态产业，形成生态经济“产业链”。同时，坚持生态资源和环境资源开发与建设并重，加强生态资源的补充和培育，为两型社会建设和经济可持续发展奠定坚实基础。

B.6

节约和保护水资源　助推两型社会建设

詹晓安*

水是生命之源、生产之要、生态之基，水资源是支撑国民经济可持续发展的基础性战略资源，也是推进两型社会建设的最重要基础。近年来，中央和省委把加强水资源管理放在更加突出的位置，以实行最严格的水资源管理制度为核心，全面强化水资源节约和保护工作。2011 年，《中共中央国务院关于加快水利改革发展的决定》（中央 1 号文件）提出全面实行最严格的水资源管理制度，明确把严格水资源管理作为加快转变经济发展方式的战略举措。2012 年，国务院出台《关于实行最严格水资源管理制度的意见》（国发〔2012〕3 号），对实行最严格水资源管理制度做出全面安排部署，明确确立水资源开发利用、用水效率控制、水功能区限制纳污“三条红线”，建立用水总量控制、用水效率控制、水功能区限制纳污、水资源管理责任和考核等“四项制度”。在省委、省政府的坚强领导和各级各部门的大力支持下，湖南省水资源管理工作取得明显进展和新的突破，为两型社会建设提供了有力的水资源保障和水环境支撑。

一　湖南水资源基本情况

湖南地处中亚热带季风湿润气候区，总面积 21.18 万平方公里。境内河流众多，河长 5 千米以上河流 5341 条，河流总长度 9 万公里；水域总面积 1.35 万平方公里。流域面积 10000 平方公里以上河流 9 条，分属长江和珠江两大流域，其中长江流域洞庭湖水系占全省国土面积的 97.6%，多年平均降水量为 1450 毫米，多年平均水资源总量为 1689 亿立方米，其中地表水资源

* 詹晓安，湖南省水利厅党组书记、厅长。

量为1682亿立方米，地下水资源量为391.5亿立方米（地下水非重复量为7亿立方米）。

2012年，全省全社会用水总量为328.2亿立方米，全省水资源开发利用率为19.4%。其中，城乡居民生活用水30.6亿立方米，工业用水100.4亿立方米，农业灌溉用水179.0亿立方米，其他包括农村牲畜、建筑业、服务业、城镇环境等用水18.2亿立方米。2012年全省万元工业增加值用水量和万元GDP用水量分别为107立方米、148立方米。

2012年，全省7330.8公里长的河湖水域，全年Ⅱ类水质河长4714.9公里，占监测河长的64.3%；Ⅲ类水质河长2283.6公里，占监测河长的31.2%；Ⅳ类水质河长288.3公里，占监测河长的3.9%；Ⅴ类及劣Ⅴ类水质河长44公里，占监测河长的0.6%。与2011年比较，全省Ⅱ、Ⅲ类水质河长比例提高了1.5个百分点，Ⅴ类及劣Ⅴ类水质河长比例下降了1.6个百分点，全省水生态环境进一步改善。

二　2013年度水资源节约和保护情况

2013年，湖南省积极落实最严格的水资源管理制度，有效加强了水资源节约和保护。

（一）加快实施最严格的水资源管理制度

省人民政府出台了《湖南省最严格水资源管理制度实施方案》（湘政发〔2013〕32号）和《湖南省实行最严格水资源管理制度考核办法》（湘政办发〔2013〕32号），确立了水资源开发利用控制、用水效率控制和水功能区限制纳污“三条红线”，明确实施用水总量控制制度、用水效率控制制度、水功能区限制纳污制度、水资源管理责任和考核制度“四项制度”，实行水资源管理地方行政首长负责制。同时，完成了《湖南省水资源管理“三条红线”指标体系》编制工作，将用水总量、万元工业增加值用水量、农田灌溉水有效利用系数、水功能区达标率四项控制指标进行了分解，建立了省、市两级指标体系。至目前，湖南省最严格的水资源管理制度总体框架基本建立，将对推进经济发展方式转变、优化产业结构布局、提高水生态环境质量等发挥巨大作用。

（二）全面推进湘江流域综合管理

制定出台并全面实施《湖南省湘江保护条例》，落实湘江保护和治理省政府“一号重点工程”部署要求，牵头编制了《〈湖南省湘江保护条例〉实施方案》，已通过湘江保护协调委员会审议，报省政府批准后印发。并围绕湘江流域综合管理，完成了《湘江流域管理规划》修改工作，开展了湘江流域管理体制及运行机制、湘江流域取水许可总量控制指标体系、湘江流域水生态补偿机制等课题研究，湘江流域管理取得明显进展。

（三）大力开展节水型社会建设

长沙、株洲、湘潭三市作为全国第三批节水型社会建设试点城市，通过体制与机制建设、示范区制度建设、能力建设、宣传发动等措施，进一步调整产业结构、改进用水工艺、加强用水管理、提高水资源的利用效率，取得了良好的社会、经济和生态效益，各项指标达到了全国节水型社会建设试点城市的标准和要求，顺利通过验收评估。同时，启动了《湖南省用水定额》修订工作，已完成了工业企业主要产品用水定额、城市生活用水定额的修订以及农业灌溉用水定额的制定，本次修订将强化强制性用水定额标准，以严格定额管理促进相关行业节约用水。

（四）积极推进水生态文明建设

按照推进“四化两型”、建设美丽中国的新要求，把推进水生态文明建设放在重中之重，制定了《湖南省水生态文明城市评估标准体系》和关于湖南省开展水生态文明城市创建工作的意见。继续加强凤凰县开展沱江流域水生态系统保护和修复国家试点指导工作，积极争取国家水生态文明城市建设试点；长沙市、郴州市被顺利列为国家水生态文明城市建设试点城市后，指导长沙、郴州两市水生态文明城市建设试点实施，不断探索积累水生态系统保护与修护的经验。

（五）严格水资源行政许可和审批

一是严把审批准入，强化审批程序。积极推进规划水资源论证工作，开展了长沙大河西先导区空间发展战略规划及常德桃源县创元工业园区、长沙铜官循环经济工业园等的规划水资源论证工作。二是规范审批权限，拟与省发改委联合出台水资源论证审批程序、权限、管理等规范性文件。三是理顺水资源相关审批与环境保评审批关系。经与省环保厅协商，达成一致意见：凡是省水利厅未出具水利水电建设项目环评审核意见或水资源论证批复的，不予受理环评审批。

（六）强化水资源保护和水功能区监督管理

在水资源保护方面，积极开展了长沙、湘潭、株洲市湘江水源地，长沙市株树桥水库，岳阳市铁山水库和常德市沅江水源地等六个国家级水源地达标建设；加快湖南省水资源保护规划的编制工作，组织省水资源保护规划组专家对全省各市州开展规划成果现场调研；积极开展省级重要饮用水水源地名录（第一批）核准工作，核定名录中共计123个水源地，覆盖县级以上城市及重要城镇的集中式饮用水源地。在水功能区监督管理方面，调研起草了《湖南省水功能区管理办法》，完成了《湖南省水功能区划》修订工作，制订了重要水功能区纳污能力核定和分阶段限排总量控制方案；水功能区监测站网建设取得新成效，监测站网由2012年的192个增加至217个，监测水功能区由124个增加至147个，对重要城市饮用水水源地水量水质进行同步监测。

三　2014年水资源管理工作思路

2014年，湖南省水资源管理工作以贯彻落实党的十八大及十八届三中全会精神为引领，深入贯彻落实最严格水资源管理制度，重点推进水生态文明试点建设，实现以水资源的可持续利用支撑和保障湖南经济社会可持续发展目标。

（一）深入贯彻最严格水资源管理制度

一是按照《湖南省最严格水资源管理制度实施方案》的要求，会同有关部门，抓紧细化具体落实方案和配套措施，加快落实最严格水资源管理制度基础工作的跟进。二是各市州要抓好最严格水资源管理制度的落实，尽快完成市州水资源管理“三条红线”控制指标对县（市、区）的分解，并完成本行政区域内重点用水行业和用水户用水量、用水效率指标分解，实行水资源管理行政首长负责制，建立水资源管理责任制度。

（二）加快推进水生态文明建设

一是制定湖南省水生态文明城市评估标准体系，争取省政府出台相关文件。二是拟定并出台文件“关于湖南省开展水生态文明城市创建工作的意见”。三是推进水生态文明试点建设。继续做好长沙、郴州两市第一批国家水生态文明试点城市建设，积极督促两市相关项目的实施，并做好第二批国家试点申报工作，推进省级水生态文明试点。四是编制全省水生态系统保护与修复规划，开展河湖生态评价指标体系研究。

（三）全面推进湘江保护工作

按照省委、省政府提出的将湘江保护与治理作为“一号重点工程”的要求，全面落实《湖南省湘江保护条例》，省政府出台《〈湖南省湘江保护条例〉实施方案》。加快《湘江保护综合规划》等相关规划的编制，加强与省直部门和沿江八市的协调，积极做好湘江保护考核工作，推进湘江保护工作。

（四）加强水资源管理考核

一是会同有关部门制定湖南省最严格水资源管理制度考核工作实施方案，制定用水总量指标、用水效率指标、水功能区水质达标率指标核算办法，争取成立湖南省实行最严格水资源管理考核工作组，做好湖南省最严格水资源管理专项考核前期准备工作。二是继续做好省政府对市州政府水资源管理的评估工作，制定好评估方案，做好数据收集、分析和督查工作。三是继续利用省政府“芙蓉杯”水利建设竞赛平台，加强水资源管理基础工作考核，进一步促进各市（州）水资源管理工作。

（五）强化水资源监测能力建设

一是按照水利部的要求，2014 年全面完成国家水资源监控能力建设项目湖南项目的实施，实现 313 个取水用户水量在线监测、152 个水功能区水质监测、4 个全国重要城市饮用水水源地水质在线监测，基本建成国家水资源监控湖南省级管理信息平台。二是按照最严格水资源管理制度的新要求，修改完善《湖南省水资源管理系统建设实施方案》，编制《湖南省水资源监控能力建设规划》，启动湖南省水资源管理系统建设，计划在 2016 年基本完成。在国家和省项目基础上尽快启动各市州内水资源监控能力建设，争取利用 3 年时间建成覆盖省、市、县三级水资源的实时监控体系。

（六）加强水资源管理机构队伍建设

一是积极推进在省直部门成立湖南省水资源管理中心、省水资源监测中心的筹建工作。二是各市州要按照《湖南省最严格水资源管理制度实施方案》的要求，加快成立专门的水资源管理机构，加快专业人才的引进，加强水资源管理人员培训。三是加强培训，每年开展不少于 2 次对市县水资源管理人员的培训，不断提高基层工作人员的思想认识和业务能力。

（七）强化水资源保护

一是充分考虑各水域水体功能的变化和《湖南省地表水功能区划》，全面完成《湖南省水功能区划》修编工作。二是进一步完善水资源保护监测站网建设，省管水功能区监测率达到 90% 以上。三是全面完成《湖南省水功能区纳污能力核定和分阶段限排总量控制方案》。四是开展省级水功能区确界立碑工作，争取完成 40% 省管水功能区的确界立碑工作。五是全面完成《湖南省水资源保护规划》编制工作，开展《湘江流域水资源保护规划》的编制工作。

（八）加大饮用水水源地保护工作力度

一是全面完成长沙市湘江饮用水水源地等 6 个国家级饮用水水源地安全保障达标建设实施方案。督查各饮用水水源地所在地加快实施该方案，争取在

2016年前完成湖南省国家级重要饮用水水源地安全保障达标建设。二是全面完成省级饮用水水源地名录核定工作，争取由省政府公布此名录，推进省级重点饮用水水源地达标建设。三是加强饮用水水源地的自动监测能力，增加饮用水水源地特别是在枯水期的监测频次。四是开展重要饮用水水源地安全评估，建立饮用水水源地安全评估制度。

（九）加强水资源管理基础工作

一是规范建设项目水资源论证工作，建立规划水资源论证制度、水资源论证后评估制度，强化水资源论证资质及专家库管理，建立省级水资源论证报告书审查专家库。二是出台用水户用水量统计报表制度，建立取水许可数据库及统计查询系统。三是完成全省分市（州）、分流域取水许可总量分配方案和地下水动态监测站建设规划等工作。四是全面完成《湖南省用水定额》修编工作，明确强制性用水定额标准，争取由省质监局颁布实施，公布用水大户及高耗水、高污染企业等用水单位重点监控名录。

党的十八届三中全会吹响了全面深化改革的号角，要求加快建立资源节约利用、生态环境保护的体制机制。全省水利部门将全面推进水资源管理体制机制改革，探索建立水资源资产产权、水资源管制制度、水生态补偿制度，逐步建立完善水市场和城乡水资源统一体制，实现对水资源的统一规划、统一配置、统一调度和统一保护。水资源各项管理制度、管理模式等重点领域的深化改革，将成为推进两型社会建设的关键着力点和突破口，在全面建成小康社会中发挥更大的推动作用。

B.7

保护青山绿水　建设两型社会

邓三龙*

笔者认为：建设两型社会，核心是处理好保护和利用之间的关系。对此，湖南省委书记徐守盛指出要着力解决“青山绿水掩盖下的贫穷和污染”，杜家毫省长多次强调“若毁绿水青山，宁弃金山银山”。这些论述与思想，就是全新的两型理念。林业部门认真贯彻省委省政府部署，通过经营健康森林、建设美丽湿地，让青山绿水长期覆盖三湘大地，为资源节约留下了更大空间，为环境友好奠定了生态基础。

一　2013年湖南林业系统推进两型社会建设情况

2013年，湖南林业系统把建设绿色湖南作为首要任务，统筹推进两型社会建设，各项工作取得显著成效。

（一）绿色湖南建设全面铺开

湖南省委、省政府在全面清理各类领导小组的形势下，继续保留了绿色湖南建设领导小组。省绩效办将绿色湖南建设重点工作纳入了考评范围，在绿色湖南建设成员部门分值（总分1000分）中占472分。长沙等9个市成立了领导小组，湘潭等4个市召开了动员大会，岳阳等6个市出台了实施意见，株洲市编制了专题规划。26个省直涉绿部门相继推出十大绿色行动、十大环保行动、十大低碳技术等。

---

* 邓三龙，湖南省林业厅党组书记、厅长。

（二）两型指标超额或圆满完成

造林绿化方面。全省完成营造林 1347.1 万亩，超出计划目标 3.6%。义务植树 1.22 亿株。培育无节良材 102.5 万亩，优材更替 14.4 万亩，珍贵树种造林 20.3 万亩。启动了 31 个县市区石漠化综合治理。林地测土配方信息系统造林使用率达 70% 以上，主要造林树种良种使用率达 85%，营造林质量连续五年在全国领先。资源增长方面。全省林地保有量稳定在 1.9 亿亩以上，达 1.937 亿亩；森林覆盖率稳定在 57% 以上，达 57.52%，比上年度增加 0.18 个百分点；活立木总蓄积量 4.45 亿立方米，比上年度增加 1586 万立方米。

（三）两型产业加快发展

全省实现林业总产值 2380 亿元，同比增长 26.37%，增速超预期目标 11 个百分点。其中，油茶产业增长 4.08%，竹产业增长 18%，家具产业增长 30%，森林旅游产业增长 31%。全省启动 19 个国家级和 52 个省级林下经济试点建设。全省新晋和增建了 2 个国家级自然保护区、8 处国家湿地公园、6 处省级森林公园，全省自然保护区、国有林场、森林公园、国家湿地公园等分别占国土总面积的 5.9%、5.2%、2.2% 和 0.9%。

（四）两型资源管护积极有效

全省森林火灾受害率控制在国家规定的 1‰目标以下。全省林业有害生物成灾率控制在了国家规定的 4‰目标以下。候鸟等野生动物保护专项行动取得明显成效，野生动物疫源疫病监测防控能力明显提高。全省 1.2 亿亩森林被纳入森林保险，保额达到 478 亿元。全省森林公安机关共办理各类涉林案件 18562 起，打击处理违法犯罪人员 18993 人（次），成功侦破一起特大非法收购、运输、出售（珍贵）濒危野生动物及其制品案。湿地保护率达到 60.98%，较上年增长 10.9 个百分点。

（五）两型文化不断繁荣

电影《梦萦张家界》由中央电视台和中国电影家协会拍摄完成并试映，

得到了广泛好评，即将与观众见面；林业史诗《人类绿洲》已由湖南文艺出版社出版。《绿色恋歌》《香樟年记》分别荣获全国第五届关注森林——梁希文化艺术特等奖和一等奖。湖南世界名花生态节、张家界国际森林保护节、植树节、爱鸟周等生态文化品牌节庆活动已成为人们所熟悉和喜爱的林业节庆活动。江华尖子岭瞭望员余锦柱同志荣获全国“林业英雄”称号。

（六）“两型”成果惠及广大群众

一是推进审批便民。把行政审批事项从42项减少到22项，并下放7项。全力推行网上行政审批，全年网上办证300多万份，平均用时7.6个工作日，比规定的时间20天减少12.4天，提速62%，群众足不出户或足不出乡可办好事情。二是推进改革惠民。推进国有林场改革试点，让5.8万名国有林场职工100%享有养老保险、99.19%享有医疗保险，并为他们盖了5.17万套住房。取消了义务植树绿化费、野生动物资源保护费以及省厅本级一切服务性收费。三是推进科技富民。首次获得部省级科研重大专项2项、鉴定科研成果26项。同时，开展“百千万”行动，选派国家级科技特派员68人，免费培训林农30万人次，重点扶持、服务100家林产示范企业和国有林场、1000家林业合作社、10000个林业种植农户。

同时，两型社会建设也存在不少问题：一是总量上有成绩，但均量、质量是短腿。如森林覆盖率是全国平均水平的近3倍，但亩均蓄积量只有全国平均水平的3/5，加强森林经营任重道远。二是林业治理和生态修复的任务比较艰巨。湖南省还有2000多万亩的石漠化地和200多万亩重金属污染地需要治理，900多万亩坡耕地需要退耕还林。三是深化改革、实现林兴民富还有很长的路要走。林地确权后的配套改革需要加快铺开，国有林场改革还未取得实质性进展，采伐改革、测土配方等工作的“最后一公里”还没有完全打通。

二 2014年湖南林业系统推进两型社会建设设想

2014年，湖南各级林业部门将紧紧围绕党的十八届三中全会的总要求和绿色湖南建设的总目标，全面推进“健康森林、美丽湿地、绿色通道、秀美村庄”建设，完成营造林1300万亩以上，森林覆盖率稳定在57%以上，森林蓄积量增长1500万立方米以上，林地保有量稳定在1.9亿亩以上，林业产业总产值增长15%以上，湿地保护率提高6%以上；森林火灾受害率控制在1‰以下，林业有害生物成灾率控制在4‰以下，努力提高林业资源总量、质量和均量，提升全省绿化美化水平和人民群众的幸福指数，打造天蓝、地绿、水净、宜居的绿色湖南。

（一）经营健康森林

一是增总量。完成造林任务602万亩。其中，人工造林353万亩，封山育林249万亩，使全省森林面积保持在1.5亿亩以上。二是提质量。完成森林抚育700万亩，其中，低产林抚育改造200万亩，中幼林抚育500万亩。实施优材更替10万亩，培育无节良材100万亩。抓好良种苗木培育、良种基地建设与管理，进一步提高林木良种使用水平。稳步推进国家木材战略储备基地建设试点工作，全面启动新一轮退耕还林、世行贷款、法国开发署贷款项目。深入推广林地测土配方系统，造林应用率达到80%以上。三是防灾害。发挥森林航空消防、森林防火视频监测作用，提高森林火灾监测、扑救水平，杜绝“边造边烧”甚至“造不抵烧”的情况。全面落实“十二五”林业有害生物防治目标管理责任制，突出抓好松材线虫病疫情除治和预防工作。四是管好国有林和生态公益林。生态公益林管护已列入省政府2014年为民办实事项目，各地要认真贯彻《公益林管理办法》的要求，健全公益林管理制度，提升公益林管理绩效。加强对国有林场改革的领导，让1645万亩国有林、7493万亩省级以上公益林成为最健康的森林。五是守卫林地。完成国家部署的森林资源连续清查（一类调查）、林地年度变更调查（三类调查）和全省“十二五”森林资源二类调查任务。开展野生动植物资源调查、加强野生动物疫源疫病防控和候鸟保护，促进人与自然的和谐共存。落实林地保护专项规划，强化林业部门在林地征占用前置审批中的地位，发挥中部林权交易中心作用，推进林权交易管理与服务工作。

（二）保护美丽湿地

一是划定保护红线。贯彻《湖南省湿地保护条例》，加强湿地保护执法，

确保全省除水稻田外的1531万亩自然和人工湿地不减少。二是扩大保护面积。目前，湖南省湿地受保护面积达933.6万亩，保护率接近61%。要通过划建湿地公园、保护区与保护小区，稳步扩大湿地受保护面积；对已纳入保护范围的湿地，建立健全考核评估制度、责任追究制度，遏制湿地退化趋势。三是保护核心湿地。重点建设好3处国际重要湿地、10处国家级湿地自然保护区、32处国家湿地公园和18处省级重要湿地，保护好洞庭湖、东江湖、水府庙等战略性湿地资源。四要争取湿地补偿。争取国家在湖南启动湿地生态补偿试点和退耕还湿工程，争取世界环境基金等国际环保组织继续在湖南实施湿地保护恢复和补助项目，鼓励地方政府率先探索湿地补偿政策机制。

（三）打造绿色通道

坚持把造林项目向最需要绿色、生态景观和清新空气的地方集中，让老百姓对“造林就是造福”有看得见摸得着的感受。一是抓新造。完成新通车高速公路沿线造林绿化1000公里，突出抓好京珠复线衡阳至郴州段、二广高速邵阳至永州段、厦蓉高速郴州至永州段等三条高速公路沿线1012公里的造林绿化和提质提效。二是抓巩固。巩固好已通车高速公路两边造林绿化3000公里，完成铁路绿化及提质500公里，完成公路绿化及提质9000公里，完成江河湖库沿线绿化及提质4500公里。三是抓创新。结合退耕还林工程，绿化好高速公路沿线坡耕地；借鉴外省“租地造林”等通道绿化方式，巩固“天坑”治理成效，让绿色通道绿不断线、景不断链。

（四）建设秀美村庄

秀美村庄是美丽中国和绿色湖南的重要组成部分。具体来说，就是要改变农村“三边”（路边、村边、城边）绿化水平不高、人居活动的周边环境不够好的问题。从2014年起，要结合新农村建设，大力开展身边增绿行动。一是深入宣传，提高认识。通过广泛宣传，让村民认识到优美的环境不仅能提高生活品质，而且还有利于增进身心健康。二是继续推进“千万”珍稀树种进农家活动。通过层层发动，让2013年全省定点培育的优良珍贵树种走进千家万户，成为乡村房前屋后生态点缀的独特风景。三是开展森林村庄示范行动。大力开展植树造林，集中整治交通干线两旁景观，每个市州建设3～5个样板村庄，用典型带动全面发展。如大力推广娄底、永州两市“联村建绿”的既成经验，积极推动大户带头、社会捐资等形式联村建绿，努力通过上下联动的工作，再现乡村青山绿树与小桥流水人家相映生辉的美景。

（五）壮大绿色产业

一是力抓产业结构调整。重点发展资源综合效益高、生态环保、产品附加值大的产业，坚决淘汰能耗高、污染大、以牺牲环境和人体健康为代价的落后产业。要充分发挥湖南油茶、楠竹、花卉、种苗等资源优势，尤其是油茶产业扩大增量、提升存量的工作一步也不能放松。二是力抓工业园区建设。现在各县市基本都有自己的工业园区，要充分发挥工业园区交通便利、信息快捷、综合配套服务好的优势，积极引导优势企业从分散经营向园区集中转移，推动集群发展。要重点跟进8个省级产业园区的筹备建设，力争早出成效。三是着力打造龙头企业。对国家和省级龙头企业，产品加工退税、贷款贴息等政策要优先向它们倾斜；人员培训、产品质量检验等实用技能要优先帮扶它们。促使企业安心生产，专注经营。四是要着力打造精品名品。严格林产品质量监管，做群众放心产品，积极开拓产品市场；积极开展“著名商标”“驰名商标”创建工作。

习近平总书记指出：“山水林田湖是一个生命共同体，人的命脉在田，田的命脉在水，水的命脉在山，山的命脉在土，土的命脉在树。”山水林田湖既是一个资源系统，也是一个环境系统。湖南林业部门将发挥自身在“山水林田湖”整个生态系统中的独特作用，为构建两型社会、建设绿色湖南做出更大贡献。

B.8

大力发展循环经济　加快转变发展方式

王亮方*

循环经济是一种以资源的高效利用和循环利用为核心，以“减量化、再利用、资源化”为原则，以低消耗、低排放、高效率为基本特征，符合可持续发展理念的经济增长模式，是对“大量生产、大量消费、大量废弃”的传统增长模式的根本变革。

《循环经济促进法》明确，发展循环经济是国家经济社会发展的一项重大战略。党的十八大将生态文明建设纳入中国特色社会主义建设五位一体总布局中，提出“推进绿色发展、循环发展、低碳发展”。我们要认真贯彻落实党的十八大及十八届三中全会精神，从战略高度认识和把握发展循环经济的重要性，进一步增强责任感，把发展循环经济作为湖南发展的绿色引擎。

一　加快发展循环经济对于促进全省经济社会转型升级具有重大意义

（一）加快发展循环经济是破解资源约束、建设“绿色湖南”的有效途径

湖南资源禀赋先天不足，全省主要资源人均占有量远低于世界和国家平均水平，能源利用效率总体偏低。单位 GDP 能耗高出全国平均水平 14%，水耗高出全国平均水平 20% 左右。全省一次能源缺口达 7501 万吨标煤，对外依存度为 53%。随着工业化、城镇化进程加快和消费结构持续升级，全省能源资

* 王亮方，湖南省发展和改革委员会党组成员、副主任，湖南省能源局局长。

源短缺的压力进一步加剧，只有以发展循环经济为抓手，转变发展方式，从源头上减少资源消耗，在过程中实现资源的高效利用，在末端实现资源的再生利用，才能从根本上打破湖南发展过程中资源能源的瓶颈。

（二）加快发展循环经济是保护生态环境、建设生态文明的内在要求

湖南环境问题仍然比较严峻。重点流域水污染严重，特别是含镉、砷、铅等重金属“三废”的工业废水超标排放，严重影响着城市饮用水水源安全。空气质量较差，雾霾天气、工业“三废”危害、农村面源污染、水土流失、石漠化等问题日益突出。据测算，全省固体废弃物综合利用率提高 1 个百分点，每年就可减少约 170 万吨废弃物的排放；粉煤灰综合利用率若能提高 1 个百分点，就可以减少排放近 12 万吨。大力发展循环经济，推行清洁生产，可将经济社会活动对自然资源的需求和生态环境的影响降低到最小限度，从根本上解决经济发展与环境保护之间的矛盾。

（三）加快发展循环经济是转变发展方式、建设小康湖南的必然选择

目前，产业结构依然偏重，工业仍以重化工业为主，十大优势产业中有六大产业是高耗能、高排放产业。面对调整产业结构、转变发展方式的压力，就要顺应国际国内发展潮流，以加快生态文明建设为推动力，以发展绿色低碳生态经济作为转型发展的突破口，打造新的经济增长点。以生态绿色技术改造现代工业生产，大力发展新能源、节能环保等战略性新兴产业，加快发展循环经济，形成新的经济增长点，从传统的“高开采、低利用、高排放、不循环”的增长模式，转变为“低开采、高利用、低排放、可循环”的发展模式，实现生态环境改善与经济转型发展双赢。

二　湖南循环经济发展取得的主要成效

“十一五”以来，在省委省政府的高度重视、强力推进下，全省上下通过

强化政策措施，积极开展试点示范，努力推进企业、园区、产业、社会四个层次的循环经济体系的建设，取得明显成效。

（一）主要工作

1. 突出重点行业，积极推进企业循环发展

在资源能源消耗高、污染排放量大的钢铁、化工、有色、煤炭、电力、建材、电器和汽车制造等行业，以泰格林纸集团、智成化工、株冶集团3家国家循环经济试点单位为重点，大力推进企业内部循环发展。泰格林纸集团建设废纸脱墨浆生产线、粉煤灰综合利用工程、生物质发电供热系统、碱回收装置等，年利用20万吨废纸、12万吨制浆造纸过程中产生的粉煤灰和20万吨树皮、芦苇渣、锯木屑和生物污泥等固体废弃物，对化学制浆黑液中的碱回收率达83%以上。智成化工采用中成碱法建设了国内首套烟气二氧化硫回收装置，每年可减少9130吨二氧化硫排放，节约硫资源4108吨，利用本地高硫含量劣质煤16.7万吨，实现了尾气、废水和废渣的资源化和再利用。株冶集团创建了“铅锌联合冶炼循环经济产业模式”，实现了铅、锌两大系统废水零排放、废渣零堆放和二氧化硫烟气全部制酸。通过节约降耗、开展综合利用、构筑产业链，企业污染物大幅削减，工艺技术不断提升，产品结构逐步优化，市场竞争力明显加强，实现了经济发展与环境保护的“双赢”，全省涌现出一批由试点到示范的循环型企业。

2. 注重发展基础，着力打造循环型产业园区

一是着力推进“城市矿产”示范基地建设。目前，两家园区内集聚了湖南万容科技有限公司等200多家回收网络健全、资源再生技术成熟的企业，废铜、铝、不锈钢、塑料、橡胶以及电子废弃物、稀贵金属等废旧物资年回收量达400万吨、年加工量达155万吨，实现年产值600多亿元，再生资源能源利用体系初步形成。

二是着力推进再制造产业示范基地建设。按“一体两翼”、资源互补、差异化发展的模式在长沙浏阳、宁乡探索再制造产业基地和集聚区建设，大力发展工程机械、汽车、机床和医药设备零部件等的再制造产业。长沙（浏阳·宁乡）再制造示范基地被列为国家再制造示范基地和园区循环化改造示范试

点。目前，基地聚集了28家在行业里具有影响力的再制造骨干企业，11项再制造技术进入国家推荐目录，2013年再制造产业实现总产值近25亿元。园区内的再制造回收物流中心、信息服务中心、表面处理中心、技术研发中心、产业创业孵化中心、热电联产等公共平台建设逐步推进。

三是着力推进园区循环化改造。衡阳松木经开区目前已经初步形成盐卤化工及精细化工产业集群，近30家企业以建滔化工的伴生副产品废氯气为原料生产氯化石蜡、ADC发泡剂、三氯乙烯和四氯乙烯等化工产品，建滔化工又以这些企业的副产品氯化氢为原料生产聚氯乙烯。恒光化工每年通过公共蒸汽管廊向其他企业提供生产硫酸产生的45万吨余热蒸汽，金山水泥年消耗区内企业产生的电石渣、硫酸渣、氧化铝赤泥等废渣废料100万吨以上。岳阳绿色化工产业园已经形成涵盖上、中、下游产业链和循环回收利用的催化剂产业集群，拥有10家企业、20个项目、30余个品种，同时围绕碳三、碳四资源引进的环氧丙烷、醋酸酯、尾气加工、异丁烷脱氢等项目成片布局，碳三、碳四产业也成聚集之势。

3. 注重湖南特色，着力发展现代循环农业

全省大力推进种植业废物和养殖业废弃物的资源化综合利用，积极发展现代循环农业。以常德、长沙、湘西等地区为重点，在1000个乡、村开展了循环农业试点，大力推广了稻草还田、稻鸭共生等一批农业循环生产技术，重点实施了无公害农产品基地建设等10大生态农业工程，基本形成了丘陵区粮—猪—沼—果—渔，平湖区湿地—粮—牧—渔等不同类型的循环农业发展模式。创建国家级无公害农产品示范基地县8个，省级重点示范基地75个，全省无公害农产品基地建设面积达到980多万亩。常德市被列入全国10个循环农业试点市之一。湖南金健米业股份有限公司积极利用环洞庭湖优质稻米及副产品资源，构建了一条“草—牧—稻—粮油加工—副产品综合利用”的循环链条，年可减少畜禽排泄物30万吨、产生沼气300万立方米，年循环利用水稻、青草粗纤维、菜粕或豆粕等30万吨，综合利用节碎米资源2万吨、米糠资源10万吨，稻米资源产业化废弃物真正实现了零排放。湖南果秀食品有限公司利用玉米芯、木屑等农林废弃物生产杏鲍菇，年利用废弃物2万吨，年生产杏鲍菇1.3万吨。将柑橘加工过程中产生的皮渣副产品加工成饲料，每年减少柑橘皮

渣排放1.6万吨。

4. 注重体系建设，着力推进社会层面的循环

近年来，全省大力推进餐厨废弃物资源化利用和工业固体废弃物综合利用，加快建立循环经济发展体系，努力推进社会层面循环经济发展。衡阳市、长沙市、湘潭市先后被列入国家餐厨废弃物资源化利用和无害化处理试点城市，娄底市被列入国家资源综合利用“双百工程”建设示范基地。目前，长沙市政府加大对餐厨废弃物处理的管理工作，出台了餐厨垃圾管理办法，加大了对非法利用地沟油的打击力度，并建立了餐厨垃圾处理中心。共投放餐厨垃圾专用桶近万个，共有65台餐厨垃圾收集车，日收运处理量320吨，覆盖了长沙市2800余家大中型餐饮单位。通过对全市餐厨垃圾的治理，抑制了地沟油回流餐桌，推动餐厨废弃物资源化利用。娄底市立足本地区重工业占比较高、固体废弃物产生量较大的现实，努力探索建立“资源—产品—废弃物—综合利用”发展模式，积极延伸、拓宽产业链条，促进产业间的共生耦合，推进产业固体废物减量化、资源化、无害化。目前全市锡矿山闪星锑业、涟钢环保科技、泰基建材、巨星建材、高盛建材、三泰新材料等150多家企业从事资源综合利用生产，其砷碱渣综合回收利用工艺、锑锌冶炼废渣技术等一系列有自主知识产权的新工艺、新技术位于世界领先水平。2013年，娄底市产业废物资源综合利用率达到78%以上。

（二）初步成效

一是产业特色逐步形成。再生资源产业发展迅速，被誉为“湖南模式”，再制造产业、农业循环经济等循环经济产业发展势头良好，初步形成了符合湖南省情、具有湖南特色的循环经济发展模式。汨罗和永兴工业园循环经济发展模式成为全国循环经济典型模式。

二是产业规模不断壮大。据不完全统计，2013年，全省资源循环利用产业产值超过千亿元，近年来年均增长25%以上。产业发展呈现出集聚化、园区化发展趋势。

三是技术支撑作用日益增强。部分稀贵金属综合回收工艺达到国际先进水平，机床、机械及汽车零部件再制造技术达到国内领先水平，废旧家电和报废

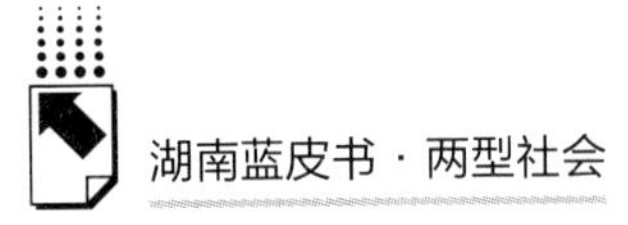

汽车回收拆解、废电池资源化利用、共伴生矿和尾矿资源回收利用等一批技术和装备取得突破。

通过发展循环经济，扭转了湖南工业化、城镇化加快发展阶段能源消耗强度和污染排放量大幅上升的势头，主要资源产出率有所提高，资源利用效率稳步提升，促进了全省经济结构优化升级和发展方式转变。但是湖南循环经济发展还面临着一些问题：循环经济理念在全社会尚未完全普及，宣传教育有待进一步深入；发展循环经济的工作机制尚未健全，工作合力尚未形成，总体协调有待进一步加强；关键技术比较匮乏，研发投入不足；发展循环经济的市场机制和市场体系尚不完善；扶持重点产业和重点企业发展循环经济的政策支持力度有待进一步加大；循环经济评价考核体系尚未建立，部分循环经济指标统计困难。

三　湖南发展循环经济的主要目标和重点任务

《湖南省循环经济发展战略及近期行动计划》（湘政发〔2014〕3号）明确，到“十二五”末主要资源产出率比“十一五”期末提高15%，资源循环利用产业总产值达到1800亿元。到2020年，基本建立起较为完善的循环经济型产业体系、资源综合利用体系、资源再生利用体系、科技创新体系，建立健全循环经济发展的政策法规体系和有效的激励约束机制，初步形成布局合理、互动发展、协调推进的循环经济发展格局。

根据湖南经济社会发展状况、资源能源禀赋、区域地理条件以及生态环境状况，依托基地、园区、产业链、示范企业和支撑项目等五大载体建设，探索特色鲜明、亮点突出的发展模式，构建循环型农业、循环型工业、循环型服务业和循环型社会四大体系。

（一）构建循环型工业体系

重点是围绕有色、化工、建材、钢铁等湖南传统优势产业，实施清洁生产，促进源头减量；推动资源综合开发利用和大宗产业固废循环利用、园区循环化改造，合理延伸产业链条，实现能源梯级利用、废水循环利用、废物交换利用，促进企业循环式生产、园区循环式发展、产业循环式组合。

（二）构建循环型农业体系

在农业领域要节约资源、清洁生产、产业循环链接、综合利用产业废物，形成农林牧渔多业共生的循环型农业体系，改善农村生态环境，提高农业综合效益。推进种植业、养殖业、林业、水产业之间的循环链接，大力发展生态农业、立体农业、有机农业。提高农业废弃物资源化利用水平，促进农产品深加工，延伸产业链，推动工农业复合。

（三）构建循环型服务业体系

以资源能源消耗较大的旅游业、通信服务业、零售批发、住宿餐饮、物流为重点，推进服务主体生态化、服务过程清洁化、消费模式绿色化以及与其他产业耦合发展。

（四）推进社会层面循环经济发展

完善再生资源和垃圾分类回收体系，以废机电设备、废电线电缆、废家电、报废汽车、铅酸电池、废塑料、废橡胶、废纸、废旧金属等“城市矿产”资源的循环利用为重点，促进再生资源规模化利用。以工程机械、数码机床、汽车零部件、办公信息设备产品再制造为重点，建立再制造专业化服务体系，培育一批再制造示范企业。完善餐厨废弃物收运体系，推进餐厨废弃物资源化利用和无害化处理。推行绿色建筑和绿色交通行动。充分发挥服务业在引导树立绿色低碳循环消费理念、转变消费模式方面的作用。

四　当前推进湖南循环经济的主要工作

（一）抓好示范试点

实施循环经济示范试点，是推动循环经济发展的重要措施之一，我们将狠抓国家政策机遇，全力推进 13 个国家级示范和省级循环经济城市（县）、园区和企业创建工作，积极开展“双十双百”示范行动，即：实施循环经济十大示范工程、创建十个循环经济示范县（市）、创建百个循环型示范村镇（社区）、培育百家循环经济示范企业。力争在重大技术领域和重大项目领域实现突破和创新，以示范带动，总结发现循环经济发展模式，树立先进典型，为加快发展循环经济提供示范和借鉴。

（二）出台循环经济政策

会同有关部门研究出台《关于支持循环经济发展的若干政策意见》。从财政、金融、税收、土地、技术等方面研究制定促进循环经济发展的政策措施。加快建立湖南省循环经济发展专项资金，尝试发行循环经济地方专项债券，制定鼓励生产过程中废弃物资源化协同处理价格政策等，重点支持园区循环化改造、国家“城市矿产”示范基地建设、建筑垃圾和生活垃圾资源化利用等重大工程。

（三）完善循环经济法规

根据《中华人国共和国循环经济促进法》等相关法律，制定《湖南省实施〈中华人民共和国循环经济促进法〉办法》，强化法律法规的约束，明确湖南各级政府及其部门、企业、公民相关主体在发展循环经济中的权利与义务。目前，湖南省发改委已会同有关部门成立了工作组，联合有关科研院所和法律专家，在广泛调研的基础上，起草了草案。下一步，将对草案进行修改完善，再向社会广泛征求意见，争取早日制定并公布施行。

区　域　篇

Region Reports

推进效能革命　加快转型升级

贺安杰*

加快转型升级，打造株洲发展升级版，是当前和今后一个时期的战略任务。发展升级，首先是干部思想观念和工作作风升级，要牢记党的根本宗旨，深入践行党的群众路线，以作风转变、效能建设为核心，全面掀起一场“效能革命”，为转型升级凝聚正能量、创造好环境。

一　大胆简政放权，营造高效便捷的政务环境

提高政务服务效率是优化发展环境的基础，要以壮士断腕的决心与魄力，勇于自我革命，按照“效率最高、成本最低、服务最优”的标准，着力推动政务服务提速、提质、提效。关键是要做到“一简二放三公开”。简，就是简政。从深化行政审批制度改革入手，按照省委、省政府“只减不增”的要求，

* 贺安杰，中共株洲市委书记。

下决心取消、下放行政审批事项，推进行政审批流程再造，清理减少行政收费，切实把审批减到位，环节压到位，收费降到位。紧扣“审批最少、环节最优、办理最快”的目标，彻底改变“群众跑来跑去，领导批来批去，部门转来转去，开会议来议去，最后问题还是哪来哪去”的状况。放，就是放权。各级领导干部不要把权力看得太重，而应该把事业看得很重，按照管理重心要下移、权力要下放、责权利要一致的总原则，坚持只要有利于加快发展，只要有利于调动基层积极性、创造性，就坚决落实到位，坚决放权到位，做到思想上放胆，工作上放手，政策上放宽，机制上放活，充分激发基层发展的活力和内生动力。公开，就是行政公开。实行“阳光政务”，积极推进电子政务，提升透明度，扩大群众对政务工作的知情权、参与权和监督权，杜绝“暗箱操作”，切实解决行政公开质量不高、流于形式、只公开办事程序不公开决策过程、只公开一般政务不公开重大事项等问题。

二　扎实整顿作风，营造务实清廉的服务环境

干部队伍作风，直接决定着软环境的质量。要针对当前干部作风方面存在的纪律松弛、激情不够、不思进取、执行不力等“顽症恶疾”，深入开展“优环境、提效能、促升级”专项活动，以明察暗访、有奖举报、查纠问责为手段，着力整治“庸、懒、散、慢、浮”等不良习气，切实解决服务意识不强、工作效率不高、办事推诿扯皮等突出问题。治庸提能，就是要大力整治工作平庸、因循守旧、得过且过、谋人不谋事等“庸碌”行为，激励党员干部创新创业、想事干事成事。治懒增效，就是要大力整治消极懈怠、不思进取、执行不力、无所事事的“懒惰”行为，营造个个求上进、人人争先进的良好氛围。治散聚力，就是要大力整治纪律涣散、自由散漫、擅离职守、随意脱岗等“散漫”行为，凝聚起干事创业、勤政为民的强大合力。治慢提劲，就是要大力整治办事拖拉、敷衍塞责、消极怠工等“怠慢”行为，形成雷厉风行、立说立办的工作习惯。治浮求实，就是要大力整治以会议落实会议、以文件落实文件，不解决实际问题、热衷于迎来送往的浮躁心态、浮夸行为、浮漂作风，在全市形成大办实事、狠抓落实的生动局面。对“庸、懒、散、慢、浮”等

不良习气长期得不到纠正的单位和个人，要坚决通报一批、调整一批、处分一批。一定要达成一个共识，在软环境问题上，没有特殊的机关、特殊的部门和特殊的个人，只要触动“红线”，不管涉及谁，都要严肃处理，严格追究责任。

三　坚持依法治市，营造公平正义的法治环境

加强法治建设是提高执政能力的重要内容，必须把推进依法治市作为优化发展环境的重中之重。要树牢法治理念。深入开展“学法、用法、守法”普法行动，不断推进依法执政、依法行政、公正司法、人人守法进程，形成“事事有法可依，人人知法守法，各方依法办事”的浓厚氛围。坚决反对冷漠执法、徇私枉法、恣意执法，树立公正执法、阳光执法、廉洁执法理念，切实增强运用法治思维和法治方式深化改革、推动发展、化解矛盾、维护稳定的能力。要规范权力运行。以规范行政执法、规范涉企检查、规范中介服务为重点领域，严厉查处破坏经济发展环境和损害投资者合法权益的各种行为，认真解决乱收费、乱罚款、乱摊派、乱检查等问题，加强对权力的监督，规范行政行为，做到有权必有责、用权受监督、侵权要赔偿、违法必追究，平等保护所有市场主体的合法权益。要创新社会管理。善于运用法治手段化解社会矛盾，充分发挥司法机关惩治犯罪、维护社会公平正义、促进发展、构建和谐的职能作用，深入推进平安株洲创建活动，大力完善社会治安打防控体系。着力抓好重点工程施工环境专项整治，依法严厉打击强揽工程、垄断地材、恶意索要、无理阻工闹事等违法犯罪行为，为项目建设和企业生产经营创造良好的治安环境，让所有投资者放心舒心、人民群众安居乐业、社会安定有序。

B.10

争当改革创新先行者 率先建成两型示范区

陈三新*

湘潭作为毛主席家乡，作为国家长株潭两型社会建设综合配套改革试验区，认真贯彻省委、省政府“四化两型”战略部署，抢抓发展机遇，大胆改革探索，全面完成了两型社会顶层设计和第一阶段任务，为实现湖南的“两型梦”做出了积极的贡献。2014年，是落实党的十八届三中全会精神、全面深化改革的开局之年，也是实施“十二五”规划、推进两型建设改革的关键之年，湘潭将乘着十八届三中全会全面深化改革的强劲东风，自觉肩负起国家试验区的历史使命，积极探索两型社会建设的科学路径，将两型理念贯穿于湘潭改革、发展全过程，坚持先行先试，大力发展两型产业，加快城乡统筹发展，加强生态文明建设，构建两型建设体制机制，全力当好深化改革创新先行者，率先建成两型社会建设示范区。

一　以深化改革创新为引领，做好两型改革大文章

十八届三中全会对全面深化改革做出了全面部署，中央、省委经济工作会议明确要求“把改革创新贯穿于经济社会发展各个领域各个环节”。最近，中央对湖南提出了“东部沿海地区和中西部地区过渡带、长江开放经济带和沿海开放经济带结合部”的全新定位，这也是湘潭经济发展和两型社会建设的重大机遇。我们要大力发扬“为有牺牲多壮志，敢教日月换新天”的精神，只争朝夕地深化改革创新，破解瓶颈制约，创新体制机制，进一步激发内在的强大潜力，分享更多的改革红利。

---

* 陈三新，中共湘潭市委书记。

（一）坚持统筹谋划

按照中央“战略上勇于进取，战术上稳扎稳打”的要求，紧密结合两型社会综合配套改革，充分运用两型改革在顶层设计、规划编制、政策制定等方面的成果，规划好湘潭改革的任务书、路线图，大胆稳妥有序地推进改革。

（二）突出问题导向

按照有利于破解瓶颈制约，有利于解决突出矛盾问题，有利于加快推进“两个率先”、提前全面建成小康社会的原则，抓住当前湘潭市产业结构调整、城乡统筹发展、生态文明建设、要素保障、环境优化等方面的深层次问题和人民群众反映强烈的突出问题，以改革来解决问题、推动发展。

（三）把握改革重点

2014 年将着力探索行政体制、投融资体制、财税管理体制、土地管理制度、企业改革改制、医药卫生体制、文化体制机制、教育领域、公交体制、城乡发展一体化机制等十大重点领域的改革，努力构建两型社会建设新机制，释放经济社会发展活力。

二　以产业转型升级为主线，打造两型发展升级版

始终把推进产业转型升级摆在两型社会建设的首位，以转型升级为方向，以信息技术为支撑，以新型工业化为重点，加快形成新型工业、现代农业和现代服务业协调发展的现代产业新格局。

（一）加速推进工业转型

突出集群发展，围绕矿山装备、汽车制造、钢铁、新能源、食品等优势产业，推动行业龙头企业向上下游延伸辐射，配套企业向核心龙头企业集群集聚。突出创新发展，发挥企业的创新主体作用和在湘潭的高校的科

研优势，深化产学研合作，打造一批科技研发中心、国家级省级企业技术中心和工程研究中心，突破一批制约行业发展的核心技术和重大关键技术，不断提升高新技术产业增加值占 GDP 的比重；推进市场主体创新，加快湘潭电化等 104 家国有企业改革改制步伐，完善现代企业制度。突出融合发展，促进工业化与信息化融合，以信息技术整合提升各个产业之间、产业链上下游企业之间的关联度；促进军民融合发展，支持市内军工企业军用技术民用化。

（二）做大做强第三产业

以九华、荷塘等物流园区为依托，建设区域性的物流中心；大力发展科技研发、金融服务、创意设计、信息咨询等高附加值的生产性服务业，打造新的经济增长点。加快发展生活性服务业，重点是加快万达广场等重大商业项目建设，积极促成湖南昭山华侨城国际生态文化旅游项目落地；大力推动文化、旅游、休闲等产业的深度融合，形成具有湘潭特色的发展格局。加快培育新的服务业态，推进步步高电商平台建设，发展总部经济、楼宇经济、会展经济，打造新的消费热点和平台。

（三）大力促进农业现代化

以农民专业合作社、股份合作社、家庭农场等新型经济合作组织为载体，加快集体土地流转，推进农业规模化。以伟鸿、宏兴隆等农业龙头企业为带动，促进农企对接，建立产加销完整链条，推进农业产业化。以推广应用农机具为重点，实施农机跨区作业，推进农业机械化。以运用现代科技为支撑，大力开发高效农业、观光农业等新型业态，提倡生猪家禽等生态养殖，推进农业生态化。

三　以统筹城乡发展为路径，争创两型发展新优势

坚持把城乡统筹的理念贯穿于整个两型社会改革建设之中，抢抓中央加快新型城镇化的政策机遇，进一步发挥湘潭地域面积不大、人口数量不多、经济

基础较好、科教水平较高的独特优势，大胆改革实践，走出一条符合湘潭实际、具有湘潭特色的两型改革建设新路子。

（一）着眼规划引领

推动城区、乡镇、农村三类规划有机衔接，统筹谋划和科学规划中心城区和县城、小城镇、农村的空间结构、产业布局、基础设施和交通网络，做到由点到面、连片开发、整体推进。在规划建设当中，尤其要注重传承历史、保留特色、体现文化，不搞大拆大建，不搞推倒重来，不搞千篇一律。

（二）着力基础建设

大力推进中心城市“五改三化”，重点抓好城中村、棚户区、主次干道、桥头堡、出入城口等改造提质；抓住三网融合、4G 网络试点的重大契机，加快推进“智慧城市”建设。加快县城扩容提质步伐，把县城建设成为具有较强集聚辐射功能的区域次中心。加大对农村水、电、路、气、通信等基础设施的投入，促进城乡基础设施大配套、大改善。

（三）着重打造示范点

以打造“美丽乡村”为主题，深化农村环境卫生综合整治，加快新农村建设，重点抓好梅林桥“美丽乡村”示范片、姜畲现代农业示范区等新农村示范片建设，着力建设生态自然、人文和谐的“美丽乡村”。迅速启动 3 个市级特色小城镇建设，力争尽早推动 10 个左右重点镇建设，打造一批各具特色的工业型、商贸型、旅游型示范小城镇。

（四）着手生态保护

扩大排污权交易试点范围，建立排污权有偿使用机制；健全生态补偿机制，重点抓好昭山生态“绿心”保护和水府开发；加大污染治理力度，加强城市污染、工业源头污染和农村面源污染防治，加快推进竹埠港“退二进三”、湘江重金属污染治理、锰矿地质环境治理等重点工程；健全严格环保审批和污染产业淘汰退出机制，发展循环经济和低碳经济。

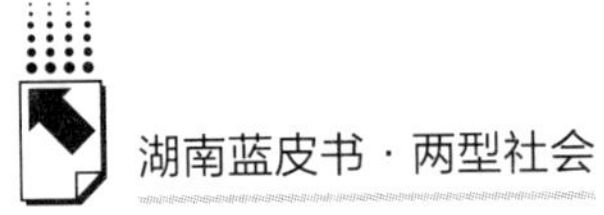

四　以重大项目建设为抓手，提升两型发展的支撑力

项目是推动湘潭经济发展和加快两型社会建设的载体，湘潭目前最大的短板就是缺大项目、好项目。我们务必树立抓项目就是抓投资、抓投资就是抓发展的理念，始终把项目建设摆在最突出的位置，坚持引大引强、联大联强、靠大靠强，以大项目、好项目推动跨越发展、加快两型建设。

（一）抓项目开发

深入研究国、省政策、产业发展规律和投资方向，结合湘潭实际，主动策划、包装一批与两型社会改革建设息息相关的优质产业项目、重大基础设施项目和惠及群众的重大民生项目。

（二）抓项目引进

不断创新招商引资方式，拓宽招商引资渠道，积极探索以商招商、委托招商等模式，牢牢盯住世界500强、大型央企、知名民企等，着力引进一批与湘潭市产业关联度高、技术含量高、市场前景好、环境污染小的重大项目。围绕新能源、汽车配件、装备制造等优势产业，主动举办产业论坛、博览会等活动。

（三）抓项目服务

切实做好规划、审批、征拆、环评、供地等前期工作，确保项目快落地、快推进、快投产、快显效。继续实行重点项目帮扶制度，推动广大干部主动为项目建设提供优质服务、研究突出问题、落实帮扶措施，确保湘潭综合保税区、大众汽车配件产业园、湘潭电化新产业园等重大项目建设进度。狠抓建设质量，严格资金管理，努力把每一个项目都建成精品工程、安全工程和廉洁工程。

五　以要素供给保障为重点，营造两型建设好环境

环境是生产力、是竞争力，现在靠拼政策、拼资源、拼区位来竞争的时代

已过去，必须营造公开、透明、可预期的发展环境，才能集聚更多资源要素，更好更快地推进两型社会建设。

（一）营造保障有力的要素供给环境

在资金保障方面，深入研究国、省支持地方发展的政策，向政策要资金；加强银企合作，创新金融服务，为实体经济、中小企业解决融资难题；深化政府投融资平台改革，完善治理结构，发挥好“财政杠杆”的作用，撬动企业的创新投入；严防债务风险，规范民间借贷行为，确保金融安全。在土地保障方面，积极争取国、省用地指标，盘活闲置土地，提高土地利用率；坚持节约集约用地，合理安排用地计划、规模、结构和时序，优先保障重点产业项目、重大基础设施和民生工程建设用地。在人才保障方面，进一步理解、尊重、关心、爱护企业家，支持企业家办好企业、干好事业；大力培养创新型人才、领军型人才、实用型人才，着力引进急需、紧缺高层次人才，用好用活各类人才。

（二）营造优质高效的政务环境

继续简政放权，把省级下放的职能对接好，把本级该放的权力放下去，把该监管的环节管到位。抓住行政效能提升的重点环节，进一步压缩审批环节，优化审批流程，全方位提升服务水平。继续开展行政事业性收费、经营性收费专项清理，严格按下限收费。树立“无功即是过，不作为就是失职”的导向，进一步完善干部考核评价激励机制。

（三）营造公平有序的法治环境

规范权力运行流程，从强化执法监督、规范执法行为入手，确保依法行政，以法治促公平。切实加大企业、项目、学校、医院周边环境专项整治力度，对阻工闹事、封门堵路、强买强卖等非法行为从严治理、从重处罚。规范涉企检查行为，对弄权勒索、梗阻政令、刁难企业的行为，做到有诉必查，快查快结。

B.11 2013～2014年长沙市两型社会建设报告

长沙市两型办

2013年，在长沙市委、市政府的正确领导下，全市在“率先建成三市”（全面小康之市、两型引领之市、秀美幸福之市）、强力实施“三倍”（产业倍增、收入倍加、城乡品质倍升）和“六个走在前列”大竞赛中创新思路、强化落实，全力推动两型社会建设走在前列，取得了显著成效。2014年，长沙将围绕“率先建成两型引领之市”的目标，加快推进两型综合配套改革，努力打造两型长沙“升级版”。

一 2013年两型社会建设情况

（一）重点改革纵深推进

一是资源性产品价格改革。出台全市用水定额标准，科学确定非居民用水户2013年计划用水指标，进一步完善非居民用水户超定额累进加价制度。研究非居民用气户超定额累进加价办法。二是完善环境经济政策。修改完善境内河流生态补偿办法，对跨行政区域河流进行水质考核超标补偿，设立流域生态补偿专项基金账户，到位资金1600万元。完成全市首次九大行业初始排污权分配，办理近百家新、改、扩建企业排污权交易手续。三是能源节约和新能源规模化利用机制改革。出台重点用能单位名录，建立重点用能单位能耗数据季报、年报制度，制定促进天然气分布式能源产业发展的实施办法。四是绿色建筑推广机制改革。出台《长沙市绿色建筑行动实施方案》，规定至2015年末市区绿色建筑开工面积占新开工建筑面积的比例达到30%以上、新建住宅实行全装修比例达到30%以上。五是节约集约用地制度改革。试点低效利用土

地再开发，出台工业（园）区低效利用土地开发管理办法。实施建设用地节约集约利用考核办法和各主要地类建设用地定额标准。六是大气污染防治机制改革。空气质量数据实现24 小时动态发布，实施机动车排气污染防治条例和机动车环保检验合格标志管理办法，发放环保标志9.3 万张。出台城区建设项目环境影响评价和扬尘污染控制规定，并在重点园区试点。七是产业转型升级机制改革。出台两型产业发展引导目录以及促进科技与文化金融相结合，发展现代农业、电子商务产业、现代物流产业等配套政策，长沙再制造产业示范基地跻身首批“国家再制造产业示范基地”。

（二）示范引领效应凸显

一是推进两型示范片区建设。大河西先导区完成地区生产总值1979 亿元、固定资产投资1127 亿元。建设坪塘大道南延线等骨干道路和片区道路40 条；建设科教文卫等配套项目9 个；引进建设高端服务业项目50 个；建设城市精品景观工程16 个，梅溪湖国际新城获批全国生态示范城区，并与洋湖生态新城、滨江商务新城一起获批全国智慧城市试点。二是推进两型示范单位创建。在机关、园区、企业、学校、城镇、村庄、社区、家庭、门店（市场）、景区（园林）等深入推进示范创建，集中推广两型技术产品、两型生产生活方式、两型服务设施、两型文化，培育市级两型示范创建单位160 家，获批省级两型示范创建单位20 家，数量居全省第一。认真落实省两型工委推进两型综合示范点创建的实施意见，规划以大河西先导区起步区105.25 平方公里区域为主体，建设省级两型综合示范片区，形成实施方案。三是推广两型示范技术。明确十大清洁低碳技术推广的组织领导、责任分工、目标任务，及时督促协调项目的推进。全年实施技术推广重点项目49 个，总投资额47.97 亿元，其中光伏屋顶电站建成总装机容量达60 兆瓦。在长沙县、浏阳市、宁乡县推进畜禽养殖污染治理合同环境服务试点，推行污染第三方治理和市场化服务，畜禽养殖污染的规模化治理、区域联户治理和散户治理等形成了可示范推广的模式。

（三）项目支撑不断强化

一是整治流域环境。强力开展浏阳河城区段污染整治，以排污口整治、污水处理厂提标提质和扩容扩建、污水管网建设以及淘汰关闭落后企业等为重点，出台实施方案并稳步推进，涉及项目38个，总投资约9.77亿元。认真落实省政府湘江治理保护“一号重点工程”，研究确定长沙市治理范围，申报项目88个。启动主城区污水管网改造专项行动，坪塘、新港污水处理厂投入运行，新、续建乡镇污水处理厂12家。城市餐厨垃圾统一收集和无害化处理范围不断扩大。二是强化节能减排。全面推进“百家企业”节能能力提升工程，实施一批合同能源管理项目和重点用能单位节能减排技术改造项目。推进交通节能，加快“公交都市”建设，启动快速公交系统建设，推广纯电动公交车60台，淘汰高污染车辆2.4万台。推进建筑节能，累计启动可再生能源建筑示范项目144个、应用面积388.21万平方米；全年确定绿色建筑试点项目30个、面积470万平方米。全面推进长沙高新区、长沙经开区循环经济园区建设，大力实施宁乡经开区、浏阳经开区循环化改造。三是建设绿色城市。完成晓园公园提质改造和4条景观特色街建设，新建20个社区公园和100个绿化达标小区，启动8个绿色低碳示范小城镇、9个城市湿地公园、10条城市绿道建设及兴马洲等湘江洲岛保护性开发，获评全球绿色城市、全国十佳生态文明建设示范城市。四是保护生态绿心。试行绿心地区项目准入程序，开展禁开区、限开区项目及控建区重大项目准入审查。推进绿心区域规划对接，编制《长株潭城市群绿心地区（长沙境内）规划衔接研究报告》。从规划编制、生态建设、社会保障等方面，确定部门和区县（市）绿心保护职责。修复毁损界碑3处，增设大型绿心标识牌1处。

（四）推进措施有效健全

一是强化两型战略引领。市委十二届六次全体（扩大）会议确定“率先建成两型引领之市”的目标，市政府常务会议、市委常委会议专题研究两型社会建设，召开全市两型社会推进大会，出台《关于进一步加快两型社会综合配套改革、建设两型引领之市的决定》等文件。二是健全重点工作机制。建立健全两型社会建设联席会议、两型项目评价、两型项目建设调度、示范片区年度考核评价等重点机制。三是开展基层试点探索。确定9个基层改革试点项目和18个区县（市）、园区试点示范项目，并指导推进。四是丰富社会参

与载体。举办了全省两型社区两型家庭示范创建观摩交流会、“率先建成两型引领之市”巡回图片展等一系列主题活动。

二 2014 年两型社会建设重点

2014 年是全面深化改革的开局之年，是实施全市两型社会建设“十二五”规划的关键之年。全市两型社会建设的总体要求是：深入贯彻落实党的十八届三中全会和市委十二届六次全会精神，围绕“率先建成两型引领之市”的目标，坚持项目化、具体化、可操作化的原则，加快推进两型改革试验，深度推动两型社会建设由点到面、由浅到深、由破到立，努力打造两型长沙“升级版”。

（一）深化六项改革

深化两型综合配套改革，加快建立系统、完整、成熟的生态文明制度体系，形成在国家层面具有示范推广价值的资源节约和环境保护长效机制。

1. 深化资源节约制度改革

出台节能量交易工作方案，建设交易平台，率先全国在重点企业中开展节能量交易试点；深化项目“能评”监管机制改革，实行对标审核、项目建设全过程节能监管、项目建设和运行能源消耗总量控制；建立并完善天然气分布式能源系统建设运行技术规范及行业管理机制。完善阶梯式水价、电价、气价制度。推进城镇低效利用土地再开发，开展村民集中居住试点，完善节约集约用地考核机制。

2. 完善环境经济政策

健全绿心地区、境内河流生态补偿机制，加大矿山生态补偿力度，探索湿地和水源保护地生态补偿机制。全面实施工业企业排污权交易制度。推行环境污染责任保险与年审制度。健全环境污染损害赔偿、绿色财政、绿色税收、绿色信贷等政策。

3. 加快污染防治机制改革

研究实行区域与企事业单位污染物排放总量控制制度。出台大气污染防治行动计划实施方案，建立健全大气污染防治党政问责机制；制定黄标车淘汰经济补贴政策。健全环保市场化机制，推广合同环境服务等环境污染第三方治理。建立工业企业清洁生产实施管理体系。完善环保社会参与和自治机制、餐厨垃圾处置和农村环保模式。探索实施环境保护责任终身追究制度和环境污染事故责任追究制度。

4. 健全生态红线制度

探索确定耕地、森林、湿地、水体等生态保护红线并严格按此执行。对生态红线区域、限制开发区域取消地区生产总值考核。实施差异化的扶持政策，逐步建立按照生态价值标准对限制开发区域和禁止开发区域转移支付机制。

5. 推进两型小城镇建设体制改革

将生态文明理念全面融入城镇化全过程，探索集约、智能、绿色、低碳的新型城镇化道路；创新两型小城镇建设投融资和两型农业发展体制机制，并在15个重点小城市、中心镇、特色镇加快实施。

6. 探索两型社会评价机制

将资源消耗、环境损害、生态效益等纳入经济社会发展评价体系，探索体现生态文明要求的目标体系、考核办法、奖惩机制。

（二）实施三大行动

以完成第二轮环保三年行动计划任务为抓手，全面实施“三大行动”，切实加强生态环境污染整治，使长沙的天更蓝、地更绿、水更净。

1. 实施“清霾行动”

强化扬尘污染控制，严格规范渣土运输和建筑工地现场管理，加强道路深度清洁、垃圾及秸秆焚烧执法检查、餐饮油烟整治。强化车辆环保管理，严格实施机动车排气污染防治条例和环保检验合格标志管理办法，引导新能源汽车的发展，淘汰黄标车1万辆。推进重点行业和企业二氧化硫、氮氧化物治理，加强工业燃煤烟尘治理，发展清洁能源，确保雾霾天气明显减少。

2. 实施“碧水行动”

大力推进水生态文明建设，强力实施省政府湘江保护与治理“一号重点

工程”。加强涉水污染源控制，严把涉水建设项目总量审核关口；全面推进主城区污水管网改造和雨污分流，实施花桥、暮云等6处污水处理厂提标改造以及城区“一江五河”110个排水口截污改造，实现湘江、浏阳河城区段全截污、全治理；强化年嘉湖、月湖、梅溪湖、西湖、松雅湖等水体保护，新建10家乡镇污水处理厂，完成10万平方米畜禽养殖污染治理；妥善处置固体废弃物，继续实施铬污染治理。

3. 实施“静音行动”

围绕减少生活噪声、交通噪声、建筑施工噪声、工业生产噪声，实施源头预防和治理，重点加强工业固定噪声源监管、基建工地夜间施工管理以及娱乐场所噪声执法监管。

（三）推进四大工程

坚持以项目为载体落实生态优先理念，加快实施一批两型重点工程，促进城乡生态化、建筑绿色化、交通低碳化、产业两型化。

1. 城乡品质提升工程

实施三年造绿大行动，加快城区主干道绿化提质及浏阳河风光带、城市湿地公园和绿道建设，启动沙湾公园、八方山公园建设，新建社区公园20个。提质改造湘江风光带，整体规划实施15个湘江洲岛生态建设与保护性开发，要求打造“百里滨水走廊”。严格落实绿色建筑行动实施方案，要求新建大型公共建筑全部达到绿色建筑标准，推动可再生能源建筑应用规模化。实现公交优先战略，推进“公交都市”建设，加快建设全国首个“绿色地铁”城市。

2. 节能减排全覆盖工程

扎实推进国家节能减排财政政策综合示范试点，大力开展工业、建筑、交通、公共机构等重点领域节能降耗，实施重点行业节能减排技术改造，抓好年耗能2000吨标准煤以上重点用能单位节能监管，启动一批公共建筑改造项目，加快实施节能产品惠民工程、金太阳示范工程，全面完成节能减排任务。

3. 两型产业发展工程

健全两型产业标准，严格落实新建产业项目环境与能源准入制度。坚持创新驱动，推进产业结构两型化，优先发展战略性新兴产业，深入推进国家现代服务业综合试点，运用先进适用技术改造提升传统产业。支持节能环保产业发展，以长沙“国家再制造产业示范基地”为依托积极发展再制造业和循环经济。实施园区两型化管理提标提档行动，优化产业布局，提升园区档次，推进两型化改造，在国家级和省级园区全面规划建设分布式能源系统。

4. 生态绿心保护工程

进一步落实《湖南省长株潭城市群生态绿心地区保护条例》，明确相关主体的职责分工，建立生态绿心保护目标责任制。严格绿心地区项目准入管理，开展绿心保护专题宣传。配合做好长株潭区域规划调整，认真落实区域规划条例实施细则，建立区域规划及绿心规划范围内重大项目库。

（四）推广十类技术

加强清洁低碳技术推广协调服务，大力推进示范应用项目建设，发挥技术创新对两型社会建设的支撑功能，解决资源环境领域的一些突出问题。

1. 创新技术推广机制

持续推广新能源发电、“城市矿产”再利用、重金属污染治理、脱硫脱硝、工业锅（窑）炉节能、绿色建筑、餐厨废弃物资源化利用和无害化处理、污泥垃圾焚烧、城市公共客运行业清洁能源与新能源汽车、以沼气化推动农村畜禽污染治理和资源化利用等技术，出台年度清洁低碳技术推广实施方案，明确职责分工，将技术推广工作纳入绩效考核范围。

2. 加快示范项目建设

建立十大清洁低碳技术推广重点项目库。启动建设一批示范项目，重点建设工业企业清洁生产技术改造、新能源汽车推广、绿色建筑技术推广和生活垃圾处置等项目，在工业园区厂房屋顶太阳能电站、畜禽养殖污染治理等方面打造一批精品工程，形成比较成熟、具有影响的经验。

3. 搭建推广服务平台

建立健全清洁低碳技术推广、产业培育和资本对接的服务平台，举办技术推广项目对接会或银企对接会，开展“清洁低碳技术专家行”活动。

（五）强化三级联创

按照“省里抓示范，市县行业抓创建”的原则，推动两型示范由“盆景”

向“花园”转变，带动全领域两型社会建设。

1. 加快两型综合示范片区建设

以两型标准体系为引领、项目建设为支撑，推进105.25平方公里范围内的大河西先导区省级两型综合示范片区建设，集中打造两型新城、两型园区、两型企业、两型机关、两型学校、两型城镇、两型村庄、两型社区、两型门店、两型景区等示范样板，综合集成两型规划、标准、技术、产品和模式等，建设两型生产、生活和消费方式的集中展示区。每个区县（市）选择两型元素相对集中的区域建设1个市级两型综合示范片区。

2. 提升两型示范创建管理

按照“条块结合、分类创建”的原则，进一步明确市综合统筹部门、市直牵头部门和各区县（市）政府的责任；创新两型示范创建管理方式，推行两型示范创建申报网络化、评价表格化、管理制度化；探索政策倾斜、资金投入、业务指导、舆论支持和扶持两型社会组织等方式，调动示范创建积极性；推行获评单位动态管理。

3. 深化两型示范单位创建

持续开展园区、企业、社区、机关、城镇、村庄、学校、家庭、门店（市场）、景区、园林、农民专业合作社等领域的两型示范创建，大力推动两型技术产品、两型生产生活方式、两型服务设施、两型文化等要素进入创建单位；启动市级两型示范单位遴选工作，着力培养和推介一批两型特征明显、创建成效显著、形成典型品牌的示范单位。

（六）树立一个标杆

全面提升大河西先导区规划、建设和发展水平，实现品质提升与规模拓展同步，公共建设与产业发展并举，将大河西先导区建设成为两型社会标杆、高端品质新城，并示范带动安青、金霞、铜丁等片区发展。

1. 加快重点区域开发

加快完善梅溪湖国际新城一期、洋湖生态新城、滨江商务新城等基本建成区，全面开发梅溪湖国际新城二期、大王山旅游度假区，建设重点工程项目150个，核心区完成全社会固定资产投资850亿元，新拓展城区面积20平方公里以上。

2. 大力提升生态品质

深化全国生态文明示范区创建，加强流域综合治理和大气扬尘污染综合治理。推进梅溪湖绿色生态示范新城建设，大力建设湖泊湿地、城市公园和精品水上游线等生态景观工程；推进造绿大行动，实施洋湖湿地公园三期、儿童公园等重大生态项目。执行生态保护规划，强化生态保护红线，落实绿色建筑指标体系。

3. 积极培育高端产业

培育壮大先进制造业和高新技术产业，制定文化和旅游产业发展规划和发展政策，重点发展引领中部地区的会议会展、科技创意和文化旅游产业，引进、开工建设和建成一批以高水平的科技研发机构、国际医疗机构和高端文化项目为重点的重大产业项目。

（七）健全五项机制

持续完善两型社会建设推进机制，激发两型社会建设的动力，形成全市上下齐抓共管两型社会建设的生动局面。

1. 强化综合协调

进一步发挥全市两型社会建设综合配套改革领导小组的功能，完善联席会议制度，定期研究、决策和调度两型社会建设重大问题。

2. 推进两型审计

探索编制自然资源资产负债表，开展领导干部资源环境离任审计、企业两型审计试点，推动将自然资源纳入领导干部经济责任审计体系。支持审计机关依法独立行使资源环境审计监督权，并将审计结果作为考核和任免干部的依据。

3. 加强工作督导

按照两型社会建设工作责任分工，适时开展重点工作督查，将督查结果作为绩效考核、示范创建的重要依据。试点区县（市）、市直部门、开发区（园区）、示范片区主要负责人两型年度述职制度。

4. 深化调查研究

对照国家两型综合配套改革要求和省两型工委明确的改革任务开展调研，在自然资源资产产权制度、节能环保市场化机制、生态红线制度等方面形成和应用一批研究成果。

5. 注重宣传引导

广泛开展宣传教育，普及两型相关知识。与各级媒体合作，加强两型改革创新成果和示范创建典型的宣传推介。把握时间节点，丰富社会参与，组织开展“千人徒步梅溪湖”“争当两型小先锋”等两型主题活动。

B.12

2013～2014 年株洲市两型社会建设报告

株洲市两型办

一　2013 年株洲市两型社会建设情况

2013 年，在市委、市政府的正确领导下，株洲市围绕"突破难点、全面推进、保持领先"的总体要求，积极推进相关工作，两型攻坚战取得了明显成效。万元 GDP 能耗下降 3.98%，同比下降 2.32 个百分点；二氧化硫、氮氧化合物、化学需氧量、氮氨等主要污染物同比削减 7.19%、16.46%、1.23% 和 1.5%；城市空气质量优良率按新标准达 59%，居长株潭城市群第一；湘江株洲段水质持续保持国家Ⅲ类标准，饮用水源水质达标率为 100%。

（一）两型改革探索出了可推行的新路径

创新实行了"一县（市）区一主题，一部门一专项"两型改革，共安排启动了 9 个主题改革、12 项专题改革。建立了改革策划、评审（风险控制）批复、组织实施的工作推进机制。全面完成生活用水等资源性产品阶梯式价格改革；率先实施了建设项目环境、能耗、水土保持等评价的综合评审制度；建立了大气污染联防联控和应急处理机制，实行了重点企业环保信息公开；扩大集体建设用地权能，建立了集体土地使用权抵押融资机制；确立 32 项指标，对各县（市）区两型社会建设进行监测评价。

（二）两型项目建设更加凸显了株洲市特色

按照"与两型密切相关、投资规模较大"的标准，在环境整治、可再生能源利用领域，组织建设了一批典型的两型重点项目。市级重点确定的株洲高新区 20 兆瓦集中连片光伏发电、报废汽车拆解及车身整体破碎、大唐华银株

洲发电公司机组烟气脱硝、株洲汉通工业陶瓷公司工业窑炉改造、华新水泥窑协同处置城市生活垃圾、湖南唐人神育种公司提质改造等 6 个项目已全部完成。其中，天元区建成的集中连片 20 兆瓦光伏发电项目，是全省最大的光伏发电单个项目。华新水泥协同处理生活垃圾项目是全省最有推广价值、投资最省的生活垃圾处理方式。

（三）实施的重点举措扩大了株洲市的领先优势

全年共实行了 13 项两型重点举措。绿心保护力度不断加大，出台了《株洲市生态绿心保护管理暂行办法》，市政府与 4 个区（管委会）、4 个市直部门签订了绿心保护目标责任状，完成 7 家规模养殖场退出工作，关停退出 5 家工业企业；率先实施的“1135”绿色出行行动，推行的头一个月就有 15 个省级以上媒体进行了 26 次报道；组织实施的“三个基本”行动，是全省首创，且完全契合省政府的“一号工程”要求，已关停重金属污染企业 51 家，拆除烟囱 34 根，城区河西段已解决了污水直排湘江的问题；大力推广清洁低碳技术，印发了《株洲市 2013 年度十大清洁低碳技术推广工作计划》，共推广 52 个项目，总投资 74. 4 亿元。

（四）两型示范创建代表了全省的工作水平

在率先连续五年推行全市两型示范创建的基础上，2013 年又率先实现了由“栽盆景”向“建花园”的转变。开展了两型连片综合示范创建工作，以市政府文件形式印发了创建省级综合示范片区的方案，划定 8 平方公里的范围，确定“10 进 12”的内容，组织 59 个单位、1000 户家庭按照“全元素进入、全单位覆盖、全员参与”要求，开展集成示范创建，做到每个类别有一套创建标准、有一个操作规程、有一个考核验收办法、有一套激励约束机制。得到了省委领导和国家评估组的高度肯定、推介。

（五）示范区建设继续走在了前列

云龙片区、天元片区、清水塘片区继续保持强劲建设和发展态势，三个示范区固定资产投资预计达 390 亿元，云龙片区固定资产投资增速达 40%，天元片区、清水塘片区投资增速分别达到了32%和33.5%。分别在两型城区建设、两型产业发展、历史遗留污染问题解决等方面走在了其他示范区的前面。

云龙示范区形成了“森林田园城市”格局。入选国家绿色生态示范城区；获得“园区生态文明奖”；成为国家智慧城市第一批试点；国家低碳生态试点城（镇）已通过住建部审批；市就业创业指导中心桩基工程已基本完成；职教科技园加快建设，铁科、商院基本建成，两所院校已搬迁开学；龙母河综合治理工程加速推进，盘龙、兴龙和卧龙等堤坝正在建设；白石港水质净化中心一期基本完成主体工程；方特梦幻王国完成投资9.86亿元，占年计划的123.3%。

天易示范区重点推进两型产业集聚区建设。北汽二工厂完成投资6100万元，占年计划的7.6%；完成项目签约和销售公司（独立法人）工商注册；30万辆整车项目正式签约；新马生态商务区已签订进驻协议15家；麦格米特项目已经建成，设备安装已完成；汽车主题公园项目总体规划已基本完成，并与雷克萨斯、保时捷等16家4S店签订合作意向合同；索拉赛尔新能源有限公司承建20兆瓦集中连片光伏发电示范项目。

清水塘示范区积极推进绿色搬迁和重金属污染治理。清水塘老工业区搬迁改造实施方案已上报至国家发改委，有望纳入全国第一批老工业基地搬迁改造试点；醴陵旗滨玻璃产业项目已在醴陵市经济开发区东富工业园内开工建设；霞湾港污染治理、大湖治理工程全面完工；关停、淘汰、搬迁污染企业及生产线81家，推广清洁能源及企业生产审核45家，落实节能减排项目50个，11个涉重项目获得省环保厅1.35亿元专项资金。

二　2014年两型社会建设初步设想

（一）总体思路和主要目标

1. 总体思路

全面深入贯彻党的“十八大”和十八届三中全会精神，突出“奋力打造株洲发展升级版”，着力打好两型建设攻坚战，按照“发动社会，深化推进，

创出范式”的要求，力争在体制机制创新、环境难点治理、特色集成创建等方面取得超越性进展，全面推进各项工作，确保株洲市两型工作继续处于全省领先水平。

2. 主要目标

力争形成10个左右有推广价值的经验模式，基本建成1个省级综合示范片区、5个左右市级综合示范片区，湘江流域综合治理完成省下达的任务。全市万元GDP能耗下降3%以上，主要污染物排放总量削减完成省下达目标，空气质量优良率按国家新标准达到60%以上，湘江水质稳定保持在III类及更优，森林覆盖率稳定在61%以上。

（二）重点工作

1. 深化两型主题改革和专项改革

继续推行“一县（市）区一主题、一部门一专项”的两型改革，即：拟分别在各县市区开展创新两型产业集聚发展体制机制、创新社会治理体制机制、建立行政审批“负面清单”模式、创新县域新型城镇化体制机制、创新建设低碳生态县体制机制等10个主题改革；拟分别由各相关部门负责组织实施园区资源节约集约利用改革、农村土地资源相关改革、政绩考核体系改革、创新发展绿色建筑机制等10项专项改革。建立一把手亲自抓、负总责，分管领导具体抓、负直接责任的责任体系，实行改革迟缓责任追究制。

2. 加快建设两型典型项目

着力推进城际铁路株洲段建设、旗滨玻璃搬迁、垃圾焚烧发电、屋顶太阳能发电、渌鸿风力发电、餐厨废弃物资源化利用和无害化处理、节能环保产业园、建筑业产业化等12个两型典型项目建设。建立项目管理机制，明确项目建设进度要求和考核指标，实行跟踪推进。将建设进度快、社会效益好的项目列入省级两型示范项目申报名单。

3. 着力实施两型重点举措

突出推进清水塘战略性改造、国家节能减排财政政策综合示范、“三个基本”行动、绿心保护、生活垃圾分类投放处理、农村沼气集中供应、村庄综合整治、再生资源回收体系建设、清洁低碳技术和产品推广等12项重点举措。

各牵头单位要研究制定详细方案，安排“时间表”，下达“任务书”，参与单位要积极配合，确保落实。

4. 突出开展两型集成创建

重点开展两型特色县区创建和连片两型集成示范创建。一是云龙示范区创建绿色生态示范区、天元区创建两型产业集聚区、株洲县创建新能源产业特色县、攸县创建全省两型示范县、炎陵县创建国家级生态县。二是全面开展各类两型创建，其中各级党政机关和各类学校做到全覆盖。三是每个县（市）区确定一个2平方公里以上的两型综合示范片区［天元区创建省级两型综合示范片区，其他县（市）区创建市级两型综合示范片区，即“1+9”］。整合资源、集成创新，做到“三牌六有”（“两型集成创建单位”牌、“两型集成创建合格单位”牌、“两型集成创建示范单位”牌；有方案、有标准、有规程、有队伍、有活动、有制度）；以“789”标准考核验收（群众知晓认可度达到70%以上，单项指标达到80分以上，总分达到90分以上）。

5. 加强厅市合作共建两型工作

积极争取湖南省相关委厅局支持合作共建“公交都市”示范城市、生态文明建设先行示范区、新型城镇化试点、两型财税体制改革试点、宅基地用益权试点等。对未确定但基础较好的事项，积极协调，争取入围资格；对已经确定的事项，努力争取资金支持和项目安排。同时，健全合作机制，完善定期会晤制度和督办制度，制定并实行厅市共建工作的激励政策。

6. 加快推进示范片区建设

三个示范区固定资产投资总额占全市的比重不低于35%，经济增长速度高于全市平均水平2个百分点左右；完善示范区建设标准、指标和服务体系。云龙示范区重点以创建国家智慧城区为契机，以引进微软创新中心及产业园为突破口，打造信息产业基地；统筹加快北部旅游休闲区、南部职教创新区等建设，建成华强方特梦幻王国、方特假日酒店、丽景湾五星级国际酒店；加快龙母河流域、森林云龙、碳汇林等生态系统建设；稳妥推进村庄整治。天元片区大力推进长株潭汽车主题公园、中国动力谷核心区、太阳能光伏屋顶发电等项目建设。清水塘片区重点开展工业区绿色搬迁工作；推进工业区债券发行；加快重金属污染治理进度。

7. 大力组织动员全社会参与两型建设

突出试验区的“社会”特色，发展两型志愿者，使其人数占到总人口的10%以上，每季度都组织相关志愿者行动；成立两型建设协会，有效组织企事业单位开展两型建设；编纂学前、小学、初中、高中、成人两型教育课本，做到教育培训全覆盖。同时，认真总结、提炼株洲市的成功经验，形成可复制和推广的模式，形成政府、社会共同参与的机制。

B.13

2013～2014年湘潭市两型社会建设报告

湘潭市两型办

2013年，在市委、市政府的正确领导下，湘潭市始终坚持以科学发展观统领全局，紧扣"建设两型社会，实现两个率先"这一主题，不断强化"规划引领、项目支撑、改革推动、示范先行"理念，两型社会建设各项工作取得了实质性进展。

一 2013年两型社会建设情况

（一）特色突出，多项工作领先全省

2013年，湘潭市两型社会建设工作稳步推进，其中三项工作率先全省：一是率先出台了《关于落实长株潭城市群区域规划和加强生态绿心保护的若干规定》（以下简称《若干规定》）（湘潭市人民政府2013年第2号令），让湘潭市生态环境和绿心保护有了法制基础；二是出台《关于支持韶山市创建全省两型示范综合片区的通知》（潭办发〔2013〕19号）文件，集全市之力重点打造韶山两型示范综合片区；三是出台《湘潭市推广十大清洁低碳技术三年行动计划（2013～2015年）》（以下简称《行动计划》）（潭政发〔2013〕13号）等。这些工作的开展在全省范围内均具有开创性、前瞻性，且意义深远、影响很大。还有五个方面的新变化：一是经济结构调整有了新进展；二是生态环境有了新的改善；三是示范区建设取得新成就；四是改革创新有了新的突破；五是两型理念正在拓宽。

（二）措施有力，八个方面工作亮点明显

1. 示范区引领作用进一步增强

按照湖南省两型工委主导和推动的示范区间战略合作框架协议，建立了常

态化交流机制，推进区域协调发展。两型社会示范区在全市经济发展大局中的增长极地位进一步明显，示范带动作用不断增强。2013年1～11月份，高新区和各示范区主要经济指标保持高位运行，共完成技工贸总收入2036.7亿元；完成固定资产投资514.36亿元，占全市固定资产投资总额的49.8%；完成财政收入50.36亿元，占全市的40.7%。组建了风电产业技术和先进装备制造产业等创新战略联盟，自主创新能力和市场竞争能力增强。

2. 两型法规建设进一步加强

按照《湖南省长株潭城市群区域规划条例》《湖南省长株潭城市群生态绿心地区保护条例》等上位规划，出台了《湘潭市落实长株潭城市群区域规划和加强生态“绿心”保护的若干规定》（市政府令第2号），标志着全市进入依法建设两型社会的新时期，完善和强化了绿心地区项目和区域性重大项目选址的审批流程，严格项目准入制度，建立了生态绿心地区保护目标责任制，加大对生态绿心地区的保护力度。

3. 绿心保护力度进一步加大

启动了相关规划编修工作，完成《湘潭市中长期城市发展战略研究初步成果》，启动城市总规修编前期工作；各示范区实现了建设用地控制性详规全覆盖；一批特色城镇和中心镇的规划基本完成，完成了岳塘经开区概念性规划和新设的水府示范区（筹）总体规划的编制，启动了雨湖区经开区规划调整。积极开展生态乡镇、生态村的创建工作，全市有13个乡镇、46个村被授予“省级生态乡镇”和“省级生态村”称号。开展绿心保护宣传活动。编印了《湘潭两型社会建设法规读本》。强化了与新闻媒体的合作。2013年12月5日《湘潭日报》开辟了绿心保护专版。联合市法制频道深入各县市区、高新区、示范区开展宣传报道。2013年11月27～28日，组织举办了“昭山杯”贯彻长株潭城市群“两条例一细则”和市政府二号令知识电视抢答赛，共有来自各县（市）区、示范区、高新区的11支队伍代表参赛，产生了良好的社会效应。

4. 两型重大改革全面推进

综合配套改革是试验区建设的根本动力，湘潭市坚持强化改革，进一步明确了全市42项改革任务，资源节约和环境保护、土地制度、财税金融创新、自主创新和行政管理等方面改革取得了新成效。

资源环境方面：按照新国标检测 $PM_{2.5}$值，实时、准确发布全市空气质量指数；实施机动车环保检验和标志管理工作，车辆环检成为机动车年度安检前置条件。全面执行居民阶梯气价，积极跟踪阶梯式电价试行情况；大力推进太阳能光伏发电项目，争取湘潭市太阳能发电并网和优惠政策，催生和颁发了全省第一家家庭式光伏发电上网许可证，并逐步在机关和家庭推广；九华自行车租赁系统首批 53 个站点、1100 辆公共自行车投入运营。

土地制度方面：出台了《湘潭市集体土地征收与房屋拆迁补偿安置办法》。锰矿国家矿山公园项目取得第三批国家矿山公园建设资格，地质公园内 360 亩矿山复绿工程已完成工程量的 80%。积极推动土地规模经营，以盘龙现代农业示范园、韶山华润希望小镇等项目为载体，盘活农村集体建设用地。

财税金融体制方面：出台了《关于金融支持农业产业化发展的实施意见》，推广农村金融产品和服务方式创新试点工作；发行了湘江流域重金属污染治理专项债务，募集资金 18 亿元；完善和修订政府绿色采购制度，对湘潭市两型技术产品实行优先采购。

自主创新方面：先进矿山装备制造产业集群列入湖南省创新型产业集群试点。“矿井除尘降温系统研究与开发”等项目列入 2013 年省战略性新兴产业科技攻关与成果转化专项。“南方煤矿高效安全生产关键技术研究与产业化”等一系列项目列入 2014 年省科技重大专项。

5. 两型重大项目协调推进

2013 年，湘潭市加大了对十大清洁低碳技术、生态文明和城际对接等三类项目的策划开发、源头参与和协调推进。率先全省出台《湘潭市推广十大清洁低碳技术三年行动计划（2013～2015)》，策划了涉及新能源发电技术、重金属污染治理技术、脱硫脱硝技术、工业锅（窑）炉节能技术等十类清洁低碳技术项目 107 个，总投资达 102.9 亿元，目前部分项目进展顺利。加快城际对接项目建设。湘江风光带各标段建设有序推进；加快推进了芙蓉大道二期、武广大道道路工程、九华大道北段等区域干道建设；长株潭城市群环线高速公路湘潭段建设正在准备招投标，争取尽快开工建设。湘乡至湘潭城际快车道正在开展分项评估编制；娄湘线、花灰线、湘青线等干线公路改造全面完工。组织了湘潭高新区、经开区申报省级循环化改造示范园区，华菱湘钢、电

化科技、桑德静脉产业、景翌环保、湘潭碱业5家企业已通过省级评审成为第一批省级循环经济试点企业。

6. 示范创建领域进一步拓宽

积极开展两型示范创建。严格对照两型示范创建标准，加大示范创建力度，示范创建工作进展顺利。一是召开了示范创建工作讲评会，对前段两型示范创建工作做了讲评，查找了问题和不足，对后段工作进行了部署。二是根据省长株潭试验区工委示范创建“两型五进”的要求，加强了对省级示范创建项目和单位的培育指导。三是探索推进两型综合片区建设，在全省率先提出了打造韶山两型示范综合片区，制定了《湘潭市支持韶山市创建省级两型示范综合片区的工作方案》，并着手全面实施。各县（市）区、示范区也正在积极申报创建两型示范综合片区。四是严格评审机制，规范评审程序，评比产生市级两型示范创建单位26家、两型示范创建项目15个；推选省级两型示范创建候选单位19家。

积极打造韶山两型示范综合片区。一是抓机遇，提认识。6月初，在全市两型示范创建工作讲评会上，把韶山两型示范综合片区建设工作作为全市两型示范创建工作的重中之重进行了部署。二是抓部署，突出重点。从6月初开始，在多次实地对韶山两型综合片区创建的基本情况、创建基础及相关项目等进行调研分析，充分尊重基层群众意愿的基础上，出台《关于支持韶山市创建全省两型示范综合片区的通知》。确定了综合片区重点区域，依据省“两型五进”要求，拟定了23类项目，总投资24698.4万元。8月初，将这些项目整理成14类，向省委上报《关于恳求支持韶山两型示范综合片区建设的请示》。7月16日，湘潭市召开了支持韶山市创建全省两型示范综合片区动员大会，明确了市直部门责任，并将此项工作纳入各责任单位两型社会建设年度绩效考核，对未完成任务的单位实行一票否决。当前，周调度、旬督查、月点评的工作推进机制已在湘潭、韶山两级政府初步形成。三是抓落实，聚合力。先后制定了《关于督办落实支持韶山创建省级两型示范综合片区动员会议精神工作方案的通知》（潭两型办〔2013〕2号）、《湘潭市两型办打造韶山两型示范综合片区建立日常工作机制的通知》（潭两型综合〔2013〕8号），将韶山片区建设任务分配到全体两型办领导和机关干部，每周四现场对接督查项目建设进展情况；根据韶山片区建设倒排时间表，市两型办与韶山市每10天对建设任务进行核对，查找问题、排忧解难；每月由市委市政府组织对项目建设情况进行一次集中督查点评。形成督查通报报省两型工委、市级领导和相关部门。注重整合部门资源，聚集工作合力，湘潭市直相关部门除给予业务指导之外，还需完成一定的资金任务。湘潭市两型办创建引导资金已拨付到位，其他市直单位资金也基本到位。

7. 生态治理和宜居湘潭的打造进一步加强

启动十大环保工程建设，加强生态环境治理，推进了湘乡水府庙库区生态环境保护及修复工程建设；加快实施《湘江湘潭段重金属污染治理规划》，建立竹埠港地区企业及排污巡查制度，关停26家化工企业，“退二进三”工作全面展开，启动了竹埠港地区化工、涉重金属企业整体搬迁，华宏实业、金环颜料、昭山冶金化等部分企业搬迁的试点工作有序推进；竹埠港重金属污染土壤修复治理项目和重金属废渣场治理项目建设全面推进。

8. 推进机制得到进一步加强

一是进一步完善了两型绩效考评。完善两型社会建设指标体系，加大资源环境考核力度，不断完善两型绩效考核办法，形成全市齐抓共建两型社会的局面。二是继续设立两型社会建设专项引导资金，开展两型示范创建活动，正面引导全民参与两型社会建设。三是有效策划开展两型主题活动，加强宣传推介，促使人们自觉形成两型理念和行为方式。

回顾2013年，对照两型社会的顶层设计要求，湘潭市两型社会建设还存在以下几方面问题：一是发展转型力度还不够；二是树立两型旗帜、走两型之路来推动经济社会发展的力度还不够；三是先行先试的改革方略广度、力度、深度还不够；四是推进机制力度不够。当前，长株潭试验区改革建设正处在第二阶段的关键时期，我们将在今后的工作中坚持把两型社会建设作为科学发展的重要抓手，突出重点改革，完善体制机制；突出项目建设，推动转型发展；突出技术创新，强化科技支撑；突出示范创建，形成工作合力。让两型理念贯穿到经济社会发展全过程，让老百姓切实感受到两型社会建设带来的变化和实惠，共同谱写中国梦的湖南篇章。

二　2014年两型社会建设谋划

（一）总体思路及目标

2014年，重点是围绕“建设两型社会、实现两个率先”的主线和全面小康的战略目标，按照湘潭两型社会改革建设顶层设计的要求，重点推进六大工作任务，着力在资源环境、新型城镇化、十大清洁低碳技术、两型示范创建等方面实现新的突破，率先形成节约资源、保护环境、科学跨越的体制机制，努力争当生态文明建设的先行市。

（二）坚持五个原则

坚持规划引领、发展保障的原则；坚持先行先试、改革创新的原则；坚持项目载体、对外开放的原则；坚持生态优先、低碳宜居的原则；坚持全民参与、政府推动的原则。

（三）完成六项工作任务

1. 突出综合配套改革

对照十八届三中全会决议及湘潭市两型社会顶层设计的要求，将两型改革作为湘潭市工作的主线，突出市场导向，做好政府服务，通过强化组织领导、设立改革专项引导资金、推进改革项目化运作等多种手段，最大限度地激发改革活力，积极寻求“牵一发而动全身”的改革突破口，形成“以改革促发展、以改革促转型、以改革惠民生”良性机制，释放改革红利，达到改革与发展、民生的同频共振。重点推进资源节约、环境保护和生态建设、行政管理三个领域的改革。

一是完善资源节约机制。充分发挥市场配置资源的决定性作用，完善矿产、土地等资源性产品的价格形成体制。①建立完善重点用能单位节能长效机制。实行能源消费总量与强度双控制目标管理责任制，将能源消费总量控制指标下达到各区县（市），纳入节能目标管理考核。强化项目“能评”，推进能源审计。建立节能交易机制。②抓好节约集约用地指标控制体系和节约集约用地考核评价制度的实施。建立城乡统筹的土地价格体系，对接城镇地价与农村地价，实现湘潭城乡地价一张表、一张图；推进土地空间使用权确权登记试点，建立规范空间使用权取得、登记、流转、抵押等一系列政策制度，探索建立土地三维立体管理机制；健全土地流转交易平台，推动农村土地承包经营权、林权规范化流转和农村集体建设用地交易。③加快推进城市居民户表改造和供水管网建设，推进阶梯式水价改革。加强二次供水管理和建设市场秩序的规范，对新建民居实行统一建设、统一管理。④出台并实施《湘潭市绿色建筑管理办法》，实现政府投资新建的公益性公共建筑（政府办公建筑、图书馆等）和所有新建的保障性住房，全部执行绿色建筑标准。新建 2 个可再生能源建筑示范小区。⑤推进公交体制改革，巩固资源整合成果，加快节能环保公交车更新，调整公交线路，完善站场配置，优化运营服务，提升公交覆盖率，提高市民出行公交分担率。

二是完善环境保护和生态建设长效机制。①完善排污权交易机制。对于已实行初始排污权分配的化学需氧量和二氧化硫，扩大试点行业和范围；探索将氨氮、氮氧化物乃至铅、镉等重金属污染因子作为新的排污权交易品种，并完善排污权价格体系；扩大参加排污权抵押贷款的银行范围；探索制订排污权指标的“有效期”，过期如没使用和交易则作废，以推动排污权交易。②绿色出行改革。构建“绿色出行”体系，普及新能源和清洁能源公交，扩大公共自行车租赁系统的覆盖面。③率先建立并完善长株潭绿心地区湘潭区域生态补偿机制。④建立完善合同环境服务政策支持体系。⑤完善餐厨垃圾集中收运与资源化利用政策制度。尽快下发文件，抓紧与特许经营单位的谈判，尽快启动项目建设。

三是推进行政管理体制改革。构建公平公开的政策环境，实现管理充分下移、监督充分集中。①加快政府管理创新和转型。加快转变政府职能和向社会机构转移部分职能，探索扩权强区和放权强镇改革，科学重组行政许可流程，继续推进行政许可流程再造和精简规范。②推进行政审批制度改革。根据市场导向原则，进一步改进政府行政审批机制；完成企业投资项目核准事项调整，促进投资便利化。③创新公共服务和社会治理体制。研究制定政府向社会力量

购买服务的指导性目录，明确政府购买的服务种类、性质和内容，按照公开、公平、公正原则，逐步建立健全政府向社会力量购买服务机制。2014年重点推广在就业、医疗卫生、文化体育、养老和残疾人服务领域实行政府购买公共服务的模式。

2. 突出规划落实与协调

重点是深入贯彻落实“两条例一细则”，实现规划的全覆盖，强化规划的执行力，突出城际规划的协调性等。

一是完善规划编制体系。①组织对两型社会顶层设计进行一次全面评估。②完成城市总体规划的修编工作。③协调相关部门启动并完成镇（乡）域村镇布局规划、特色城镇和中心镇规划等专项规划的编制任务。④组织启动湘潭市域规划和督促九华、昭山、天易示范区启动片区规划的局部调整工作。⑤指导协调完善湘潭市生态保护规划和绿心地区控制性详细规划的编制工作。⑥督促高新区、示范区落实规划纠偏机制、规划实施评价评估体系。

二是完善规划法规建设。①督促县（市）区、高新区、示范区制定相关项目审查报批的程序和办法。对列入具有区域性重大影响建设项目目录的项目，或者绿心规划确定的禁止开发区和限制开发区内的建设项目，以及控制建设区内的重大建设项目，按照《若干规定》的要求完成选址或准入的审查。②督促各相关市直部门结合部门工作完善工作流程。各级城乡规划部门结合行政许可职责调整完善审批程序，并对社会公布。有行政执法职责的部门应制定具体的行政执法规则和处罚规定。③建立全市两型系统内部项目审查的工作流程。

三是继续强化绿心保护。①按照《长株潭城市群生态绿心地区保护条例》的要求，指导协调各市相关部门完成绿心保护的各项工作任务。②指导涉及绿心的各示范区和岳塘区加强绿心保护标识的维护检查工作。③督促涉及绿心的高新区、各示范区和岳塘区完成绿心保护责任体系建设，签订责任状。④指导协调完成澄月湖省级森林公园和金霞山省级森林公园的申报工作，争取启动法华山省级森林公园的申报工作。

四是加强省市区沟通协作。①继续加强示范区战略合作框架协议的落实，建立各示范区与长沙、株洲各示范区之间的常态化交流机制，促进区域经济一体化。②建立示范区规划的常态化指导协调机制，强化示范区的示范效应。

五是加强项目规划协调。①组织指导协调各县（市）区、高新区、示范区将所在地具有区域性影响的项目进行申报。②继续指导协调区域性影响项目和绿心范围项目的规划与建设，协调昭山中建健康养生城、国信昭山晴岚、澄月湖森林公园和湘江风光带等项目规划和建设。

3. 大力推进两型项目

一是加强两型重大项目建设，着力扩大有效投资。要进一步完善两型项目库，重点推进节能减排、城际对接、清洁低碳等三大类项目建设。①加快推进八大工程建设。继续组织实施《湘潭市两型社会建设八大工程实施方案》，重点推进两型示范片区、湘江重金属污染治理、竹埠港治理、昭山绿心保护等重大标志性工程项目建设，力求抓好一批典型工程，抓出成效、示范全省。②继续推进十大清洁低碳技术。进一步落实韶山智能微电网工程、废弃电器电子产品资源再利用项目、竹埠港重金属污染土壤修复治理示范项目（一期）、大唐发电烟气脱硝工程、餐厨垃圾废弃物项目、节能汽车推广项目等，确保项目与技术推广相结合。③扎实推进城际对接项目建设。加快打通对外通道，推进沪昆高铁、长株潭城际铁路建设，益娄高速、长株潭外环高速开工建设，实现长韶娄高速建成通车。要争取建设好城际铁路，继续推进湘江风光带建设，同时密切跟踪国家投资政策，提前做好城际项目对接。

二是加快转型升级步伐，着力提升工业素质。继续大力发展先进装备制造、新能源装备和电子信息等战略性新兴产业，加强政策扶持，强化自主创新，加大战略招商和产业链招商力度，突出抓好一批重大项目建设，争取战略性新兴产业增长30%以上。加快改造提升传统产业，积极争取国家对问题型老工业基地的政策支持，促进精品钢材及深加工、汽车及零部件、食品加工等传统优势产业向高新化和集群化发展。切实加强产学研结合的技术创新体系建设，强化科技研发，围绕战略性新兴产业发展和传统产业转型升级，着力突破一批关键技术和共性技术，不断开发形成新的重大科技成果并加速转化为现实生产力。

三是突出节能减排工作，加强生态文明建设。①进一步推进十大环保工程的建设；切实抓好湘潭市已列入《湘江流域重金属污染治理实施方案》的

重点项目建设，抓好湘江流域重金属污染治理“一号工程”、湘江长沙航电枢纽库区清污工程、水府庙生态环境保护工程等重大项目建设。②有效控制农村面源污染：深化农村环境卫生整治，有效控制农业面源污染，全面完成三年整治行动任务。实施农村清洁工程，抓好户用沼气池、节柴省煤炉灶等农村清洁能源建设工作，不断改善农村生产生活条件。③突出抓好重点领域、重点园区、重点行业节能减排，着力实施锅炉窑炉改造、热电联产、电机系统节能、能量系统优化、余热余压利用等节能改造工程以及节能技术产业化示范工程；加快推进湘钢技改、湘乡市老工业技改等节能技改项目建设。

4. 突出示范创建工作

一是继续加快推进高新区和示范区建设。重点是加强规划引导和政策扶持，突出改革创新，利用先行先试的权力，率先突破土地、资金、人才等要素瓶颈制约，力争探索一批在全省乃至全国具有推广价值的经验模式。建立项目引进两型审批机制，杜绝“三高企业”进入。根据各自的功能定位，突出两型产业发展，突出战略性大项目，加快形成主导产业和产业链。

二是继续深入推进两型创建工作。按照可看、可比、可学、可推广的原则，以两型标准为引领，围绕两型生产、生活、消费领域，深入开展两型企业、城镇、村庄、社区、景区、机关、学校、门店、消费（家庭）等单位的创建活动。加强政策的研究，发挥好两型社会引导资金的引导作用，并整合各级各类资源，通过典型引路、以点带面，打造一批新的两型示范创建亮点，同时注重集中连片。大力推广韶山两型综合示范片区建设模式，每个县（市）区、示范区（高新区）探索1个3～5平方公里的两型示范综合片区。

三是大力宣传两型理念。通过会议、媒体宣传、平面广告等多种形式让两型理念成为全市人民的一种共识。不但要让各级各部门的领导干部将两型理念运用到工作中，更要让普通百姓将两型意识贯穿于生活当中。

5. 加快招商引资工作

一是强化内引外联。充分利用试验区的优势，加大招商引资力度，同时抓好内部的建设环境和服务，以优质的服务和环境安商、引商。同时，进一步整合全市和全省内外的资源，加快推进湘潭综合保税区建设，加快内引外联步伐，提高外贸货物的通关效率和节约外向型企业物流成本，提高湘潭市经济发展外向度和国际竞争能力。

二是加强区域对接。推动长株潭一体化步伐，加大区域协作的力度，推动落实湘潭市与长沙、株洲建立和形成经济协作机制。通过产业、基础设施对接等开展区域协作，加快一体化步伐。

三是强化工作交流。强化各县市区、示范区的工作交流，取长补短、共赢发展；加大湘潭市两型系统与外界的学习交流，实施“走出去”战略，把外地特别是其他综改区的好做法、好经验引进来。

6. 强化保障

一是加大宣传力度。①抓市级媒体宣传。强化与《湘潭日报》和湘潭电视台的合作，对湘潭两型社会建设成就进行全方位宣传和推介。②做好市外媒体宣传。邀请省外媒体、名流来潭宣传推介两型社会建设。筹办一次具有国际水平和影响的论坛或研讨活动。③开展文艺宣传。加大两型社会文艺作品编创和文化场馆建设力度，以群众喜闻乐见的形势，宣传两型社会建设成果，灌输两型理念。

二是强化机构职能建设。尽快调整湘潭市两型社会建设综合配套改革领导小组，进一步发挥领导小组对全市两型社会建设的全面统筹、指导、协调的职能，对各成员单位下一步两型社会建设工作重点进行明确。参照湖南省的模式设置机构，加大对两型社会建设的领导协调力度，上下对应解决好机构设置和人员编制问题，加强市两型办职能、充实人员。

三是加大资金引导力度。适应“高起点、大手笔、求突破”的改革建设要求，完善两型系统的综合协调机制和制度建设。抓好两型社会建设专项引导资金的使用，真正发挥好引导、指挥的作用。

四是发挥专项考核指挥棒的作用。①考精。专项考核要重点突出改革，突出资源和环境指标。②考实。要加强对部门考核指标相关工作的日常跟踪考核和阶段性评价。③考准。要将群众评议、上级部门评价、日常考核作为工作目标评定的重要依据。

五是切实强化推进机制。完善两型社会建设领导体制，协助各县市区和示范区成立相应机构，配备专职人员，进一步强化全市两型社会建设力量。

B.14

2013～2014年衡阳市两型社会建设报告

衡阳市两型办

党的十八大以来，全省两型社会建设迈入了新的发展时期。2013年，在省委、省政府以及省长株潭两型工委的决策部署下，衡阳市委、市政府审时度势科学决策，凝聚力量锐意进取，攻坚克难转型发展，围绕加快实现"两型梦"这一美好目标进行不懈努力，开创了两型社会建设新局面。

一 2013年两型社会建设回顾

2013年，衡阳市严格按照省委、省政府以及省两型工委的统一部署，认真贯彻落实全省两型社会建设工作会议精神，狠抓两型宣传教育、两型产业发展、两型改革深化、两型示范创建工作，资源节约、环境提质成效明显，有力地推进了全市经济社会持续健康发展。

两型产业引领经济发展稳中向好。全年第一、二、三次产业分别增长2.4%、11.6%、12.8%，三次产业结构之比调整为15.5∶48.2∶36.3。一次产业占比下降1个百分点，粮食安全保障有力，总产与上年基本持平，市级以上龙头企业实现销售收入240亿元、增长28%，农产品加工总产值达320亿元、增长28%，农业现代化水平不断提升。二次产业占比下降0.3个百分点，落后产能发展得到抑制，电子信息、先进装备、汽车零部件、生物医药等高新技术产业加速发展，产值占生产总值的38%，其中电子信息产业完成产值350亿元、增长40%，工业结构更优。服务业发展保持高速增长态势，占比提高1.3个百分点，实现增加值789亿元，"智慧城市"、华耀城、红星美凯龙、"大南岳旅游圈"等大项目相继启动，带动信息服务、现代物流、商贸服务、旅游消费等板块发展。三大产业中的两型产业实现高速发展，带动全市经济实现历史性跃升，全年地区生产总值首次突破2000亿元大关，达到2171亿元，同比增长10.5%；财政总收入站上200亿元新高，达到211亿元，增长12.5%。

两型改革确保资源使用高效节约。大力开展企业能效竞赛和能源合同管理，全市万元地区生产总值综合能耗下降4%，累计完成“十二五”节能目标的87%。落实最严格的耕地保护制度和节约用地制度，全市保有耕地588.7万亩，处于555万亩的规划红线以内。实施最严格的水资源管理制度，全市农业灌溉用水有效利用系数达到0.46。全面推广松木经开区国家级循环经济试点改造经验，积极构建循环经济体系，工业固体废弃物综合利用率达到78.6%，湖南机油泵获批国家第二批循环化改造示范试点，松柏、松江、大浦、衡东等循环经济园区建设推进顺利。着力推广清洁低碳技术，云集镇、水口山等2个城镇获批全省低碳试点城市，绿色建筑推广工作获国家认可，被住建部评为“全国建筑节能先进地区”。

两型建设促进生态环境不断提质。“基础先行”战略实施有效。中心城区新增绿化面积27万平方米，成功创建省级园林城市。继续推进新造林、退耕还林、“三边”造林以及石漠化治理，全市森林覆盖率达到41.3%。加强垃圾焚烧发电厂和垃圾填埋场建设，城镇垃圾无害化处理率保持在100%。引导工业技改资金投向，着力推进结构性污染减排，二氧化硫、化学需氧量、氨氮分别削减4.2%、0.55%、2.1%，累计完成“十二五”规划目标的83%、61%、77.3%，空气环境质量优良率达到95.5%。改造污水管网90公里，污水处理率提高到76.4%，饮用水水源地水质达标率100%。确保了群众享受绿色人居环境，呼吸上清新空气，喝上干净水。

一年来，我们按照统筹推进、重点突破、示范带动的工作思路，两型社会建设重点抓好五个方面的工作。

（一）突出抓好两型宣传教育

把两型社会建设作为全局工作的重中之重来抓，一年来，在市委经济工作会议、政府工作报告以及每个季度的经济形势分析会上，市委、市政府单独辟出章节，专门研究和部署两型社会建设工作。组织召开了衡阳两型社会建设工

作会议，并采取以会代训的形式，市委常委、常务副市长段志刚进行了两型授课。市人大、市政协积极参与，开展了“打造低碳产业集群”“白沙示范片区发展”“湘江流域综合治理”专题调研，提出了一系列重要的工作思路。同时，狠抓两型知识、两型理念、两型标准的教育传播，累计开展两型主题活动40余次，播送两型新闻200余条，刊发两型文章100余篇，还将两型社会建设专题纳入了党校培训之中，对学员进行轮训。通过努力，全市两型氛围进一步浓厚，共建合力进一步凝聚。

（二）突出抓好两型政策保障

对接新的《衡阳市城市总体规划》，编制完善了《城市公共交通专项规划》《战略性新兴产业新材料产业发展专项规划》等规划，研究出台了《衡阳市人民政府关于全面推进两型社会建设的实施意见》《衡阳市人民政府关于推广十大清洁低碳技术的实施意见》《关于加快农业产业化发展的若干意见》《关于加快推进数字认证工作的实施意见》《现代服务业重大项目招商引资奖励办法》《关于做好衡阳市通道绿化工作的实施意见》《衡阳市殡葬管理实施细则》《衡阳市城区加强城市管理工作方案》等文件，确保和促进两型社会建设沿着正确方向推进。

（三）突出抓好两型项目建设

坚持用两型标准策划和推进项目建设。清洁低碳项目方面：投入资金38亿元，实施“九区四园一城”100兆瓦屋顶分布式光伏发电等新能源发电项目6个。建材、化工、冶炼等传统产业加快技术革新和工艺升级，涌现出水口山、湘衡盐化、大唐发电厂、建衡实业等一批技改扩能示范企业。产业项目方面：中国五矿水口山金铜回收、华耀城、红星美凯龙、中海油湖南新能源油气储备基地等旗舰项目先后开工，富士康消费电子、金杯电工核电电缆、中兴网信全球共享服务中心、建滔化工（四期）等项目竣工投产。基建项目方面：完成旧城区提质改造15.9平方公里，来雁新城、滨江新区、云集山水城市综合体等新城区加快建设，“两馆两中心”等项目破土动工。南湖湿地公园、酃湖公园、续建10.85公里的“三江六岸风光带”等项目建设顺利。启动武广高铁沿线总长23.5公里、两侧各30米范围的绿化建设，推进全长18.7公里的衡州大道两侧21.5米以内的绿化提升，华新大道、解放大道、船山大道等城市主要道路实现绿化。争取国省生态补偿资金0.62亿元，新增林地面积11.28万亩。“十二五”以来，共投入资金45.4亿元，实施项目180个，提前实现2015年前重金属污染治理两个“50%”削减目标，湘江流域水质得到明显改善。

（四）突出抓好两型重点改革

坚持改革与建设“两手抓、两手硬、两促进”的思路，系列改革取得新进展。资源环境保护机制逐步推进，“一流转五服务”农村改革试点推进顺利，3个月来，共流转农村土地面积43万余亩，带动农户9.6万户；排污权交易机构建立，全面完成排污权初始分配核定工作；顺利启动殡葬改革，积极引导广大市民文明节约治丧、祭祀；成功发行全国第一只内河治理债券——湘江流域重金属污染治理产业债券16亿元。产业发展迎来利好，在8个行业启动“营改增”试点；争取进入了国家新一轮中部地区老工业基地城市调整改造和全国资源节约型城市可持续发展支持范围，获批全国二级物流园区布局城市；现代物流、旅游等5个服务行业试点服务实现标准化。开放经济取得新进展，综合保税区（一期）通过国家验收，14家企业签约入驻，总投资达36.6亿元，公路口岸、“无水港”建设推向深入。

（五）突出抓好两型示范创建

一方面，高品质打造白沙示范片区，全年实现规上工业总产值325.7亿元、同比增长49.5%，完成财政总收入17.88亿元、增长42.2%。引进项目14个，电子信息产业、先进制造业成为两大绝对主导产业，分别实现总产值263.78亿元、61.87亿元，同比增长64.7%、7.2%。完成年度投资额52.15亿元，其中，用于两型建设的资金投入17.21亿元，建成综合保税区（一区），标准厂房、园区道路联网成片，绿化覆盖率、生活污水集中处理率均达100%。另一方面，突出抓示范工程建设，加强对前期26个省级示范项目的跟踪服务，制定了《省级示范项目年度工作要点分解表》，建立了市县两级对口

联系制度，帮助其解决实际困难。围绕九大方面，继续开展两型示范创建活动，7家单位被评为2013年湖南省两型示范创建单位。重点推进两型门店和两型家庭创建，共创建省级两型门店5家、市级两型门店18家，省级两型家庭2户，市级两型家庭10户。

一年来，我们积累了一些工作经验。主要是：始终坚持“两型为先”的发展导向，以两型理念为引领，走绿色、低碳的发展之路，务求没有水分、没有后遗症的GDP；要牢牢把握“项目为纲”的建设思路，按照两型理念筹划并推进一批大项目、好项目，带动整个经济社会发展和两型转变；要持续释放改革创新的巨大红利，“先行先试”的政策优惠正在转化为发展实惠，作为改革试验区，要继续高举改革旗帜，破除体制机制障碍，去掉一切束缚生产力发展的不适因子，促进生产力的大发展、大提升。

同时，我们也清醒地认识到，仍然存在着一些亟待解决的问题。主要有：个别单位没有把两型工作纳入议事日程和领导决策，各方面工作的两型性体现不够；缺乏较强的创新精神，一些重点改革处于裹足不前状态；部门协调推进机制还不够完善；等等。

二　2014年两型社会建设思路

2014年，衡阳市将深入贯彻落实十八大、十八届三中全会精神以及中央、省委经济工作会议精神，按照省长株潭两型工委确定的年度工作要点，结合实际开展工作，扎实做好两型宣传教育、产业发展、改革创新、基础建设、示范创建等重点工作，务求在深度和广度上取得新成效，实现两型社会建设稳步向前发展。

（一）抓好三大板块宣传教育

一是切实强化媒体宣传。在报纸、电视广播、网络等主流媒体上开设两型社会建设专栏，定期、定版面、定时段、定主题进行两型知识、理念、标准等宣传。进一步提升公交车、公交站牌、户外广告牌等广告载体的两型宣传占比，长期刊载两型宣传标语。二是继续深化课堂教育。规范两型教育读本的编制和课程安排，选取样本学校，推进两型教育试点工作，适时适度予以铺开。在社区学校开设两型教育课程。继续把两型社会建设作为各级领导干部培训学习的必修课，提升领导干部的两型意识和抓两型的能力。三是创新开展主题活动。将更多的两型元素融合“文化下乡”“广场旬旬演、社区周周乐”之中，进一步充实环保日、地球日、湘江环保行的两型内涵，开展“两型衡阳型动你我”“雁城随手拍”“熄灯一小时”等活动。

（二）抓好三大产业两型发展

一是严格产业准入。实施最严格的环境准入制度，落实污染物总量前置审批制度，未经水资源论证的项目一律不予审批，不符合产业政策和环保准入的项目一律不予立项，对所有企业一律签订环境保护责任状。二是规范产业发展。以“绿色有机”为发展导向，加快农业生产方式向集约经营、标准生产、机械耕作转变。以“清洁低碳生产”为发展目标，大力推广十大清洁低碳技术，做好骨干企业、重点项目的技术改造。突出发展循环经济，深入推进松木经开区、湖南机油泵国家级循环化改造试点，全新创建10家循环型企业。坚持开放带动战略，做大战略性新兴产业蛋糕。三是引领产业集聚。全面铺开“一流转五服务”改革，加强资源与资本的合作，大力推广“公司+农户”以及“农场经济”模式，打造“村有特色产业、乡有优势产业、县有支柱产业”的现代农业产业格局，加快城区3万亩蔬菜标准园和各县市区八大特色蔬菜基地建设。加快完善上下游产业链条，进一步丰富价值链条，依靠龙头企业分类带动产业向市直两区一园集聚，重点做好输变电装备制造产业集群和高品质无缝钢管及深加工产业集群发展。充分发挥《湖南省人民政府关于支持衡阳市加快推进服务业综合改革试点的意见》政策利好，积极推进信息服务、金融保险、现代物流等重点行业发展。

（三）抓好四大领域改革创新

一是价格及财税、金融体制改革。加大差别电价和惩罚性电价实施力度，实施阶梯水价、阶梯气价。开展湘江常宁段、湘江衡南段、岣嵝峰、天堂山等生态补偿试点。扩大政府“两型产品”采购规模。积极推进“营改

增”试点。适度放开民间资本进入金融市场，促进小额贷款公司、金融担保公司等金融机构发展。二是生态文明建设改革。出台《关于推进绿色低碳出行的实施意见》。完善排污权交易制度和机构网络，实现排污权上市交易。继续推进殡葬改革。推进 $PM_{2.5}$ 监测网络建设，强化对重金属、二氧化硫等污染物排放的监测和管控。严格机动车环保标志登记管理，实施绿色标志管理。三是新型城镇化改革。突出“集约、智能、绿色、低碳”的新思路，抓好一批重点城镇综合改革试点。分类推进户籍制度改革，强化农村土地产权制度改革，促进土地、劳动力等要素在城乡之间双向流动。四是两型保障机制改革。建立健全市县两级两型工作机构和两型成果评估统计体系，进一步把两型和生态文明建设目标考核融入政府目标管理和干部绩效考核体系，实现两型工作规范化。

（四）抓好六大绿色工程建设

一是推进“绿色路网”建设。在高速公路、高速铁路和主要国省道两侧沿线，全面推进人工造林增绿工程，新建干线预先进行自行车道和步行道规划，进一步提升城市主要干道的绿化率、推进自行车道建设。二是推进“绿色水网”建设。扎实推进湘江流域保护和治理第一个“三年行动计划”，着力推进重金属污染治理、滩涂湿地修复治理以及风光带建设，加快推进幸福河改造工程和江东污水处理厂建设。三是推进“绿色园网”建设。加紧推进东洲岛旅游景区、南湖公园、酃湖公园、衡阳植物园、雨母山景区等园林建设，提升生态公园、回雁峰、南郊公园、石鼓公园等既有园林的品质，构建环绕整个中心城区的“绿色园网”。四是推进“绿色建筑”建设。继续推进市城区既有建筑的节能改造，新建建筑施工阶段节能标准执行率达到99%以上，在城区大型建筑率先推广屋顶光伏发电技术，争取把高开区打造成为全省“绿色建筑”集中示范区。五是推进“绿色城镇”建设。加强来雁新城、滨江新区的绿地公园、步行和自行车道、节能照明灯、垃圾污水处理设施的规划建设，推广绿色建材和屋顶光伏发电技术，打造绿色样板城区。加快中心集镇的垃圾污水处理设施建设。在机关、企事业单位率先推行“绿色低碳”出行模式。六是推进“绿色乡村”建设。强化道路硬化和垃圾污水处理等基础设施建设，推广太阳能、沼气等清洁型能源，推广农业循环经济发展模式，创建 10 家示范性“绿色乡村”。

（五）抓好三大示范创建提质

一是推动白沙示范片区建设。全面完成省确定的年度考核任务，重点抓好要素支撑、综合服务、技术创新和新产品研发、市场开拓、物流等“五大平台”建设，打造片区“升级版”。研究出台《白沙—云集两型综合示范片区建设方案》，积极打造宜居、宜商、宜业、宜游的两型综合示范片区。二是推动两型示范单位建设。继续开展 2014 年两型示范单位创建活动。注重既有示范项目单位的提质增效，大力推进 34 个省级示范单位建设，争取全年全新打造 10 个以上省级示范单位。三是推动两型示范项目建设。着力实施“3048”重大项目推进计划，充分发挥重大项目的带动和示范效应。农业方面，大力推进衡阳国家级农业科技园、安邦新农业生产示范基地、云兴湖现代农业科技生态园等项目建设；工业方面，着力推进 40 万吨金铜综合回收、餐厨废弃物资源化利用和无害化处理、城市生活垃圾焚烧发电厂等项目建设；服务业方面，重点推进金融大厦、华耀城、商业步行街和“大南岳旅游圈”等项目建设；城建方面，加快推进来雁新城、滨江新区建设和云集镇低碳城市试点。

B.15

2013～2014年邵阳市两型社会建设报告

邵阳市发展和改革委员会

2013年，邵阳市紧紧围绕省委、省政府“两个加快、两个率先”总目标，落实“三量齐升”总要求，推行“四化两型”总战略，坚持转方式、调结构，以项目建设为抓手，强化基础设施建设，着力改善民生，加快推进邵阳的两型社会建设，经济社会又好又快发展，两型社会建设取得了新的成绩。

一 2013年邵阳市两型社会建设基本情况

全市上下坚持以科学发展观为指导，坚持发展与保护并重、经济与环境双赢的原则，狠抓经济结构调整、项目支撑和生态文明，着力抓好示范创建，取得了较好的成效。

（一）狠抓结构调整，两型产业成效明显

三次产业比由上年的24.5∶38.7∶36.8调整为22.9∶39∶38.1，结构进一步优化，产业发展明显提质升级。工业保持较快增长。全市规模工业完成增加值412亿元，增长13%。规模工业企业大幅增加。新增规模工业企业64家，总数达到880家，其中产值过10亿元的企业6家、过亿元的435家。园区发展步伐加快，宝庆工业集中区等10个园区进入省湘西地区开发扶持范围，邵阳县经开区、城步经开区、绥宁经开区、新宁经开区、大祥经开区申报省级工业集中区以及武冈经济开发区调区扩规均通过省里评审，实现一县一省级园区，宝庆工业集中区正全力以赴申报国家级经开区。现代农业稳步推进。农业产业化企业达到4116家，其中规模企业243家、新增33家，实现农业产业化销售收入310亿元，增长10%。休闲农庄发展到122家，农家乐及家庭农场1877

家。现代服务业发展加快。新增小贷公司4家，新批筹小贷公司3家，邵阳市首家私募股权投资机构市华银股权公司正式设立。旅游产业发展壮大，崀山旅游服务基地全面建成，成功举办第二届中国大桂林旅游·湘桂原生态风情节。实现旅游收入140.2亿元。

（二）狠抓项目建设，两型基础逐步夯实

一批重大项目快速推进，基础设施大幅改善，交通建设取得重大突破，洞新、怀通高速竣工通车，安邵、邵坪高速进展较快，武靖高速开始征地拆迁。怀邵衡铁路完成可研批复和初步设计审查，并开工建设。邵永铁路扩改列入“十二五”建设规划，沪昆高铁建设和娄邵铁路扩改施工顺利。武冈机场开工建设，邵东军民合用机场启动规划编制。改造国省干线206公里，建设农村公路859公里。城市建设加快推进，编制完成东部城镇群城镇体系规划、城市总体规划和各层次专项规划。中心城区土地利用总体规划修改获批，新增建设用地20平方公里。最美十条街完成规划设计，昭陵西路、铁砂岭道路改造基本完成，敏州西路、蔡锷路等正在美化绿化，资江南岸风光带启动整体开发。一批特色城镇迅速崛起，邵东县廉桥镇、武冈市邓元泰镇、新邵县陈家坊镇、洞口县高沙镇等17个镇被列为全省中心镇和特色镇。能源基础逐步夯实，宝庆电厂二期已作为全省唯一一个“十二五”开工的火电项目上报国家能源局。南山风电二期并网发电，新宁风雨殿、隆回宝莲风电正式投产。新建220千伏输变电工程2个、110千伏输变电工程4个。管输天然气入邵工程通气运营，正在抓紧编制“气化邵阳”县县通工程规划。水利设施建设加强，完成132座重点小二型病险水库除险加固，组织实施91座一般小二型病险水库除险加固。实施大圳灌区续建配套工程，开工建设中小河流治理项目31个、完工10个；治理水土流失面积22.3平方公里；竣工农村饮水工程87处，解决35万农村人口饮水不安全问题。

（三）狠抓生态文明，两型理念深入民心

全市开展城市管理综合整治行动以及“限摩限电”行动，并投放了1000余辆公共自行车，取得了良好成效，城区面貌有了根本性转变，两型理念深入

民心。市区成功创建省级园林城市，绿地率、绿化覆盖率分别达到 31%、35%，人均公共绿地面积 7 平方米。建成重点流域县和重点镇污水管网 171 公里。大气污染综合整治取得成效。完成中小河流治理项目 18 个，治理河道 230 公里、水土流失面积 22.3 平方公里，生态修复面积 36 平方公里。投入资金 4000 万元，用于矿山地质环境恢复和治理。大力推进巩固退耕还林成果项目，新造速生丰产林、油茶林 10 万余亩，购置太阳能热水器 3254 台。“三边三区三年”绿色行动植树 3.1 万亩，新增湿地保护面积 9872.4 公顷，完成公路通道绿化 405 公里、河渠绿化 112 公里，造林 36.3 万亩，森林覆盖率 57.6%。新建户用沼气池 8413 口。洞口县、邵阳县、北塔区的农村环境连片综合整治项目顺利通过验收。新宁县被评为全国绿化模范县，城步县长安营乡、隆回县虎形山瑶族乡创建国家级生态乡镇，城步县大寨村、桃林村、隘上村创建国家级生态村。两型示范创建进展良好，5 家首批全省两型示范创建单位加快推进，2013 年又有洞口县高沙镇、隆回县星星村、洞口肉联冷冻公司、邵东精华等 4 家单位列入全省两型示范创建单位。

二　2014 年邵阳市两型社会建设主要思路

2014 年，邵阳市将深入贯彻落实科学发展观，以全面深化改革总揽发展全局，紧扣邵阳市“八个建成”战略目标，继续坚持“三个高于”工作总方针，以两型发展为主线，以发展循环经济、绿色经济为导向，依托重大项目、主导产业、新型城镇、生态文明、改革开放，加快邵阳两型社会发展。

（一）坚持依托重大项目，夯实两型建设基础

全市拟安排重点工程 320 个，年度投资 430 亿元。继续抓好“四个十”工程建设。交通：争取安邵高速建成通车，推进邵坪、武靖高速建设进度。怀邵衡铁路全线开工建设，完成投资 40 亿元，完成沪昆高铁邵阳段和沪昆高铁邵阳北站建设，基本完成娄邵铁路扩改。加快武冈机场场内外工程建设。竣工邵塘、金六、八老、隆武、新烂、罗五及衡邵高速新邵连接线 7 个公路项目，推进 9 个干线公路项目建设。加快邵阳港建设，开展航道疏浚，新改建 4 ~5

个水运码头。全力抓好农村公路建设和渡改桥、危桥改造。能源：开工建设五团、望云山、宝莲二期等9个风电场项目，推进垃圾发电、光伏发电、生物质能发电项目，新建110千伏输变电工程10个、35千伏输变电工程14个。加快市区至各县市的天然气管网建设，加强城镇燃气配套基础设施建设，提高天然气普及率。全力落实工程建设管理的各项制度。强化项目稽查管理。加大监察、发改、财政、审计等部门联合稽查和重点领域专项稽查力度，定期开展重大项目稽查活动，严把工程质量关，确保项目投资效益。

（二）坚持依托主导产业，构建两型产业体系

促进工业项目。力争全市工业总产值达到2064亿元，增长20%，其中规模工业产值1747亿元，增长21%。全年新增规模工业企业30家以上，规模工业企业总数突破900家。继续抓好十大工业项目建设，力争宝兴科肥、立得皮革等企业重点技改项目早日达产，百威啤酒年产50万吨啤酒生产线完成主体工程，邵纺机、湘中制药、湘印机等退城入园项目建成投产。加快推进工业园区建设。园区规模工业增加值增长18%以上。重点抓好宝庆工业集中区建设，申报国家级经济技术开发区取得突破。建成60万平方米标准厂房，引进华润集团、基伍集团、北京纽曼数码等战略投资者，积极创建国家经济开发区。加大园区扶持力度，推进生物医药、发制品加工、特种纸、中小微企业等特色园区建设。加大园区扶持力度，对全市10家工业园区进行基础设施建设贷款贴息。稳定农业生产。保障粮食稳产增收，稳定种植面积，争取达到975万亩，增长5.5%，示范和推广双季稻，扩大优质稻种植规模，优质稻占水稻播种面积的比重达到68%，粮食总产量达到324万吨，增长4%；大力发展经济作物，新扩金银花基地10万亩，新增黄花菜基地10万亩，新造和低改油茶基地6万亩，新增水稻制种5万亩，新扩改造橘橙4万亩，实现经济作物总面积245万亩，年产值18亿元，增长4%以上。加快菜篮子建设，新增城镇和特色蔬菜基地30万亩，提高蔬菜供给能力和水平，稳定市场价格，蔬菜产量达到210万吨，增长6%；加快养殖业发展。实现产值179.5亿元，增长8%，生猪出栏1133万头，增长8%。计划投资扶持农业产业化龙头企业和农民专业合作组织100家，组织实施产业化经营项目39个，争取新增农业产业化规

模企业20家，流转土地130万亩以上。创建标准化示范县1～2个、示范乡镇20个、标准化示范基地36个，新增无公害农产品15个、绿色食品23个、有机食品2个、地理标志产品1个。推广各类农机具4万台，争取农业生产综合机械化水平达到58%，水稻生产耕、种、收全程机械化水平达到63%。提升服务业发展水平。进一步提升邵阳市服务业的发展水平，加快发展信息服务、中介服务、社区服务和文化产业等行业，积极推进邵阳市文化艺术产业城、邵阳市金融中心等一批项目的建设，大力发展商务服务业，推动法律、会计、咨询、审计、代理、产权交易等行业的快速发展，加快发展消费性服务业，合理发展房地产业，大力发展休闲养老、家政服务和健康服务业，积极推进邵阳体育产业城、邵阳市康复理疗中心等一批项目建设。大力推动旅游发展。扎实推进“251”（全省20个省重点，50个市重点，100个县重点旅游项目）和“3521”工程建设（全省30个重点旅游强县，500个旅游名镇，2000个旅游名村，10000个旅游服务点）。立足建设湘西南物流中心，积极推进新货运站综合物流园项目，完成规划、国土、招商等前期工作。做大做强邵阳烟草物流园、粮食物流园、湘西南国际商贸物流城等一批专业物流项目，完成“全国农产品现代流通综合试点城市”项目建设，湘西南（农产品）物流中心全面开工建设，其中水果蔬菜肉类批发市场建成营运，推进“万村千乡市场工程”建设，高标准改造农贸市场30个。

（三）坚持依托城乡统筹，加快两型城镇建设

增强中心城区的辐射带动作用，加快城镇群建设，推进城乡一体化加速发展。推进东部城市群和西部生态圈建设。争取东部城镇群城镇体系规划获省里批复。启动市区与周边四县的快速通道建设，完成蔡锷路改造，拉通学院路延伸段路基，开工邵东机场快线。全面推进水、电、通信等同网建设，开通1～2条从中心城区通往城郊乡镇的公交线路，逐步实现市辖三区所有乡镇公交线路全覆盖。启动西部生态圈总体规划及交通、旅游、生态、环保等专项规划编制，策划包装并实施一批重大项目。加快中心城区扩容提质。一方面，加快新城建设步伐。通过启动新城大道、邵西大道、雪峰北路等环线骨干路网建设，拉开城市骨架，加快宝庆新城、桃花新城和滨江新城建设。另一方面，加快老

城区扩容提质。要抢抓国家在城市棚户改造上的政策机遇，启动双清路棚户区、江湖半岛棚户区、资江南路棚户区、滑石村棚户区、戴家坪片区棚户区等大型棚户区改造项目，与老城区城北路、宝庆路、资江北路等道路“白改黑”有机结合起来，推进旧城区给排水、燃气和电力通信等硬件设施的改造与社区公园、农贸市场的建设。统筹城乡协调发展。打造一批特色型小城镇，抓好廉桥、高沙、陈家坊、六都寨等中心镇、示范镇开发建设，支持下花桥建成山水园林特色镇。以新农村建设为总抓手，抓好农村危房改造，推进连片改造，加强农村水电路气和农产品流通等基础设施建设，推进城乡一体的医疗、卫生、教育、文化、就业、社保等公共服务体系建设。打造新农村建设示范片 20 个、示范村 200 个，投资 1800 万元，推进“六到农家”示范村建设和两型示范点建设。

（四）坚持依托生态文明，打造两型示范区域

将生态文明建设融入经济建设、政治建设、文化建设和社会建设全过程，加快转变经济发展方式，努力建设“美丽邵阳”。抓好生态建设。加强林木的培养和护理，提高林地的社会生态效益和经济价值，实现各类林产品产值 10.7 亿元，同比增长 7%。继续实施全市巩固退耕还林成果，深入开展“三边三区三年”绿色行动，争取造林 36 万亩，绿化公路 300 公里、河堤 150 公里。坚持生态自然修复与人工治理相结合，完成水土流失治理 11.1 平方公里，改良草山 1.2 万亩。修复水毁工程 1.4 万处，加固堤防 55 公里，清淤河道 300 公里、沟渠 2000 条。在农村开展以畜禽养殖污染为重点的环境整治，逐步改善村容环境卫生状况。整顿规范矿产资源开发秩序，加大矿山地质环境治理力度，推进绿色矿山建设。加快洞口高沙镇、隆回星星村等一批两型示范点的创建工作。抓好节能减排。加快推进隆回县全省循环经济示范县、新宁县全省低碳试点县工作。加快淘汰落后产能，推进重点行业和用能大户技术改造，推行合同能源管理。严格执行国家产业政策和节能评审制度，把严新上项目关，强力推进节能工程项目建设。建立节能技术服务体系和监督考核机制，确保各项节能措施落到实处。争取全社会综合能耗下降 3.5%、公共机构人均综合能耗下降 4%、新建建筑节能设计率和审查合格率 100%。推广清洁能源，新建户

用沼气池 5000 口、大中型沼气工程 3 处。全面推进十大环保工程，加强重点减排工程建设和设施监管，推进污水和生活垃圾处理设施及配套管网建设，突出抓好龙须塘老工业区环境综合整治，加大污染物削减力度，确保完成省政府下达的邵阳市主要污染物指标的减排目标任务。

（五）坚持依托改革开放，引领两型社会创建

全面深化改革。全面顺利完成剩余 11 户市属国有工交企业改革任务。坚决关闭小煤窑 57 个。指导武冈、绥宁、邵东、洞口和邵阳县尽快按计划全面完成所属国企改革任务，圆满完成国企改制三年攻坚任务。争取成功组建邵阳农商银行，推动邵阳县、隆回县农村信用社改建农商银行，加速推进广发银行、中信银行等金融机构在邵阳市设立分行。发展小额贷款公司，实现县市区全覆盖。抓好招商引资。争取全年利用外资增长 20%，内联引资增长 25%。落实招商主体，明确招商责任，精心包装项目，搞好产业招商、以商招商，大力组织园区、企业产业各类专题投资促进和产业对接活动，每个县市区引进产值过亿元工业企业 1 家以上。办好 2014 年邵商大会，做好 2015 年湘商大会筹备工作。推进对外贸易。千方百计巩固和扩大外贸出口规模，力争全年外贸进出口增长 20%。以龙头企业为支撑，加快鞋业、打火机、头发制品、箱包服装等十大出口基地建设。确保头发制品产业园建成投产，争取打火机产业获批“国家外贸转型升级专业型示范出口基地”。启动邵阳海关、出入境检验检疫局大楼主体工程，加快公路口岸建设，打造大通关平台。

B.16

2013～2014年岳阳市两型社会建设报告

岳阳市两型办

2013年，岳阳市坚持以科学发展为主题，以稳中求进为基调，着力推进"四化两型"和"三量齐升"，经济社会发展呈现增速平稳、转型加快、和谐稳定的良好态势，两型社会建设取得新成效。

一 2013年两型社会建设情况

一年来，全市上下以"绿色岳阳"建设为主题，以两型社会综合配套改革为主线，着力推进两型产业、狠抓节能减排、注重生态保护，努力实现了生态建设与经济建设同步，发展质量与发展速度并进。全年实现地区生产总值2430亿元，增长10.2%；完成财政总收入256亿元，增长11%。淘汰51条落后生产线，关闭43家污染严重企业，全年万元GDP能耗下降6%，削减COD 8822吨、氨氮3518吨、二氧化硫4330吨、氮氧化物435吨，削减率分别为2.9%、3.2%、2%、1.5%，超额完成年度节能减排任务；全年空气质量优良率88%，在全省6个重点监控城市中排名第一，被誉为"一座可以深呼吸的城市"。同时，岳阳被正式授牌为全国绿化模范城市，城市文明程度指数测评中排在全国提名资格城市第五位，"文明餐桌行动"在央视《焦点访谈》中被推介，华容、平江、岳阳县获评为国家卫生县城。主要做法如下。

（一）坚持推进结构调整，着力打造两型产业

坚持把经济结构调整作为主攻方向，充分利用市场倒逼机制，发挥政策引导作用，推动产业转型升级，三次产业结构比由11.7∶55.5∶32.8调整为10.9∶55.1∶34。工业转型升级力度加大。完成工业技改投资780亿元，增长16%；

全社会研发经费增长34.5%，高新技术产业增加值占GDP的比重达到17.3%；机械制造、生物医药和电子信息等新兴产业增加值增长15.6%；岳阳绿色化工产业园被列入国家循环化改造示范试点园区。农业基础地位更加巩固。全年粮食总产量310万吨，水产品总量稳居全省第一；农业产业化进程加快，新增农民合作社571个，规模以上农产品加工企业达到340家，农产品加工业销售收入增长20%，成功获批创建岳阳国家农业科技园区。服务业发展活力增强。实现增加值821.1亿元，增长11.9%。航运物流增势强劲，客运、货物周转量分别增长15.9%和17.3%，集装箱吞吐量突破20万标箱，港口货物吞吐量1.1亿吨，居长江干线港口城市第六位。旅游市场持续活跃，全年接待国内外游客1893.8万人次，实现旅游总收入206.2亿元，分别增长12.7%和20.7%。

（二）坚持推进“五创”提质，着力建设两型城乡

深入开展“五创”提质活动，成功创建全国绿化模范城市。大力实施城乡环境整治攻坚，王家河生态与文化长廊一期工程、中心城区亮化二期工程基本完成，铁山水库水资源保护、中心城区小街巷改造和低洼渍水地段整治等工作进展顺利；农村清洁家园行动深入开展，共投入农村环境整治资金2.7亿元，333个新农村建设城乡统筹试点镇和示范创建片（村）投入资金7.4亿元。禁拆治违行动强力推进，拆除违法建筑1611处21.7万平方米。生态建设和环境保护力度加大，完成造林30万亩，城市建成区绿化覆盖率40.2%；大力推进节能减排和淘汰落后产能攻坚，淘汰51条落后生产线，关闭43家污染严重企业，城区6家“退二进三”企业停产或转型，完成污染减排项目121个。

（三）坚持推进工作创新，着力增强两型活力

一是加强综合建设协调。针对重点指标、重点地段、重点领域，牵头制定了《“十二五”主要污染物总量控制规划》《2013年主要污染物减排工作计划》，出台了《中心城区环境综合整治方案》《南湖恢复三类水质综合整治方案》，并开展了重金属、危险化学品、饮用水源、噪声、危险废物、畜禽养殖

等重点领域专项整治行动。二是创新环境监管方式。首次对全市 67 家重点监控、上市等企业开展环境信用评价，实行挂号销号动态管理；对重点企业实行“挂牌管理、分类管理、档案管理”；率先实行排污费“阳光征收”。由汨罗环保局试点，将企业排污信息，收费依据、金额向全社会公开，接受各界监督，严格落实“谁排污，谁交费”，确保应缴尽缴。二是深化两型宣传教育。先后组织开展了“保护南湖，服务生态”“保护水资源·关爱洞庭湖”“环城绿色骑行”等大型环保公益活动 33 场次；开展环保知识“进工厂、进社区、进校园、进乡村、进单位”活动 132 场次，营造全民参与环保的浓厚氛围。

二 2014 年两型社会建设思路

2014 年，全市两型社会建设的总体思路是：深入贯彻党的十八大和十八届三中全会精神，认真落实省委、省政府和长株潭试验区工委的统一部署，以全面建成小康社会为总抓手，以两型社会建设为动力，着力转变发展方式，着力统筹城乡发展，着力创建生态文明，着力深化改革开放，努力建设宜居、宜业、宜游的美丽幸福岳阳，努力让岳阳城乡更具现代气息。

（一）突出以重大项目为支撑

围绕推进新型工业化，在石化、食品、装备制造、电力能源等重点产业领域，加快推进绿色化工产业园循环化改造、中粮集团大米加工、南翔万商国际商贸物流城、长炼年产 10 万吨环氧丙烷、北斗导航“两中心两基地”、湖南科伦二期、远大可建三期等 40 个重点建设项目，完成投资 106 亿元。抓好城陵矶综合保税区、汽车整车进口口岸、巴陵石化 500 万吨/年原油适应性改造工程、华菱物流园、长沙经开区汨罗产业园、百万千瓦火电厂、煤炭储备基地等 51 个重点前期项目。

围绕推进新型城镇化，在城建、交通等领域，加快推进岳望和大岳高速、荆岳铁路、岳阳三荷机场、临湖公路、环南湖交通三圈、城陵矶新港二期等 30 个重点建设项目，完成投资 126 亿元；抓好杭瑞高速金凤桥连接线、平益高速、长岳九铁路、武警长沙（湘阴）直升机场、天然气水上工程等 17 个重

点前期项目。

围绕推进可持续发展，在河湖治理、节能减排、污水处理等领域，加快推进马壕和罗家坡污水处理厂、王家河流域综合治理、荣湾湖综合治理等14个重点建设项目，完成投资17亿元；抓好垃圾焚烧发电、北港河及乌江流域综合治理、环铁山库区生态保护及治理工程等17个重点前期项目。

（二）突出以生态建设为抓手

一是实施节能重点工程。加快实施万家企业节能低碳行动、节能产品惠民工程、商业领域“百城千店”节能示范等重点工程，积极推动可再生能源建筑示范城市建设。

二是实施环境综合治理工程。加强城区水域保护，突出抓好南湖、东风湖水环境综合整治，继续推进“四湖两河”连通工程。以降低 $PM_{2.5}$ 为首要目标，扩大燃煤锅炉改造范围，强化机动车尾气污染防治，加快淘汰黄标车。落实湘江保护与治理省政府“一号重点工程”，抓好重金属污染治理等项目建设，开展以减少农业面源污染、减少畜禽养殖污染、生活垃圾污水处理和饮用水源保护为重点的农村环境连片整治。继续开展“洞庭风雷”行动，严厉打击非法采砂、非法捕捞、非法排污、非法营运等行为。

三是实施绿色生态建设工程。完善绿色环境、绿色产业、绿色消费、绿色文化体系，巩固绿化创模成果。大力推进“三边”造林和城乡绿化，全年完成人工造林30万亩。加大重要水源涵养区、自然保护区、森林公园生态保护和修复力度。

（三）突出以结构调整为方向

坚持存量改造与增量优化相结合，加快推动产业结构优化和质量提升。

着力提升工业素质。石化、食品、纺织、建材等传统产业以技术改造提质增效，电子信息、先进装备制造、生物医药、节能环保等新兴产业以规模扩张增量增效。积极对接国家、省重点产业布局调整意见，加快国家级、省级开发区和工业园区整合、调规、扩区，完善园区基础设施功能及服务保障体系，强化产业链、价值链招商，提升园区土地投资强度及产出效益。落实中小微企业结构性减税、融资贷款、财政扶持等政策，帮助企业尤其是中小微企业解决实际困难，促进健康发展。

着力扩大服务业规模。以制造业转型升级为导向，积极发展电子商务、信息服务、现代金融等重点行业，促进服务业与制造业融合发展。加快临港综合物流园建设，推动航运物流、制造业物流和城市配送物流业发展。继续实施旅游产业“七个一”工程，推动文化创意与相关产业融合发展。抓好城市商圈提升工程，引导商贸、餐饮特色化、差异化发展。

着力提高农业品质。支持粮食生产适度规模经营，提高种粮比较效益。实施新一轮“菜篮子”工程，抓好城镇保障性蔬菜基地建设，扩大畜禽水产品标准化健康养殖规模。加快岳阳国家农业科技园区、洞庭湖绿色食品产业园等专业园区和屈原、华容国家现代农业示范区建设，积极培育家庭农场、专业大户、农民合作社、产业化龙头企业等新型农业经营主体。继续抓好第三轮新农村建设10个城乡统筹试点镇、17个示范创建片、306个示范创建村建设，改善农村生产生活条件。实施精准扶贫，重点抓好发展生产、健全公共服务和教育三件大事，力争减少农村贫困人口8万人。

（四）突出以城镇建设为载体

一是加强规划引导。严格执行城市总体规划和近期建设规划，加强重点区域、重点地段建筑立面景观设计。强化县乡规划引领与实施，加快县城路网、管网、广场、游园等配套建设，提升县城综合承载力。推进基础设施向小城镇、农村社区延伸。按照现代产业聚集带、新型城镇拓展带、生态文明示范带、开放合作引领带、长江中游综合交通运输枢纽的定位，健全完善湖南长江经济带开发建设规划，抓紧编制城陵矶新港区规划。

二是推进城区扩容提质。继续实施中心城区扩容提质战略，加快临港产业新区、湖滨片区、奇家岭片区等路网建设，支持洞庭新城、南湖新城区、云溪城南新区建设。创新城市管理，深入开展“五创”提质、禁拆治违行动，推进智慧城市建设，引进市场手段，建立城市管理长效机制，争创全国文明城市。

三是着力发展重点城镇。突出抓好沿江重大基础设施建设工程和重点产业

发展工程，争取省委、省政府对沿江开发出台支持政策，引导临港产业向沿江集聚，促进沿江与腹地联动、产业与城镇融合，构建分工有序、功能完备、布局合理的区域城镇体系。加快17个国家级重点镇创建工作，大力扶持20个省级特色镇和25个边界镇发展。

（五）突出以改革创新为动力

从重点领域、关键环节入手，着力破除体制机制障碍，为两型社会建设创造良好环境。

一方面，把顶层设计与基层探索、全局视野与具体路径、整体推进与重点突破结合起来，大力推进财税体制、农村综合配套、政府职能、要素市场、开放型经济以及事关民生改善的社会事业等重点领域、关键环节改革，以重点突破牵引各方面改革协同推进，把改革不断引向深入。

另一方面，实施创新驱动发展战略，以科技创新促进转型升级，加快建设创新型岳阳。强化企业创新主体地位，依托骨干企业，在石油化工、装备制造、生物育种、电子信息、新材料等领域加快技术攻关和成果转化，培育一批国家和省级创新平台，力争高新技术产业增加值占GDP的比重达到20%。

B.17

2013～2014年常德市两型社会建设报告

常德市两型办

一　2013年常德市两型社会建设情况

2013年，常德市按照省委、省政府及长株潭两型社会试验区工委的工作部署，以十八大精神为指导，紧扣生态文明建设，在“智慧常德、现代常德、绿色常德、幸福常德”的总体框架下，以“四个着力”为重点，积极探索适应常德特色的两型社会建设道路，在产业转型升级、城乡环境美化等方面取得了突出成绩，两型示范区和两型示范创建单位的特色更加明显，两型社会建设的氛围进一步浓厚。

（一）着力优化产业结构，推进产业升级

以建设现代产业体系为目标，以推进重点企业、重点行业和重点领域的节能减排为基础，以推广应用先进技术为关键，以发展低消耗、低污染产业为重点，以促进产业聚集、提升产业投入产出比为路径，大力推进产业转型。

1. 大力推广清洁低碳技术，扎实抓好节能减排

研究制定了常德市推广新能源发电技术、以沼气化推动农村畜禽污染治理和资源化利用技术、脱硫脱硝技术、工业锅（窑）炉节能技术、绿色建筑等十大清洁低碳技术实施方案，建立了由市两型办牵头，职能部门、县市区、示范区联合推进的工作机制，共有26个项目纳入全市重点工程建设项目（含前期项目），完成投资14.2亿元，其中汉寿县凯迪生物质电厂、澧县新澧化工制硝母液回收节能改造工程、特力液压电镀车间清洁生产改造工程、湖南恒安纸业有限公司烟气脱硫工程等11个项目建成。同时，严控高能耗、高污染项目上马，淘汰了6条落后生产线，关停了26家小企业，实施重点节能项目22

个、重点减排项目 93 个，完成了节能减排约束性指标。

2. 大力发展新兴产业，提高两型产业比重

实施省级以上科技项目 78 项，新增产学研合作项目 94 项，新认定高新技术企业 19 家，全市高新技术产品产值达到 550 亿元。创新金融服务，民生银行常德分行、广发银行常德分行先后开业，新增 5 家小额贷款公司、新增 2 家融资性担保公司。大力发展现代农业，新增规模农产品加工企业 30 家，新增“三品一标”认证 138 个，新增农民合作社 420 家。

3. 大力推进产业聚集，提升产业规模效益

实施“1115”工程，即通过 5 年左右的努力，把中联重科常德工业走廊打造成为千亿走廊，把常德经开区建设成为千亿园区，把烟草产业发展成为千亿产业；培育主营业务收入过 50 亿元的工业企业 15 个以上，其中 5 个过 100 亿元。全市全年完成规模工业总产值 2100 亿元，增长 12.6%，其中“1115”工程企业全年产值达到 990 亿元；完成规模工业增加值 890 亿元、增长 11.5%；全市“百亿产业”“百亿企业”“百亿园区”“百亿区县”分别为 6 个、3 个、3 个和 8 个。

（二）着力美化生活空间，建设绿色常德

以生态市建设为总揽，在城镇启动“三改四化”工程，在农村推进美丽乡村建设，大力推进绿化、美化，城市品位进一步提升，农村环境持续改善。

1. 大力推进新型城镇化，城镇宜居度进一步提升

市中心城区和县城全面启动“三改四化”工程（路改、水改、棚改，绿化、美化、亮化、数字化）。市中心城区组织了以杆线入地、地下管网改造、通行能力提高、公交专用道建设、慢行系统构建、路面提质改造为主要内容的路改大会战，基本完成 207 条、157 公里、247 万平方米的路改主体工程；一批水改综合治理项目开工建设，改造城市棚户区 10419 套。武陵大道等重点区域的美化、亮化即将完成。新增绿地 100 万平方米，栽植乔木 3 万株。智慧城管、智能交通、平安常德三大数字化平台建设正在实施。积极开展国家生态园林城市创建工作，将大气环境保护圈由原来的 300 平方公里扩大到 623 平方公里，先后出台了《常德市城区噪声污染管理通告》《常德市机动车排气污染防

治监督管理办法》等规章制度，市污水净化中心污泥处置项目建成投入试运行。加强城市水体污染治理，与中科院水生生物研究所在常德建立“中科院水生所常德研究中心”，重点研究水体污染问题，探索采用生物技术，改善城乡水体水质。

2. 加大农村环境集中整治力度，农村面貌持续改观

对农村垃圾实行分类保洁、分类减量、分类处理，逐步向“减量化产生、无害化处理、资源化利用”推进，并全面建立了市对县、县对乡（镇）、乡（镇）对村（组）、村（组）对农户的考核评比机制。目前，全市共有保洁人员4700多人，每村平均达到1.2人，90%以上的村都明确了1~2名专职保洁员，确保了农村干道沟渠、公共场所、人员集居区的常态保洁。进一步加强农村水源保护，启动了对柳叶湖、牛屎湖、冲天湖、西毛里湖、北民湖、珊珀湖、目平湖等7处万亩湖泊的“禁投”工作，Ⅲ类以上水质的水库达到91.7%。依法关闭了市城区11个规模养殖场，全市1152个养殖场整改达标，推广应用了5种养殖治污模式。

3. 积极推进国家森林城市创建工作，大力拓展生态空间

2013年正式向国家林业局提交申请，启动了国家森林城市创建工作，各项前期工作正有序开展。2013年共上报国家级生态乡镇13个、国家级生态村17个，共有41个乡镇、120个村被命名为第五批省级生态乡镇、生态村，全市已命名省级以上生态乡镇、生态村总数分别达到139个、331个，分别占乡镇总数的66.8%、22.8%，省级生态乡镇、生态村命名数已连续三年为全省第一。完成人工造林27.1万亩，义务植树1100多万株，超额完成年度整地造林任务。围绕油茶、楠竹和花卉苗木加快发展林业产业，2013年新造油茶3万亩、低改10.6万亩，低改楠竹7万亩。完成封山育林18万亩、低产低效林改造17.6万亩、中幼林抚育28万亩，均完成年度计划任务。

（三）着力提升示范效应，培育两型亮点

以两型示范单位创建活动为载体，在全市十大领域开展两型示范创建活动，同时切实抓好大河西示范区德山片区建设，培育了一批突出典型，形成了一些有效模式，对全市各地各行业两型社会建设发挥了较好的引导作用。

1. 突出行业特色，努力提升两型示范单位创建成效

一方面，指导和督促前两年已评出的两型示范创建单位进一步完善示范创建实施方案，会同相关部门协调解决相关问题。如对省办重点推进的桃源鸡粪沼气发电项目，实地进行了调研，并与县委县政府共同研究如何解决鸡粪收集运输问题，目前该项目已启动基础设施建设。获评2012年省级两型示范创建学校的常德芷兰实验学校，2013年又完成了小学部直饮水节能系统的建设，对各栋教学楼及校舍卫生间的节水设备进行了更新，对光声节能设备进行了更新。获评2012年省级两型示范创建专业合作社的湖南农康葡萄专业合作社，2013年基本完成了在张公庙镇柳荫村、白合村的节肥节水项目区建设，园区葡萄种植的温、光、气、水、肥采用智能化管理，使项目区田间用水量及施肥量降低到常规用量的10%和40%。另一方面，以“两型五进”为总要求，新评选了30家市级两型示范创建单位，形成了新的示范创建亮点。如市政府办2013年来对市政府大院的水、电、气等设备进行改造升级，降低单位能耗，在能耗等各个指标上已接近或达到了两型单位建设标准。常德市一中推进物联网络节能工程、百年路建设、校园银杏文化系列工程建设，并通过广大学生向各自家庭倡导“家庭环保文明”。桃源县茶庵铺镇松阳坪村将全村划分为生态调节功能区、产品功能提供区和人居保障三大功能区，利用村主干道、组干道、入户道路建设覆盖“村—组—户”的生态景观网络，全村绿化覆盖率达80%。湖南阳光乳业股份有限公司通过建设污水处理站及有机肥厂，可有效对生产废水、牛粪尿进行综合处理、利用，减少其对环境的污染，变废为宝，对大型畜禽养殖企业污染治理具有重大的示范和推广性。

2. 加强项目建设，切实强化常德经开区和柳叶湖旅游度假区两型示范区特色

扎实推进大河西示范德山片区两型社会建设，全年预计完成投资75亿元以上。其中，常德经开区以发展两型工业为重点，2013年建成标准化厂房8.5万平方米，合同引资约76亿元，新引进纺织科技工业园、先进装备机械制造配套产业园等亿元项目19个，奔驰重卡、移动数据中心、忠旺铝材加工、南车配套产业园等一批重大项目都在洽谈之中。同时，在外部需求不景气的情况下，区内主导产业保持快速增长，特别是机械制造、电子与新材料、林纸三大产业增速明显，分别增长 63.5%、83.9%、65.1%。柳叶湖旅游度假区以发展生态旅游为重点，以“打造国家级旅游度假区”为目标，加大了旅游开发和经营管理的力度，聘请顶级策划公司编制了柳叶湖国家级旅游度假区规划、国家级城市中央休闲区策划方案、全国休闲农业和乡村旅游示范点策划方案，总投资 70.4 亿元的柳叶湖文化产业园、武陵文化创意产业园、环湖游道、太阳山森林公园、大湘西游客集散中心、乐乐儿童世界等六大旅游标志性工程加快推进，累计完成投资 35.61 亿元，同时达成了花海园博园、栖月滩月光水城、常德大剧院、常德会展中心、渔樵村美食城、花山湿地公园、水上运动中心、柳叶湖水陆空高端旅游度假城等项目引进意向。

（四）着力增强机制活力，营造良好氛围

切实加强改革创新，努力建立有利于两型社会建设的体制机制，同时加大两型社会建设宣传力度，努力增强社会各个方面对两型社会建设的认识，形成自觉推进两型社会建设的强大合力。

1. 积极推进重点领域改革，增强两型社会建设的机制推动力

在城市重点推进城区阶梯式水价改革，于 4 月 1 日全面实施，对居民生活用水实行阶梯式水价，对非居民生活用水执行超计划定额累进加价。在农村重点推进土地资源流转机制改革，全市流转耕地 77.57 万亩，占耕地总面积的 12.2%；流转林地 82.1 万亩，占林地总面积的 6.5%。澧县耕地流转试点取得实质性突破，流转耕地面积 20 万亩、占耕地总面积的 21%，建立了县农村土地流转信息服务平台、乡镇土地流转服务中心，探索了信托流转等模式。在此基础上，协调推进了其他改革。如农村金融改革，2013 年新增安乡鑫源、汉寿天融等小额贷款公司，大棚蔬菜、柑橘、茶叶等特色产业有望纳入农业保险范围；园区管理体制改革，下放行政管理和审批权，建立相对独立的园区行政体制和财政管理体制，组建独立的园区开发公司，激发园区发展活力，目前已形成方案；启动了总量指标管理和初始排污权分配工作，为完成严控新增排污量、顺利实施排污权交易制度奠定了坚实基础。

2. 开展多种形式的宣传活动，努力让两型观念深入人心

充分结合环保世纪行、生态创建、农村环境综合整治、环保创模、6·5

世界环境日等主题，采取发放知识读本、张贴宣传挂画、布置流动宣传牌、组织群众文艺汇演等形式，充分激发环保志愿者协会的引领示范作用，集中宣传环境保护知识；联合《常德日报》等市内 6 家主要新闻媒体，开展集中采访活动，刊（播）发环保新闻稿件 50 多篇。认真组织节能宣传周活动，组织各区县市、市直单位和企业开展了一系列节能低碳宣传活动，在建筑工地悬挂节能低碳宣传横幅，在公共汽车上进行节电节水广告宣传等，活动效果明显。积极参与第五届中国（长沙）节能科技产品交易博览会，组织并安排了湖南省科辉墙材有限公司、湖南金龙电机有限公司等 5 家企业的节能产品进行参展，特别是湖南光威能源科技有限公司在节博会现场达成了协议，并有了意向合作客户，成交了订单。大力倡导低碳生活，不断扩大公共自行车租赁系统覆盖范围，分担公交出行率 20% 以上，减少碳排放量近 2000 吨；还将高品质、高效率、低能耗、低污染、低成本的 BRT 快速公交引入城市公共交通，成为湖南省第一个、全国第 16 个开通快速公交系统的城市。

二 2014 年常德市两型社会建设思路

2014 年，常德市两型社会建设的主要思路是：按照建设四个常德的总体要求，突出“两条路径、两大阵地、两类示范、两个目标”，加强生态文明体制机制创新，努力促进生产空间集约高效、生活空间宜居适度、生态空间山清水秀。

（一）以两条路径为依托，推进产业转型

加快转变发展方式，积极改造提升传统产业，大力发展先进装备制造业和生产性服务业，努力降低产业发展的资源消耗和环境影响，着力构建产业结构优、创新能力强、开放程度高的现代产业体系。

1. 从增量入手，把“优”的做“大”

一是做大优势工业。着力培育烟草、装备制造、食品生物医药、有色金属及新材料、纺织服装、电子信息等六大产业集群。增强常德烟厂、创元铝业、中联重科、云锦纺织等龙头企业的带动能力。支持“1115”工程企业做大做

强，主营业务收入过50亿元的企业增加到3家。争取全市规模工业增加值突破1000亿元、规模工业企业户数突破1000家。

二是做大优势服务业。积极发展休闲旅游等新业态，推进旅游产业转型升级，加快创建柳叶湖国家级旅游度假区和桃花源国际文化旅游度假区，推进六大旅游精品工程。

三是做大现代农业。落实国家粮食安全战略，推进粮食、生猪、水产、蔬菜、林业五个“双百亿产业”建设，抓好棉花、柑橘、油料、禽蛋等特色产业发展，发展花木、茶叶、烟叶、葡萄等高效产业。

2. 从存量入手，把“差”的做“优”

一是加强传统产业改造。通过严控“两高”项目、淘汰落后产能、加强工业节能督查、培育两型产业、引导节能技改等措施，抓好节能降耗。引导中小企业围绕龙头企业的上下游产品进行产业配套，提高重点产品聚集度。二是加强重点行业监管。抓好火电厂脱硫脱硝设施、造纸行业污水治理设施、水泥行业脱硫设施等已建成投运的治污设施运行监管，确保设施稳定运行。加快印染、化工、食品加工、采矿、皮革加工等行业废水深度治理和涉重金属污染治理工程，造纸行业污染治理等工程建设。

（二）以两大阵地为重点，美化生活空间

1. 推进“三改四化”，提升城镇品质品位

中心城区按照“沿江发展、滨湖生活”的空间布局，坚持内提外拓、统筹发展的理念，构建“一江两岸、一体三极”的城市发展新格局，做好城市功能分区、江北江南统筹发展、水系连通等策划规划，完成城市总体设计和生态保护、水系、景观等专项规划编制，让城市融入大自然，让居民望得见山、看得见水、记得住乡愁。

完成路改扫尾工程，加快城市和周边城镇雨污分流、江河湖水连通等工程；继续开展“城市家具”和门店招牌整建，完成主次干道沿线拆围透绿工作，搞好临江建筑物、城市桥梁、街道路灯的夜景景观设计与建设，提升数字化系统运行管理水平。积极开展、扎实做好可再生能源建筑应用城市示范工作，继续加大推进力度，新的在建项目要充分利用可再生能源，推广绿色建筑。

2. 建设美丽乡村，提高农民生活品质

全面启动美丽乡村建设。推进美丽乡村建设规划编制，开展“百村示范、千村创建”行动，探索农村社区“3+X”建设模式，发挥农民群众的主体作用，调动社会力量投入建设的积极性。

一是加快推进基层生态创建。完成12个国家级、28个省级生态乡镇，43个国家级、126个省级生态村的创建工作，力争到2015年创建省级生态县3～4个，80%指标达到省级生态市建设标准。二是整治农村环境，推行农村垃圾分类减量、分户处理，加强农村面源污染和畜禽集中养殖污染治理。重点是抓好省“十大环保工程”津市市农村环境综合整治整市推进项目及桃花源镇、丹洲乡、四新岗镇等16个乡镇农村环境综合整治整乡镇推进项目建设，对白鹤山乡长胜桥村、澧东乡团结村、安福镇农丰村等24个农村环境综合整治“问题村”实施污染治理。三是加强农村水源地保护。加快调整集中供水水源地功能，扩大饮用水源保护范围，关闭保护区内排污口，严格监管；落实湖库、河流禁投措施，加快解除集中饮用水源地养殖承包合同，实现“人放天养”。

（三）以两个示范为抓手，实行以点带面

以两型综合示范片区和两型示范创建为平台，积极探索在全社会推进两型建设的经验，积极探索不同领域两型社会建设的模式，努力实现以点带面、以局部带动全局。

1. 抓综合示范，切实推进大河西示范区德山片区建设

推进常德经开区二次创业，抓好项目立区、产业强区、机制活区，启动南车产业园等一批重大项目，实现生产总值、工业总产值、财政收入等主要指标增长30%以上。重点对接中联重卡、忠旺铝材、中国南车、移动数据中心等项目，力争年内有两个重大项目签约。加大对标准化厂房的招商力度，引进一批科技含量高、发展潜力大、市场前景好的高新技术企业在园区孵化发展。对于柳叶湖，继续在发展符合两型要求的生态旅游业上进行探索。重点依托梦幻桃花岛、太阳山森林体验园、环湖风光带、栖月滩月光水城、花山湿地公园、花海园博园等，培育休闲度假、观光旅游产业；依托水上运动中心、环湖马拉

松赛道、体育生态园等，培育体育竞技、户外运动产业；充分挖掘和培育深化具有地方特色的柳叶湖养生文化、白鹤山田园文化和太阳山宗教文化内涵，推进文化旅游业的蓬勃发展。

2. 抓分类示范，切实开展好十大领域两型示范创建活动和十大清洁低碳技术推广

一是指导相关单位做好两型示范创建工作，协调解决示范创建单位在创建过程中遇到的实际困难，不断提升两型示范创建单位的两型性、示范性和推广性，培育一批特色鲜明的单位，努力形成更大的示范带动效应，努力推动两型示范创建工作进每一个企业、每一个社区、每一个村庄、每一个城镇，力争创建市级两型单位30家以上。同时，密切追踪并及时总结提升示范创建项目和单位在创建工作中涌现的好经验与好做法，在报纸、网络等新闻媒体开辟专栏，加大宣传力度，不断扩大创建工作的影响。二是加大十大清洁低碳技术推广力度。按照省“政府主导、市场运作、分类推进、项目落实、突出实效”的思路，积极协调市住建局、市科技局、市经信委、市环保局、市交通运输局、市农办等相关部门，继续大力推进新能源发电技术、以沼气化推动农村畜禽污染治理和资源化利用技术、脱硫脱硝技术、工业锅（窑）炉节能技术、绿色建筑技术等十大清洁低碳技术的推广工作，力争有10个项目列入全市重点工程，完成投资15亿元以上。

（四）以两个目标为取向，加强改革创新

紧紧围绕资源节约、环境友好两个目标，努力改革不利于这两个目标实现的体制机制，努力让市场在两型社会建设的资源配置中起决定性作用，努力形成有利于生态文明建设深入推进的氛围。

1. 围绕资源节约加强改革创新

一是严格落实已有的关于资源节约的政策。严格执行差别化电价和惩罚性电价政策，限制高能耗企业用电；严格执行居民用电、用水阶梯价格和非居民用户超定额累进加价政策；落实逐年加大财政节能专项资金投入的政策；编制全市能源消费总量控制方案。二是完善资源节约工作机制。完善政府机关率先垂范机制，尽早在工作中形成节能评价体系，带领全社会形成节水、节电、节

材、节地的生产方式、消费模式和生活习惯。完善以企业为主体的节能机制，督促企业把节能当作一种社会责任，积极参与、主动作为。完善公众广泛参与的节能机制，推动节能进学校、进社区、进家庭。

2. 围绕环境友好加强改革创新

一是结合洞庭湖生态经济区的建设，积极研究在洞庭湖区探索建立市场化生态补偿机制，推进生态资本化。开展水务一体化改革试点。二是探索落实环保优先的机制。严格按照国家产业政策和环保要求，从严审批建设项目，积极推进污染总量控制由地域性控制向行业总量控制、企业总量控制转变，充分发挥环保审批在促进经济发展方式转变和经济结构调整方面的倒逼作用。开辟环保产业项目、民生项目、转型升级项目“绿色通道”，最大限度地缩短审批时限。完善环境信访工作机制，加大环境热点、难点问题处理力度，维护群众的合法环境权益。

B.18

2013～2014年张家界市两型社会建设报告

张家界市发展和改革委员会

一 2013年两型社会建设情况

2013年，张家界市认真贯彻"四化两型"战略部署，围绕实现"旅游胜地梦"和"全面小康梦"这两个奋斗目标，全面实施"提质张家界，打造升级版"战略和"1656"行动计划，坚持把两型社会建设作为科学发展的重要抓手，全力推进生态张家界和绿色张家界建设，实施了一系列重大举措，两型社会建设取得了明显成效。

（一）"两型"产业建设步伐加快

坚持调结构、补短板、扩规模、增实力，全面加强两型产业建设。2013年，张家界市三次产业比由上年的12.4∶25.2∶62.4调整为12.1∶25.4∶62.5，产业结构得到进一步优化。

1. 旅游转型迈出坚实步伐

澧水风貌带建设加快推进，特色街区、特色旅游风情镇等转型平台建设前期工作抓紧实施。旅游与文化、体育等融合发展取得新成效，《天门狐仙》和《魅力湘西》等旅游文化演艺业实现改造提质。户外旅游产品初现端倪，中德户外运动旅游联盟正式启动。自助游服务体系进一步完善，休闲度假、文化体验、康体疗养等新型旅游产品不断丰富。

2. 农业产业化规模不断扩大

制定农业产业提质升级"523行动计划"，以大鲵、蔬菜为发展重点调整优化农业结构。创建粮食高产示范片区17.8万亩。新增大鲵等畜禽水产养殖

大户300户、蔬菜等优势产业规模种植基地5.5万亩、市级以上农业产业化龙头企业23家、农民专业合作社130家，扩大农村承包土地流转面积2.5万亩。

3. 园区经济和规模工业较快增长

完成工业园区基础设施建设投资3.3亿元，新增入园规模工业企业5家，园区规模工业增加值同比增长14%，占全部规模工业增加值的比重达到24%。创新园区发展思路，实现张家界市经济开发区与长沙经济技术开发区的合作发展。大力推进传统工业企业技术改造，实现技改投资32亿元，同比增长25%；高新技术产业增加值达到3.56亿元，同比增长8%。

4. 服务业创新发展

创新金融服务平台，引进了华融湘江银行张家界分行，组建了张家界农商银行，完成了金融IC卡行业应用标准化改造。实施了10个农贸市场标准化改造。改善商贸服务环境，启动4G网络建设，电子商务迅速发展；建成荷花国际机场新货运站，国际货运业务即将开通；农村“新网工程”建设取得明显成效。

（二）生态市建设成效明显

1. 绿化工程有效推进

新增营造林10.5万亩，防治森林有害生物侵害18万亩，实行了公益林管理台账制度，全市生态公益林面积达538.1624万亩，全市森林覆盖率达到69.62%，保持全省领先水平。绿色张家界建设及国家森林城市、省级园林城市创建全面启动，拟制了《张家界市创建国家森林城市实施方案》和《张家界市创建省级园林城市实施方案》，出台了《中共张家界市委张家界市人民政府关于贯彻〈绿色湖南建设纲要〉加快绿色张家界建设的实施意见》，举办了第17届“中国湖南张家界国际森林保护节”。

2. 生态创建再添硕果

张家界市开展生态市创建已有10年，现正处于提质升级的关键阶段。一是生态村镇建设有新突破。2013年新命名省级生态乡镇8个，省级生态村19个。二是农村垃圾治理有新机制。永定区、武陵源区分别按人均每年30元、8元左右的标准保障农村垃圾治理，慈利县、桑植县将农村垃圾治理资金列入县级财政预算并纳入绩效考核内容。三是农村环境综合整治有新进展。完成了农村畜禽养殖污染防治普查工作，1个县（区）有望列入全省农村环境综合整治整县推进试点县，武陵源区农村环境连片整治示范项目通过省级验收，全区农村环境治理率达80%以上。

3. 环境质量得到改善

一是改善空气环境。拆除永定城区燃煤锅炉及取缔烟煤大灶99家，大力推进“煤改气”工程；关闭永定城区、慈利县城周边地区7家砖厂；实施机动车尾气整治，启动新注册机动车辆绿色环保检验合格标识发放工作；多部门齐抓共管建筑施工工地、道路扬尘、建筑渣土运输。

二是保障水环境安全。关闭饮用水源保护区周边无证养猪场6家，开展城区医院病毒废水专项整治，督促2家企业工业废水整治并实现达标排放。2013年，全市地表水均达到《湖南省地表水环境功能区划》要求，达标率为100%。

三是集中力量开展了噪声污染整治、重金属污染治理、废矿物油整治、环境风险隐患排查等专项行动，保障全市环境安全。

（三）节能减排扎实推进

1. 节能减排目标全面实现

节能减排是经济社会发展规划的约束性指标，是调整经济结构的重要抓手，经过努力，张家界市已连续7年完成省定节能减排任务。按照《张家界市“十二五”节能减排综合性工作方案》，制定了全市节能减排年度计划，及时分解到各区县和相关市直部门。通过加强考核和督查，2013年全市万元GDP能耗下降2.5%，单位GDP能耗为0.639吨标准煤/万元；化学需氧量、氨氮、二氧化硫、氮氧化物排放量分别比上年削减1%、2%、5%、2%。

2. 重点领域节能工作进一步加强

工业节能：督促企业大力淘汰落后产能和高耗能设备，加强能源消耗管理，落实节能措施，按季进行检查考核。积极组织企业自愿参加清洁生产审核，2013年张家界市有5家企业开展了自愿清洁生产审核。组建了张家界市工业企业节能监测服务中心。

建筑节能：2013年全市新开工面积117.77万平方米，建筑节能竣工面积77.23万平方米，新建建筑设计阶段100%达到节能强制性标准。进一步推广应用可再生能源，加强了对吉首大学张家界学院浅层地源热泵和中乐公园世家商品房项目浅层地热泵建筑应用两个项目的监管。组织武陵源城区采用合同能源管理模式对区主次干道路灯全部进行LED路灯节能改造，慈利县太阳能路灯、太阳能热水器及风能路灯得到推广应用。

交通节能：优化运输结构，严格执行实载率低于70%的线路不予投放运力的原则，大力推进清洁燃料在城市公交方面的使用，支持武陵源购置了8台LNG城市公交车投入运营。全面贯彻实施了营运车辆燃油消耗准入指导，大力开展了"绿色低碳交通伴我行"宣传活动，开展了驾校节能驾驶培训和机动车绿色维修工作。

公共机构节能：认真组织实施《张家界市公共机构节能"十二五"规划》，印发了《张家界市人民政府办公室关于印发〈张家界市公共机构节能示范单位创建工作实施方案〉的通知》，在全市每年争取创建10个公共机构节能示范单位。张家界市委机关和张家界市住建局成功创建国家节约型公共机构示范单位。张家界市永定区机关事务管理服务中心成功创建2013年度湖南省公共机构节能示范单位。扎实开展了公共机构能源资源消费统计工作，对公共机构能源资源消耗情况及时进行统计分析，开展了全市公共机构名录库建设工作。

农村领域节能：农村能源建设成效明显，全年共完成12330户（台），完成全年任务的100.24%。其中沼气池3303户、太阳能热水器5016台、高效生物质炉灶4011台，完成了7个大型沼气工程项目。农业节能技术推广力度加大，全市落实高产创建示范片17个，示范面积17.8万亩。推广超级稻30万亩以上、优质稻60万亩以上、病虫害绿色防治及专业化防治技术4万亩、测土配方施肥200万亩、秸秆还田技术34万亩。农机节能步伐加快，全市完成农机具申报购置24900台套，全市2013年完成机耕面积70万亩、机收面积47万亩、机插秧面积9.3万亩。农村节水工作突出，新建整修渠道211.96公里，新建整修山塘113口，新建改造泵站7处，整修河坝27处，新建改造渠系建筑物19处，高标准农田面积达到2.13万亩，新增灌溉面积0.97万亩、改善

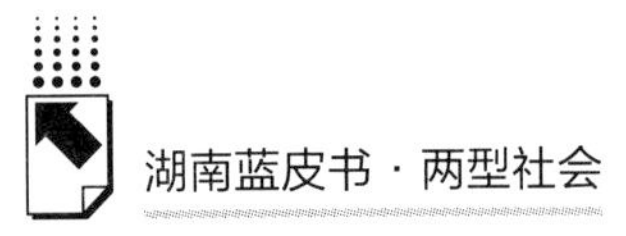

灌溉面积4.15万亩；完成水电新农村电气化建设项目投资2055万元。

3. 污染减排工作基础进一步夯实

一是严把空间、容量、项目准入关。将污染物排放总量作为项目审批前置条件，出台了《张家界市主要污染物排污权初始分配核定工作方案》，对无总量指标的建设项目一律不批。

二是强化执法监管。对污水处理厂、国控重点污染源实行周检查、月调度，就存在的问题督促限期整改，确保减排设施正常运转，发挥减排效应。

三是推进减排项目建设。永定城区新建成排污管网22.8公里，污水处理负荷得到明显提升；杨家溪污水处理厂二期工程、阳湖坪污水处理厂完成可研批复、规划选址、环评等前期工作，武陵源区中湖、檀木岗村两个污水处理站建成并投入使用；完成7家规模化畜禽养殖场废水治理工程；关闭张家界农丰麻业公司精干麻深加工生产线和慈利县洪晟综合发展有限公司酒精生产线。

四是加强基础建设，提升工作能力水平，加强环境监测。完成地表水、饮用水监测，完成城市及农村环境空气、城市环境噪声、降水、降尘等各项环境要素监测。加强能力建设。完善永定城区两个空气自动监测站点建设，具备了$PM_{2.5}$监测能力。积极推进武陵源区两个空气自动监测站点改造升级工程。全市所有环境监察机构完成标准化建设。

（四）两型工作机制不断健全

认真贯彻落实市委、市政府出台的《关于加快推进两型社会建设的实施意见》和《两型示范创建工程实施方案》，调整了两型社会建设协调领导小组，下发了《2013年两型社会建设重点工作职责分工》，制定《张家界市两型社会建设考核办法》，形成了领导层面、协调层面、运作层面和考评层面四个层面推进机制，为全市两型社会建设提供了机制保障。

（五）两型示范创建活动扎实开展

在两型示范创建活动开展过程中，张家界市以树立生态文明理念为先导，以两型标准体系为引领，以体制机制创新为突破口，注重集成、提质、见效，着力培育面上能够学习、推广、实践的样板，带动全市形成两型生产、生活和

消费方式。张家界市三家纳入2011年省级示范创建单位均已完成两型示范项目建设，通过了省两型办组织的验收。两型示范企业张家界金鲵生物工程股份有限公司，通过大鲵恒温繁育池的建设，在减少地面土地使用面积约1.2万亩的同时，使用恒温池道，不需要降温和保温措施每年减少用电量194.4万度，因此在行业内示范推广前景广阔，有利于大鲵保护与规模化繁育。两型示范景区湖南省张家界天门山旅游股份有限公司投资3000万元，对景区基础设施进行两型改造，每年能节约用电300万度，节约用地近50亩，复林50亩，恢复耕地250亩，实现了资源节约、环境友好、企业减负的总目标。两型示范农业专业合作社桑植县西湘玫瑰种植专业合作社，已建成玫瑰种植示范基地230余亩，已完成一条玫瑰加工生产线的安装，采用干晒法、去青烘烤法、传统烘烤法等方法制成完全无毒无害纯绿色产品干花茶、干花瓣，采取农加结合、农旅结合、食药结合、种养结合和农文（文化创意）结合的园区建设模式，争取成为省级玫瑰种植示范基地、大湘西玫瑰产品加工中心、玫瑰文化创意农业、生态旅游观光休闲示范园区以及城市绿化名贵树木的供应基地。通过积极争取，张家界阳光酒店、永定区机关事务局、桑植县八大公山等5家单位被评为2013年度全省两型示范创建单位。张家界森林公园成为湖南省首个低碳试点景区。

张家界市两型社会建设虽然取得了较好的成效，但还有一些困难和问题亟待解决。一是工作机制有待完善。现有的市两型办仅有机构而没有专人和工作经费，导致工作开展仍然困难。二是经济发展的矛盾相对突出。张家界市作为后发地区的基本特征还没有根本改变，经济社会发展基础仍然薄弱，保护资源环境与加快经济发展矛盾突出，产业发展面临做大总量与优化结构的双重压力。三是基础设施建设滞后。新管网铺设、城区旧管网改造和列入重点减排项目的污水处理厂建设进度缓慢。城乡垃圾收集、处理设施还不完善。如全市污水管网仅建成25公里，只完成“十二五”规划预期目标的16%，进而影响到污水处理厂的建设和污水处理效率。四是科技创新能力不强。绿色低碳经济的技术研发基础薄弱，全市近半数大中型工业企业没有技术开发机构，企业科技投入严重不足，自主创新能力普遍不强，全市科研经费占GDP比重仅为0.37%，与“十二五”预期目标相距甚远，高新技术产业增加值占地区生产总值的比重只有3.9%，离省两型社会建设35%的预期目标相差很大。五是遗产保护压力增大。受旅游利益驱动，景区城市化、商业化倾向有所反弹，生态保护和环境治理压力越来越大，必须尽早实施景区移民搬迁。

二 2014年两型社会建设要点

2014年是全面深化改革和实施“十二五”规划的重要一年，张家界市将按照省委、省政府“四化两型”和市委“提质张家界，打造升级版”的战略部署，围绕早日实现“旅游胜地梦”和“全面小康梦”的奋斗目标，扎实推进“1656”行动计划，以两型社会建设、生态市创建和绿色张家界为重点，更加注重产业转型，更加注重低碳发展，更加注重改革创新，更加注重项目建设，更加注重示范创建，加快推进生态文明建设，打造绿色、低碳、宜居、畅游的美丽张家界，实现经济发展可持续、生态环境更优美、人民生活高品质。

（一）突出抓好两型改革创新

把改革创新贯穿于两型社会建设之中，以理念创新带动思路创新，以机制创新推进工作规范，以方法创新提高工作水平，不断开创两型社会的建设新局面。要加快推进生态补偿机制改革、资源性产品价格改革、两型产业发展机制改革、环境保护体制机制等重点领域改革，积极探索排污权、碳排放权有偿使用和交易试点。把科技创新贯穿于两型社会建设的各个领域，以科技创新促进产业转型升级、破解污染治理难题、推动绿色低碳出行方式的普及。深化科技体制改革，强化企业创新主体地位，加强科技创新平台建设，大力培养和造就创新型人才，推动经济发展向创新驱动转变。加大科技成果推广应用，大力推广清洁低碳技术。

（二）切实推进两型产业发展

加快推进转方式、调结构，不断优化产业结构。大力促进旅游产业转型提质，加快武陵源国际旅游休闲度假区、天门山先导区、阳和国际旅游经济区建设，促进旅游与文化等相关产业融合发展。培育壮大工业经济发展实力，大力

推进工业园区建设，增强园区承载能力，打造产业集群发展平台，做大做强园区经济，支持中小企业技术改造，大力发展高新技术产业，积极培育战略性新兴产业。稳步推进现代农业和文化旅游、现代物流、商贸流通等现代服务业发展。大力发展节能、资源循环利用和环保产业，支持中杰科技、三木能源、宏大再生能源、南方水泥等列入省循环经济示范单位项目建设。

（三）大力推进两型项目建设

按照“提质张家界，打造升级版”五年行动计划，围绕旅游城镇建设、旅游景区建设、旅游设施建设、旅游管理服务、旅游融合发展和文明城市创建六大方面的提质升级，重点实施好市中心城区“两区两带”、高星级酒店、特色街区、旅游商品产业园、重大旅游文化项目等重大两型产业项目。严格执行《湖南省武陵源世界自然遗产保护条例》，加强保护世界自然遗产和地质遗迹各项工作，突出抓好松材线虫病、森林火灾和地质灾害的监测和防治，启动实施武陵源核心景区综合整治工程和移民搬迁工程。加快推进澧水中上游综合治理、农村环境连片综合治理等生态环保项目建设。切实抓好项目环评审批，严把项目准入关。严格执行《固定资产投资项目节能评估和审查暂行办法》，切实做好节能评估和审查工作。

（四）加快推进绿色低碳发展

以节能减排为重要抓手，着力推进绿色发展、循环发展、低碳发展。进一步完善节能减排政策，加大全社会节能减排的统筹、协调和监管力度，加强节能减排监管能力建设，强化节能减排目标责任考核，确保全面完成“十二五”节能减排目标。加快生态城市、森林城市和环保模范城市创建步伐。全面实施环境整治“六大专项行动”，突出治理扬尘、尾气，依法取缔城市周边砖厂和采石场，开展“黄标车”治理，启动景区城区车辆油改气工程。加强对重点行业水污染防治，确保奥威科技、城乡医院污水废水排放达标。深入推进城乡环境同治，统筹实施垃圾治理、畜禽养殖污染治理、噪声污染整治。大力开展植树造林，新增人工造林8万亩、封山育林18万亩。全面倡导绿色消费，大力弘扬绿色文化。着力发展生态环保产业，努力打造绿色产业品牌。

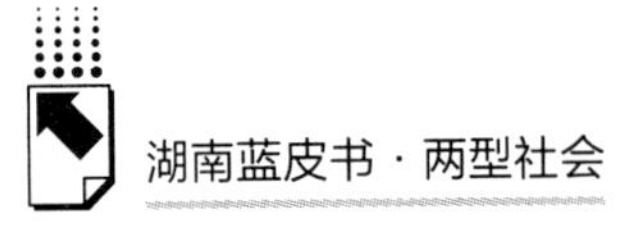

（五）深入推进两型示范创建

制定出台两型社会建设工作考核细则，牵头抓好年度责任考核。研究出台两型示范创建标准，突出抓好两型示范工程和示范单位创建活动，带动和促进全市两型社会建设。积极争取将张家界市列入国家主体功能区建设试点示范、全国生态文明示范工程试点和国家首批生态文明先行示范区，建立健全生态效益补偿机制。大力推广两型理念，形成政府推动、社会参与、全民行动的两型社会建设格局，在社会各个层面逐步形成与两型社会相适应的思想观念，形成两型生产生活方式和消费模式。通过示范创建带动发展，解决一些实实在在的问题，让老百姓真正得到实惠。

B.19

2013～2014年益阳市两型社会建设报告

李晓跃*

一　2013年两型社会建设情况

2013年，在省委、省政府的坚强领导和省长株潭试验区工委的大力支持下，益阳市两型社会建设工作取得了明显成效。

（一）两型社会建设情况

1. 综合配套改革稳步推进

结合益阳实际，坚持以改革为主题，着力推进农村金融、土地征用、产业转型升级等方面机制创新，形成了一批创新成果。农村金融改革方面，成立了益阳市农村商业银行等新型农村金融机构；完善涉农融资担保机制，实现了县域融资性担保公司基本覆盖；重点以仓储质押、小微企业助保金贷款等4种信贷产品和"新农保"等3项服务方式创新了农村信贷产品体系；引导保险机构开发了农户住房保险、蔬菜保险和茶树保险。土地征用制度改革方面，加快以"四证一图"为主要内容的确权颁证工作，农村集体土地所有权颁证外业调查完成率达81%；积极开展城乡建设用地增减挂钩，新增农用地3950.55亩，批准建新区1935.15亩；大力推进节约集约用地，严格项目准入门槛，对不符合土地利用总体规划和国家供地政策，投资强度、容积率、建筑密度等达不到要求的项目，一律不予供地。产业转型升级机制改革方面，建立工业企业单位产品能耗指标控制制度，实施工业和通信业领域固定资产投资项目节能评估和审查，开展工业重点用能企业在线监测管理，重点推动益阳电厂、东方水

* 李晓跃，益阳市人民政府副秘书长、益阳市两型社会建设办公室主任。

泥和金太阳纸业建立了企业能源管理中心；推进工业企业合同能源管理，促成了碧源节能服务公司和中源钢铁开展合同管理合作；加快落后产能退出，将益阳市祥和建材有限公司等 6 家水泥生产企业、南县建华纸业有限责任公司等 14 家企业和部分生产线列入了淘汰名单。环境污染治理和再生能源利用改革方面，探索环境保护的市场化运作机制，实施环境责任保险试点，全市共有 27 家企业参保，参保金额 56 万余元；形成垃圾定时清扫清运、农户“三包”和督查考核问责 3 项机制；大力发展以沼气为主的农村能源建设，农村户用沼气池总量达 10.6 万多户，占总农户数的 10.9%，建设农村能源服务中心 7 个，服务站点 169 个。

2. 城乡统筹发展步伐加快

以优化城乡基础设施为重点，加快推进统筹城乡发展。一是城镇建设水平大幅提升。高起点编制了中心城区棚户区改造、公共交通等专项规划，完成 77 个乡镇总体规划的编制；顺利实施第五个“十万株树进城”；完成城镇基础设施建设投资 63.31 亿元；在中心城区强力推进占道经营、渣土管理等七大专项整治，顺利通过创建国家卫生城市国家暗访和技术评估；加大城镇生活污水、垃圾处理监管力度，全市城镇生活污水处理率达到 92.2%，生活垃圾处理率达到 93%，中心城区生活垃圾无害化处理率达到了 100%。二是农村基础设施建设继续加强。完成各类水利工程 5.9 万处，总投入 20 亿元；建成农村公路 509 公里，实施危桥改造、渡改桥 62 座；升级改造 100 个行政村的农网；新增 120 个行政村通宽带；安化县武陵山片区区域发展和扶贫攻坚完成投资 17.2 亿元，有效改善了贫困地区生产生活条件。三是自主创新工作较好完成。农村清洁工程“三年行动计划”顺利实施，农村土地流转面积达 283 万亩，其中耕地 178 万亩，耕地流转率全省第一；25 个农民集中居住区建设顺利推进。同时，选择沅江市草尾镇开展农村土地信托新试点工作，创造性地提出了“三集中、六一体、四基础”的总体发展思路，其改革经验在中共湖南省委办公厅主办的第 9 期内刊上刊载，省长杜家毫做了“益阳的经验很有启发，请省农办阅”的重要批示。

3. 绿色发展成效显著

牢固树立生态文明理念，坚持节约资源、保护环境，着力推进绿色发展。

一是节能减排扎实有效。加强节能重点工程建设，全市单位GDP能耗下降3.5%，单位规模工业增加值能耗下降8%；实施各类减排项目86个，全市102家重点污染源稳定达到国家排放标准，二氧化硫排放量与上年持平，氮氧化物、化学需氧量、氨氮排放量较上年分别削减10%、1.5%和1.8%，圆满完成省定目标。二是环境保护和生态建设得到加强。启动了国家生态市创建工作；扎实推进了志溪河、兰溪河“两河”污染整治，加强了重金属污染防治，加大了农村环境综合整治力度，落实了消除环境安全隐患的各项制度，市域环境质量持续改善。市中心城区空气质量优良率达到92.8%，主要饮用水源水质断面监测合格率达到100%；大力发展高效生态林业，共完成造林24.5万亩，森林覆盖率稳定在54.39%以上；开展洞庭湖生态治理示范县创建，认真落实鱼虾恢复工程、南茅运河生态走廊建设项目、南洲国家湿地公园建设项目等，生态治理取得明显成效，洞庭湖和资江益阳段10个断面全部达到国家地面水Ⅲ类标准。三是绿色工程建设稳步推进。超额完成岩溶石漠化地区综合治理工程任务，安化县石漠化治理工程累计完成投资3845.5万元，完成计划任务的116.4%，8月顺利通过省级验收。重点推进油中王、东方水泥、爱爱电子等13家企业通过清洁生产审核并完成低中高费方案，审核通过率达到100%。资阳区、安化县、沅江市、南县4个小型农田水利重点县建设完成投资9404万元，分别完成2739.33万元、2478.61万元、2582.52万元、1603.78万元。完成桃花江大型灌区续建配套投资2000万元，已经通过省水利厅验收。全市共有生态公益林391.2208万亩，其中国家级350.6959万亩，省级40.5249万亩，完成三边造林46886.8亩，三边造林成活率达到了85%。

4. 两型示范创建深入开展

推动两型技术产品、两型生产生活方式、两型服务设施、优美生态环境、两型文化等两型要素进社区、进园区、进厂区、进校区、进办公区，在全市广泛开展机关、学校、企业、小城镇、社区、村庄、家庭、农民专业合作社、门店、景区10个领域的两型示范创建活动，参与单位50余个，评选市级创建单位35个，其中桃江县崆峒村、益师艺术实验学校等11个单位成功申报为2013年度省级两型示范创建单位。组织编制了《两型示范学校创建指南》《两型示范村庄创建指南》和《两型示范机关创建指南》，在全市进行推广，并通过省长株潭试验区工委评审，拟作为两型示范创建工作的指导性要求，列入《全省两型示范创建工作指南》。

5. 清洁低碳技术全面推广

制定全市十大清洁低碳技术推广工作实施方案，以项目为载体，筛选和推广新能源发电、脱硫脱硝、工业锅（窑）炉节能等7类清洁低碳技术，规划建设重点项目29个，总投资37亿元。其中，赛维桃江20兆瓦太阳能并网发电项目已完成施工建设，正在积极申请并网发电；投资8500万元的益阳电厂脱硫脱硝、低氮燃烧改造项目已全部完成，益阳电厂获得了国家节能中心发布的“全国节能先进典型”称号；林源纸业、金太阳纸业新安装脱硫设施及南方水泥的非选择性催化还原SNCR项目建设均已完成；南方水泥高压变频技术改造已建成投产；辣妹子食品2万吨冷库蓄冷及燃煤锅炉改造综合节能项目正式投入运行；湖南明星麻业股份有限公司完成了苎麻等韧皮纤维生物脱胶清洁生产技术项目，并且获得国家工信部认定，成为全国首批清洁生产推广示范企业；益阳众旺公交公司投入1200多万元，新增30辆天然气公交车，12月底前将全面投入使用；中晶、湖南跃宇等2个大型沼气化推动农村畜禽污染治理和资源化利用工程全面完工；迎辉生猪养殖、华富无公害养殖场等4个沼气工程已完成主体工程建设，正在进行扫尾工作；中源钢铁公司与碧源节能服务公司合作，进行了整体更新两段式煤气发生炉和智能推钢式加热炉节能技术改造；益阳龙源纺织有限公司完成了高档棉毛巾的清洁高效前处理及写真印花技术推广与示范项目。

6. 示范区建设扎实推进

强化益阳东部新区东接长沙的“桥头堡”作用，着力推进新区建设，2013年东部新区预计完成固定资产投入60亿元以上，核心增长极正在形成。一是招商引资初见成效。策划了东部新区产业新城、好莱坞·中国城、通用航空智慧生态城等一批重大产业项目，重点对接了北京市政集团、卓达集团、好莱坞中国投资集团、中航集团、湖南广播电视台等央企和大型产业集团；投资75亿元的“江南古城”文化旅游项目已开工建设；区域道路建设项目已与北京市市政一建设工程有限公司签订合作协议；好莱坞·中国城项目签订了框架协议；卓达集团东部新区产业新城项目进入实质性谈判，对方已派员进驻东部

新区开展前期工作；通用航空智慧生态城项目正在就项目选址、用地等事宜进行洽谈。二是市政基础设施建设抓紧推进。新兴工业区启动了 4 条共计约 7 公里的道路建设，鱼形山示范区启动鱼形山大道和内环线建设，外环线土地报批和施工设计基本完成；区域旅游景观配套项目鱼形山水库补水工程可研和设计通过了省里评审。三是市场平台开展运营。益阳两型投资建设有限公司成功批回贷款 2 笔共计 3.5 亿元，有效推动了区域土地报批、征地拆迁、基础设施建设等工作。

7. 两型推进机制更加完善

一是区县（市）工作机构基本健全。年内，全市 8 个区县（市）先后成立绿色益阳与两型社会建设领导小组办公室，全市两型工作机构实现县级全覆盖，与省市形成了上下联动的工作体系。二是财政支持力度加大。设立了市级两型示范创建引导资金，年内安排资金 300 万元，专项支持市级两型示范创建工作，调动了全市各行业、各层面投入两型示范创建的积极性。三是考核评价导向机制形成。制定《2013 年绿色益阳与两型社会建设目标任务与考评办法》（益政办函〔2013〕44 号），将年度两型社会建设工作目标任务细化，分解到区县（市）人民政府和市直部门共 43 个成员单位，并纳入对各区县（市）、有关单位和部门的年度绩效考核内容，强化了各部门单位推动两型社会建设的责任意识。四是两型理念不断强化。在《益阳日报》、益阳电视台、益阳广播电台设立了两型专栏，组织省市媒体就艾华集团、益阳电厂两型企业创建和益阳东部新区两型机关创建开展了专题报道，深入宣传两型社会建设经验和成效；将两型理论纳入党校培训班和轮训班内容，10 个主体班开设了两型讲座，提升了领导干部两型意识；编撰《两型知识读本》，精心策划两型知识进学校、进社区、进企业、进景区、进家庭等一系列活动，广泛普及了两型知识和两型理念。

（二）两型社会建设面临的形势分析

2014 年是全面贯彻十八届三中全会精神、开启两型改革建设新篇章的关键年，也是圆满实现试验区第二阶段改革建设目标的冲刺年。从当前形势看，全市两型社会建设面临着一系列机遇和挑战。

一方面，面临重大改革机遇。党的十八届三中全会全面谋划了我国深化改革的宏伟蓝图，标志着我国进入全面深化改革新的历史阶段，改革的活力初步释放，“改革是最大的红利”日益凸显。两型社会建设综合配套改革是湖南深化全面改革的重要抓手，也是最突出的亮点。全省将加快推进以两型为特色的全面深化改革工作。作为“3+5”城市群的重要一员，益阳市具有两型社会建设的后发优势，并在全省率先提出和启动“绿色益阳”建设，在相关体制机制建设方面积累了部分成功经验。在下一阶段，以改革为突破口，加快经济社会发展面临重大战略机遇。

另一方面，仍然存在较大挑战。全国经济下行压力加大，调结构与保就业、保稳定的矛盾突出。近年来，节能减排作为约束性指标纳入全省经济和社会发展中长期规划，由此带来了企业准入门槛抬高、产品生产成本增加、环保投入的财政压力增大。益阳市经济基础薄弱，支持两型发展的财力有限，群众反映比较强烈的部分资源环境问题仍客观存在，既要加快发展经济，又要在发展过程中搞好环境保护工作，面临加快发展和资源环境保护双重压力。

同时，示范区建设也面临着诸多问题和困难。根据《改革建设实施方案》，示范区最初确定的管理体制框架是“省市共建”“两个委托”、公司运作，后因市中心城区园区规划管理体制调整，没有完全按实施方案落实到位，管理体制有待理顺；辖区部分群众对于征地拆迁补偿的期望值远远超过现行政策标准，征拆工作阻力较大；区域市政基础设施建设任务重，资金需求量大，资金筹措困难也影响了项目建设进度。面对机遇、挑战和困难，我们将充分发挥后发优势，在全市掀起“大招商、招大商，大修路、修大路，大干事、干大事，大创业、创大业”的实干热潮，全力推动各项工作上新台阶。

二　2014年两型社会建设思路

（一）指导思想

全面贯彻落实党的十八大和十八届三中全会精神，围绕建设资源节约型和环境友好型社会的要求，按照“推进区域性生态中心城市、丽都益阳建设”

的总体部署，突出抓重点、重创新、创特色、出实效，更加注重两型宣传，更加注重体制创新，更加注重节能环保，更加注重两型创建，更加注重示范引领，力争在两型推进机制、资源性产品价格、土地管理、城乡统筹等方面实现新突破，务实推进东部新区建设、“双百工程”建设和全市两型社会建设。

（二）目标任务

以全省“十大改革”为重点，加强体制机制创新，着力形成资源型产品价格、$PM_{2.5}$防治、绿色建筑等4项以上制度成果；强力推进城乡统筹发展，力争在农村金融、土地管理、户籍制度等方面实现新突破；纵深推进两型示范创建，培育20个以上市级示范创建单位、10个以上省级示范创建单位、2个以上省级示范单位，推进益阳东部新区、益沅公路沿线和益桃公路沿线三个片区的综合示范点建设；加强与高新技术市场的对接，打造推广应用平台，制定并实施政府两型产品采购制度，全力推广应用清洁低碳技术和产品，完成6个以上重点项目的建设；强化“四大举措”，以两型理念扎实推进“双百工程”建设；全力推进益阳东部新区建设，确保完成60亿元以上的投资任务。

（三）建设重点

1. 全力推进东部新区建设

建立市级领导联系项目制度，始终把招商引资放在首位，通过引进战略投资者，建立土地一级开发的经营模式，促进高端第三产业项目的落户并启动建设；全面启动主干道建设，确保鱼形山大道和内环线基本建成，启动外环线建设；充分利用“先行先试”政策、优先搬迁安置办法，集中精力抓好征地拆迁安置；在区域内培育一批村庄、学校、景区、小城镇等两型示范创建单位，布局一批新能源发电、绿色建筑和公共客运行业清洁能源项目，推广应用餐厨废弃物资源化利用、农村面源污染治理等技术，将益阳东部新区打造成为省级两型综合示范点和清洁低碳技术推广应用示范区，成为全省两型社会建设的一张亮丽名片。

2. 强力推进产业转型升级

大力发展先进装备制造、新能源、新材料、生物医药、文化创意、电子信息等战略性新兴产业，改造提升食品加工、竹木加工、造纸、纺织、建材等传统产业；着力提高企业自主创新能力，加快科技创业服务中心和孵化器建设，力争打造一批拥有自主知识产权的知名企业和产品品牌，增强产业竞争力。以农业增效、农民增收为核心，继续推进农村土地流转，大力发展规模农业、特色农业、品牌农业。大力发展生态旅游，加强旅游重点项目建设，开展两型景区和工农业旅游示范点创建工作；改造提升传统服务业，推动家政、商贸、餐饮等传统服务业转型升级。

3. 大力推进综合配套改革

认真落实湖南省对益阳市两型社会建设方面的改革要求，完成丽都益阳改革的各项年度目标任务，重点推进生态文明制度建设，探索建立资源产权和用途管制制度，实施最严格的资源环境保护管理制度，建立和落实生态红线，形成促进资源节约、环境友好的长效机制。全面开展国家生态市创建工作。继续开展绿色 GDP 评价、矿产资源生态补偿、农村集体土地承包经营权确权试点等工作。以重大问题为导向，组织开展专题调研活动，提出相关改革的指导性意见，力争在关键领域和重点环节取得突破，在全省乃至全国率先形成一批制度成果，提供示范。

4. 纵深推进两型示范创建

按照“市县抓创建，省里抓示范”的总体思路，明确市直部门和区县（市）创建责任，形成上下互动、部门联动、共创共建的创建工作机制。进一步规范创建工作流程，每年新培育一批市级示范创建单位，组织并成功申报10个以上省级示范创建单位。省级、市级示范创建单位和示范单位逐步向“一区二带”，即益阳东部新区、益沅公路沿线带和益桃公路沿线带集中，着力打造1～3个两型综合示范片区，集中展示益阳市两型社会建设成果，促进两型示范创建由“盆景”变“花园”。

5. 全面推广清洁低碳技术产品

探索开展政府两型采购，强化财政对两型技术产品的支持和引导作用。建立丽都益阳建设清洁低碳技术推广名录，充实清洁低碳技术项目库，设立工作台账，实行动态管理，搭建项目对接平台，实行跟踪服务。重点加强与中关村环保产业联盟、湖南海尚环境生物科技有限公司、深圳宇星等知名企业的广泛

合作，全面推广合同能源管理、合同环境服务模式。结合“双百”工程，加强协调，促进市级重大项目采购、应用两型技术产品。争取省级专项资金支持，在降低工业、城镇生活污水、农村生活垃圾、农村面源等污染方面，每年支持1～2个清洁低碳技术应用示范项目，引导企业和单位开展现代工艺和技术改造。

6. 探索建立两型监管体系

制定项目规划、用地、节能、环保、安全等准入标准，在益阳东部新区探索开展项目建设两型前置审查。逐步开展各类规划的两型性设计和审查，与人大、环保部门等单位联合探索开展两型区域规划、水土气污染整治落实等专项工作检查。开展领导干部资源环境离任审计和企业两型审计试点。建立县级两型统计评价制度体系，并实行季度、月度通报制度。加大资源环境信息的发布力度，加强与环保、气象等部门合作，在益阳·两型网实时发布资江水质、空气质量等信息。开展$PM_{2.5}$监测并发布监测信息，积极引导全社会对资源环境状况进行监督管理。

7. 强化两型社会建设推进机制

完善全市两型社会建设改革统筹协调职能，逐步完善指标体系和考核办法，加大考核力度，指导区县（市）政府利用绩效考核平台，推进乡镇、部门单位的两型社会建设工作，使考核评估成为两型社会建设有力的指挥棒和助推器；配合百件大事、百大项目的“双百工程”的实施，加强一批重大项目的两型建设指导，形成两型社会建设强有力的项目建设抓手；在市级主流媒体继续开辟“两型社会建设”专栏，组织“两型达人”评选等公众参与活动，开设两型知识精品课，构建两型知识宣教框架，打造区县（市）社会宣传平台，形成齐抓共推的宣教局面。深入开展“三访三化”活动，切实转变全市干部作风，加强干部两型知识教育，打造一支坚强有力的两型社会建设干部队伍。

B.20

2013～2014年郴州市两型社会建设报告

郴州市发展和改革委员会

一 2013年两型社会建设情况

在长株潭试验区工委（管委）的精心指导下，郴州市认真贯彻落实湖南“四化两型”战略和全省两型社会建设工作会议精神、工作部署，以郴资桂两型社会示范带为重中之重，以城乡统筹为总抓手，扎实推进郴资桂两型社会示范带建设十大工程三年行动计划，有力地促进了稳增长、调结构、促改革、惠民生。2013年，郴资桂两型社会示范带地区生产总值、财政总收入、固定资产投资、实际利用外资、外贸进出口分别完成993.1亿元、145.7亿元、844.5亿元、6.1亿美元、34.3亿美元，分别为全市的58.9%、67.4%、57.3%、59.5%和90.2%，年度节能减排指标任务顺利完成，万元GDP能耗下降4%。现将有关情况总结如下。

（一）突出产业转型，两型社会建设的经济基础正在形成

从结构转型、科技创新、循环发展、集约发展等方面推进产业转型，力促产业两型化。

1. 大力推进产业转型升级

示范带在全市传统产业转型升级和新兴产业培育中继续担当主力军。加快传统产业改造升级，有色金属“五个一”战略体系和国家有色贵重金属产品质检中心建设加快推进，南方稀贵金属交易所通过国家验收。加快发展现代服务业，宝山矿山公园、九龙江森林公园成功创建国家4A级景区，东江湖景区成功创建首批国家生态旅游示范区之一；农村信用社改革深入推进，郴州农商行向银监会上报批筹资料，新增小额贷款公司6家、融资性担保公司1家、省

重点上市后备企业2家。加快发展现代农业，推进现代庄园经济发展，创建全国休闲农业示范点1个、国家五星级农庄2家。

2. 大力发展循环经济和进行清洁生产

资兴市入围国家循环经济示范城市，资兴经济开发区、桂阳工业园、郴州高新技术产业园被确定为湖南省循环经济试点示范园区，湖南金旺铋业股份有限公司等6家企业被确定为湖南省第一批循环经济试点示范企业。建立健全落后产能退出机制，关闭“六小企业”300多家，示范带区域4家企业被纳入2013年全省工业行业淘汰落后产能计划名单，计划淘汰落后产能56万吨。

3. 大力支持节约集约发展

资兴经济开发区、桂阳工业园调区扩区得到省里正式批复，市经济开发区调区扩区前期工作基本完成，苏仙工业集中区获省里评审通过。重点支持科技成果转化与产业化，郴州高新区成功申报省级高新区，并获批省科技成果转化示范基地，目前示范带高新技术企业总数达145家，占全市的82%。

（二）突出城乡统筹，两型社会建设的城乡面貌明显改观

从规划引领、综合交通运输体系、城市建设管理、示范镇建设和新农村建设等方面着力，努力提高统筹城乡发展和城乡一体化发展水平。

1. 推进城乡统筹规划

郴资桂两型社会示范带建设规划纲要及综合配套改革总体方案于2013年1月正式获省人民政府批复实施，基本形成了1个规划纲要加14个专项规划的规划体系。与规划纲要配套的土地利用总体规划实施评估报告，于2013年1月获得省国土资源厅审查通过，郴州市城镇建设用地规模净增20平方公里。示范带的县城总体规划修编（修改）、村镇规划编制进程加快。开展城市总体规划实施情况评估，专项规划、控制性详规等加快完善，市城区控规覆盖率95%。

2. 推进综合交通运输体系建设

交通大建设如火如荼，厦蓉、衡武两条高速和郴州大道建成通车，郴永大道于2013年12月底正式通车，郴州汽车总站搬迁平稳顺利完成，城乡客运一体化加快推进，开通主城区与资兴、桂阳的公交车，启动示范带城市（际）

轻轨重大项目前期工作，示范带从交通节点变成交通枢纽。

3. 推进城市建设管理大提质活动

城市大建设2013年实施基础设施项目211个，郴江路延伸段、市人防疏散应急用房、同心路西段等10个项目已完工或基本完工，1～12月累计完成投资197.3亿元。集中开展中心城区积水路段排水改造及市政设施损坏、桥梁安全隐患大排查等专项整治，持续开展市容市貌和城市卫生提质专项整治，全面提升城市管理水平。

4. 推进示范镇及新农村建设

以示范带及周边区域为核心，重点推进示范镇的供水及污水处理设施、道路提质改造及广场、游园、街景立面改造及环境绿化，1～12月完成投资21亿元。“点亮郴州”行动全面推进，推广LED灯1.8万余盏，公路通道亮化922公里。农村环境整治成效明显，村民建房管理逐步规范。郴资桂示范带24个市级、2个省级新农村建设示范点进展顺利，8个乡镇农村环境连片整治项目上报国家环保部备审。示范带的教育、文化、卫生等社会事业也都取得了新的进展。

（三）突出生态建设，两型社会建设的生态环境明显好转

围绕示范带的山、水、林、城等要素加强保护和综合治理。

1. 推进十大环保工程建设

东江湖水环境保护工程、城区清洁能源推广工程、城区油烟噪声污染整治等工程超额完成年度计划任务，其中东江湖水环境保护工程网箱退水上岸工程一期、东江湖一级水源保护区小东江公路沿湖侧餐饮、农户拆迁后土地整理一期、东江湖保护基线调查一期等工程均已完工。

2. 推进水生态文明建设

申报全国首批水生态文明建设试点市通过国家水利部初审，东江湖被列入国家重点流域和水资源生态补偿试点、纳入国家重点支持生态湖泊保护范围。江源水库大坝已经竣工并即将投入运行，沤菜水库完成大坝主体工程。示范带已有36个项目获国家、省重金属专项治理资金4.4亿元，分别占全市的44%和39%。东江苏仙段（翠江）流域环境污染综合治理全面开展。

3. 推进森林生态体系建设

积极创建生态文明市，以郴州大道景观绿化，郴资桂、郴永宜生态绿心，南岭植物园提质改造为重点，落实“三年城乡绿化攻坚”与“创建国家森林城市”安排部署，完成月形山等9个山头、武广高铁郴州西站等6个节点绿化精品提质，形成了集景观、生态、休闲于一体的环城森林生态景观系统。

（四）突出改革创新，两型社会建设的内生动力正在聚集

结合“深化改革年”活动，调度实施了资源节约、环境保护等综合配套专项改革。

1. 着力推进资源节约和环境保护体制改革

资源性产品价格改革和居民阶梯电价改革稳步推行；固定资产投资节能评估与审查制度严格落实；成立了郴州市排污权交易所，全市工业企业主要污染物排污权初始分配核定工作已全面铺开；省联合产权交易所郴州公司获批。

2. 着力推进要素保障体制机制改革

园区管理体制改革进一步深化；新进产业环评、能评制度进一步规范；落后产能退出机制进一步健全；推进节约集约用地、土地征地拆迁、耕地保护等改革；推进科技成果转化和产学研结合体制机制改革，示范带组织实施了一批国家科技支撑计划和省级科技重大专项；大力推进金融创新，积极引导民间借贷规范发展，对接地方债发行体制改革，争取城市建设、小城镇建设、重金属污染治理债券发行计划指标。

3. 着力推进行政审批改革

市本级已完成第五轮行政审批制度改革，实现了所有审批时限承诺在法定时限基础上压缩50%以上的目标，示范带各县市区都对审批程序进行了优化，对审批前置条件进行了清理，建立了招商引资项目和重大投资项目的绿色通道，审批效率明显提高。资兴市率先组织实施“扩权强镇”试点，目前各项工作推进有序。

（五）突出示范创建，两型社会建设的社会力量不断兴起

将两型示范创建作为加强宣传、凝聚共识、公众参与、共享成果的重要抓手。

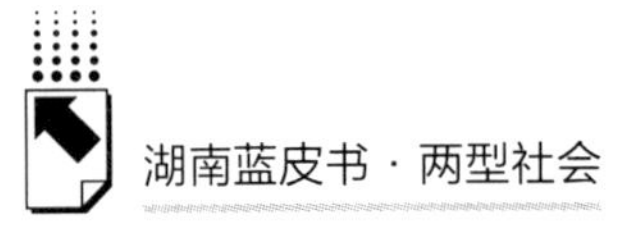

1. 深入实施两型建设标准

商市直有关行业主管部门认真组织实施两型企业、园区、小区、社区、村庄、乡镇、机关、学校、家庭、医院等14个建设标准，指引和规范两型示范创建活动。

2. 积极开展市级两型示范创建工作

分别商市直有关部门以联合行文的方式，印发了7个领域的两型示范创建工作方案，在全市范围内组织启动两型旅游景区、两型家庭、两型学校、两型机关、两型企业、两型门店、两型军营等示范创建活动，同时发动县市区广泛开展两型镇、两型村庄、两型社区、两型农民专业合作社创建活动。在总结和平村两型村庄创建工作、飞机坪社区两型社区创建工作等经验的基础上，总结出两型村庄、两型社区等2个创建模式，并以市委、市政府名义下发文件在全市予以推广。

3. 大力督促开展省级示范创建活动

组织2011、2012年度示范创建项目和单位进一步完善创建实施方案，编制年度创建工作计划，到位省级示范创建专项补助资金240万元，有效带动各类配套投资20亿元投入两型示范项目建设。按省两型办的要求，组织东江湖风景名胜区等9个单位成功申报2013年度省级两型示范创建单位，全市累计20个单位成功申报省级两型示范创建单位。永兴县获批全省首个省级两型示范县创建试点单位，目前正按省两型办的批复要求，抓紧编制和修改创建工作方案。

（六）突出机制建设，两型社会建设的工作基础基本夯实

重点从项目支撑、绩效评估、宣传推介等方面推进和完善示范带改革建设的体制机制。

1. 强化项目支撑

顺应政策走向，积极向上汇报东江湖生态补偿试点、流域重金属污染治理、大中型沼气综合利用、石漠化综合治理等工作，争取政策、项目及资金支持。整合包装一批符合两型要求的重大项目，积极开展前期工作，将其纳入招商引资重点项目库并向外推介。对示范带的两型社会建设重点项目实行按月调

度、季度通报、年终考核。2013年1～12月，示范带区域预计完成固定资产投资850.9亿元，其中346个投资过亿元的重大项目完成投资539.4亿元，完成年度计划任务的107.1%。

2. 开展绩效评估

协调督促示范带各县市区政府、市直有关单位贯彻实施示范带建设“十大工程”三年行动计划，实行“一季一调度一通报”。以示范带建设工作领导小组名义印发年度工作要点和两型社会建设工作绩效评估计分办法，将两型社会建设工作纳入市委、市政府年度综合绩效评估和考核奖励范围。

3. 加大两型宣传力度

围绕牢固树立资源节约、环境友好意识，通过积极组织、参与各项主题活动，切实加强宣传教育工作。在《郴州日报》开辟“两型建设在加速”专栏。在郴州大道沿线设置两型主题大型户外公益宣传牌。《湖南日报》头版头条推介示范带建设经验，刊登示范带两型专题纪实宣传文章——《跳起“摘桃”》。积极组织“节能宣传周”“低碳日”“两型梦”等主题活动。

二　2014年两型社会建设思路

2014年郴州市两型社会建设的总体思路是：按照郴州两型社会建设走在全省前列的总体要求，贯彻落实科学发展观和“四化两型”发展理念，围绕既定的“两型产业聚集区、统筹城乡发展试验区、生态文明实践区、改革开放先导区”的科学定位，以城乡统筹为总抓手，整体推进郴资桂两型社会示范带“十大工程”和“十大清洁低碳技术”，着力在综合配套改革和两型示范创建等方面取得新突破，争当全省两型社会示范带建设排头兵。

（一）狠抓配套改革，完善体制机制

着力抓好以“营改增”试点为重点的财税体制改革、以生态补偿为重点的区域性环境联动机制改革、以排污权交易为重点的市场化减排改革、以金融创新为重点的要素市场改革、以简政放权为重点的行政审批改革，积极探索绿色GDP评价体系、绿色采购制度、重大项目两型性审查制度。通过改革，建立和

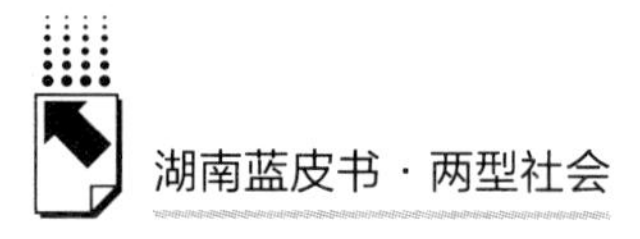

完善两型社会建设资金投入机制、科技创新机制、生态补偿机制、工作责任机制、考核评价机制、公众参与机制和执法监督机制，进一步释放改革的“红利”。

（二）狠抓项目建设，推动转型发展

牢固树立两型理念，不断增强项目意识，以项目争取政策支持，以项目推动科学发展。以示范带建设“十大工程”为抓手，围绕两型产业、两型城乡、两型生态等领域更新重大项目库，从项目前期、招商引资、争资立项等方面给予倾斜支持，形成谋划包装一批、开发建设一批、竣工投产一批的重大项目建设格局。

（三）狠抓技术推广，强化科技支撑

一方面，加强科技资源的整合运用，强化企业的创新主体地位，加强科技攻关，注重协同创新，培育一批国家级、省级企业技术创新平台，突破一批核心关键技术，加快科技成果转化，推动产业提质升级。另一方面，加大清洁低碳技术推广力度，着力解决经济社会发展中的能源资源瓶颈问题、资源环境领域的热点问题、影响群众生产生活的突出问题。

（四）狠抓示范创建，形成工作合力

深入开展两型示范创建活动，推动两型技术产品、两型生产生活方式、两型服务设施、优美生态环境、两型文化等两型要素进社区、进园区、进厂区、进校区、进办公区、进营区。把郴州大道沿线，尤其是望仙至桥口段、华塘至正和段，打造成两型社会建设成果的集中区，形成规模、形成示范，积极争取成为省级两型综合示范点。

（五）狠抓宣传推介，营造良好氛围

注重提炼提升郴资桂两型社会建设示范带各领域、各行业、各地方的好案例、好做法、好经验，形成一批可推广、可复制的好模式。进一步加大宣传推介力度，通过电视、网络等媒体广泛宣传两型知识，凝聚各方面关心、支持两型社会建设的共识和合力。

B.21

2013～2014年永州市两型社会建设报告

永州市发展和改革委员会

一 2013年两型社会建设情况

2013年，在市委、市政府的正确领导下，全市上下坚持以科学发展观统领两型社会建设，以提高两型发展质量和效益为中心，紧紧围绕“四化两型”和“四个湖南”建设，以承接产业转移示范区建设为总抓手，开拓创新，锐意进取，真抓实干，全市经济社会发展取得了新的成绩，经济总量、质量和均量迈上新台阶。

（一）基本情况

1. 综合实力稳步增长

全年实现地区生产总值1161.75亿元，同比增长9.5%。千亿投资计划实施良好，固定资产投资完成1074.34亿元，增长33.8%。技术改造投入完成220亿元。财政总收入突破百亿元，完成100.4亿元，增长15.8%。规模工业增加值完成260亿元，增长12%。城乡居民人均可支配收入达到22368元、7799元，分别增长12.5%和13%。

2. “四化两型”稳步推进

新型工业化积极推进。积极开展“工业企业服务年”活动，出台《关于加快推进新型工业化引进培植壮大骨干企业的意见》等政策，以工业项目建设加快产业转型升级，新型工业化步伐不断加快，全年完成工业固定资产投资432.4亿元，完成规模工业总产值800亿元。零烟技改、猎豹汽车、希尔降糖灵胶囊生产线、蓝山必达电子等项目竣工投产。电子信息制造业发展迅速，全年共引进企业12家，其中6家建成投产，4家进入规模以上企业统计范围。

传统产业整合提升，全年淘汰落后产能项目11个，关闭“五小”企业65家。农业产业化持续推进。新增市级以上龙头企业11家，总数达到214家。农业服务体系不断健全，新发展农民合作社348个、农超对接连锁店202家、“网上供销社”乡村服务站点201个。农村土地流转扎实开展，新增流转面积53万亩。农业机械化稳步推进，新增各类机械5.1万台（套），水稻机插面积突破100万亩。现代服务业加快发展。商贸流通规模不断扩大，汽车、文化旅游和休闲娱乐等消费热点持续旺盛。柳子景区成功创建4A景区，古舜帝陵创3A通过验收，零陵古城、阳明山、九嶷山旅游综合开发加快推进。全年旅游综合收入完成130亿元，增长30.5%。电子商务、金融服务、现代物流、信息咨询等服务业态逐步发展。节能减排任务全面完成，湘江治理保护“三年行动计划”进展顺利，锦绣潇湘十大工程稳步推进。双牌被列为国家绿色能源示范县，江华被列为全国绿化模范县，九嶷山、舜皇山创建国家级自然保护区，涔天河湿地公园获批全市首个国家湿地公园，双牌日月湖湿地公园通过国家评审。两型示范创建初显成效。祁阳宏泰铝业有限公司、蓝山县新圩镇上清涵村、回龙圩管理区八仙洞柑橘专业合作社等单位两型示范创建工作切实发挥示范带头作用，为全省两型社会建设做出积极贡献。

3. 项目建设成效显著

全年淘汰铁合金等落后产能11.8万吨、水泥36万吨，关闭“五小”企业65家。祁阳海螺、江华海螺水泥脱硝工程投入运行，马坪污水提升泵站、下河线污水处理厂二期扩建、向家亭污水处理厂提质改造、坦塘垃圾处理场等项目进展顺利。积极推进湘江流域重金属污染治理项目建设。宁远县九嶷山原铅锌矿及铀矿区尾砂治理、新田县原莲花乡砷废渣治理和江华县原西山化工厂砷废渣治理项目、道县原石山化工厂重金属污染综合治理工程、双牌县五里牌镇历史遗留废渣综合治理项目、永州市零陵区石期河流域重金属治理等六个项目通过国家和省里现场评审。加强无主尾矿隐患综合治理项目建设。宁远县无主尾矿库综合治理项目和蓝山县太平铁锰矿尾矿库隐患治理等项目稳步推进。湖南果秀食品有限公司、江华坤昊实业有限公司、潇源农业开发有限责任公司等9个示范企业和永州凤凰园经济开发区和道县工业集中区2个示范园区被列入省循环经济试点示范企业和循环经济试点示范园区初选名单。

4. 基础平台得到夯实

湘桂高速铁路全面开通，结束了永州没有高铁的历史，标志着永州跨入高铁时代。永州至深圳航线即将开通。国道 207 东安段和江华段、二广高速双牌连接线、省道 325 道县祥霖铺至江永龙虎关、国道 322 黄母桥至枣木铺等项目建成通车，国道 322 零陵萍洲大桥和双牌大山隧道工程、宁远绕城公路、厦蓉高速宁远至九嶷山连接线等项目进展顺利。城市建设扎实开展。湘江风光带、城南大道、湘江东路、湘江西路、零陵新区“四纵四横”路网和城区断头路建设进度加快，完成 40 条背街小巷改造。中心城区完成大苗种植 20.6 万株，公园提质改造和小游园建设有力推进。各县城着力抓好水、电、路、通信及垃圾污水处理等基础设施建设，新型城镇化取得良好成效，东安、新田成功创建省级卫生县城，宁远列为全省新型城镇化示范县。

总体上看，永州市生态文明建设成效逐步显现。生态环境质量稳步提升，生态经济发展势头良好，资源合理利用水平得到进一步提高。城市人居环境大为改善，市容市貌大为改观，良好的生态环境已成为永州发展的核心竞争力。

（二）主要举措

1. 抓顶层设计，科学制定“十二五”规划体系

认真贯彻省委省政府“四化两型”和“绿色湖南”建设决策部署，准确把握生态文明建设的内在要求和客观规律，把资源节约、环境保护、实现可持续发展等作为永州市“十二五”规划中期评估的一条重要纲领，通过科学分析永州承接产业转移示范区绿色低碳经济的基础和条件、面临的机遇和挑战，高起点、高标准、高水平制定生态环保建设规划，明确了应对气候变化的具体目标、基本原则、重点领域和政策措施。着重强调抓好造纸业、纺织印染业、农副食品加工业、化学品制造、饮料制造业和医药制造业以及建材、有色、燃煤锅炉和交通运输等行业的节能减排和低碳清洁技术改造，确保实现提升低碳发展能力、节能减排的目标（“十二五”全市主要污染排放总量比 2010 年削减 10%、万元 GDP 能耗下降 15%，单位生产总值二氧化碳排放比 2010 年降低 10%；非化石能源占一次能源消费比重提高 2 个百分点；森林覆盖率达到

63%以上；新能源发电量达到200兆瓦）。

2. 抓方式转变，构建合理的特色生态产业体系

以发展循环经济、低碳经济、生态产业为突破口，按照资源节约、环境保护的要求，着力构建永州湘江千亿两型产业带，努力打造环阳明山绿色经济圈，实现蓝宁道新加工贸易走廊提质和湘粤桂边界民族经济区的绿色发展。结合构建永州现代产业新体系，加快改造“三高”企业、行业和产业，逐步形成符合绿色低碳发展要求的经济发展模式、生产模式、消费模式。

3. 抓生态质量，建设宜居的城乡生态环境体系

以推进“十二五”规划绿色环保十大工程、“锦绣潇湘十大工程”为契机，以“绿色永州”为抓手，加强湘江源头生态保护和综合治理，实施流域重金属污染治理、农村环境综合整治、巩固退耕还林工程、雨雪冰冻灾害森林生态恢复重建工程、矿区植被恢复保护与生态治理，深入实施长江防护林体系建设、珠江防护林体系建设等林业重点工程，抓好水土保持综合治理，深入开展节能减排攻坚战，做好城市、区域、潇湘二水和湘江的空气、污染物、噪音管理和监控，减少对城乡生态环境的污染破坏。

4. 抓技术提升，将清洁低碳技术应用于各行业领域

4月2日，出台了《关于推广清洁低碳技术的实施意见》(永政发〔2013〕10号)，通过建立清洁低碳技术推广联席会议制度，将清洁低碳技术推广任务和责任落实到县区、相关部门、具体行业、具体企业，建立层层抓落实的工作机制，大力将新能源发电、“城市矿产”再利用、重金属污染治理、脱硫脱硝、工业锅（窑）炉节能、绿色建筑、餐厨废弃物资源化利用和无害化处理、污泥垃圾焚烧、沼气化推动农村畜禽污染治理和资源化利用技术应用于各行业领域，充分发挥科技创新对两型社会建设的促进作用，促进永州市低碳经济发展。

5. 抓市场监管，规范排污权有偿使用与交易行为

4月12日，出台了《永州市人民政府关于主要污染物排污权有偿使用和交易的实施意见》（永政发〔2013〕12号），规范排污权有偿使用与交易行为，促进排污权储备与交易市场的健康发展，优化环境资源配置，通过建立合理的排污权分配机制，形成有效的排污权交易机制，落实排污权有偿使用和交

易保障措施。着力强化污染源现场监管，明确要求对国控企业的环境监察每月不少于两次，对一般污染源的现场监察每季不少于1次，派驻了环境监管员，长期驻厂巡查，每月提交工作报告。对湘江纸业、九嶷骄阳、重庆啤酒等重点排污企业坚持日常巡查和突击检查相结合，积极督促企业正常运转污染治理设施。

二　2014年两型社会建设思路

2014年，继续坚持以科学发展观为指导，紧紧围绕“四化两型”“四个湖南”建设，按照稳中有进、稳中有为、稳中提质的总体要求，以两型社会建设作为加快转变发展方式的方向和目标，突出规划体系建设，强化体制机制创新，落实重大项目建设，促进两型产业发展，加强生态环境保护，引领永州市国家级承接产业转移示范区建设步入科学发展的快车道。

（一）突出规划体系建设

把两型社会改革与全市经济社会发展的目标任务和重点工作相结合，加快承接产业转移示范区建设的子规划以及产业、园区、基础设施等规划的编制完善，积极指导推进县区两型社会建设方案和各类专项规划、下位规划的编制。突出抓好中心城区规划与总体规划、专项规划的对接。健全完善保障规划实施的制度体系和执行机制，强化规划对示范区和两型社会建设的宏观引导和具体指导作用。科学指导和统筹推进两型社会建设。

（二）促进体制机制创新

务实推进资源环境、土地利用、产业发展、财税与投融资、简政放权、对外开放等领域改革。大力推进两型改革，积极推进工业两型发展促进机制、联合产权交易平台及其机制、排污权交易、农村环境污染治理、生态补偿机制、绿色建筑推广、绿色出行、资源性产品价格、土地流转和征用制度、生态小城镇建设体制、金融创新等重点改革。积极探索湘江流域水环境保护合作机制和重点区域生态补偿机制。

（三）落实重大项目建设

切实围绕全市两型与经济发展的薄弱环节，真抓实干。

一是大力推进新型工业化。重点加快实施神华永州火电、烟草产业园、湘器异地搬迁、达福鑫、祥瑞科技、江华稀土产业园等项目建设，加快推进湘江纸业异地技改、零陵百亿锰产业、猎豹汽车等重大项目。鼓励企业运用先进适用技术和高新技术改造提升传统产业，坚决淘汰落后产能和关停不符合能耗和排污标准的高能耗、高污染企业。

二是着力打造基础平台。基础设施平台方面，全力推动衡道高速、永郴高速尽早开工建设。进一步加快涔天河水库建设，尽快打通二广、道贺和厦蓉三条高速外出通道，力争永州机场搬迁、永州港等项目前期工作实现关键突破。促成湘桂高铁开通到北京、上海、广州的班次。全力推动洛湛铁路益永段、湘桂铁路高溪市镇至永州站新建三线、衡道高速、永郴高速等前期工作，争取贵永郴、桂永郴赣铁路列入国家“十三五”铁路网规划。园区、通关物流和融资平台方面，重点加快凤凰园创建国家级园区步伐，抓好海关大楼、检验检疫办公楼等项目建设。加快整合打造市城建投、市经建投、零陵城建投和凤凰园产业融资平台四个市级融资平台。

三是加快中心城市发展。加快滨江新城建设速度，建议启动和加快文化艺术中心、市规划馆等公共服务和城市基础设施项目建设。加快冷水滩、零陵两区提质步伐，重点加快冷水滩改造提质，抓好零陵区创建历史文化名城工作。四是有效促进生态环保。实施祁阳、宁远、道县等六县中心城镇道路照明节能改造工程，大力推进家畜、家禽养殖、特色农产品、有色金属冶炼、竹木制品废弃物等循环经济利用工程，实施《湘江流域重金属污染治理实施方案》，继续实施水土流失防治、尾矿尾渣库治理、污水垃圾处理等项目建设，积极推广清洁生产、水源保护、矿山整治、农村环境综合整治等生态环保工程建设，推动实施生态屏障建设、城乡绿化美化、森林湿地保护、林业间接减排、林业防灾减灾、林业产业培育、生态绿心提质等绿色工程，强化生态脆弱地区的生态保护和修复。

（四）促进“两型”产业发展

把生态产业和低碳产业等两型产业作为永州新的经济增长点和引擎，提升冶炼、电力、化工、建材、造纸等高耗能、高污染产业的能效水平，以重点项目为抓手，加快传统产业转型升级，坚决淘汰高能耗、高排放、低效益等落后产能，减少污染排放，促进传统产业向绿色、低碳化发展。围绕构建两型技术体系和生产体系，大力发展绿色工业，培育发展先进装备制造、新材料、文化创意、生物、新能源、信息等战略性新兴产业，优先发展新兴服务、现代物流等生产性服务业，尽快形成两型特色明显的新的经济增长点。

（五）加强生态环境保护

坚持节约资源、保护环境，着力推进绿色发展、循环发展、低碳发展、可持续发展。大力开展绿化工作，开展植树造林和封山育林工程，完成中心城区绿化美化工程。加强资源利用全过程节约管理，推进节能节水节地节材，降低能源、水、土地消耗强度。强化节能减排工作，抓好工业、建筑、交通运输等重点领域节能减排，加强公共机构节能，加快城镇污水垃圾集中处理设施建设，全面实施排污权交易制度。继续推进水土流失治理、水源保护、矿山整治等生态环保工程建设，强化生态脆弱地区的生态保护和修复，给子孙后代留下天蓝、地绿、水净的美好家园。

（六）加大宣传教育普及力度

以推进两型社会建设、“两型社区”和“两型家庭”等示范活动为载体，开展主题突出、特色鲜明的宣传教育活动，大力推动生态文明意识进机关、社区、企业、农村、学校、家庭，让广大群众都成为两型社会建设的倡导者、引领者和践行者。积极广泛开展生态文明宣传教育活动，倡导生态伦理道德，强化市民生态文明意识，形成节约资源、保护环境的社会风尚。

B.22

2013～2014年怀化市两型社会建设报告

怀化市两型办

一 2013年两型社会建设情况

2013年，怀化市按照“四化两型”的建设要求，围绕“构筑商贸物流中心、建设生态宜居城市”的战略目标，坚持以富民强市为主体，以加强党的建设为统领，调整结构、转变方式，创新管理、激发活力，改善民生、促进和谐。努力实现经济发展可持续，生态环境更优美，人民生活高品质。

（一）加强对两型社会建设的组织领导

建立了两型社会建设调度会制度，定期由市长亲自主持召开各县（市、区）、各部门专题调度会，跟踪进展情况、研究重大问题。市委经济工作会议报告、市人大会议政府工作报告，都纳入两型社会建设内容，予以重点安排部署。建立考核激励机制，逐项分解目标任务，并纳入全市绩效目标管理。市长2013年就两型工作专门签发三次意见，督促各部门落实。

（二）节能减排工作卓有成效

2013年，怀化市积极申报、争创新能源示范城市，着力规范能源开发利用秩序。化学需氧量、氨氮排放量比上年分别下降1%，氮氧化物排放量比上年下降1.5%，二氧化硫排放量与上年持平。为确保年度减排任务完成，2013年全市共安排重点减排项目113个，其中化学需氧量、氨氮减排项目103个，二氧化硫、氮氧化物减排项目10个。加强了重点行业、重点企业环境整治。

1. 狠抓节能与环资工作目标考核管理

一是研究出台工作规范。先后出台了《关于进一步落实节能统计指标体

系、监测体系和考核体系实施方案的通知》《关于印发〈怀化市节能降耗预警应急调控方案〉的通知》（怀政办函〔2011〕177号）、《关于印发〈怀化市“十二五”节能减排综合性工作方案〉的通知》（怀政办函〔2012〕1号）、《怀化市民用建筑能耗和节能信息统计实施方案》（怀政办函〔2011〕126号）、《关于加强建筑节能产品（材料）管理的通知》（怀建发〔2011〕60号）等一系规范性文件，进一步理清了全市节能和环资工作的思路、任务、重点和责任，为搞好全市节能与环资工作奠定了坚实基础。

二是落实目标考核责任。把节能和环资工作纳入了绩效考核评估体系，编制了节能与环资工作年度计划，由市政府与各县（市、区）、市直相关部门分别签订了考核责任目标，明确了具体的工作职责和目标。同时，落实了“万家企业节能低碳行动”企业的节能目标任务，签订了“十二五”万家企业节能低碳目标责任书，确保全面完成省里下达的考核目标。

三是加强执法监督检查。研究制定了《怀化市固定资产投资项目节能评估和审查办事指南》，拟定了114项主要耗能产品能耗限额指导目录。近两年来，先后对100余个项目实施节能评估与审查，累计净核减用能总量折合标煤达3万余吨。明确部门责任，市经信委牵头对全市重点用能企业节能目标完成情况和节能措施落实情况进行评价考核，90%以上重点用能企业达标。市质监局对重点耗能企业（单位）锅炉进行了能效测试，锅炉能效达70%以上的占80%。市住建局提出了建筑节能产品备案目录，新建建筑施工阶段节能强制性标准执行率达95%。市财政设立专项奖励资金，支持可再生能源建筑应用工程项目。

2. 狠抓节能与环资领域工程项目建设

一是启动了一批节能环保重点项目。骏泰浆纸黑液综合利用、大唐华银石煤综合利用发电、金大地资源综合利用、华洋铜业铜资源循环利用、华能苏宝顶风电场、大唐华银西晃山风能发电等一大批节能与环资重点项目陆续开工建设，节能环保产业正在蓄力成为全市经济新的增长点。

二是实施了一批企业节能技改项目。怀化市以抓好工业燃煤锅炉（窑炉）改造、电机系统节能、能量系统优化、工业余热余压利用、绿色照明工程为重点，全面推进企业节能技术改造，先后有洪江锰业电解工艺设备改造、辰溪中盐株化气烧石灰节能技改、湘维聚乙烯醇生产装置能量系统优化技改等一大批项目成功申报国家财政奖励的节能技术改造项目，累计获得国家财政奖励资金952.2万元。

三是建成了一批城镇污水垃圾处理项目。近年来，怀化市争取中央预算内资金2.53亿元，先后建成了13座城镇污水处理厂和13座生活垃圾无害化处理场。目前，县以上城镇生活污水处理率和生活垃圾无害化处理率分别达到75%和70%以上，有效改善和保护了怀化市城乡人居环境。

四是开展了主尾矿库隐患综合治理工作。对全市20个无主尾矿库编制了隐患综合治理实施方案，拟定了一批综合治理项目，积极向上争取资金支持。目前项目资金申报工作已全面完成。

3. 狠抓节能低碳产业和循环经济发展

一是开展了企业节能低碳行动。研究出台了《怀化市万家企业节能低碳行动实施方案》和《万家企业能源利用状况报告工作方案》，对于年耗能1万吨标准煤以上的37家重点用能企业，建立了监控备案制度，开展了企业节能低碳行动业务培训，对企业节能低碳行动进行年度目标考核。近年来，37家重点企业先后启动实施省级年节约标煤5000吨以上节能技改项目10个、国家级年节约标煤1万吨以上的节能技改项目5个，总投资达2.6亿元，投产后可实现年节约标准煤15万吨。

二是淘汰了一批落后产能。加大产业政策执行力度，建立与落实全市落后产能退出机制，对电解铝、铁合金、电石、烧碱、水泥、钢铁、黄磷、锌冶炼等高耗能行业实行差别电价，淘汰一批规模小、能耗高、附加值低的落后产能。2013年，全市规模工业万元增加值能耗下降16.7%，累计率下降为26.35%，超进度目标16个百分点。

三是狠抓了循环经济发展。围绕“十二五”期间资源产出率提高15%的目标，编制了《怀化“十二五”循环经济发展规划》和《怀化市“十二五”循环经济重点项目库》，洪江区循环经济工业集中区申报为省循环化改造示范园区，湘维、金大地、骏泰浆纸、贤胜油业、恒光科技等企业成功申报为省循环经济试点示范企业。

（三）“碧水、青山、蓝天”工程取得实效

2013 年，是怀化启动“碧水、青山、蓝天”工程第三年。随着目标逐一顺利实现，怀化市在生态文明建设的道路上越走越自信，越走越好。

碧水工程，怀化市以河道综合整治为重点，紧紧围绕“净水、增绿、治污、除脏”的目标，突出集中整治和工程治理相结合，通过深入开展河道采砂专项整治，严格河道采砂准入，严厉打击违法采砂淘金行为，清理整顿采砂场地，扎实推进河道清障工程，全面清除历史采砂尾堆，实施河边绿化、河道划界、中小河流治理、水保治理和城市堤防建设等整治和工程措施，有力推动了碧水工作的扎实开展。完成河道综合整治 153.5 公里，河道清淤清障和采砂尾堆清理 560.3 万方，整顿和取缔采砂淘金船只和非法捕捞渔船 249 艘，规范采砂场地 143 处，取缔非法吊装码头 97 处；实施中小河流治理、“四水治理”防洪堤建设及水土保持工程 28 处，完成投资 58673 万元；完成“河边”绿化 339 公里 7350 亩，真正做到“防洪、水清、流畅、岸绿、景美”。

青山工程，人工造林 2013 年已完成新造 43.5 万亩、补植补造 10 万亩，分别占任务的 109%、100%；完成投资 3.5 亿元，占投资任务的 115%。油茶基地建设 2013 年已完成新造 2.6 万亩，抚育改造 3.5 万亩，分别占任务的 75%、100%；完成投资 8000 万元，占投资任务的 82%。2014 年，全市将完成南北走廊 453 公里的沿线绿化。为确保工作落实，2013 年 11 月，市政府印发了《怀化市国省道绿化提质工作方案》，各县（市、区）按照要求将绿化措施细化落实到了每个路段，并规划了样板路段的建设。全市共投入资金 5200 万元，完成苗木栽植 435 公里，栽植苗木 55.3 万株。怀化市林业局还被国家人社部、国家林业局联合授予“全国林业系统先进集体”称号。

蓝天工程，截至 2013 年 11 月，怀化市区空气优良天数达 300 天，环境空气优良率为 98.9%，县级以上城市环境空气质量均达到国家二级标准，达标率 100%。城市区域环境噪声平均值为 53.6 分贝，低于国家标准。全市 42 个地表水监测断面有 39 个达到Ⅰ～Ⅲ类水质标准，达标率 92.9%。14 个集中式饮用水水源取水口水质达标率为 100%。全市上下坚持在发展中保护，在保护中发展，积极探索代价小、效益好、排放低、可持续的两型发展新道路，在推动经济快速增长的同时，全市环境保护和生态建设取得新的突出成效，COD、SO_2、氨氮、氮氧化物等主要污染物排放总量不断下降，全市环境质量不断改善，市本级及12个县（市、区）被国家环保部命名为“国家级生态示范区”。

（四）示范创建活动深入开展

怀化市十分重视两型示范创建工作，大力推动两型进机关、进城镇、进企业、进学校、进园区等五进活动，让示范创建的过程成为加强两型宣传、凝聚两型共识、共享两型成果的过程。市委、市政府高度重视两型示范创建工作，将纳入全市两型社会建设的年度重点工作内容予以安排和落实。在省两型办的关心支持下，2013年全市已组织申报5个示范创建单位以及2个续建单位。

一是切实加强对示范创建项目和单位的指导培育。组织首批示范创建项目和单位进一步完善创建实施方案，编制年度创建工作计划。进一步调整充实了市本级两型示范创建储备项目库，指导项目单位开展前期工作。市发改委领导带队深入项目和单位了解示范创建工作情况、督促创建单位及申报单位进一步加大工作力度，切实帮助解决问题。创建单位和申报单位的主要领导都亲自研究调度示范创建工作，安排专门班子负责抓协调、抓落实，安排专人对示范创建项目实行台账管理，每季度调度示范创建工作情况。

二是制定两型示范标准。在认真学习和消化省两型示范标准体系的同时，结合怀化实际，经过多次的修改完善，出台了包括两型企业、园区、社区、学校、医院、机关、旅游景区、两型乡镇等在内的多个两型标准，为各单位和企业两型示范创建活动提供了依据、指明了方向。

二 2014年两型社会建设思路

2014年我们将认真学习贯彻十八大、十八届三中全会精神，按照全省“四化两型”战略部署，结合怀化经济社会发展实际，全面推进怀化两型社会工作，以示范带动全市两型社会建设，努力把怀化打造成湘西地区首个两型城市，努力促进全市经济综合实力跻身全省第二方阵。

（一）加强传统产业的“两型”化改造

推进传统产业的技改升级，加快淘汰落后产能。积极发展新兴战略产业，注重招商引资向招商选资转变，大力引进高新技术、生态环保、节能降耗、循环经济项目。突出发展园区经济，促进各类产业向园区集中，实行污染集中处理。

（二）加强“两型”建设

认真落实“五城同创”战略，坚定不移地推进创建两型城市和两型县（市、区）工作，努力打造城乡两型示范工程，提升中心城市和小城镇品质。全面推进两型企业、两型机关、两型社区、两型村庄、两型家庭、两型旅游景区、两型学校、两型医院等行业或领域的两型示范创建工作，把创建过程变成深化宣传、强化共识、凝聚合力、共享成果的过程。

（三）大力营造“碧水、青山、蓝天”

坚决落实新建项目环保“第一审批权”和“一票否决权”，积极推进规划环评和项目环评工作，加强建设项目环保准入把关。扎实开展环境综合整治，突出抓好重金属污染治理、饮用水源保护、农村环境整治，切实解决一批突出的环境问题。深入开展环保执法专项行动，严肃查处各类环境违法行为，从严整治突出的环境安全隐患，积极防范和应对环境突发事件，全力保障环境安全。大力开展封山育林、退耕还林、植树造林，扩大森林覆盖面，提升活立木蓄积量。

（四）广泛开展宣传教育

大力开展两型宣传，普及两型科学知识，倡导绿色生产和绿色消费模式，推动两型文化建设，促进两型文明理念在全社会牢固树立。各类企业要增强两型意识，自觉履行两型要求，实现达标排放，推进清洁生产。广大干部群众要从身边的点滴小事做起，大力节约资源、善待环境，积极营造爱护环境光荣、破坏环境可耻的良好社会风尚，共同建设两型社会。

B.23

2013～2014年娄底市两型社会建设报告

娄底市两型办

一 2013年两型社会建设情况

2013年，在省委、省政府的正确领导和省直有关部门的大力支持下，娄底市以两型社会建设作为实现转型跨越的历史性机遇，着力推进体制机制改革、两型示范创建、两型园区发展与生态文明建设等重点工作，两型社会建设纵深推进，强劲推动“三量齐升”。

（一）着力开展两型示范创建活动

示范创建是两型社会建设的先导工程。娄底市将两型示范创建作为争优创先的重要抓手，多方推动。

1. 着力推动十大领域的两型示范创建

市委常委会议两次专题研究全市两型工作，明确建立健全市级两型示范引导机制，建立引导资金，重点推进两型示范创建工作。市两型领导小组下发了《娄底市两型示范创建工程实施意见》，在“机关、学校、城镇、村庄、园区、厂区、社区、景区、服务场所、农民合作社”十大领域广泛开展两型示范创建活动，培育发展一批具有可看可学性的两型创新实践典型。各级各部门和社会各界积极参与市级两型示范创建活动，通过严格考核、认真评审，2013年度市本级认定了泰阳科技、光能科技两型企业，黄泥塘、涟水名城等两型社区，新东方、亿园等两型合作社，娄底一小、涟源二小等两型学校，水口、长铺等两型村庄，娄底市水文局等两型机关，曾国藩故里等两型景区，并有8家单位入围省级两型示范单位。

2. 全面推进县市区两型社会建设

娄星区以十村连片为重点推动城乡统筹发展，并且在机关开展“无纸化办公培训”，倡导两型工作、两型生活。冷水江市全年投入3亿多元，重点推进第三批31个两型新农村建设。涟源市着力加大两型社会宣传力度，创办两型宣传橱窗，印发两型知识手册，开展两型专题报道，并启动了城西生态示范区建设前期工作。双峰县以经开区为载体推动两型产业发展；以县城扩容提质为重点进行新型城镇化。新化县以生态文化旅游、风电新能源、陶瓷新材料为重点，推动两型产业发展，确保两型社会建设高标准、高质量。

3. 积极推动锡矿山地区两型综合示范片区建设

根据杜家毫省长8月8日视察冷水江市做出的指示精神，娄底市进一步以央企对接和厅市合作模式推动锡矿山地区两型综合示范片区建设。省长株潭试验区管委会对锡矿山两型综合示范片区建设高度重视，全程参与片区建设的前期工作；省发改委等相关部门召开专题会议，研究锡矿山综合整治工作。娄底市已与中国五矿和湖南有色集团的战略对接，签订了《娄底市与湖南有色战略合作高层对接会议纪要》，明确分三步推进冷水江市锡矿山地区两型社会综合示范区建设。并且委托湖南有色设计院编制《冷水江锡矿山地区两型社会综合示范区建设实施方案》，将在通过评审后，报省政府审批。

4. 通过农村集中连片建设推进城乡统筹示范

冷水江市继续实施城乡统筹工程，新增29个村（居）委会作为第三批新农村建设推进村，通过财政投入、部门联系、工业企业帮扶等方式，开展垃圾清扫、改水改厕、医疗文化等23项民生工程。娄星区、涟源市、娄底经开区等地积极借鉴冷水江市的成功经验，纷纷开展集中连片建设。其中娄底经开区在大埠桥办事处推进十村连片建设，已完成总体规划编制工作。

（二）着力推动两型园区发展

园区经济是两型社会建设的重要载体。娄底市把园区发展作为加速赶超的主阵地，积极推动产业向园区集中、政策向园区倾斜，园区建设再上新台阶。

1. 加快推进东部新区发展

东部新区以娄底经开区晋升国家级开发区为契机，确立“一极四区”发展定位，在“转型”上鼓实劲，在两型上下功夫，在“发展”上求实效，建设成效尤为显著。汽车板、湘中国际物流园等产业项目稳步实施，与长株潭核心区路、电、气、通信一体化试点工作全面铺开，吉星路开发区南段、勤丰河桥竣工通车。通过BT模式建设的娄涟大道改扩建工程全线启动，迎春南路路面硬化快速推进，亮化工程基本完成，绿化、美化工程同步跟进；总投资额达1.7亿的第二工业园东西一街、东西二街、东西三街、南北一路、南北二路、南北三路、吉星路北路、迎春路北路全面开工建设。中小企业创业（创新）孵化园占地520亩的一期工程已完成15万平方米标准厂房建设，占地350亩的二期工程也于2013年4月2日正式开工建设。该区预计全年完成投资46.2亿元，规模工业平稳增长，预计全年完成工业增加值40.8亿元，增长13%；财政收入较快增长，预计完成财政总收入6.09亿元，增长5.83%；完成公共财政预算收入2.52亿元，增长29.9%；招商引资势头较好，到位外资5400万美元，到位内资516539万元，增长6.5%。

2. 着力推进万宝新区建设

万宝新区按照“四个一批”的要求，加快项目建设步伐。“红太阳”将于12月底完成投产；湘煤机生产线建设已完成厂房主钢结构安装；文昌科技已完成投产；味菇坊珍稀菌生产线已竣工投产；和森路路基工程已基本完成，正在进行路面施工；万宝大道（娄底大道至南二环）路基已基本成型，正在进行高压电力管铺设，年底前完成沥青路面。娄星南路全线清表基本完成，隧道施工正在紧张进行；华星路东段路基基本成型；仙女寨悠活五星级酒店正在进行桩基础建设。2013年新区列入开工建设一批项目11个，已开工9个，孙水河大桥、国康食品药品物流中心、凯越房产、多层标准厂房、169棚户区改造、百亩安置基地二期等项目推进较快，其中高铁北广场已经发布招商公告，11月份可确定投资商。24个开发储备项目正在积极有序地开展前期工作，中国物流娄底诚通物流园已进入合同签订阶段；众一国际健康城已初步确定选址，现正在进行概念性规划设计；仙女寨湖湘文化园、孙水河沿河风光带等项目的规划设计和消费品物流园的总体发展规划已通过专家评审；农产品冷链物流、小商品批发市场、金融商务区等项目正在进行招商洽谈；娄底大道（新区段）、娄益衡高速连接线等重大基础设施项目已经启动。该区预计全年完成

固定资产投资 58.45 亿元，增长 62%，超额完成目标任务；实际利用内资 33.16 亿元，实际到位外资 3386 万美元，增长 19%；实现财政收入 1.4 亿元，增长 32%，筹措各类资金 6.7 亿元；在建标准厂房 10.02 万平方米，万元规模工业增加值能耗下降率为 12.5%。

3. 协同推进开发园区建设

2013 年以来，全市着力加大对省级开发园区的统筹引导力度，明确细化了 2013 年开发区的建设任务。通过对全省组织的开发园区统计报表工作的学习，完善了开发区数据统计工作，指导开发区做好开发区信息清理整顿工作以及开发区主导产业信息细化工作；建设闪星锑业理化分析实验室、新化特种陶瓷、涟源矿山机械、双峰农业机械公共技术与产业化服务平台，切实提高自主创新能力，促进园区提质增效；并且通过强化开发区产业的定位，推动产业园区化、专业化，优化生产，实现园区错位发展，避免低水平同质化竞争。

（三）着力推进生态文明建设

生态文明是两型社会建设的重要标志。娄底市全面启动了“城乡环境整治及建设四年行动计划”“九大环保工程”。

1. 着力改善生态环境

于 2012 年底启动绿色娄底四年行动计划，确立了“政府主导，部门协作，社会参与，上下联动”的工作机制，市、县两级财政连续四年每年安排专项资金不低于 500 万元，要以联村建绿、三边一区、城市生态圈、风光带、林荫大道、生态绿道建设为重点，努力打造“山清水秀、鸟语花香、林城相依、人与自然和谐”的国家园林城市。计划到 2015 年，全市完成人工造林面积 60 万亩，义务植树 3800 万株，封山育林面积 100 万亩，全市有林地面积达到 497 万亩以上，森林覆盖率达到 50% 以上，林木蓄积量达到 1400 万立方米以上。目前，各项任务也全部落实到了市县两级所有部门单位，责任到人到位。在各级政府的统一指挥下，全市上下掀起了造林绿化的新高潮，已完成了娄新高速公路 100 公里绿色通道造林绿化任务，市县两级机关事业单位投入近 4000 万元开展了联村建绿活动，并且成功将水府庙水库列入国家良好湖泊生态环境保护专项，深入开展孙水流域环境综合整治，取缔无证采砂船 58 艘，取缔无证

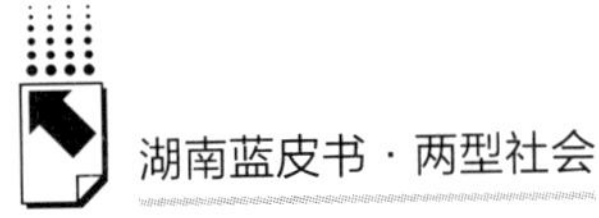

采砂场38处。

2. 狠抓节能降耗工作

下发了《娄底市推广清洁低碳技术实施方案》，以进入全省推广十大低碳技术推广项目笼子的43个项目为重点，抓紧培育和实施一批推广十大清洁低碳技术重点项目。狠抓锡矿山环境整治，取缔关闭了冷水江锡矿山地区77家，8家保留冶炼企业已全部配套烟气脱硫设施并通过了省环保厅组织的“三同时”验收，危险废物砷碱渣等已实施规范管理、专库储存；并且启动实施冷水江锡矿山地区10万吨集中砷碱渣无害化处理项目。狠抓主要工业企业节能降耗。涟钢完成了3座400米小高炉的淘汰，2800米的大高炉于2013年3月正式运行，炼铁工序能耗明显降低；新建了余热发电机组，自发电量达到800万千瓦时/天。金竹山电厂通过对1号机组进行综合节能改造，将供电煤耗控制在314.72克/千瓦时，同比降低2.38克/千瓦时；通过完善烟煤开机技术和克服系统机组调峰幅度大、机组变负荷频繁等措施，将发电耗油率控制在14.27吨/亿千瓦时，同比减少7.14吨/亿千瓦时。湖南宜化对合成氨净化系统实施了节能改造，合成氨综合能耗目前为1340千克标准煤/吨，较2012年底的1480千克标准煤/吨下降140千克标准煤/吨。狠抓清洁低碳技术和两型产品的示范推广，大力发展循环经济。涟钢环保科技有限公司的100万吨废钢渣综合利用项目、湖南泰基有限公司的120万吨矿渣微粉项目、涟钢振兴再生资源有限公司的工业灰、尘、泥深加工项目，锡矿山闪星锑业有限责任公司砷碱渣综合回收利用项目，娄底市高盛板业有限公司生产蜂巢芯底板和硅酸钙板项目，冷水江市金筑新型墙体材料有限公司生产蒸压加气混凝土砌块和蒸压粉煤灰标准砖项目均进展顺利。涟钢、冷钢、宜化、海螺等七大重点企业充分利用余气、余热、余压循环发电，特别是涟钢2013年新上了一台5万千瓦时发电机组，降低成本成效明显。全市企业自备发电达29亿千瓦时，同比增长42%。截至目前，列入2013年减排计划的62个项目中，已完成30个项目，其中水污染治理项目19个，预计可削减化学需氧量850吨、氨氮340吨；气污染治理项目11个，预计可削减二氧化硫5500吨、氮氧化物4000吨。

二 2014年两型社会建设思路

2014年，娄底市继续坚持稳中求进的工作总基调，把改革创新贯穿于经济社会发展各个领域、各个环节，全力推进“四化两型”建设，促进经济社会协调、安全、高效、可持续发展。在两型社会建设方面，重点做好以下几个方面的工作。

（一）加快推动示范区建设

1. 着力抓好示范区基础设施建设

加快产城融合步伐，城市建成区以提质为重点，稳步推进背街小巷提质改造，着手启动“城中村改造”；加快娄商广场、娄底大道、孙水大桥、松山街、东部新区二工业园、万宝新区高铁枢纽等重大基础项目建设。

2. 着力抓好示范区重点产业培育

着力实施“中小企业成长工程”“新兴产业培育工程”“十亿企业培育工程”“百亿产业塑造工程”，重点以湘中国际物流园项目为龙头，打造商贸物流中心；以金融保险、商务服务等生产性服务业为重点，打造金融服务中心；以水府国际文化城、高尔夫球场、汽贸城等项目为载体，打造生态休闲中心。

3. 着力抓好城乡一体化发展

优化发展布局，全力推进扩城步伐，实现新型城镇化和新农村建设协调发展。推进东部新区“十村连片”城乡一体化发展，抓好村容村貌和农村基础设施建设，打造全市城乡一体的示范区、新农村建设的样板区、乡村旅游的休闲区。

（二）全面推进两型示范创建

1. 深化省级示范创建的成果

加强对已获批省级两型示范创建单位的培育、调度、督导，确保按照计划完成创建任务。

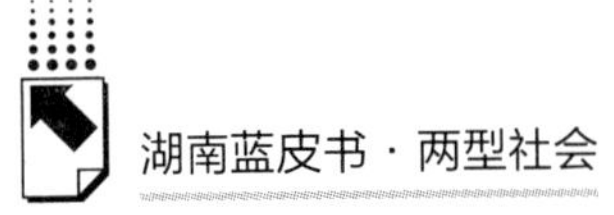

2. 全面开展市级两型示范创建活动

按娄底市划定的六大区域特色制定切实可行的示范创建方案，在全市建设一批两型特色明显的示范点和综合示范区域，进一步扩大两型示范带动效应。

3. 总结形成两型经验模式

在资源整合、产业转型、城乡统筹、农业专业合作社建设等方面总结提升，形成有娄底特色的经验模式。重点推动产业生态化和生态产业化，培育一批龙头企业和知名绿色产业品牌。大力发展循环经济，推广低碳技术，积极推进大熊山等风力电场建设，在保护生态的基础上有序建设水电站，积极支持湖南力达新能源瓦斯发电示范和推广，培育一批资源综合利用示范企业，建设一批具有循环经济理念的生态工业园区。

（三）全力推进生态文明建设

1. 狠抓节能降耗

认真落实《娄底市推广清洁低碳技术实施方案》，在全市各行业、各领域重点推广新能源发电技术、脱硫脱硝技术、工业锅（窑）炉节能技术、绿色建筑技术等十大清洁低碳技术，实施能源节约工程、清洁生产工程和资源综合利用工程三大工程，切实提升资源能源利用率，降低能耗。

2. 探索生态补偿

学习安徽省和浙江省关于千岛湖生态补偿的做法，在水府庙水库探索建立由省政府统筹，娄底、湘潭两市共同参与的生态补偿机制。

3. 重点加强水府庙区域的保护开发

争取省委、省政府及省直有关部门将该区域列为下一阶段全省两型社会建设的重点工作，全力支持娄底、湘潭两市借鉴梅溪湖的经验，建立环水府庙水库经济示范区，建立两市重大问题协商机制，编制环水府庙水库区域统一保护开发的规划，争取出台一批支持建设环水府庙水库经济示范区的政策措施。

4. 扎实推进冷水江锡矿山地区综合整治与生态文明

围绕“资源整合、产业振兴、环境整治、民生改善、机制创新”五大主题科学编制实施方案，加大省市县三级与央企对接的力度和深度，争取各方面的政策、资金支持，合力推进锡矿山地区的产业转型、生态修复和民生改善。

专 题 篇

Special Reports

B.24

加强湖南大气污染综合治理的对策

梁志峰*

一 湖南大气污染日趋严重，对人民群众身心健康构成重大影响

全省大气污染形势不容乐观。在全国113个大气污染防治重点城市中，湖南有6个（长沙、株洲、湘潭、岳阳、常德和张家界市）。据湖南省统计局、湖南省环保厅按《环境空气质量标准GB3095－2012》（2012年初，国家颁布了新的《环境空气质量标准GB3095－2012》，比老标准GB3095－1996更加严格，长沙市从2013年开始实施，其他地级城市2014年必须实施）统计，2013年一季度，长株潭三市持续爆发雾霾天气，环境空气质量总体达标率仅为31.5%，远低于全国74个重点城市44.4%的平均水平；二季度由于气候有利，长株潭三市空气质量有所好转，但上半年达标率也只有75.8%；而前三

* 梁志峰，湖南省人民政府经济研究信息中心党组书记、主任。

季度的达标率又降低到65.6%，超标天数比例为34.4%，其中轻度污染占19.3%，中度污染占6.6%，重度污染占8.5%。影响长株潭三市空气质量的首要污染物，依次为$PM_{2.5}$、O_3、PM_{10}，所占天数比例分别为55.4%、20.5%、11.2%，可见$PM_{2.5}$是影响长株潭三市空气质量的元凶，并且由于以前没有进行$PM_{2.5}$指标监测，空气质量问题因此而被掩盖和忽视。按标准更低的GB3095－1996统计，2013年上半年、前三季度，全省空气质量达标率与上年同期相比，分别下降了8.8%、6.1%，除永州市达标率有所升高外，其余城市均有不同程度的降低。

国内外研究表明，大气污染严重影响人类的身心健康。1952年12月5日伦敦爆发雾霾事件，4天死亡人数达4000人，12月9日之后，由于天气变化，毒雾逐渐消散，但在此之后两个月内，仍有近8000人因为雾霾事件而死于呼吸系统疾病。1955年9月洛杉矶发生了最严重的光化学烟雾污染事件，两天内因呼吸系统衰竭死亡的65岁以上老人达400多人。大气污染不仅仅引起呼吸道疾病大增，而且引发其他许多疾病，甚至导致死亡。来自波希米亚北部的一项调查，对接触高浓度$PM_{2.5}$的孕妇进行了研究，发现高浓度的细颗粒物污染可能会影响胚胎的发育；更多的研究发现，大气颗粒物质的浓度与围产儿、新生儿死亡率的上升，低出生体重、宫内发育迟缓（IURG），以及先天功能缺陷具有相关性。北京大学医学部公共卫生学院教授潘小川发表论文称，2004～2006年间，当北京大学校园观测点的$PM_{2.5}$日均浓度增加时，在约4公里以外的北京大学第三医院，心血管病急诊患者数量也有所增加，$PM_{2.5}$每立方米浓度增加10微克，医院高血压类的急诊病人就会增加8%，心血管疾病也会增多。世界卫生组织在2005年版《空气质量准则》中指出，当$PM_{2.5}$年均浓度达到每立方米35微克时，人的死亡风险比每立方米10微克的情形时约增加15%。联合国环境规划署一份报告称，$PM_{2.5}$每立方米的浓度上升20毫克，中国和印度每年会有约34万人死亡。南开大学国家环境保护污染防治重点实验室、中国环境科学研究院大气环境研究所专家发文称，$PM_{2.5}$浓度每升高10微克/立方米，我国居民每日死亡率上升0.31%。

从湖南的统计数据看，湖南省职业病防治医院统计表明，该院5年来收治的呼吸系统病人，占内科住院总人数的34.9%，近两年收治的呼吸系统病人比

前三年收治的人数成倍增加。中南大学附属湘雅一、二、三院和省人民医院呼吸内科的统计也表明，5 年来呼吸内科肺癌病人占住院人次的比例呈上升趋势。

二　多措并举，加强大气污染综合治理

大气污染治理具有长期性、复杂性和艰巨性。洛杉矶从 1943 年第一次雾霾的出现到 1970 年《清洁空气法案》的出台经历了整整 27 年，一级污染警报（非常不健康）的天数从 1977 年的 121 天下降到 1989 的 54 天经过了 12 年，而这个数字降到 0 则用了 22 年。伦敦从 1952 年雾霾事件算起，将每年雾霾天数降到 5 天，用了整整 28 年。大气污染治理之难，在于成因的多样性、技术的复杂性和利益的博弈性，必须长期加强综合治理，才能逐步见到成效。

（一）加大立法执法力度

建议省人大常委会将实施《中华人民共和国大气污染防治法》办法纳入立法计划，争取早日出台实施。建立健全长效管理机制，将大气污染综合治理纳入各级政府的绩效考核和执法检查重点内容。加大执法力度，对严重违法排污企业实行停产整治、挂牌督办、限期关闭等措施；完善重大污染违法案件移送司法及协同配合机制，落实“两高”关于办理环境污染刑事案件的司法解释，严肃查处相关责任人员。

（二）加强工业减排

加快转方式、调结构步伐，突出工业园区的产业结构调整，科学规划产业发展方向，优化产业布局，积极推动工业项目向园区集中，加速产业集聚。在岳阳市长江岸线择址兴建化学工业产业园，既主动融入长江经济带，又有利加快推进省内化学工业企业的搬迁、升级改造和集聚发展。从源头上严把准入关，严格控制高能耗高污染行业新增产能，特别是长株潭三市严禁审批新增的六大高能耗高污染项目。积极推动循环经济和清洁生产，鼓励使用清洁能源。加强老企业的环保配套设施建设，督促电力、钢铁、建材等六大高能耗高污染行业的企业，加快脱硫脱硝除尘等设施建设，增强大气污染防治能力。对高能耗高污染行业的落实产能和过剩产能，按照国家的安排部署，采取“并、转、关”等措施，坚决压缩到位。

（三）加强交通减排

积极发展绿色交通，优先发展轨道交通和快速公共汽车，鼓励市民多步行、骑乘自行车和乘坐公共交通工具出行。加强公共汽车专用车道占用治理，增开高密度点对点快速线路，满足群众对公共交通的速度要求。加快机动车船清洁能源改造，强制实施出租车、公交车“油改气”，鼓励私人用车购买小排量汽车和“油改气”，探索政府部门公务用车进行市内用车和长途用车分类管理并对市内用车进行“油改气”，大力推广气电混合动力、纯电动力等新能源汽车，对“黄标车”等高排放车辆坚决予以限行或淘汰退出。切实提高油品质量，保证高标油料供应，加强督促检查，推动车用汽油、柴油“国四”标准的全面实施；建议在长株潭两型示范区参照北京做法，试行“国五”标准，并出台鼓励汽车加装尾气微粒过滤器的方案。

（四）加强建筑减排

严格控制城市无序大规模扩张，结合气象条件，加强城市规划和建设科学论证，构建中心城区气流通道，保证污染扩散能力。摒弃城市建设过程中平山填湖的老路子，禁止破坏城市内的山体和水面，形成依山而建、滨水而居的湖南城市特色。结合卫生城市、生态园林城市创建，切实提高城市绿化水平，突出对城乡结合部、重点村镇和工矿区的生态环境管理。加强渣土运输、混凝土搅拌、建筑施工等现场管理，减少扬尘污染产生。在长株潭两型示范区强制、在全省鼓励在新建建筑物中建设中央新风系统，净化室内空气。推广使用绿色建材，倡导节能装修。

（五）加强能源减排

稳步发展水电；控制发展火电，探索火力发电改天然气发电；突破社会发电审批难、上网难等瓶颈，鼓励民间资本发展小水电和余热发电，探索发展分布式风电、太阳能等新能源；积极争取重启核电建设。加快推进“气化湖南”进程，加大天然气、液化气、沼气等清洁能源的推广应用力度，改变湖南以煤炭为主的生活能源结构。

（六）加强空气质量监测预测预报和大气严重污染事件应急处理工作

加大投入，加强空气质量监测网络体系建设，增加监测站点和监测指标，扩大空气质量数据采集覆盖面；探索开展空气质量预测预报，并与天气预报一道，在电视、纸媒、网络上每天发布空气质量主要数据，提醒广大群众采取防范大气污染的措施。组织编写绿色生活与大气污染保健手册，在社会上免费发放；在社区、学校、医院、机关、企业等单位组织开展绿色生活和大气污染保健知识宣传教育，不断增强群众绿色生活和自我防范大气污染的意识和能力。制订大气严重污染事件应急管理办法和应急预案，建立部门联动机制，发动社会广泛参与，形成工作合力，将大气严重污染事件对人民群众的健康危害降低到最低程度。

B.25

兴建长江至洞庭湖都江堰式无坝引水工程能够收到江湖两利的奇效

郭辉东*

对能否兴建长江至洞庭湖无坝引水工程的有关问题，我与湖南省地质研究所原总工程师、教授级高级工程师童潜明交换过多次意见，也都实地考察过地质地貌。2009年以来我先后十多次提出"条件成熟的时候，在长江干流枝城到松大拐弯处的洋溪兴建都江堰式的无坝引水工程，有望收到江湖两利的奇效"，发表的代表性文章有《一个谋划试解洞庭湖缺水》《湘鄂两省专家学者聚会探讨长江至洞庭湖无坝引水设想方案》《呼吁兴建长江至洞庭湖无坝引水工程和暂缓建设松滋核电站》等，提出的方案和建议已引起社会各界强烈反响。我呈报了《关于兴建长江至洞庭湖无坝引水工程的建议》，时任湖南省委书记张春贤和省委常委、常务副省长于来山均对此建议做过批示。以下是我多年来对兴建长江至洞庭湖都江堰式无坝引水工程的所思所察所言及首创性建议。

一　大自然给中华民族和洞庭湖区的馈赠：枝城至松滋长江大拐弯处能够兴建都江堰式的长江至洞庭湖无坝引水工程

在岷江上游修建都江堰得益于独特的地质地势和水文条件，在长江干流枝城至松滋的大拐弯处也有一个天生地成的能够兴建都江堰式无坝引水工程的理

* 郭辉东，湖南省人民政府原参事，湖南省人民政府经济研究信息中心正厅级退休干部、研究员，洞庭湖区域经济社会发展研究会首席专家。

想地址。在 2007 年第 5 期《中国国家地理·中国梦珍藏版》第 194 ~ 199 页，武汉市十大热心市民、首届中国民间环保优秀人物张承建发表了《长江“润泽海”再造千里洞庭》的文章，首次提出了兴建长江至洞庭湖无坝引水工程的粗略构想。都江堰无坝引水工程是人类历史上独一无二的奇迹，2000 多年来使成都平原成为旱涝无忧的天府之国。如果我们顺应水往低处流的自然规律，在荆江上游制高点兴建长江至洞庭湖都江堰式无坝引水工程，必将创造人类历史上又一奇迹。都江堰水利工程见图 1。

图 1　都江堰水利工程示意

在荆江上游的制高点也有兴建无坝引水工程的自然条件，在枝城至松滋大拐弯处有一个天生地成的能够兴建无坝引水工程理想地址，真是天赐中华！天赐洞庭！长江出三峡 100 公里、距葛洲坝枢纽 60 公里，在枝城至松滋洋溪街北面做了 180 度大拐弯，在这个荆江上游制高点能够兴建类似都江堰的无坝引水工程，起始性工程有雍高水位的堰台与引水运河两项，该工程的名称可叫荆江堰和洋溪运河，能够造就一个2万平方公里旱涝无忧的千里大洞庭，能够使洞庭湖区与成都平原天府之国竞相争辉。

（一）洋溪东南面岩石坚硬，适宜开凿类似都江堰的堰台和宝瓶口水道

大拐弯处南岸岩石坚硬，洋溪东边蚂蚁山的砂岩和页岩较坚硬，江中两个沙滩的岩石也很坚硬；洋溪街到松滋县小南海湖，挡有一座前山，以沙砾石层为基座，属红土砾石丘陵六级阶地，山坡高度不到200米，适宜开凿类似都江堰的堰台和宝瓶口水道。

（二）芦家河江心岛的鄂脑石，能够将长江水道分为左右二槽

大自然已经将长江芦家河江心岛的鄂脑石生在大江之中，将长江水道分为左右二槽。在芦家河碛坝头部，配合水道航道整治，兴建鱼嘴工程，能够壅高江水，有利于分流分沙和航道畅通。在此兴建双豚一次分水堤、豚嘴二次分水堤、上江口渠首、飞沙堰溢洪道、引水运河等五大引水工程，能够使江水自动分流、自动排沙、控制渠首进水量。据说有人提出为了有利于航运，建议炸毁长江芦家河江心岛的鄂脑石，这是万万不可的。

（三）开凿洋溪运河到新江口，长江之水能够自流到洞庭湖

从洋溪开凿运河到新江口，江水在不需建闸的情况下，只要开凿一条20公里的运河与松滋河相连，长江之水就能够自流到洞庭湖。渠首上江口洋溪荆江汛期江面水位海拔54米，枯水期最低水位37米；澧水新洲汛期水位43.38米，枯水期29.25米。上江口到津市澧水，总长约七八十公里，新开运河能够成为长江向洞庭湖分流的主干，经过“削枝并干”等治理措施，能够改变洞庭湖区河道纵横交错的杂乱局面。童潜明高级工程师提供的长江——洞庭湖无坝引水卫星图片可见图2。

（四）洋溪运河分水口居于上荆江制高点，拥有分流所需的水资源

松滋口是荆江南岸松滋、太平、藕池、调弦四口唯一有稳定流量的口

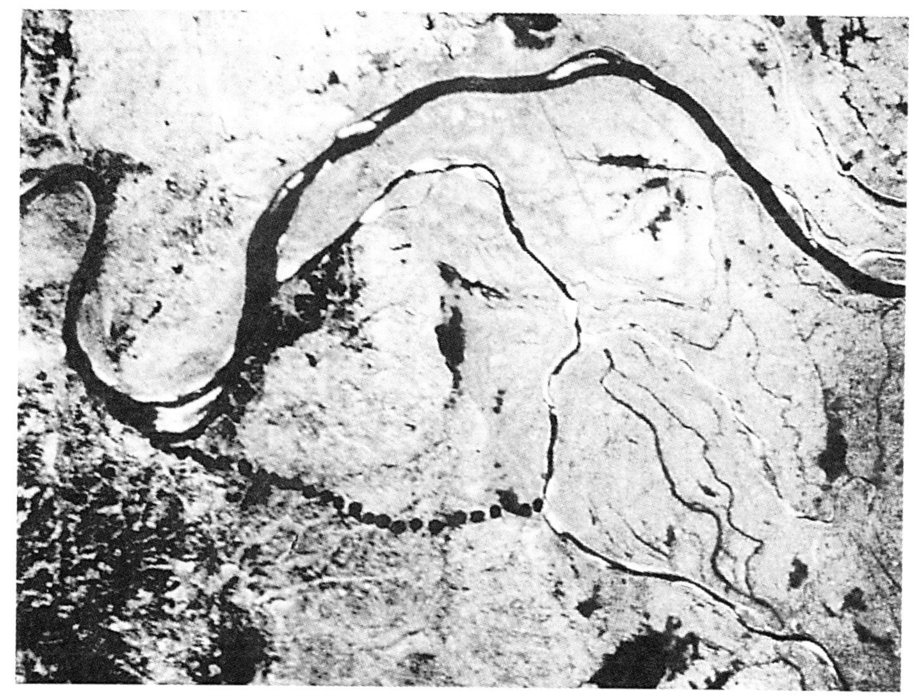

图 2　长江—洞庭湖无坝引水卫星图示意

门，在松滋口荆江上游引水是一个比较理想的地址。长江干流全长 6380 公里，多年平均水资源总量 9513 亿立方米，占全国水资源总量的 35%。长江流域干流及主要支流已建、在建和规划的控制性水库 38 座（其中已建在建 31 座、规划 7 座），总库容 2485.4 亿立方米，其中三峡水库正常蓄水位 175 米时总库容 393 亿立方米。长江干支流控制性水库与三峡水库统一调度管理制度的建立和执行，必将使长江至洞庭湖无坝引水工程拥有分流所需的水资源。

二　兴建长江至洞庭湖无坝引水工程，能够收到江湖两利的奇效，符合湖南湖北两省的长远利益

三峡水库和上游控制性水库的修建和成功投入使用，为长江流域治理开发提供了良好条件和难得机遇，也为洞庭湖大规模综合治理提供了良好条件和难得

机遇。但是，“万里长江，险在荆江”的症结，并没有完全解除。怎样才能使江湖治理收到江湖两利的奇效？怎样从根本上解决洞庭湖区旱涝无忧的问题？在生态文明时代怎样再造人水和谐的洞庭湖？已成为社会各界关注的重要问题。

（一）三峡水库投入使用后，荆江河段的水文、泥沙和航道条件发生了新的变化

三峡水库投入使用后，荆江河段的水文、泥沙和航道条件发生了新的变化。一是三口分流分沙减少，洞庭湖水位下降。二是荆江河槽冲深，洞庭湖泥沙淤积减少。三是松滋、太平、藕池三口河道冬春季断流天数增加。三峡水库初期蓄水后的冬春枯水季节，三口河道流量减少甚至断流，2006 年藕池河西支与虎渡河断流分别达 334 天和 317 天。究其原因，在于三峡水库投入使用后荆江河道清水冲刷下切，致使长江干流主流线发生变化，改变了三口口门进流进沙条件，降低了分流河道口门水位，引起三口分流分沙减少。2003 年 6 月 1 日三峡水库蓄水以来的实测数据一再表明，清水下泄使荆江河床冲刷下切是导致洞庭湖区枯水期缺水的重要原因。例如，1999～2002 年入湖水量年均是 1815 亿立方米，三峡水库运行的 2003～2008 年年均是 1546.3 亿立方米，减少 15%，纯减少 269 亿立方米。春季三口河道断流已引起洞庭湖区水资源短缺、人畜饮水困难、生态环境退化等问题。湖北省松滋、公安、石首和湖南省安乡、南县、华容等县市共有 26 万公顷耕地和 300 多万人口生产生活严重缺水。

（二）兴建类似都江堰的无坝引水工程，符合湖南湖北两省的长远利益

总的看来，在洋溪与松滋之间具备建造无坝引水工程的地质地势条件和水文条件，能够在洋溪至新江口开凿一条 20 公里的运河与松滋河相连，长江之水能够自流到洞庭湖。无坝引水工程有望收到江湖两利的效果，符合湖南湖北两省的长远利益。它的好处有四条：一是分流长江进入荆江的超额洪水，降低长江中游汛期水位；二是能够遏制荆江大堤的清水冲刷，有利于两湖平原抗洪抢险；三是有利于河势控制、航道整治和发展航运；四是增加三峡水库下泄的

清水入洞庭，能够解决洞庭湖冬春季缺水问题。童潜明高级工程师在《武陵学刊》2012年第3期发表的论文《以地学为主导论洞庭湖的十个问题》中指出："在荆江开凿引水口，是效法都江堰水利工程的关键。在何处开凿最好呢？我认为在湖北省宜都市洋溪最好"；"因此如都江堰水利工程开挖宝瓶口引水入成都平原那样，开挖洋溪口引水入洞庭平原，是一项利用自然条件又耗资不巨的不影响三峡水库蓄水和长江中下游总水文形势的可持续发展工程"。

（三）兴建类似都江堰的无坝引水工程，能够破解"万里长江，险在荆江"的症结

"万里长江，险在荆江"，这是有根据的。它是由荆江河段特有的地形地质条件、特有的水文条件等因素叠加的结果。荆江上起湖北宜昌以下60公里处的枝城，下至湖南岳阳洞庭湖出口处的城陵矶，全长337公里，实际河长约为直线距离的3倍，有"九曲回肠"之称，是长江一线受洪水威胁最严重的地段。上荆江为顺直微曲性河段，长约167公里，南岸比北岸高约8~10米，长江汛期时犹如"地上河"。下荆江为蜿蜒型河段，长约170公里，特点是河道弯曲，一弯接一弯，洪水宣泄不畅。由于荆江河道包括向洞庭湖分洪的泄洪能力只有6万多立方米/秒，而近800多年来荆江洪峰流量超过8万立方米/秒的有8次，其中1870年千年一遇的特大洪水达11万立方米/秒。1870年阴历六月的长江特大洪水，致使荆江南北27县遭遇千年一遇的特大洪涝灾害，1954年长江全流域遭水灾，洞庭湖区出现百年罕见大洪水，洪水和瘟疫夺去33000多人的生命。

（四）从长远的防洪和航运发展看，若在洞庭湖内开辟南北分洪道，有望大大缩短长江中游的航运里程，也有利于南北分洪和缩短防洪堤线

前人提出的荆江分洪道选线方案有北线方案与南线方案两种。我在《洞庭湖治理与开发》一书和多篇文章中，都提出过在洞庭湖内开辟南北分洪道的设想。方案是"开辟南北分洪道，从澧水尾闾开河道经注滋口到东洞庭湖"；若沿用前人提出的北线方案，"自澧水尾闾津市小渡口起，自西向东，

经澧县、安乡、石首、华容等县及钱粮湖农场到采桑湖入东洞庭湖”，该线又有部分穿越湖北和全从湖南境内通过两种，但进出口位置都不变，折线全从湖南境内通过则长度增加 4 公里。

三　几点建议

第一，建议有关部门和单位可以适时开展前期准备工作，研制南北兼顾、江湖两利的方案。

从长计议，兴建长江至洞庭湖无坝引水工程和在洞庭湖口筑坝是必要的，有些问题需要结合三峡水库运行后河道冲淤变化及江湖关系变化进行研究，有关部门和单位可以适时开展前期准备工作，探索和研制南北兼顾、江湖两利的方案。

第二，建议长江水利委员会及湖南、湖北两省政府报请国家有关部门及早安排勘测、设计和论证。

对于荆江河段和洞庭湖区的综合整治，应当寻求长治久安的新对策新举措，兼顾防洪、发电、供水、灌溉、养殖、航运、旅游、生态建设等方面的利益，全面规划，分阶段分步实施，一些全局性的重大项目建议在三峡工程后续规划中立项解决。

第三，建议有关部门适时开展可行性研究工作，包括研制地质报告、水文报告、工程可行性研究报告和模拟试验等。

B.26 划定生态保护红线刻不容缓

刘克利　乔海曙　李连友*

生态环境是一种公共产品，是政府必须确保的公共服务。自20世纪70年代以来，不断扩张的“生态环境赤字”过度消耗着地球资源，影响着人类的生产、生活和健康，如今，我们赖以生存的生态环境安全已经受到了极大威胁。

一　“生态环境赤字”逐年扩大

根据世界自然基金会和中国环境与发展国际合作委员会发布的生态足迹报告，生态赤字是指某一地区生态足迹超出生物承载能力的部分。其中，生态足迹指用来提供人类使用的可再生资源的生物生产性土地和渔业用地面积。但该定义中的“生态赤字”仅是从资源消耗的角度描述人类生产、生活与生态系统之间的关系，强调生态的自我修复机制，环境因素以及人类对于生态环境的动态反馈过程没有得到直接体现。引入“生态环境赤字”的概念，将生态承载力的概念扩展为生态环境承载力，内涵包括两部分：其一为地球的再生能力，其二为人类在治理环境中所产生的相当的生态承载力。当人们消耗资源的速度超出资源的处理及再生速度时，就会产生生态环境赤字。可见生态环境赤字是一种粗放发展的代价，当前全球都处于环境赤字状况中。

（一）生态环境赤字的现实表现

全球普遍处于生态赤字状态。根据世界自然基金会的数据，从20世纪70

* 刘克利，湖南大学党委书记、教授、博导；乔海曙，湖南大学两型社会研究院院长、教授、博导；李连友，湖南大学社科处处长、教授、博导。

年代开始，全球进入生态赤字阶段；2008年，全球“生态赤字”达62亿全球公顷；2013年的生态文明贵阳国际论坛年会的相关数据表明，人类正消耗着1.5个地球，而到2050年，这一数字将增长为3个。中国也不例外，自20世纪60年代以来，中国的人均生态足迹增长了约两倍，并从70年代开始出现生态赤字。国土资源部的数据显示，2009年，中国人均生态赤字达0.8公顷，高于全球平均水平的0.4公顷；《中国生态足迹报告2010》显示，中国的人均生态足迹是生物承载力的2倍；《中国生态足迹报告2012》显示，中国人均生态足迹增至生物承载力的2.5倍，80%的省份出现赤字，且赤字呈扩张趋势。另外，中国的碳足迹是生态足迹的最大组成部分，而且情况日益严重，1961年碳足迹占中国生态足迹的10%，到2008年这一比例上升到54%。

生物多样性普遍降低。从1991年到2001年，全球人均生态容量下降了12%。全球生命力指数表明，从1970年到2008年，全球脊椎动物种类数量下降约28%（ZSL，WWF，2012）。根据中国环境与发展国际合作委员会的数据，过去300年，全球森林面积减少了约40%。过去100年，全球湿地面积减少大约50%。过去50年，大约60%的地球生态系统服务退化。过去20年，35%的红树林消失。根据联合国的千年生态系统评估，全球的生态系统60%的服务功能发生退化。中国生物物种丰富，但生态容量的下降趋势也不能幸免，1991～2001年，人均生态容量下降7%。据统计，我国成熟天然林平均每年减少61万公顷；草地产草量比20世纪50年代下降30%～50%；天然湿地大面积萎缩、消亡，湖泊洪水调蓄能力下降，若尔盖高原地区的湿地生态系统服务价值在1975～2006年减少了37%。

居民环境遭到破坏。近年来，雾霾、癌症村、牛奶河、地下水污染、汞中毒、血铅污染等新鲜词冲入人们视野，看到的是雾蒙的天、浑浊的水、随处的垃圾，甚至南北岳都免不了“破相”的厄运。相关数据显示，中国每年要产生近1.6亿吨垃圾，经过环保处理的城市垃圾只占不到20%，城市人均垃圾年产生量440公斤，全国600座城市已堆放或填埋各类垃圾高达80亿吨，城市已经被垃圾包围，垃圾堆存累计侵占土地5亿平方米。水污染与富营养化问题严重。2011年，国家水系监测结果显示，13.7%的水资源为劣V类水质，50%以上的湖泊（水库）出现了富营养化，全国七大水系近20%的

监测断面水体污染非常严重，1/4 的中国居民没有清洁的饮水源。空气污染严重。2011 年，中国 11% 的地级以上城市空气质量不达标。中国 1/3 的地区降过酸雨。近年来，“雾霾”一词逐渐被大家熟知，中国大部分地区遭受过雾霾天气，严重的空气污染不仅危害居民身体健康，也增加了出行的不便与安全隐患。

综合世界银行、中科院和环保局的测算，中国每年因环境破坏而产生的经济损失占国民收入的 10%，几乎等同于中国的国民收入增速。

（二）生态环境赤字与发展方式一脉相承

粗放的发展方式是生态环境赤字扩大的根本原因。从生态环境赤字的内涵来看，人均生态足迹的持续增加、废弃物治理能力的不足、生态承载力的下降以及人口的增加是导致生态环境赤字扩大的直接因素。中国以及全球长期的粗放发展模式、对经济增长的过度追求，造成了对自然界资源的过度获取以及对产后废物治理的忽略，造成了资源的浪费以及环境的污染，环境污染进一步造成生物多样性的降低，导致生态承载能力的下降，从而产生生态环境赤字。《中国生态足迹报告 2012》显示，山西的人均生态足迹高于海南、四川、江西、安徽、河南、广西、甘肃、贵州、云南等地，但其人均生态承载能力却是除广东、天津、北京、上海外全国最低的地区。作为煤炭资源大省，其经济发展对资源的依赖程度高于其他地区，但资源型产业对水、土地等资源的消耗较大，且易对生态造成破坏，加之环境治理的不完善，其生态环境赤字一般较高。

（三）生态环境赤字与发展程度直接相关

产业结构影响生态环境赤字。随着经济的发展，产业结构逐渐发生变化，表现为一产占比下降，以及二产、三产占比上升，且发展程度越高，这种变化愈加明显。但是短期内由于粗放式发展将依旧持续，因此，经济的发展、产业结构的调整，不仅不会起到降低赤字的作用，反而会扩大生态赤字。一产占比的下降将减少生产性土地面积，而二产占比的上升意味着更多资源的消耗，以及更多废弃物的排放，提高污染治理要求及难度，使得生态足迹上升，造成生态环境赤字的进一步扩大。

城镇化程度影响环境赤字。城镇人口密度大，对资源消耗的需求大，水资源、建设用地以及消费需求相对更多，因此城镇生态足迹一般高于农村地区，城乡生态足迹差距平均在两倍左右，相关数据显示，每提高1%的城镇化率，将新增城市用水17亿立方米，新增能耗6000万吨标准煤，新增建设用地1004平方公里，新增钢材、水泥、砖木等建材总量达6亿吨。但城镇在生态环境承载力方面因受到空间限制，一般再生能力较低。而经济发展程度一般与城镇化程度呈正相关，因此经济发展程度较高的地区，生态环境赤字相对较高。

根据《中国生态足迹报告2012》，中国表现为生态盈余的省份仅有西藏、青海、内蒙古、新疆、云南、海南，这些省份多属于中西部地区，发展程度较低。人均生态承载能力表现为西高、东低，最高的是西藏、青海，而最低的是上海、北京。但在人均生态足迹上东部省份总体上高于中西部，最高的是北京、上海，最低的是贵州、云南。其中，就总量来看，广东生态足迹接近全国总量的10%，比贵州、吉林、新疆、天津、甘肃、海南、宁夏、青海与西藏9省份的生态足迹总量之和还多。可见，经济发展程度较高的东部地区的生态赤字总体上高于中西部地区，上海、北京的生态赤字处于最高水平，西藏的生态盈余最高。

（四）生态环境赤字与发展阶段密切联系

从全球角度来看，各国发展阶段与生态环境赤字密切联系。发达国家发展程度较高，在人力资源、技术水平、创新能力等方面占有很大的优势，因此经济发展中资源利用效率一般较高，对“三废”的处理也较好。发达地区的人均生态足迹一般高于不发达地区，但总体环境保护及生态治理情况较好。发展中大国往往过于追求发展速度，生态环境保护滞后于经济发展，导致较大的生态环境赤字。

二 “生态环境保护红线”有利于减少“生态环境赤字”

（一）末端治理措施治标不治本

末端治理是指在生产过程的末端，针对产生的污染物开发并实施有效的治

理技术，是“先污染后治理”模式的由来。一般意义上的建造垃圾处理厂、污水处理厂进行垃圾和污水处理都属于末端治理的范围。末端治理在环境管理发展过程中起到了一定减缓环境污染和破坏的作用，但治标不治本，实际对“生态赤字”的减缓作用十分有限。

首先，末端治理只是对已经产生的生态足迹所带来的污染进行治理，未涉及资源的有效利用，不能制止自然资源的浪费，因而对生态足迹的增长部分基本不会起到削减作用，生态足迹的基数不会发生大的变化，生态赤字依旧，生态安全仍然无法保障。其次，污染治理技术有限，治理污染很难达到彻底消除污染的目的，治理效果十分有限。污染治理不外乎物理方法、化学方法和微生物降解等，其中物理方法和化学方法运用最多，但物理方法多属于将污染物进行转移，如湿式除尘将废气变成废水排入水体、废物及废渣的填埋等，而化学方法的运用不当只会造成二次污染，治污效果有限，难以根除污染。再次，末端治理资金投入较大。一方面末端治理的前期建设和运作都需要大量资金投入，且随着污染物排放种类及排放标准的提高，处理费用逐年增加，易造成双重损失；另一方面，污染物的排放本身就是企业原材料的不充分利用，对企业而言是一种损失，污染治理的资金投入使得企业损失加倍，且与其经济效益相关性不大，缺乏激励机制，因此往往造成企业逃避责任，无视规定，不进行末端治理。末端治理的效果愈来愈受到限制。

（二）清洁生产止损不“治损”

与末端治理相对应的是清洁生产，清洁生产是要全社会对工业产品生产及使用全过程对环境的影响进行关注，其思想是将污染物消除在生产过程中，实行产品生命周期全过程控制，从而减少资源的消耗，提高资源利用率、减少污染物的排放，使企业全方位受益，是一种积极、主动的态度。清洁生产减少资源消耗、减少污染物排放的思想，对生态足迹的降低意义重大。为推进清洁生产，企业将进行新能源代替，对生产工艺、技术、流程、生产结构进行调整，进行资源循环利用，提高资源利用率，生产所需原材料在总量上呈相对降低趋势，为满足原材料需求而产生的草地足迹、林地足迹以及渔业用地足迹等在相对量上将下降，而与污染物尤其是废气排放密切相关的碳足迹，也将随着污染物排放的降低而有一定的降低。因此，清洁生产的效果相对而言将优于末端治理，同时，从经济上计算，在污染前采取防治对策比在污染后采取措施更为节省成本，且资源的循环利用以及资源效率的提高将降低企业的材料损失，从而减少企业因污染产生的经济损失。但清洁生产依旧只是一种止损的过程，是对资源消耗的一种降低，对已造成的消耗无能为力，属于“节流”的过程。

（三）“生态环境保护红线”源头止损减赤

1. “生态环境保护红线”的由来

“生态红线”在《国务院关于加强环境保护重点工作的意见》（国发〔2011〕35号）中首次以规范性文件的形式提出，并在《全国生态保护“十二五”规划》中得到进一步强调，主要分为重要生态功能区、陆地和海洋生态环境敏感区、脆弱区三大区域的保护红线。划定生态红线，就是为了严格禁止大规模、高强度的工业化和城镇化开发，遏制生态系统不断退化的趋势，保持并提高生态产品供给能力。毫无疑问，“生态红线”是继“18亿亩耕地红线”后，另一条被提到国家层面的“生命线”。生态红线与耕地红线具有相似性，但是比耕地红线更为严格，在空间上具有不可替代性和无法复制性。

“生态环境保护红线”是对“生态红线”的合理拓展，实质上是“生态保护红线+环境保护红线”，二者共同构成生态环境保护的底线，是不能再降低的生态环境最低线，强调对生态环境的刚性保护。相对于“耕地红线”“生态红线”的空间限制而言，“生态环境保护红线”是一种量的限制，由“1+3”两方面四类指标约束构成。“1”是指对生物多样性的指标约束，强调敏感生态区域及生物多样性的保护，是对生态环境自我调节能力的保障；“3”是指对废水、废气、固体废弃物“三废”处理方面的指标约束，强调人为因素对生态环境的影响，是对地球再生能力的一种减负和再生过程的加速。

2. “生态环境保护红线”的划定

红线即底线。“生态环境保护红线”通过指标限值对生态环境保护进行定量约束，即指标限制为红线，必须将各类指标保持在限制水平之内。生态红线就生物多样性进行指标取值，选取生物多样性指数（BI）进行衡量，指标计算遵从中华人民共和国国家环境保护标准《区域生物多样性评价标准》（HJ623—2011）；废水的约束指标由污水处理率、再生水利用率和水质达标率三类指标构成，其中水质达标率分为河流水质达到良好以上的比例以及集中式饮用水水源地水质达标率，水质标准按照《地表水环境质量标准》（GB 3838－2002）进行衡量；废气的约束指标由环境空气质量指数（AQI）达到良好以上的天数以及AQI的单日最大峰值约束两个指标构成，其中空气质量的衡量以及AQI的计算遵从《环境空气质量标准》（GB3095－2012）和《环境空气质量指数（AQI）技术规定（试行）》（HJ633－2012）（不适用新规定的地区在2016年之前按旧标准实行，以API代替AQI）；固体废弃物的约束指标由工业固体废弃物排放量、工业固体废物综合利用率以及生活垃圾无害化处理率三个指标构成。具体如表1所示。指标限值以地区或者国家的即期值为基础结合其他因素综合确定，不可突破。国家的生态环境保护红线以全国整体状况为基础综合确定。

表1 “生态环境保护红线”约束指标

<table>
<tr><th>类别</th><th>对象</th><th colspan="2">约束指标</th><th>单位</th><th>遵从标准</th></tr>
<tr><td>“1”</td><td>生物多样性</td><td colspan="2">生物多样性指数(BI)</td><td>1</td><td>《区域生物多样性评价标准》(HJ623—2011)</td></tr>
<tr><td rowspan="9">“3”</td><td rowspan="4">废水</td><td colspan="2">污水处理率</td><td>%</td><td>相关标准</td></tr>
<tr><td colspan="2">再生水利用率</td><td>%</td><td>相关标准</td></tr>
<tr><td rowspan="2">水质达标率</td><td>河流水质达到良好[①]以上的比例</td><td>%</td><td rowspan="2">《地表水环境质量标准(GB 3838－2002)》</td></tr>
<tr><td>集中式饮用水水源地水质达标率</td><td>%</td></tr>
<tr><td rowspan="2">废气</td><td colspan="2">环境空气质量指数(AQI)达到良好以上的天数</td><td>天/年</td><td rowspan="2">《环境空气质量标准》(GB3095－2012)和《环境空气质量指数(AQI)技术规定(试行)》(HJ633－2012)</td></tr>
<tr><td colspan="2">AQI的单日最大峰值约束</td><td>1</td></tr>
<tr><td rowspan="3">固体废弃物</td><td colspan="2">工业固体废弃物排放量</td><td>万吨</td><td rowspan="3">相关标准</td></tr>
<tr><td colspan="2">工业固体废物综合利用率</td><td>%</td></tr>
<tr><td colspan="2">生活垃圾无害化处理率</td><td>%</td></tr>
</table>

注：河流水质达到良好是指Ⅰ类～Ⅲ类水质比例≥75%。

各地区的“生态环境保护红线”要以当地基准期的指标值为基础，综合考虑其他影响因素进行差别性设定。如 A 地区要设置“生态环境保护红线”，假设以 2012 年的即期值为标准，则红线的设定要以指标在 2012 年的数值为基础综合确定，A 地区的“生态环境保护红线”由四个方面的指标约束构成：生态多样性方面的红线以 2012 年当地的生物多样性指数为基础，废水、废气和固体废弃物方面的红线设定同理。各地经济发展程度及基础不同，各类指标红线设定存在较大差异，一般而言，中西部地区生态环境保护红线的目标设定值将高于东部发达地区，实施中要注意代内公平问题。

划定“生态环境保护红线”，要与当前正在进行的《全国环境功能区划》编制工作有机结合起来。编制环境功能区划是环保部门履行生态保护职责、划分生态红线的重要手段。环境保护部已对浙江、新疆、吉林开展了主体功能区试点，2013 年又启动湖北等第二批 10 个省（市、区）的环境功能区划编制试点。

3. “生态环境保护红线”的价值

当前我国生态安全的底线受到越来越严重的冲击，划定生态环境保护红线的意义就在于止步，其最大的作用是警示。在耕地保护上，我国有 18 亿亩耕地红线的划定，这是死保的底线；对生态环境保护设置红线的意义也在于此。在红线面前，开发建设活动必须止步，没有商量的余地。这是保证国家生态环境安全的底线，也是为子孙后代保留生态资源、实现厚积薄发的基本储备。

划定“生态环境保护红线”，为环保部门提供了“尚方宝剑”。长期以来，在对“GDP”过分看重的社会氛围中，缺乏权威性的行为保障，使得环保部门难作为，企业违规操作、排污超标现象时有发生，最终导致生态破坏、环境污染。但保护生态与环境不是环保部门一方的责任，环保部门必须持有权威性的指导准则，方能调动各方配合，以实现环境保护的目标。“生态环境保护红线”的实施具有强制性和权威性，是不可触及的“高压线”，是对粗放式经济发展方式的挑战。其设定相当于给予环保部门一把“尚方宝剑”，为其行动提供了依据，减少了环保部门行动中的阻力，提高部门治理环境、保护环境的积

极性，使得环保部门敢作为，且有作为。

“生态环境保护红线”有利于代际公平的实现。代际公平的发展即可持续发展。环境伦理学的代际公平理论认为，每一代人都有同等享有资源与良好环境的权利，这使得当代人在享有资源与环境权利的同时，也有保护地球的义务。也要求人类必须处理好当代发展与后代发展的关系，注重可持续性。然而实际上，当代人正过度消耗着地球，每年的资源消耗量超过其恢复能力，而当代也存在代际公平失衡，中年一代所产生的污染代价由青年一代承担。这实际是对其资源和环境权的侵犯。“生态环境保护红线”的设定是当代人的一种自我约束，也是其保护地球义务的实现。

“生态环境保护红线”对减少生态环境赤字的效果明显，比单一的“生态红线”约束得更加全面。遵守“生态环境保护红线”的过程包含了末端治理和清洁生产的内容，可从开源和节流两方面着手，从资源消耗和资源恢复角度，对生态环境赤字进行约束，相对于清洁生产的单方面作用而言，更加全面有效。

三　划定“生态环境保护红线”，维护生态环境安全

“生态环境保护红线”制度是一个系统工程，需要齐抓共管。当前，为保证生态环境安全，推动“生态环境保护红线”的划定实施，需从以下几方面入手。

（一）为“生态环境保护红线”提供法律保障

生态环境保护红线划定后落地很难。可以借鉴“耕地红线”做法，由全国通过一个具有法律效力的生态环境保护的规定及其约束性指标，将生态环境保护的核心指标上升为任何单位、任何个人不可逾越的一道红线，使“生态环境保护红线”成为维护我国生态安全的底线。当然，具体指标要与已实施或者将要制定的生态环境保护的法律法规对接。确立“生态环境保护红线”的权威，一方面它使环保部门的行为有法可依，减少生态环境保护的行动阻

碍；另一方面它是一种指示信号，表明政府对以往发展方式的调整，引起全社会对环境保护的重视。

（二）建立独立的“红线”检测与评价社会体系

引入社会力量，建立独立于各地环保局的生态环境检测与评价体系，设立检测点，形成检测网络，对各地生态环境进行定时的管理及监督。“生态环境保护红线”的实现是一个长期动态变化过程，必须及时掌握生态环境的变动状况。一方面，要对“三废”约束指标进行定期检测、评价、汇总和公布，尤其是对空气质量的检测，要按日、按时进行，确保“环境红线”得到控制；另一方面，要定期对各地的生态敏感区域及生物多样性进行检测，以保证“生态红线”不受冲击。

（三）暂时选择差异化的“红线”实现路径

划定生态环境红线是一个循序渐进的过程，在实施初期，要根据各地经济发展程度与生态环境水平的不同，对经济较为发达、环境质量较差的京津唐、长三角、珠三角等地区，实行最严格的生态环境保护红线制度，促使这些地区在发展经济的同时，投入更多的资源恢复生态、整治环境；对经济欠发达、生态环境质量相对较好的中西部地区，“生态环境保护红线”的设定应留有余地，为当地经济发展提供空间；而一些生态敏感区域及不适宜大规模开发的经济最不发达地区，则以生物多样性的保护为工作重点，划定严格的生态环境保护红线，为子孙后代留下一方净土。

（四）实施最严格的执行“红线”奖惩制度

要层层落实生态环境保护责任制，明确各级政府及各部门的具体责任，将生态安全纳入政府及部门责任人的考核范围。打破“以 GDP 论英雄”的考核惯性，改变考核方式及内容，将资源消耗、环境损害、生态效益等指标纳入政府及部门的评价体系，完善经济社会发展考核指标，推动生态文明建设；同时建立终身追责制，对罔顾生态环境、盲目决策、造成严重后果的领导，终身追究其责任，以避免官员的短期行为。对破坏生态及环境的个人，不仅要做出损害补偿，而且要从严追究其法律责任。环保部门会同环境检测与评价等社会机构、国家统计局对责任制履行情况进行检查，国家环保部与监察部、人力资源和社会保障部可以联合出台《违反生态环境保护规定行为的处分办法》，如超出生态环境保护红线主要指标值的15%，就要对该地主要政府负责人进行问责。

（五）落实生态环境损益的区域经济补偿

要纠正经济发达与经济不发达两类地区的生态环境损益不公平，对生态环境好的欠发达地区进行经济补偿，以增强该地区落实“红线”的物质基础。高水平“生态环境保护红线”的设定，会对环境好的地区的经济发展产生更严格限制，同时产生较多生物多样性保护的支出。避免发达地区消耗较多的生态环境资源，而其产生的一部分环境污染治理成本却由不发达地区承担，造成代内公平的区域不平衡。为确保代内公平，一方面应该设立国家生态环境基金，对不发达地区直接进行生态补偿，弥补其因保护生态环境而产生的经济损失；另一方面，通过建立排污权交易市场，实现发达地区对不发达地区的环境保护补偿机制。

B.27

湘江流域重金属污染治理技术研考

彭富国*

国务院批复的《湘江流域重金属污染治理实施方案》，无论是主要任务、建设内容，还是实施效益、保障措施，都对科技支撑做出了部署安排。因此，在湘江流域重金属污染治理过程中，明确技术要求、研究技术路线、考察技术举措，对于深入推进湘江流域重金属污染治理、完成目标任务，意义重大。

一 湘江流域重金属污染治理的技术要求

（一）科技攻关

针对湘江流域的特点与重金属污染治理的复杂性，突出重金属污染防治共性和关键性技术攻关研究、涉重金属行业污染控制及受污染地区的环境修复的有关规范、标准研究；突破重金属行业清洁生产、涉重金属企业“三废”深度处理与资源化，重金属污染土壤、底泥与水体的治理与修复等关键技术，形成重金属污染防治技术与管理体系。开展与重金属污染治理密切相关的应用基础技术研究，包括湘江流域涉重金属产业发展与保障生态环境安全的综合研究、重金属污染物大尺度时空迁移转化规律研究、重金属污染风险评估及控制研究、长株潭地下水重金属污染风险分析及控制研究，为流域经济社会发展与环境安全保障提供决策支持。

（二）关键技术研究与集成

围绕湘江流域重金属污染治理迫切需要解决的问题，研发集成一批针对性

* 彭富国，中共湖南省委党校、湖南行政学院副巡视员。

强、技术含量高的应用性技术，重点对流域循环经济和主要重金属排放行业清洁生产关键技术和支撑体系、含重金属废水废气深度处理零排放关键技术、含重金属固废的资源化及二次污染控制技术、污染耕地大规模修复经济适用技术等进行研发、综合集成和示范应用，为湘江流域重金属污染治理提供技术支持。以有色采选、冶炼和化工行业为重点，采用先进适用的技术改造升级，提升工艺装备水平，提高废水循环使用、废渣综合利用率及采掘、选矿、冶炼回收率、共伴生金属综合利用率，建设一批含重金属废水深度处理、循环利用示范企业，鼓励相关工业园区建设含重金属“三废”集中深度处理设施，引导大型企业和重点排放企业积极采用世界先进技术装备，提高产业技术水平。

（三）具体任务

一是清洁生产。要求流域内所有重金属排放企业推行清洁生产，包括矿山无尾排放生产工艺技术、盐化工清洁生产工艺技术、提取技术、精炼技术等。二是含重金属废水治理。积极开展交流合作，引进、消化、吸收先进的治理技术和成套设备。采用经济成熟可靠的物化絮凝工艺经沉淀初级处理，然后再经电化学、离子膜、吸附等工艺深度处理并回用，最大限度减少重金属的排放。三是含重金属废气治理。治理方法主要是除尘，包括干式除尘和湿式除尘。有色金属冶炼含尘烟主要采用干式除尘，除尘设备主要采用重力沉降室、旋风除尘器、滤袋除尘器和电除尘器等。湿法除尘适用于精矿和渣干燥等含水量大的含尘废气的除尘，一般以水或酸溶液为洗涤剂洗涤含尘废气，主要使用的湿式除尘器有水膜旋风分离器、冲击式除尘器、自激式收尘器和文丘里收尘器等。对于挥发性强的汞、镉、砷、铅等气型污染物，主要采用吸附法和化学法来控制重金属的排放，常用吸附剂有活性炭、多孔材料等。四是含重金属固废治理。按照“减量化、无害化、资源化”的原则处理有色金属冶炼废物和制硫酸渣，根据危险固废的种类和堆放地点的实际情况选择处理技术，目前采用国内推荐的填埋、焚烧、解毒和综合利用技术，处理方法的优先考虑顺序依次是：源头减量→分离和减量（脱水、浓缩等）→作为原料循环使用→有用物质的回收处理→安全处置（填埋）。五是重金属污染土壤治理技术。对轻、中度污染耕地进行治理试点，治理技术包括生物法、化学法、热力学方法等。对修复投资大、修复效果差的重度污染耕地，按法定程序调整土地用途。六是含重金属河道底泥治理技术。根据目前的可控程度及欧美的经验，对于干流底泥加强监控，进行相关治理技术攻关，对支流底泥开展治理试点，治理技术主要采用原位治理和环保疏浚。

二　湘江流域重金属污染治理的技术路线

（一）土壤重金属污染治理技术

坚持以生物修复为主，微生物修复与植物修复协同，利用植物对土壤中相应污染元素的特殊吸收富集能力处理土壤中特定的污染重金属。注重优化组合修复技术，如植物+微生物、动物+微生物、理化方法+微生物等。运用化学处理技术对局部污染土壤、特定类型土壤、特殊性质土壤以及轻度污染土壤进行治理，并尽可能减少环境二次污染和对土壤结构的破坏，扩大微生物修复技术应用规模，研发降低、防治土壤二次污染新方法（见表1）。

表1　土壤重金属治理技术

治理技术类型		修复机理	优点	缺点
生物修复技术	微生物修复	细胞代谢、表面生物大分子吸收转运、生物吸附、空泡吞饮和氧化还原反应等	处理效果好，无二次污染	缺乏大规模应用
	植物修复	利用植物吸收富集土壤中的污染元素，将重金属移出土体	无二次污染	修复效率低，对象有限
物理化学处理技术	淋洗法	用淋洗液淋洗被污染的土壤以去除重金属	方法简便，处理量大、快	二次污染，破坏土壤结构
	固化法	采用化学方法使土壤中的重金属固定化，使重金属渗透能力降低	处理效果较好，集中处理	不能用于污染耕地修复
	施用改良剂法	加入特定化学物质改变污染物形态、水溶性、迁移性和生物有效性，使其钝化	适于轻度污染的土壤	环境依赖度高，长期性低

（二）底泥重金属污染治理技术

一是采用工程处理技术处理底泥重金属污染，改进工艺流程，优化处理环节，提升处理质量；二是采用生物修复技术处理底泥重金属污染，动物修复、

植物修复、微生物修复、植物-微生物联合修复等协同处理，重点研究探索超积累植物的新品种、植物微生物相互作用机理、微生物重金属抗性基因的结构和功能等。应少采用化学处理技术，以免二次污染（见表2）。

表2 底泥重金属污染治理技术对比

治理技术类型		修复机理	优点	缺点
化学处理技术		通过溶解、氯化、酸化、离子交换作用等将重金属分离	短时间内去除重金属	二次污染，对底泥副作用大
生物修复技术	动物修复	利用水体底栖动物对重金属的富集作用	减轻重金属污染的危害	周期长，对其他生物有影响
	植物修复	植物通过吸收、沉淀、富集等作用降低底泥重金属含量	不易引起二次污染	修复效率低，处理对象有限
	微生物修复	利用微生物的生命代谢活动来降低重金属的含量	成本低，效果好，影响小	无明显缺点
工程处理技术	环保疏浚	基于工程原理处理底泥	效果好，无二次污染	工程量大

（三）水体重金属污染治理

主要采用物理处理、化学处理、物理化学处理和生物处理四种技术。物理处理主要采用蒸发法、换水法和稀释法，操作简单易行，但主要适用于轻度污染水体；化学处理以沉淀法和电解法为主，处理效果较好，但电解法不适于处理较低浓度含重金属废水，且耗能大，易产生二次污染；物理化学处理有吸附法、离子还原法和膜分离法，易造成后续处理问题；生物处理中微生物处理方法最佳，植物处理和动物处理效果较好。对于局部轻度重金属污染水体，采用物理处理技术；对于特定重金属污染水体，采用化学和物理化学处理技术；应大力发展生物修复技术，把植物、动物和微生物处理作为重要方法和手段，进行组合修复。

（四）矿冶重金属污染治理技术

矿冶重金属污染处理技术主要有：中和沉淀法、硫化物沉淀法、铁氧体法、萃取法、离子交换法、氧化还原法、膜分离法、萃取电积法、自然沉淀法、混凝沉淀法、浮上法和电解法。基于各类处理技术不同的机理和操作方法，适用对象不尽相同。矿冶重金属污染治理技术流程如图1所示。

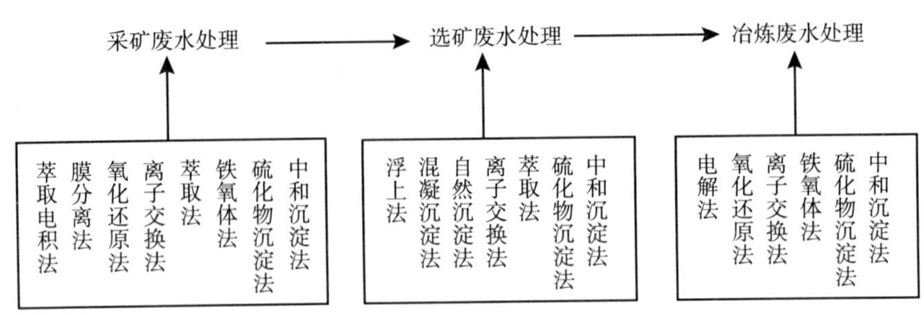

图1　矿冶重金属污染治理技术流程

（五）重金属污染治理技术路线图

按照重金属清洁生产技术、重金属冶炼废物循环利用、重金属污染水体底泥处置、重金属污染场地及土壤修复、重金属污染监控等要求，控制重金属污染增量、消化重金属污染存量、恢复湘江生态功能的治理技术路线如下所示（见表3）。

表3　湘江流域重金属污染治理技术路线

总体目标	重大需求	技术领域	关键技术	
控制重金属污染增量、消化重金属污染存量、恢复湘江生态功能。通过5~10年基本解决湘江流域重金属污染重大问题，使之成为全国重金属污染治理的典范	土壤重金属污染治理需求	工程处理技术，如环保疏浚等	重金属污染行业清洁生产	1. 矿山无尾废排放生产工艺技术 2. 理化－生物组合方法处理富集渣回收有价金属的关键技术，矿冶提取和精炼关键技术 3. 硫高效固定冶炼渣中重金属的工艺技术
	底泥重金属污染治理需求	物理处理技术，如蒸发法、换水法、沉淀法、固化法、稀释法等	工业污染源末端治理	1. 沉淀、絮凝、吸附法处理重金属废水工艺技术 2. 理化－生物组合重金属废水深度处理工艺 3. 高效处理重金属废水菌剂和生物制剂研发 4. 重金属废水膜处理及系统稳定运行技术 5. 尾矿新材料和新产品技术 6. 重金属废渣硫化回收技术
	水体重金属污染治理需求	化学处理技术，如膜分离法、离子还原法、电解法等	区域重金属污染治理	1. 有效阻隔土壤重金属迁移转化技术 2. 控制 As 等重金属污染的安全高效控制材料 3. 重金属底泥安全环保清淤技术及底泥安全处置技术
	矿冶重金属污染治理需求	生物处理技术，如植物修复、微生物修复、植物－微生物联合修复等	重金属污染控制管理技术研发与集成	1. 重金属监测分析新技术 2. 重金属污染控制管理体系 3. 以总量控制为核心的3S技术和计算机仿真技术 4. 河流水环境重金属污染管理决策支持系统

三　湘江流域重金属污染治理的技术举措

湖南重金属污染防治的技术举措，目前从采矿到选矿、从冶炼到加工的各个环节，都设立了国家和省级的重大专项，建立了科技创新和产学研合作平台，一批关键瓶颈技术取得了突破，并已相继应用到生产实践中。

（一）设立省科技重大专项

近年来，湖南省科技厅集中70%的科技经费，组织实施科技重大专项，其中与湘江流域重金属污染治理直接相关的有8个。这些项目，以株洲清水塘、湘潭竹埠港、衡阳水口山等污染源相对集中的重点工业区和大中型有色采选、冶化企业为载体，以行业清洁生产和治理工程的关键共性技术为突破口，依托省内大型企业、优势高校院所，瞄准两大技术攻关。一是控源头。株洲清水塘重金属冶炼节能减排专项，在株洲冶炼集团建成重金属废水处理与回用工程，年减排废水500万吨，该技术已在湘江流域多家重金属冶炼企业推广应用。二是还旧账。株洲清水塘工业区固体废物利用专项，突破了固体废弃物制备胶凝材料技术，预计将在五年内，消纳该工业区几十年来积存的近1000万吨废渣。目前，已经突破了重金属废水处理、冶化固废资源化利用、行业清洁生产和治理修复等重大关键技术，有效控制了一批重大污染源，技术辐射带动了整个湘江流域相关产业的减排。典型例子如下。

湘潭竹埠港工业区减排关键技术与工程示范。专项以竹埠港工业区含多种重金属和有机污染物的复杂废水、二氧化硫烟气和固体废弃物为研究对象，以废水的零排放和循环利用，废渣的无害化处理和资源化利用，低浓度二氧化硫烟气的锰矿脱硫和硫、锰资源回收利用为研究目标，通过三年研发，攻克了含镉重金属复杂废水生物制剂处理技术、含锰废水生物制剂处理技术、低浓度二氧化硫锰矿脱硫及资源化利用技术、锰渣低温烧结固化制砖技术、锰渣复合激活改性制备凝胶材料技术等五大关键技术，建立了重金属有机废水治理、烟气锰矿脱硫和资源化利用、含锰固废无害化处理和资源化利用技术示范工程。实现示范企业出水重金属镉、锰含量远低于《污水综合排放标准》（GB8978—1996）

的限值，含锰废水处理后回用率95%以上，每年减排镉100公斤、锰1200公斤。减少锰渣7万吨/年，减少堆放场地12000平方米，节约黏土3万吨。

湘江流域镉污染控制关键技术研究与示范。该专项主要针对湘江流域大型铅锌冶炼企业湿法炼锌镉存在镉的浸出率低，浸出过程中镉、铜、钴难以分离，镉在各段工序中易分散污染且其回收率低，矿冶区土壤镉污染严重等突出问题，研发出浸渣还原体系强化浸出以及有价金属高效萃取分离技术、含镉多金属料渣强化浸出及高效提镉新工艺、矿冶区镉污染土壤修复新技术，建立湿法炼锌过程镉的高效富集与减排新技术体系，集成创新矿冶区镉污染土壤化学——植物联合生态修复新技术体系，为湘江流域镉污染源头减排与镉污染土壤修复提供技术支撑。专项由省科技厅、衡阳市政府及湖南水口山集团共同出资，由中南大学联合中科院过程所、北京矿冶研究院、湖南有色金属研究院等单位共同承担。

有色冶炼铜镉渣中有价金属提取技术开发。该专项由省环境保护科学研究院承担。专项运用微生物物化联合浸提技术，独创铜镉渣资源化处理技术，成功将铜镉渣中镉的浸出率提高到96%，镉回收率提高到90%，精镉纯度达到99.995%，解决了有色冶炼重金属污染严重问题，形成了“产学研”结合研究模式，建设了重金属固废污染控制技术团队。技术成果在株洲冶炼集团股份有限公司得到应用，为湖南资源综合有效利用与环境污染治理提供了示范。

（二）争取国家项目支持

2009年11月，《湘江水环境重金属污染整治关键技术研究与综合示范实施方案》列入《国家水体污染控制与治理科技重大专项》；2010年，国家紧急启动“湘江流域冶炼重金属污染物减排与利用关键技术及示范”；2011年，科技部立项支持重金属冶炼和造纸废水深度处理关键技术与工程示范、湘江流域冶炼重金属污染物减排与利用关键技术及示范等一批项目；2012年，科技部将铅锌重金属清洁冶炼关键技术、大型矿产基地生态恢复技术与示范等项目纳入实施计划。近年来，在重金属污染治理领域，湖南承接了“湘江水专项”“863计划”、科技支撑计划等一批国家项目，“有色金属资源基地重金属减排与废物循环利用技术及示范”“大型矿产基地生态恢复技术与示范”“大型有

色金属基地及周边地区重金属污染土壤植物修复技术研究及示范”等14个项目获得国家立项，项目资金达3亿多元。这些项目瞄准有色冶炼清洁生产、废物循环利用、污染土壤修复等重大技术难题，集聚全国优势资源，开展产学研联合攻关，突破了重金属废水生物制剂处理、冶化固废资源化利用等一批绿色低碳关键技术。在科技部发布的《重金属污染防治技术汇编》的35项技术中，湖南省有8项入选，为湘江流域重金属污染治理提供了有力支持。举例如下。

湘江水环境重金属污染整治关键技术研究与综合示范。该项目又称“湘江水专项”，是国家唯一针对水体重金属污染开展系统研究的项目。项目涵盖重金属污染点源、面源、内源多个方面的控制与治理，重金属污染监控预警及防控决策管理，汇集了北京大学、湖南大学、中南大学、中科院生态环境中心、湖南省环境科学研究院、湖南省环境监测中心站、湘潭大学等20余家科研院所与企业的力量。通过科研攻关，项目组研发了一系列关键技术。在生物制剂处理重金属技术方面的突破，使废水回用95%以上，削减重金属污染80%以上。研发的常压富氧浸锌处理锌渣清洁生产减污技术、锌冶炼行业重金属污染控制与处理关键技术等，不仅使清水塘工业示范区每天排放的废水稳定达标，还改善了流域的水环境。目前，湘江省控断面Ⅰ～Ⅲ类水质所占比例92.8%，Ⅱ类水质断面数逐步增加。

有色金属资源基地重金属减排与废物循环利用技术及示范。项目以提升有色金属资源基地的清洁生产水平为目标，设置6个子课题，它们分别是：“湿法炼锌中镉和砷高效分离清洁工艺与示范”“有色冶炼高铁含铅固废清洁处理与铁回收技术及应用”“重金属冶炼气型污染物净化与利用技术及示范”“含铟重金属物料清洁回收技术与示范”“有色金属基地多元废物低温胶凝大宗利用关键技术与示范”“重金属冶炼过程污染风险控制模式与减排技术集成”，在推进重金属污染源头治理、改善湘江流域环境方面发挥重要作用。

科技惠民计划项目。主要有“冷水江市锡矿山矿区蔬菜安全保障技术应用示范”“清水塘重金属污染区绿色家园生态恢复重建技术应用示范”“湘乡市冶化工业区居民生活饮用水安全保障技术应用示范”“桑植县采矿污染区农产品质量安全保障技术应用示范”“资兴市重金属加工区居民健康保障技术应用示范”等项目，这些项目在集中示范应用一批综合集成技术、推广普及一批先进适用技术成果方面，取得了显著的成效。

长沙42万吨铬渣污染治理示范。项目采用“铬渣水溶除毒法”专利技术，在工艺和设备上进行了大胆创新改造，在技术指标、产能、降耗等方面取得丰硕成果，有改进工艺配方、调整钢球的大小配比和浆料浓度与流速的配比、选用水力旋流器替代振动筛、自控投料加药、降低固液分离工序的能耗等。其中，自主制订的《长沙市铬渣污染治理项目解毒铬渣稳定性检测暂行标准》和《试验方法暂行办法》，走在全国铬渣治理的前列。

株洲清水塘重金属污染治理重点工程。该项目有霞湾港底泥清淤工程、大湖治理工程、清水塘废渣治理工程和中小企业关闭淘汰搬迁、生态修复等内容。已经实施：大湖治理工程——对大湖水面水体进行抽排处理、湖底清淤，底泥稳定固化，湖底防渗、回填封场等；清水塘废渣治理工程——对清水塘历史遗留的冶炼、化工含重金属废渣采用稳定化、固化技术进行安全处置。还将启动清水塘工业区重金属污染土壤修复工程、株冶总废水提质改造工程、废渣无害化处置工程、场地修复工程等，项目的实施将彻底改变清水塘工业区的面貌。

（三）建设科技创新和产学研合作平台

依据重金属污染治理科技创新和产学研合作需求，重点组建三大高端平台。

组建国家重金属污染防治工程技术研究中心。该中心依托中南大学，是重金属污染治理首个国家级科技创新平台，建有重金属清洁生产减污新工艺、重金属废水处理、重金属固废处理与资源化、烟尘污染控制与模拟、重金属污染土壤修复、矿冶环境生物技术等七个实验室。在重金属污染防治技术研究开发方面，先后承担了国家科技重大专项、国家“973”计划、国家“863”计划、国家科技支撑计划、国家自然科学基金重点项目、国际科技合作与交流专项等科研项目63项；取得各类科技成果63项，其中，获得国家级科技奖励2项，省部级科技奖励13项，授权发明专利46项。形成了以重金属清洁生产减污、重金属“三废”污染物治理与利用、重金属重污染场地修复为特色的三大研究方向，开发了铅清洁冶炼及二次物料循环利用技术，铅、锡、锑、铋低温固

硫清洁冶金技术，富铁低铅高危固废还原造硫清洁处理技术，重金属废水生物制剂法深度处理与回用技术，含重金属低浓度二氧化硫烟尘净化回收技术等30多项技术。

组建国家重金属污染防治产业技术创新战略联盟。该联盟由中南大学牵头，联合株洲冶炼集团、北京矿业研究总院等全国33家国有大型企业、科研院所，打造产学研合作平台。联盟在株洲冶炼集团、水口山有色集团、郴州金贵银业公司等建立产业化示范基地，建设清洁冶金及固体废物高温处理和湿法处理中试平台、重金属废水处理中试平台、重金属气型污染物净化回收中试平台等，这些平台可及时将实验室研发的新技术应用于工业，实现技术向市场的快速推广。目前，已实现成果转化与技术工程化建设10多项，为行业年创效益近20亿元。

组建矿冶固废物资源化产业技术创新战略联盟。该联盟由湖南有色金属研究院牵头，以中南大学、株洲冶炼集团、水口山有色金属集团等32家优势企业、科研机构、大专院校为成员单位，集聚技术、人才、资金、信息等创新要素，涵盖开采、选矿、冶炼、环保等领域，与中科院共建示范基地，在战略层面建立紧密联结的共同体，高效推进矿冶固体废弃物资源化领域的关键技术、核心装备和重大产品创新，提高矿冶固体废弃物的综合利用水平，为矿冶固体废弃物资源化产业的发展提供技术支撑。

B.28
借鉴上海浦东经验 助推长沙大河西两型社会建设

赵文彬*

几个特大城市或城市群聚集一国绝大部分的生产要素，是发达国家生产力布局的普遍现象，也是市场经济条件下发达国家城市化进程中的一个普遍规律。中国在城市化进程中的问题不是生产力布局过于集中，而是过于分散。随着市场配置资源的基础性作用进一步加强，生产要素向中心城市聚集的势头越来越明显和加速，这对于湖南的经济发展来说既是一次宝贵的机遇，也是一次严峻的挑战。湖南必须在较短的时间内，把长沙建设成为至少能够与武汉抗衡的中部区域性中心城市，才能在中部地区激烈的区域经济竞争中占据战略高地。带着如何通过把长沙打造成为区域性中心城市，从而推动湖南经济发展的思考，我们近日到上海浦东新区进行了考察学习，学到了有益的经验，受到了深刻的启发。

浦东新区经过23年的发展，在上海成为国际化大都市的发展过程中发挥了重要的支撑和引领作用：它大大提升了上海的对外形象，成为上海的名片和中国改革开放的象征；它显著扩大了上海的城区范围，使上海实现了跨江发展，建成区扩大了570平方公里，增长36%；它大幅增强了上海的经济实力，2012年浦东新区以占全市19%的土地面积创造了占全市30%的经济总量，地区生产总值达5929亿元，同比增长10.1%，高于上海全市3个百分点，地方财政收入550亿元，同比增长10%，占全市的15%。可以说，没有当年的浦东开发战略的实施，就没有今天上海在全球、全国的战略地位。

我们认为，浦东的发展主要有以下几个方面的经验。

---

* 赵文彬，长沙市委常委、大河西先导区党工委书记、管委会主任。

一是坚持浦东开发的战略地位不动摇。23 年来，历届上海市委、市政府始终坚持把浦东开发置于全市发展大局的核心地位，做到战略地位不动摇、发展政策不改变、支持力度不减弱，在重大基础设施建设、重大产业项目安排等方面向新区重点倾斜。浦东和浦西不是没有战略地位的争论和权力利益的纠葛。上海在开发浦东的同时也在浦西主城区进行了旧城改造，在西、南、北部区域的嘉定、松江、金山等推进了新城建设，但其战略地位、对外影响、引领作用都无法与浦东开发相比，上海在战略层面上始终坚持以浦东发展为龙头来带动全市发展，浦东开发的中心地位从未动摇。浦东开发的实施扩大了上海的发展空间，疏解了老城区的压力，这种“围魏救赵”的战略最终又促进了浦西的发展。

二是实施多点推进的开发策略。浦东新区面积达 1210 平方公里，区域范围广，在整体规划、道路框架整体构筑的基础上，开发区域实施多点推进的战略，根据开发条件、建设基础和发展阶段，科学确定开发区域和建设时序，总体上形成了“四老 + 三新”的开发建设格局，即在 20 世纪 90 年代和 2010 年以前，集中资金密集投入陆家嘴金融商贸区以及金桥、张江、外高桥等 3 个国家级开发区，在四大区域基本成熟并在上海于 2010 年成功举办世博会后，又确立了重点开发建设 10 平方公里的世博地区、20 平方公里的国际旅游度假区（迪士尼）、310 平方公里的临港新区等三大板块，仅迪士尼的土地征拆和基础设施配套，管委会就投入 500 亿元。“四老 + 三新”的开发格局不仅实现了浦东各开发区域之间的功能互补、良性竞争、梯次推进，而且使浦东不断营造出新的开发热点，持续保持开发热度。

三是突出完善城市功能配套。浦东在城市功能配套上既按照一个独立的城市需要来规划，又按照上海全市功能提升的需要来完善，通过 20 多年的大额投入、集中投入和密集投入，浦东 23 年来的城市基础设施投资超过 3300 亿元，带动全社会固定资产投资达到 2 万亿元，建设了一大批重大基础设施项目和重大公共配套项目：浦东国际机场、洋山深水港、杨浦大桥、南浦大桥、地铁等，构筑了浦东的立体交通功能；浦东国际会议中心、会展中心、体育馆、艺术馆、大学城等，构筑了浦东的科教文卫功能，浦东的城市功能不仅不再依赖于浦西老城区，而且还弥补了浦西老城区功能的不足，推动了上海城市功能

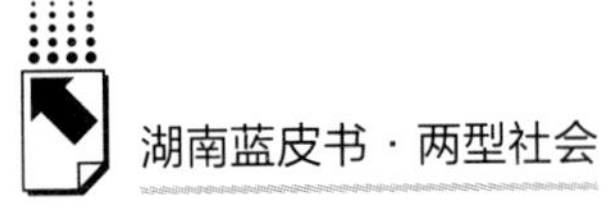

整体跃升。

四是全力推进产业高端化。按照建设国际金融中心、国际航运中心、国际经济中心、国际贸易中心的定位，浦东坚持产业高端化的发展方向，着力打造二、三产业相互促进、共同繁荣的产业结构，2012 年二、三产业之比为 4∶6；在二产方面，着力发展电子信息、装备制造、汽车等三大支柱产业和生物医药、民用航空、新能源等三大新兴产业，建设了上海药明康德、上海中国商运飞机、上海外高桥造船、上海汽车、上海电气等一大批国内外顶尖企业；在三产方面，不断提升金融、航运、贸易等优势产业，积极培育会展旅游、文化创意、高端酒店等新兴产业，着力发展总部经济，目前，浦东已拥有金茂君悦、丽思卡尔顿、香格里拉等一大批高端酒店项目，拥有近 200 家跨国公司地区总部，占上海全市的 50%。

五是不断创新改革管理体制。浦东新区的管理体制经过了由初期的领导小组加办公室、到中期的新区管委会、到后期的新区政府的演进过程，顺应了浦东新区各个发展阶段的建设需要，目前，浦东新区在社会管理方面形成“新区政府——镇政府”的管理体制，在经济建设和新区开发方面形成了“新区政府——管委会——开发公司”的管理体制。两个方面的体制均实现扁平化管理，部门机构和人员编制相对于上海其他区少 1/3，体现了精简、高效的特点。特别是在开发建设管理体制上，上海市和浦东新区两级政府按照“充分授权，重心下移”和“区内事区内办”的原则，在“四老 + 三新”的开发功能区分别成立管委会，赋予相应的事权和资源，在管理上体现管委会的主导作用，而在运营上则体现公司的主导作用，基本上是一个功能片区由一个公司作为唯一的一级土地开发商和功能集成服务商负责整体开发，各公司作为新区政府和各功能片区管委会在开发建设层面的执行机构，严格按照新区的整体发展方向和各功能区的规划定位确定公司的发展方向、投资重点和开发步骤，公司不以追求利润为第一目标，而是以服务新区开发战略的需要为第一目标，其利润来源不是一级开发，而是通过直接参与二级开发获取物业资产，以二级开发的物业增值收益作为公司主要的利润来源，共享一级开发提升片区价值的收益。这样，既实现了新区的开发战略意图，又实现了公司的可持续发展。

长沙市委、市政府于2008年开始实施“沿江建设、跨江发展”“跳出老城区、打造先导区、建设大河西”的发展战略，长沙大河西先导区目前发展的水平与浦东新区比有很大的差距，但所走的路径与浦东新区有着惊人的相似之处：同样是跨江发展的战略方向，先导区在湘江西岸1200平方公里范围内建设两型新城，五年来，共完成固定资产投资4000亿元，新增城区面积50平方公里，奠定了长沙城市的新格局；同样是多点推进的开发策略，先导区前四年以梅溪湖国际服务区、洋湖总部经济区、滨江金融商务区为开发重点，以每平方公里10亿元以上的密集投入，从2012年开始实施“南拓西进”战略，建设大王山旅游度假区和梅溪湖西片区，形成了宏大的开发气势；同样是突出城市功能配套，5年共建设立体交通、生态景观、水电气讯、教科文卫、商业酒店等项目200多个，先导区不仅成为全省各地州市进入长沙的门户，而且推动了长沙科教文卫、生态景观、水电气讯、现代服务功能的全面升级；同样是推进产业高端化，在大力支持区内长沙高新区、宁乡经开区、岳麓山大学科技园区等3个国家级园区的基础上，大力发展高端现代服务业，引进和建设了世茂希尔顿、艾美、君悦、万豪等一批五星级酒店，梅溪湖国际广场、奥克斯商业广场、楷林国际大厦、柏宁广场、渔人码头等一批高端商业项目，民生银行、浦发银行、广发银行、省信用联社等一批现代金融项目，中冶长天、晟通科技、中建五局、浙江商会等一批总部经济项目。五年来，先导区实现地区生产总值5300亿元、固定资产投资4000亿元、财政收入700亿元、高新技术产业产值4000亿元，各项经济指标年均增速均超过25%，其中地区生产总值、高新技术产业产值分别占到全省的10%以上。可以说，先导区的发展成效和发展势头在中部地区新区中是最好的。

先导区要保持和扩大这一势头，借鉴上海浦东的发展经验，必须解决四个方面的问题。

一是由省委、省政府进一步明确大河西先导区的战略地位。把长沙建设成为区域性中心城市，建设以长沙为龙头的环长株潭城市群经济，进而推动全省经济的跨越发展，这既是长沙自身发展的迫切要求，也是全省经济发展的必然选择。在省、市委、政府的领导下，经过近五年的大规模投入和快速建设，先导区已经基本完成城市基础设施建设。共建设以“六纵八横”为基本格局的城市骨干道路 30 条 200 公里，片区道路和支路 150 条 200 公里，过江通道 9 条，区内长 10 公里的地铁 2 号线将于 2014 年建成，湖南乃至中部地区规模最大、日旅客运输量达 5 万人的大河西综合交通枢纽站将于 2015 年建成，先导区成为全省城区交通和城际交通最发达的新区；已经聚集了一大批重大项目。5 年共引进和建设战略性新兴产业和现代服务业项目 2000 多个，包括投资 100 亿元以上的项目 5 个、投资 50 亿元以上的项目 10 个、投资 10 亿元以上的项目 24 个。5 年来，先导区共完成征地 6 万亩，拆迁 11 万亩。2013 年先导区管委会直接投资的项目共有 74 个，总投资额达到 530 亿元，社会投资项目（不含房地产）40 个，总投资额 580 亿元。这些重大项目已全部动工建设，其中绝大部分将在 3 年内建成运营；已经形成强大的经济实力和融资能力。2012 年实现财政总收入 257 亿元。管委会优质资产总额达到 568 亿元，而负债率仅为 46%，在全国新区中资产质量都是最好的。同时，大规模的优质资产和现金流使先导区在金融界树立了良好信誉，而强大的资金融通能力又使先导区具备了建设大项目的资金实力；已经锻造了高素质的城市建设运营队伍，通过近五年的持续引进和实践锻炼，先导区拥有了一支能够熟练运作大规模开发和大项目建设的团队；已经在全国形成一定的影响，先导区成立以来，共接待来自全国 20 个省的 1000 多批次的参观考察团，在省内外新闻媒体报道 2 万多条次新闻，梅溪湖国际服务区被国家确定为绿色生态示范新城和智慧城市试点，先导区被确定为全国生态文明建设试点。有了这些基础，如果进一步加大各方面支持的力度，在短期内先导区的发展建设将迅速产生巨大的成效，另起炉灶来开发任何一个新的地方，都不会有这种效果。建议省委、省政府借鉴河南、甘肃、陕西等地的做法，以长沙大河西先导区为基础，建设长沙新区，由省委、省政府发文明确新区的法律地位，把长沙大河西先导区的建设确立为全省经济社会发展的一项重大战略，长期不懈地坚持下去。这对湖南城市化水平的提升和在全国经济版图中战略地位的提升具有重大意义。

二是进一步授予先导区省市两级行政审批权。省、市委及省、市政府对先导区的建设高度重视，市政府于 2008 年 8 月 7 日将 11 个部门的 44 项行政许可授权给先导区管委会（长政函〔2008〕93 号），由先导区以市直部门“二号公章”方式直接行使。省政府办公厅于 2009 年 12 月 10 日转发了省监察厅、省发改委等12个部门关于支持长沙大河西先导区开展行政审批体制改革意见的通知（湘政办发〔2009〕81号），认可了先导区的行政审批制度改革。先导区成立以来，实施了4轮行政审批制度改革，将45项行政审批事项减少到36项，审批时限从平均220日缩减到42日，既提高了办事效率，又保证了管理到位，实现了零投诉和零差错，保持了建设、管理和运行的高速高效。但是在目前的实际操作过程中，部分市级审批授权还没有落实，省直部门对“2号公章”不予认可。行政审批授权是任何一个新区竞争力的体制基础，浦东新区如此，大河西先导区也不例外，失去了这一基础，先导区的发展将寸步难行。建议省、市委及省、市政府将先导区成立时所授予的行政审批权限进一步落实到位。根据目前的实际，借鉴浦东新区的做法，先导区急需解决的核心问题有两个：一是由省国土资源厅在先导区设立直属国土资源管理局，与现行管委会国土规划部两块牌子、一套人马，合署办公；二是按照“一级财政、独立金库”的原则，设立先导区财政局，撤销管委会现行的财政分局。这两个机构管理体制的改革，将有利于先导区更加高效地配置和运用土地、资金这两个核心的生产要素，使先导区的发展建设获得新的体制优势。

三是支持先导区开展直接融资。新区的开发建设，需要大额投资的支撑，浦东新区每年的政府性投资超过200亿元，先导区四年多来的政府性投资也达到300亿元，后续的政府性投资总额将在1000亿元左右。目前，先导区主要通过银行信贷的方式来融资，银行融资受国家宏观经济政策的制约较多，放款难度很大；同时融资成本高、期限短，无法满足一个新区对开发建设资金周期的需求。因此，新区的建设资金必须实现从依靠银行向依靠市场转变，从国内和国际两个市场实现多渠道、多品种的直接融资。建议省委、省政府指示发改、金融证券、外汇管理等部门给予发债指标、审批、结汇、上市公司培育、香港市场融资等方面的支持和指导。

四是支持把梅溪湖CBD打造成总部经济集聚区。从浦东的发展经验看，总部经济的发展水平是衡量区域经济竞争力的重要标准。纵观湖南和长沙，没有真正意义上的总部经济区，2012年全省百强企业总部分布在全省13个地州市，进驻长沙的50家世界五百强企业也分散在全市9个区县，稀释了总部经济的集聚带动效应。梅溪湖国际服务区地处大河西地理中心线，作为先导区前四年建设的核心区，已经初具代表长沙21世纪的新城中心形象，具备了省内其他地区无可比拟的规划水准、配套功能、生态优势和产业平台。我们借鉴上海、广州等发达城市在新城建设中集中打造总部经济区的做法，在梅溪湖国际服务区西部临湖建设中央商务区（CBD），总用地面积约3平方公里，该区域借鉴浦东陆家嘴的建设经验，坚持生态、智慧、高端的发展方向，规划建设20多座超高层建筑，拥有一流山水生态景观和便利快捷的循环交通，所有建筑均将达到二星级绿色建筑标准。建议省委、省政府支持先导区这一发展总部经济的战略构想，积极向省内外大型企业推介，并推动和引导省属企业总部和央企在湘总部向梅溪湖集中，加快打造一个代表湖南形象的、具有强大经济带动效应的总部经济区。

B.29

科学调整发展战略 服务湖南经济社会发展的新跨越

——对湖南湘投控股集团发展战略的思考

邓军民*

党的十八大报告指出："要毫不动摇地巩固和发展公有制经济，推行公有制多种实现形式，深化国有企业改革，完善各类国有资产管理体制，推动国有资本更多投向关系国家安全和国民经济命脉的重要行业和关键领域，不断增强国有经济活力、控制力、影响力。"这对新形势下科学调整国有企业产业结构和投资导向、加快国有企业改革发展提出了新要求。

湖南湘投集团是湖南省大型国有投资控股集团，其前身为1992年8月经湖南省政府批准成立的湖南省经济建设投资公司。公司成立之初时负责筹集、经营和管理湖南省基本建设经营型基金、满足重点工程项目的资金需求起步，经过20多年的经营、积累和发展，总资产达到259亿元，净资产124亿元。目前，下辖20余家全资和控股企业，业务涵盖了产业投资、创投与金融以及资产经营三大领域，在资产规模、主业培育和资本经营等方面取得较大突破，具备了快速发展的良好基础。面临新一轮国有企业改革发展大潮，结合湖南经济工作的总体要求及部署，集团提出的发展战略定位及目标是：以服务省域经济发展为己任，以基础性、资源性和战略性新兴产业投资为主导，打造省属国资系统服务湖南"四化两型"建设的新型投融资平台、战略性新兴产业发展平台和国有资本整合平台，全面提升公司对湖南经济社会发展的影响力和贡献率。力争到"十二五"末，再造一个湘投；到2020年，集团资产规模再翻一番，建设国内一流的综合性投资控股公司。

---

* 邓军民，湖南湘投控股集团有限公司董事长、党委书记。

一　国有投资控股公司的发展模式选择

国有投资控股公司是我国投融资体制和国有资产管理体制改革的产物，是一种比较特殊的企业组织形式。国有投资控股公司虽然在我国出现的时间不长，但发展十分迅速。成立以来，在贯彻国家专项经济政策、发挥国有资本投资导向、引导社会资金投向、推动国有经济结构与布局战略性调整、促进产业结构优化升级、实现国有资产的保值增值，以及在推进政企分开、政资分开等方面发挥了重要作用，已成为我国国民经济中的一支重要力量。随着国有投资控股公司的快速发展，其经营范围和发展模式，也越来越受到经济理论界和实际工作部门的关注。

（一）国有投资公司的企业目标组织形式是投资控股公司

“只有控股公司才符合投资公司的性质与定位，才能充分履行政府赋予国有投资公司的职能，才能保证出资者的权益”。从我国国有投资控股公司发展历程来看，印证了这一点。我国大多数国有投资控股公司都是从政府过去的行业或经济管理部门设立的政策性投资公司发展而来的。国有投资控股公司成立之初的职能，主要是承接国家“拨改贷”资金和部分专项建设资金的管理运营任务，负责管理和经营本行业中央或地方政府投资的经营性项目的固定资产投资。由于这些项目对应着独立的法人实体，并分散在多个行业及领域中，在管理上需要采用投资控股公司这种特殊的组织形式。1995 年，国家在投融资体制方面进行了重大改革，开始实行法人投资责任制和资本金制度，由国有投资控股公司作为国家的出资人代表，用政府出资的方式对建设项目进行产权投资。在此基础上，形成了真正意义上的国有投资控股公司。近年来，随着投融资体制及国有资产管理体制改革的不断深入，国有投资控股公司被赋予了新的含义，并承担着政府的投资主体、国有资产经营主体和市场竞争主体等多重职能。国有投资控股公司的业务基础，主要来自国家划转的项目资产。由于国家划转的项目资产的不同，以及在推进投融资体制改革和促进国家和地方经济发展中的使命和性质不同，投资控股公司的主营业务、职能定位也不尽相同。从

总体上说，国有投资控股公司的业务领域比较广泛，具有有限多元性特点。它既不同于纯粹的金融投资控股公司，又不同于专门的产业投资控股公司。它有自己的主业，但又并不限于某个产业。它以产业投资为基础，主要通过资产经营、资本经营等方式来获得资本增值和利润最大化。经过多年发展，国有投资公司现在基本上都发展成为主业有限多元的综合性投资控股公司，湖南湘投控股集团也属此类。

（二）国有投资控股公司成立的初衷以及性质和使命，决定了其经营发展模式要以产业投资为主导，走资产经营和资本经营相结合的发展道路

国有投资控股公司成立伊始，就一直围绕国家和地方政府的重点建设项目开展投融资业务。产业投资是国有投资控股公司生存发展的坚实基础和重要支撑。没有产业发展作为支撑，资本经营如同无源之水、无本之木，它既不符合我国经济发展实际，也不符合国有投资控股公司发展的现实需求。依托资本市场，走资产经营和资本经营相结合的发展道路是国有投资控股公司在新形势下实现跨越式发展的现实选择和战略选择。没有资本经营，产业投资之路就会越走越窄。实践证明，企业规模越大、发展得越快，资本经营越是起到推波助澜作用。考察世界一流投资公司的发展历程，如美国的 GE、新加坡的淡马锡公司等，我们发现这些企业无一例外不是通过实业投资与金融资本相结合，才取得目前的资产规模、市场份额和持久的竞争优势。在我国也同样如此，国投公司在“二次创业”期间，从煤、电等基础性资源性产业开发入手，通过资本经营实现价值最大化，在发展中形成了资产经营与资本经营相结合的独特商业模式。10 年间，集团总资产从 2003 年的 733 亿元增长到 3113 亿元，增长了 3 倍多；利润总额从 8.5 亿元增长到 112 亿元，年均增长 30%，实现了资产规模、发展质量和效益的超常规和跨越式发展。上海久事投资控股公司按照政府的产业导向，以市场化运作为基础，坚持资产经营和资本经营协调发展。经过多年发展，从单一的投资公司发展成为综合性投资控股集团，业务涵盖了高科技、工业、金融、房地产等多个领域，成为了国内一流和上海最具综合竞争实力的国有投资控股公司之一。

二　打造服务湖南“四化两型”建设的三大战略平台

国有投资控股公司的发展战略定位是一个顶层设计问题，关系到它同时作为政府授权的投资主体、国有资产经营主体和市场的竞争主体，能否实现政府的政策性目标和市场效益性目标的有效结合。加快国有投资控股公司的改革发展，必须坚持国有经济的正确发展方向，关键是要对其发展战略进行准确定位。只有发展战略定位科学准确，才能更好地发挥政府和市场的作用，发挥国有资本的投资导向作用，为国家以及区域经济发展服务。

（一）打造服务湖南省“四化两型”建设的新型投融资平台

发挥国有资本的投资导向作用，服务省域经济发展，满足基础性、资源型等重点工程项目建设的资金需求是省属国有投资控股公司的重要功能和定位。

近年来，湖南通过抢抓国家大力实施中部崛起战略的机遇，积极推进长株潭两型社会综合配套改革试验区建设，与鄂赣皖四省抱团发展，联手推介“长江中游城市群”，打造中国经济增长“第四极”，全面推进湖南“四化两型”和“四个湖南”建设。在推动湖南省加快实现“科学发展、富民强省”目标的同时，也为投资控股公司迎来了难得的发展机遇和空间。湖南湘投控股集团是湖南省大型的投资控股集团，公司自成立以来，先后投资了机场、电厂、铁路、水电站、水利枢纽工程等一大批国家级和省级重点工程。投资项目近600余个，遍及14个市州，极大地突破了长期制约湖南经济发展的交通和能源瓶颈，在推动湖南经济建设和社会发展中做出了积极贡献。

投融资功能匹配是投资控股公司实现可持续发展、服务地方经济建设的重要保证。

在过去，国有投资控股公司的资金主要依靠政府的经营性资金和各种收费性基金，企业发展有政府的资金持续支持。现阶段，投资控股公司发展主要依靠自身在市场中的经营积累，如果不能有效经营，就无法在市场中生存。但即使经营状况良好，仅依靠企业传统的滚动发展和营利模式，显然满足不了项目投资的资金需求。因此，投资公司不仅要“能投会卖”，还要善融。否则，就

会出现“巧妇难为无米之炊”的局面，即使有再好的项目，也无资金可投。

近年来，受国家规范地方政府融资平台，以及银行“贷款新规”等政策因素的影响，银行信贷规模偏紧，企业融资成本和难度在不断上升。国有投资控股公司要缓解资金压力、解决融资难题，除了依靠增强自身的持续营利能力以及依靠银行单一的贷款融资渠道以外，还应善借外力，从优化整合国家各类可用于投资的货币资金、国有资产和资源入手，积极利用资本市场，增强投融资能力。

目前，从集团发展情况看，一直在产业投资和经营方面着力较多，在融资能力建设方面着力较少，集团的整体融资能力偏弱，满足不了集团快速发展的现实需要，加快集团的投融资平台建设已迫在眉睫。

一是在继续用好集团现有产业基金和高科技创业投资公司两个投融资平台的基础上，进一步加大公司投融资平台的建设力度；二是在省委、省政府的支持下，优化整合省内各类可用于投资的资产和资源，不断扩大集团的资产规模，增强集团的投融资能力；三是积极拓展金融服务业务，推动投融结合、产融结合；四是积极引进战略投资者，推动股权多样化；五是提高公司资产证券化水平，增强公司资本运营能力。充分利用资本市场的融资功能，开辟公司上市融资、股权融资、债券融资、项目融资、特许经营方式融资等融资渠道。“十二五”期间，重点培育2～4家有核心竞争力和有持续营利能力的优势企业上市，提高集团的资产证券化水平。

通过上述举措，多管齐下破解公司融资难题，为实现集团转型跨越、全面推进湖南“四化两型”和“四个湖南”建设提供有力支撑。

（二）打造服务湖南“四化两型”建设的战略性新兴产业发展平台

战略性新兴产业是引导未来经济社会发展的重要力量。大力发展以重大技术突破、重大发展需求为基础，对经济社会发展全局和长远发展具有重大引领作用，知识技术密集、物质能源消耗少、成长潜力大、综合效益好的战略性新兴产业，已成为世界主要国家抢占未来经济科技竞争制高点的重大战略。国家“十二五”规划纲要明确提出，要把战略性新兴产业培育成为先导性、支柱性产业，推动企业向战略性新兴产业加速转型。培育发展战略性新兴产业是湖南加快转变经济增长方式、调整经济结构的重要战略选择，对加速推进“四化两型”建设，推动湖南科学发展、富民强省再上新台阶具有十分重要的意义。湖南省在《加快培育发展战略性新兴产业的决定》中，明确提出了要建成全国重要的战略性新兴产业创新基地和生产制造基地。贯彻落实省域经济发展战略，发挥对战略性新兴产业的投资导向功能是省属国有投资控股公司的重要职能。

当前，正是湖南夯实战略性新兴产业发展基础、提升核心竞争力的关键时期。集团抓住湖南新一轮产业结构调整升级、大力发展战略性新兴产业的重要战略机遇期，把打造战略性新兴产业发展平台作为服务湖南“四化两型”和推动集团转型跨越的重要战略部署。

一是加大对战略性新兴产业的投资力度，为湖南“四化两型”建设打造新的发展引擎。近年来，集团先后投入30多亿元，以湘投金天科技为平台，致力于在湖南省乃至全国打造一条完整的钛、铝金属新材料加工产业链。通过持续科技创新，金天科技开发的高纯度微细球形铝粉，打破高端金属铝粉末国际垄断，达到国际先进水平，公司发展成为国内高端铝粉龙头企业，成为国内首家微细球形铝粉高新技术产业化的企业和《氮气雾化铝粉》国家、行业标准的独家制订者。高性能钛及钛合金材料是国家大力支持发展的战略性新兴金属。金天科技通过“钛钢联合”的创新模式，突破钛材精深加工核心技术，先后成功试轧出我国第一个大卷重宽幅热轧钛带卷和冷轧钛带卷，结束了中国不能生产钛带卷的历史，在短短三年时间内，将技术成果迅速产业化，建设了“三钛”基地，打造从海绵钛、钛锭、钛带卷到钛焊管的万吨级全产业链，广泛应用于航空航天、核电新能源、海洋工程、海水淡化、高端装备制造、节能环保、石油化工等领域，走完了日本、俄罗斯几十年的路程，被誉为中国钛工业的里程碑。为加快电子信息产业发展，寻求资源最优配置，集团与中电集团及长沙市高开区合作，投资建设中电软件园，着力打造湖南省承接沿海优势产业梯度转移和对长株潭城市群“两型社会”建设有影响力的国家级软件产业基地。

二积极推动战略性新兴产业与公司金融资本平台相对接，为投资企业提供资金支持和增值服务。集团以市场化方式，组建了产业基金、高创投等多个投融资平台，先后投入资金30多亿元，吸收社会资本11.57亿元，完成股权投

资项目70多个，推动和“孵化”了包括三一重工、博云新材、红宇新材等在内的一大批知名高科技企业成功上市，产业带动规模超过200亿元，对于推进湖南产业结构升级、加快经济发展方式转变、促进经济社会可持续发展具有重大现实意义。

（三）打造服务湖南“四化两型”建设的国有资本整合平台

加速国有资本整合，推动国有企业兼并重组，完善国有资本有进有退、合理流动的机制，是党中央、国务院关于深化国有企业改革的一系列重大指导方针。国有资产过于分散、经济规模偏小、集中度低、缺少结构性力量、形成不了规模效益，容易造成中小国有企业重复建设、同行恶性竞争和效率低下等低水平格局。近年来，随着国有资产管理体制改革的不断深化，中央及地方各级政府对国有资本的整合力度也在不断加大。从整体上看，国有经济布局和结构调整有较大成效。但从各省的情况来看，仍有许多规模较小、实力不强的经营性国有资产分散在政府各级各部门，并没有全部纳入国资部门的统一监管之中。部分国有资产长期低效甚至无效营运，资产或资本的效能未得到最大发挥，要形成比较合理的国有经济布局和结构，仍有较长的路要走。

“十二五”期间，国务院国资委加大了对中央企业的整合力度，在中央企业数量上做减法，在资产规模、质量和效益上做加法，核心目标是做强做优中央企业、培育具有国际竞争力的世界一流企业。这一目标是基于中央企业的地位和作用，立足国家整体发展战略提出来的。从国有投资控股公司在国有经济中的地位和独特优势来看，它必然会成为推动新一轮国有企业改革和国有资本整合的主导力量。作为省属国有企业，也要感受到这种国际、国内市场激烈竞争的压力和发展的紧迫感，在发展战略上要加快布局。结合湖南国有资产布局和运营现状，集团做出打造省属国有资本整合平台，服务湖南“四化两型”建设的重大战略部署，但实现这一目标还需省委、省政府及省国资委的大力支持。

一是坚持走“资源资产化、资产资本化、资本证券化”的发展道路，通过股权投资、阶段持股和有进有退，增强资本的流动性，发挥国有资本的投资导向功能，推动省属国有资本优化布局和调整结构。二是推动湖南优势产业之间强强联合，提高产业集中度，促进企业规模化、集约化经营。三是以国家产业政策为导向，以市场运作为基础，通过股权转让、控股、参股、交叉持股、并购重组等一系列资本运作手段，剥离或盘活存量资产，优化增量资产，以优带存，促进股权合理流动。四是积极推动省属国有资本向关系到国计民生的重要行业和关键领域集聚，发挥规模经济效应和产业协同效应，提高资源优化配置效率，提高经济增长质量和效益，推动省属国有资本跨越式发展。

三　推动国有投资控股公司科学发展的现实路径

国有投资公司如何发展，走什么样的道路？一直是困扰投资公司发展的难题，但这并非一个新问题。从宏观层面讲，要以基础性资源性产业投资为主导，以资本经营为手段，坚持“资本经营、阶段持股、投融结合、协同发展”，走“资源资产化、资产资本化、资本证券化”的道路。从微观层面来讲，则涉及国有投资公司如何推动资产经营与资本经营相结合，如何进行阶段持股和有进有退等问题。

（一）找准投资控股公司发展的着力点和独特优势

资产经营与资本经营相结合，是投资控股公司发展的着力点和独特优势。通过投资形成股权，通过有进有退、推动股权的合理流动来实现资本或资产保值增值，这是投资控股公司与一般产业公司最显著的区别。我们经常说打造企业核心竞争力，其实不同性质的企业是不一样的，投资控股集团与子公司也不一样。一般来说，产业公司主要以提升产品的持续技术创新能力和不断创造顾客需求为核心竞争力，投资控股公司则是以增强资本运营能力，推动股权优化组合、动态管理为核心竞争力。作为投资控股集团，重在打造战略管控、科学决策和目标实现能力，通过构建有机协调的业务体系，发挥协同效应和整体优势，提高集团的整体盈利能力和水平。子公司则必须坚持走专业化发展道路。因此，在投资项目选择上，必须选择那些具有明显竞争优势和可持续盈利能力的项目。从投资控股公司发展的现实情况来看，确实如此。但凡是发展得好、发展得快的投资控股公

司，必然是那些发展战略定位清晰准确、主业突出和资本运营能力强的公司。

从公司发展的情况看，产业板块在总资产中所占比重较大，但资产经营和资本经营缺乏协同性，存在着投资结构不合理、资产和资本流动性差、整体盈利能力不强、发展不平衡等不足。解决这一问题的现实路径，就是在集团现有的产业基础上，强化以优势产业为支撑，通过资源优化组合，推动资产经营与资本经营的深度对接和协调发展。增强集团的资本运营能力，把资本经营作为集团优化产业结构和提升盈利能力的抓手，把产业基金和高科技创业投资公司打造成为集团进行重大项目投资、资产和资本整合的前沿阵地。提高集团的资本证券化水平，通过走“资源资产化、资产资本化、资本证券化”的发展道路，推动集团内优质产业单元上市或优势业务板块整体上市，快速提升集团投融资能力和资本运营能力。通过积极引进战略投资者，推动集团股权多样化。充分利用资本市场，发挥资本的杠杆作用，尽量用少量的资本控制和引导大量社会资本，为湖南“四化两型”和“四个湖南”建设提供支撑。

（二）投资向关系国计民生的重要行业和关键领域集聚

有关国有企业改革的趋向与路径，一直是人们论争和备受瞩目的焦点。在市场体制下，国有企业到底应当扮演什么样的角色，虽然在理论上早有定论，但在实践中又是一个涉及国企责任、形象与利益选择的两难问题。十八大报告提出，推动国有资本更多投向关系国家安全和国民经济命脉的重要行业和关键领域。这句话明确地指出了国有企业的发展方向。对国有投资控股公司而言，要发挥国有资本的投资导向功能，需要在主业上重新定位，在投资结构和产业布局上做出相应调整。

经过多年发展，集团在产业投资与经营领域已形成以电力能源、天然气能源、金属材料、电子信息、酒店旅游、商贸物流为主导的多元业务板块。集团下一步将按照推动国有资本向关系国家安全和国民经济命脉的重要行业和关键领域集聚的指导方针，一是加速整合集团内的资产，突出基础性、资源性和战略性新兴产业为集团发展的主导产业，重点打造集团的整体盈利能力和可持续盈利能力。二是以省委提出的“以项目建设带投资、促发展”思路为指导，加大对湖南经济社会发展有重大作用和重大影响的重大项目的投资力度。充分利用省政府授权的省级天然气利用的投资主体平台，举全集团之力，重点抓好“气化湖南工程”建设。三是按照国有资本“有进有退、有所为和有所不为”原则，逐步分批从不符合公司长远利益的非核心业务和低效无效项目中退出，对竞争性行业及领域的投资主要着眼于短期效益，实行阶段持股；对基础性、资源性和战略性新兴产业的投资主要着眼于长期效益，实行长期持股。将股权投资长期效益和短期效益相结合、整体利益和局部利益相结合、社会效益和经济效益相结合。重点培育集团的优势产业和支柱产业，打造产业链、价值链和区域产业集群，充分发挥国有资本的引导力、带动力，不断增强国有经济活力、控制力、影响力。

（三）着力做大做强做优，建设一流的投资控股公司

着力做大做强做优，跻身一流企业之列，是每一个企业都想追求的目标。近年来，在国务院国资委主导下，推进国有企业改革发展的基点正悄然发生一些微妙的变化。此前，国有企业改革发展的基点主要是放在国有资产的保值增值上。现阶段，主要立足于市场化，重点放在了培育和打造国有企业的核心竞争力上。这几年，国务院国资委加速推进央企整合重组，推进央企整体上市，坚定实施“走出去”战略，加快实施国际化经营战略等一系列举措，便明显地印证了这一点。其主要目的，就是要把央企做强做优，培育具有国际竞争力的世界一流企业。这对省一级投资控股公司来说，既是机遇，也是挑战，更是一种形势倒逼，加快发展刻不容缓。

对湘投控股集团而言，着力做大做强做优是实现“再造湘投”和建设国内一流综合性投资公司的战略性推进，是推动集团实现科学发展和转型跨越的必由之路。但在推进发展的具体路径上，首先应着力于做强，其次是做优，最后才是做大。这是企业健康发展的逻辑演进。

做强，是指打造集团的核心竞争力。通过推动持续科技创新，促进产业结构的优化升级；通过推进资产优化整合，构建有机协调的业务体系，发挥产业协同效应和整体优势，不断增强集团的资本运营能力和资源整合能力。

做优，是指不断提高集团的投资质量和效益。做优与做强紧密联系在一起，需要在盘活存量和做优增量上想办法和谋突破。

做大，是指不断扩大集团的资产规模，加快集团的发展速度，实现规模和

效益同步发展。一方面，可以通过收购、兼并重组、引进战略投资者等方式，快速扩大公司的资产规模、加快发展速度。另一方面，也可以采取培育上市、买壳上市、收购上市公司控股权等方式。

着力做大做强做优，这实际上与集团提出的“再造湘投”和“建设国内一流的综合性投资公司”目标是相对应的。一流企业必须具备合理的经济规模和良好的持续盈利能力、高效的集团管控和强大的资源配置能力；一流企业必须主业突出，具有较强的核心竞争力等多方面要素。对比一流企业的发展道路与成功要素，我们深深体会到，只有将产业优势与资本经营相结合，在推动重大项目投资，以及在资本运营领域中谋求新的重大突破，才可能追赶上一流企业的步伐，真正地推动集团实现科学发展和转型跨越，更好地服务于湖南“四化两型”和“四个湖南”的建设。

B.30

加快调整经济结构　促进湖南转型升级

彭蔓玲　刘琪*

近年来，湖南省大力推进“四化两型”建设，加快转变发展方式，经济结构调整取得积极成效。但在世界经济深度调整、我国进入转型发展新阶段的形势下，湖南要保持又好又快发展、顺利实现转型升级，必须加快调整经济结构、推进两型社会建设。

一　近年来湖南经济结构调整取得积极进展

（一）产业结构升级加快

三次产业比例逐步向高级化演进。2013 年，湖南省三次产业结构由 2008 年的 18.0∶44.2∶37.8 调整为 12.7∶47.0∶40.3，与 2008 年比，第一产业比重下降 5.3 个百分点，第二产业上升 2.8 个百分点，第三产业上升 2.5 个百分点。三次产业比例符合湖南工业化中期的发展阶段特征和演进规律。

农业产业化水平不断提升。2012 年，湖南农产品加工企业发展到 5.1 万家，比 2008 年增加 5000 家；实现销售收入 4800 亿元，是 2008 年的 2.4 倍。全省规模以上农产品加工企业发展到 3120 家，比 2008 年增加 460 家；大宗农产品加工转化率达到 35%，农产品附加值不断提高。

工业结构明显改善。工业对经济增长的贡献不断加大。2013 年，湖南工业增加值迈上万亿元台阶，达到 10001 亿元，是 2008 年的 2.3 倍；工业

* 彭蔓玲，湖南省人民政府经济研究信息中心宏观经济研究处处长；刘琪，湖南省人民政府经济研究信息中心。

增加值占 GDP 的比重 40.8%，比 2008 年提高 2.4 个百分点；工业对经济增长的贡献率达 46.4%。工业结构得到优化。2013 年，全省战略性新兴产业增加值占 GDP 的比重达到 10.7%；高新技术产业增加值占 GDP 的比重达到 16.3%，比 2008 年的 9.8% 提高 6.5 个百分点。规模工业中，高加工度工业增加值增长 14.1%，增加值占规模工业的 35.6%，比 2008 年提高 11.5 个百分点；高技术产业增加值增长 27.3%，增加值占全部规模工业的比重达到 9%。高耗能行业占比下降。2013 年，全省六大高耗能行业增加值占规模工业增加值比重为 31.6%，比 2008 年下降 8.3 个百分点。企业竞争力增强。2012 年，湖南有 8 家企业入围中国 500 强，比 2008 年增加 1 家。

服务业结构趋向优化。一方面，生产性服务业比重逐步上升。2012 年，全省生产性服务业实现增加值 3835.21 亿元，是 2008 年的 2.36 倍；生产性服务业对 GDP 增长的贡献率为 19.1%，比 2008 年提高 1.3 个百分点。另一方面，文化、旅游等特色产业快速发展。2012 年，全省文化和创意产业增加值占地区生产总值的比重达到 5.2%，文化产业已经成为湖南经济发展的新的支柱产业；2013 年，全省旅游总收入占 GDP 的比重达到 11%，比 2008 年提高 3.4 个百分点。

（二）需求结构不断优化

投资和消费对经济增长的贡献增大。2013 年，全省全社会固定资产投资总额达到 18381.4 亿元，为 2008 年的 3.4 倍；社会消费品零售总额 8940.6 亿元，为 2008 年的 2.1 倍。2012 年，投资、消费对经济增长的贡献率分别达到 62.7% 和 39.8%。

投资结构进一步改善。非国有投资比重提高。2013 年，全省非国有投资 12807 亿元，增长 28.1%，占全社会投资的比重达到 69.7%，比 2008 年提高 4.8 个百分点；其中，民间投资超过 1 万亿元，达到 11477.5 亿元，占比超过 62%。新兴产业投资快速增长。2013 年，全省技术改造投资 6969.9 亿元，增长 23.8%，占全省投资的比重达 37.9%；战略性新兴产业投资 4206 亿元，增长 35.5%，比全省投资增速高 9.4 个百分点。民生工程和生态环境投资大幅增加。2013 年，全省民生投资 1088 亿元，生态环境投资 618.1 亿元，同比分别增长 110%、44.9%。

消费结构加快升级。一方面，恩格尔系数下降明显。2012 年，湖南城镇居民恩格尔系数由 2008 年的 39.9% 下降到 37.3%，下降 2.6 个百分点；农村居民恩格尔系数由 51.2% 下降到 43.9%，下降 7.3 个百分点。另一方面，居民享受和发展消费支出明显上升。2012 年，湖南城镇居民交通通信、旅游消费、医疗保健占消费支出的比重分别达到 14.3%、2.7%、10.2%；分别比 2008 年提高 4.5 个、0.9 个、2.2 个百分点；农村居民交通通信、医疗保健、居住消费支出所占比重达到 8.2%、8.5% 和 18.5%，分别比 2008 年提高 0.7 个、1.1 个、1.9 个百分点。

出口结构不断优化。2013 年，湖南出口商品结构中机电产品和高新技术产品占比分别由 2008 年的 30.14% 和 3.33%，提高到 38.9% 和 11.2%。

（三）区域经济协同推进

长株潭地区优势进一步凸显。2013 年，长株潭三市生产总值达到 10539.2 亿元，增长 11.5%，增速比全省平均水平高 1.4 个百分点；其中，长沙、湘潭分别增长 12%、11%，增速居全省第 1、3 位；三市经济总量占全省的比重达到 43%，比 2008 年提高 2.1 个百分点。

洞庭湖生态经济区发展势头良好。2013 年，洞庭湖生态经济区生产总值达到 6246.1 亿元，增长 10.5%，增速于全省平均值 0.4 个百分点；生产总值占全省的比重达到 25.5%，比 2008 年提高 2.4 个百分点，是湖南四大板块中占比提高幅度最大的区域。

湘南地区外向型经济快速发展。2013 年，湘南地区外贸进出口总额达到 60.7 亿美元，占全省进出口总额的 24.1%，比 2008 年提高 9.7 个百分点。2013 年，湘南地区生产总值 5016.7 亿元，增长 10.3%，增长快于全省平均水平。

同时，县域经济发展加快，一批发展好、后劲足的经济强县对全省经济的支撑作用增强。

（四）城乡结构有所改善

城镇化水平快速提升。2013 年，全省城镇化率为 47.96%，比 2008 年提高 5.8 个百分点。其中，长沙、株洲、湘潭的城镇化率分别达到 70.6%、60% 和 55%。

新农村建设步伐加快。2013 年，全省农村固定资产投资（不含农户）2170.3 亿元，比上年增长 57.9%，明显高于城镇固定投资 22.8% 的增速。财政农林水事务支出 500.3 亿元，是 2008 年的 2.8 倍，占财政支出的比重由 2008 年的 9.99% 提高到 2012 年的 10.8%。

城市吸纳农村劳动力、带动农村经济的能力提高。2012 年，湖南城镇从业人员的占全省从业人员的比重达到 36.7%，比 2008 年提高 8.2 个百分点；农村外出务工人员接近 1300 万人，农民人均工资性收入达 3847 元，占农民人均纯收入的 51.7%，比 2008 年提高 7.6 个百分点。

城乡公共服务体系不断完善。截至 2012 年底，全省建设完成 2158 个乡镇综合文化站和 3 万个农家书屋，实现县县有文化馆、图书馆，“三馆一站”免费开放。全省广播人口覆盖率、电视人口覆盖率分别达 92.95% 和 97.17%，比 2008 年提高 1.85 个和 1.47 个百分点。

农村居民收入增长速度超过城镇居民。2008 ~ 2013 年，扣除价格因素后，湖南农村居民人均纯收入年均实际增长 10%，城镇居民人均可支配收入年均实际增长 7.9%，农村居民收入增速高于城镇居民收入增速 2 个多百分点。

（五）所有制结构不断完善

国有企业影响力、控制力和带动力不断增强。2013 年，省属监管企业资产总额达到 4175.48 亿元，是 2007 年的 2.27 倍；单户企业的资产、主营收入、利润分别由 2007 年的 67.2 亿元、49.4 亿元、2.6 亿元提升为 2013 年的 174 亿元、134 亿元、3.8 亿元。2013 年湖南省国资系统监管企业净资产收益率达到 5.6%，比全国平均水平高 1.5 个百分点，居全国第 7 位，中部六省第 1 位。近几年省属监管企业的国有资产保值增值率平均达到 106% 以上；战略性新兴产业在监管企业中的比重达到 35% 左右，并以年均 40% 左右的增

速发展。

民营经济活力增强。2013 年，湖南非公有制经济增加值占地区生产总值的比重达到 57.9%。比 2008 年提高 3.8 个百分点；非公经济固定资产投资占全省的 68.2%，比 2008 年提高 5.8 个百分点。2012 年，非公经济实缴税金 1222.33 亿元，占全社会实缴税金的 53.7%，比 2008 年高 5.6 个百分点；非公经济吸纳二、三产业从业人员占全社会的 86.9%，比 2008 年提高 1.5 个百分点。

二 湖南经济结构调整中存在的主要问题

（一）从产业结构看，农业产业化程度低，工业内部结构不优，现代服务业发展不足

2013 年，湖南第一产业增加值比重比全国高 2.7 个百分点，在中部六省中占比最高；第二产业增加值比重虽然比全国高 3.1 个百分点，却在中部排在最在后一位。第三产业增加值比重比全国低 5.8 个百分点，在中部居第 1 位。总体来看，湖南第一产业比重偏高，工业化进程相对于中部其他省偏慢。

一是传统农业结构格局尚未完全改变。主要表现在：纯农业占比偏高，牧业占比明显下降。2013 年，湖南农业、林业、牧业、渔业占农林牧渔业总产值比重分别由 2008 年的 43.5%、4.7%、44.0%、5.1% 调整为 61.6%、6.9%、21.5%、6.5%。纯农业占比提高 18.1 个百分点，而牧业占比则下降了 13.7 个百分点，林业和渔业占比小幅提升。与全国比，湖南纯农业、林业占比高于全国平均水平，而牧业和渔业占比低于全国平均水平。农业产业化程度不高。2011 年湖南农产品加工业产值与农业产值的比值为 0.95∶1，远低于湖北的 1.61∶1，也落后于全国的 1.5∶1，与发达国家 3～5∶1 的水平差距更大。农业组织化程度不高。截至 2012 年底，湖南农民专业合作社 14435 家，仅约为湖北（27715 家）的一半，入社农户也仅占全省农户总数的 12.5%。农业比较效益仍然较低。2012 年，湖南按第一产业从业人员计算的人均农业增加值只有 1.8 万元，虽然比 2008 年增加 0.63 万元，但比全国平均水平

（2.03 万元）仍少 0.23 万元，只相当于本省第二、三产业的 16.3%、29.2%。

二是工业结构欠优。具体表现在：工业结构偏重。2012 年湖南工业总产值中轻、重工业比为 30.6∶69.4，重工业比重比全国平均水平高 2.2 个百分点。高新技术产业占比仍然不高，且带有明显的重加工、高能耗特征。湖南高新技术产业增加值构成中，专用设备、通用设备、黑色、有色等四个重加工高能耗行业占比接近 40%。工业规模化和集中程度较低。2012 年，湖南规模工业中大中型企业仅占规模工业企业数的 15.9%，低于全国平均水平 2.5 个百分点；规模工业主营业务收入中大型企业、中型企业、小型企业占比为 29.5∶20.6∶49.9，而同期全国平均水平为 41.4∶23.5∶35.1，大中型企业产值所占比重比全国平均水平低 14.7 个百分点。

三是现代服务业发展不足。2012 年，湖南第三产业中交通运输仓储和邮政业、批发和零售业，住宿和餐饮业等传统服务业增加值占 GDP 的比重为 15.4%，比 2008 年提高 1.9 个百分点；工业增加值与生产性服务业增加值的比例仅为 1∶0.42，按照国际经验，每 1 元现代制造业增加值相应需要 1 元以上的生产性服务业为其提供配套服务，由此可见，湖南生产性服务业为第一、二产业服务的作用严重不足。

（二）从需求结构看，投资结构不优，消费需求不足，出口规模小

一是投资需求成主导力量，但投资结构有待优化。近年来湖南投资规模不断扩大，投资率逐步上升，2012 年湖南投资率达到 56.4%，比 2008 年上升 7.5 个百分点，比同期全国平均水平也高出 8.6 个百分点。制造业、房地产业是湖南投资的主要行业，2008 年这两大行业的固定资产投资占全社会固定资产投资的 54.2%，2012 年提高到 54.7%。而信息传输、计算机服务和软件业、科学研究、综合技术服务业、金融业、商务服务业等生产性服务业的投资占比都没有大幅度提高，有的还出现下降，尤其信息传输、计算机服务和软件业，占比从 2008 年的 1.5% 下降到 2012 年的 0.4%。

二是消费率下降，消费不足。近年来，湖南的消费率逐年下降，到 2012 年消费率只有 45.9%，低于全国平均水平 3.6 个百分点，比 2008 年下降了

7.7个百分点，而且这个下降的趋势还有可能持续。按照国际上公认的说法，最终消费比重（消费率）在60%～70%之间应该比较合理，最终消费比重低不利于经济的可持续增长，原因在于当投资迅速扩张的时候，接下来会迅速释放大量的生产能力，这就需要与此同步迅速扩张的消费需求来吸收，没有相应的消费增长，就会形成产能过剩，进而形成无效投资。

三是出口规模小，经济外向度低。2012年湖南出口总额占全国出口总额的比重仅为0.62%，人均出口额不足全国的1/9，净出口对GDP增长的贡献率为-2.6%。从出口依存度来看，湖南2012年仅为3.6%，远低于同期广东（63.5%）、江苏（38.4%）及全国平均水平（24.9%），即使与同处中西部的江西（12.2%）和四川（10.2%）相比也有较大差距。

（三）从区域结构看，长株潭城市群增长极作用不够突出，大湘西地区发展落后

一是与中部其他城市群相比，长株潭城市群核心增长极的作用仍然不够突出。2011年长株潭城市群GDP占全省GDP的42.4%，占比比中原城市群、武汉城市圈、皖江城市带、环鄱阳湖城市群分别低了16.7、18.1、23.8、16.4个百分点。

二是大湘西地区发展滞后，与全省比差距较大。2005～2013年，大湘西地区生产总值年均增速为12.2%，比全省平均水平12.7%低0.5个百分点。大湘西地区生产总值占全省的比重由2008年的13.7%下降到2013年的12.8%，下降0.9个百分点。总体来看，大湘西地区的经济社会发展、基础设施建设、人民生活等诸多方面，与全省平均水平比仍有较大差距。

三是不同区域间居民收入差距不断拉大。2012年，长株潭地区和大湘西地区城镇居民人均可支配收入差额为12771元，为2008年（6615元）的1.93倍；农村居民人均纯收入差额为8393元，为2008年（3970元）的2.11倍。各市州居民收入差距较大，2013年，全省14个市州中城镇居民人均可支配收入最高的长沙市（33662元）比最低的湘西州（16466元）人均多了17196元，农村居民人均可支配收入最高的长沙市（19713元）比最低的湘西州（5260元）人均多了14453元。

（四）从城乡结构看，城镇化进程相对偏缓，城乡二元结构矛盾较突出

一是城镇化率较低，城镇化发展滞后于工业化水平。2013年，湖南城镇化率为47.96%，低于全国平均水平（53.73%）5.77个百分点，在中部六省中低于湖北、山西，排在第3位。2013年，湖南城镇化率与工业化率的比值为1.17，低于国际公认的1.4~2.5的合理区间。同时，人口城镇化速度慢于土地城镇化速度。2008~2011年，湖南建成区面积年均增长6.6%，而城镇人口年均仅增长3.3%，城镇土地面积增速是人口增速的两倍。

二是城市规模偏小，辐射力不强。至2011年底，湖南共有设市城市29个，其中超大城市（人口多于200万）、特大城市（人口在100万~200万之间）各有1个；大城市、中等城市分别有8个、7个，小城市12个，比2005年减少5个，城镇规模不断扩大。但与中部及全国其他省份比较，湖南特大以上城市偏少，中等城市较多。2011年，特大及以上城市只有2个。而湖北、江西、安徽分别有5个、3个、3个，江苏超大城市就有8个。

三是城乡二元结构矛盾仍较突出。一方面，城乡居民收入和消费水平差距扩大。2012年，湖南城乡居民收入绝对差距为13879元，比2008年的9308.7元扩大4570.3元；收入绝对差在中部排名第2，仅低于山西（14055元）。2012年，湖南城镇居民人均消费性支出达14609元，而农村居民人均生活消费总支出仅为5870元，两者差距为8739元，比2008年6140.5元扩大2598.5元。另一方面，城乡医疗、教育、养老等基本公共服务差距极大。有专家称，仅附着在城乡户籍上的不平等福利就达60多种。

（五）从所有制结构看，非公有制经济发展不足

一是发展速度相对不快。以私营企业为例，2011年，湖南省私营企业户数为21.9万户，而江苏、广东、浙江、山东省分别为119.8、110.8、71.9、59.8万户，湖南省不仅远低于沿海省份，比中部的湖北省也少8.34万户。二是企业实力不强。2012年，湖南非公经济规模工业企业中，主营业务收入过100亿元的企业5家，50亿~100亿元企业5家，10亿~50亿元企业125家，

1亿~10亿元企业5276家，分别占全省非公规模工业企业的0.04%、0.04%、1.09%和46.09%；非公有工业企业户均资产0.83亿元，分别仅为全部和国有控股企业的59.2%、7.6%。三是创新能力不足。2012年，在全省非公规模工业企业中，户均研发（R&D）项目经费支出和户均研发人员分别为168.00万元和7.5人，分别比全省规模工业平均水平少103.90万元和2.5人。非公规模工业企业研发（R&D）项目经费支出占其主营业务收入的比重仅为1.08%，比全省规模工业平均水平低0.17个百分点。

三 加快湖南经济结构调整的建议

（一）优化布局，强化创新，突出“两型”，推动产业结构优化升级

一是优化产业布局。在推动装备制造、钢铁、建材等传统优势产业转型升级的同时，大力推进文化、旅游、食品、医药、纺织等民生消费型产业发展壮大，加快培育电子信息、新材料等发展潜力大的战略性新兴产业。大力培育新一代信息技术产业，加快推进下一代互联网、物联网、云计算、三网融合、数字家电等新一代信息技术领域技术研发和应用，加强对通用航空、工业机器人、智能电网、太阳能装备制造、风能装备制造、储能新材料、可持续建筑、3D打印等新兴业态的扶持，促进重大科技成果产业化，尽快形成产业规模。加快现代物流、金融保险、电子商务等现代服务业发展，扩大服务外包、创意产业规模，挖掘传统服务业发展潜力。通过税收优惠、人才培育等，构建有利于现代服务业与制造业特别是先进制造业融合发展的互动机制。推动劳动力密集与资金密集、技术密集、资源密集型产业协调发展。建设好工业园区，提升园区的带动力和辐射力，引导企业向园区集中，提升规模、集聚效益。通过战略联盟、并购重组，做大做强优势产业和优势企业，重点支持装备制造、有色金属、钢铁、化工等行业骨干企业兼并重组，通过对落后企业、困难企业、产业链、品牌的整合以及对要素资源的整合，提高产业集中度，扩大市场份额。

二是强化科技创新。科技创新是产业结构转型升级的重要驱动力。围绕提

高产业、企业核心竞争力，在战略性新兴产业、节能减排、民生科技、低碳技术等领域布局实施一批科技重大专项。围绕解决经济转型升级中的关键技术和共性技术开展自主创新，筛选出一批能有效促进产业升级、技术改造和节能减排的自主创新技术和产品，为重点产业振兴提供支撑，带动产业结构调整，如新能源汽车、新一代钢铁可循环流程工艺技术、高性能宽带网等。依托国家重点工程建设，提升湖南集成创新能力。突出产学研结合创新，突出创新平台建设，积极组建产业技术创新战略联盟，促进科技成果向现实生产力转化。引导创新要素向企业集聚，支持企业广泛应用新技术、新工艺、新设备、新材料，推进产品创新，适应市场变化。

三是突出两型引领。将两型理念、两型技术、两型标准和现代组织管理方式，贯穿到生产生活的全过程，对传统产业和服务全面进行两型化提升，加快淘汰落后产能，大力发展低碳经济、绿色经济，完善循环经济产业链，逐步形成有湖南特色、符合两型要求的现代产业体系和发展模式。

（二）提高投资效益，扩大居民消费，增强内需动力

一是扩大有效投资，优化投资结构。加强重大项目建设。抢抓国家政策调整机遇，积极策划储备一批立体交通网络、下一代信息基础设施、节能环保、集中连片特殊困难地区等方面的大项目、好项目。创新融资方式，强化资金保障。积极争取各金融机构加大信贷投放力度，做实做强省级投融资平台，充分发展和利用湖南多层次资本市场，大力支持企业上市融资和再融资，探索运用BOT等项目融资方式以及新兴的资产证券化融资方式。进一步优化投资结构。把湖南优化投资结构的着重点放在与工业化、信息化密切相关的先进制造业、信息产业、高科技产业以及公共管理等行业上，放在有利于推动产业结构调整的研究开发投资和设备更新投资上。

二是努力扩大消费需求。切实增加居民特别是低收入群体的收入，提高其消费能力。努力优化消费环境。下大力气整顿和规范市场秩序，强化食品药品质量安全监管，让居民放心消费。加强城乡市场流通体系建设，完善农村商品销售服务体系，加快推进以连锁经营、物流配送和电子商务为主要内容的现代流通组织形式，支持大型连锁超市向农村延伸。积极培育消费新热点。大力培

育和发展文化娱乐、医疗保健、教育培训、健身、家政、养老服务等行业，大力推行电子商务和手机、电话、电视、网络购物等新型消费模式。大力推进消费信贷。支持金融机构增加消费信贷品种，拓宽消费信贷领域，扩大消费信贷规模，满足居民消费对金融的多样化需求。

（三）积极融入长江经济带和长江中游城市群建设，推动区域协同发展

长江经济带和长江中游城市群是我国未来经济增长潜力最大的区域，有望成为继沿海经济带之后最有活力的经济增长“第四极”。这无疑将为湖南的发展提供广阔的空间和巨大的机遇，湖南应加强与长江流域各省市多层次的联系和交流，积极谋划、主动作为。

一是充分发挥长株潭城市群核心增长极的作用。长株潭城市群，是湖南发展的核心区、示范区和带动区，也是构成长江中游城市群的四大城市群之一。要顺应新一轮世界产业发展与产业结构调整方向，充分发挥长株潭产业、人才、科技等优势，引领和示范全省转型创新发展。加速吸引和集聚国内外先进要素，积极推进传统产业转型升级，大力发展高技术含量、高附加值、高带动性的资本密集型和智力密集型产业，着力构建以高新技术和现代服务业为主体的“信息化、智力化、清洁化、节能化”产业体系；打造全国先进装备制造业基地、战略性新兴产业基地、区域消费中心及具有国际影响的文化创意中心，率先实现经济结构优化升级和增长方式转变。同时，适当调整行政区划，创新区域协作模式与协调机制，成立区域合作组织，实质性推进长株潭区域一体化进程，不断增强长株潭城市群的集聚辐射功能。

二是推进环洞庭湖生态区加快融入长江经济带。洞庭湖生态区要充分发挥位于沿长江发展轴的区位优势，积极融入长江经济带、长江中游城市群的开发开放，放大长江黄金水道效应，推进区域交通、水利、环保等重大基础设施建设。突出岳阳地处湖南长江沿岸的独特区位优势，加强对岳阳市产业发展、城镇建设的规划布局和政策扶持，尽快把岳阳建成湖南次中心、长江经济带的中心城市、现代服务业和高新技术制造业集聚区，进而使之成为湖南融入长江经济带和长江中游城市群的桥头堡。加快推进长株潭与岳阳、常德、益阳的经济

一体化进程，着力培育以岳阳、常德、益阳为中心，以一批富有山水人文特色的县城和重点小城镇为配套的环洞庭湖新型城镇群。

三是大力推进湘南地区开放开发。湘南地区要加快推进国家级承接产业转移示范区建设，以承接产业转移为主题，大力发展加工贸易，同时强化政策保障，优化承接条件，创新体制机制，深化区域合作，充分发挥湘南地区毗邻粤港澳和北部湾的区位优势，大力构建与珠三角、北部湾国际区域经济合作区的快捷运输通道与大通关合作机制，加快郴州、永州公路口岸等出境和跨省通道建设，充分利用珠三角、中国东盟自贸区等国际平台，升级改造冶金、机械、有色、造纸、化工等传统产业，增强产业配套能力；整合区域产业园区与开发园区建设，引导产业集聚、错位发展。

四是加大大湘西地区扶贫开发力度。充分发挥大湘西地区资源生态优势，加强保护和开发，以参与西部大开发和武陵山连片地区扶贫开发为契机，进一步完善基础设施，增强人口集中、产业集聚能力，将怀化、邵阳、吉首、张家界打造成为西部重要交通枢纽、边区贸易中心和生态文化旅游城市。重点发展有区域特色和比较优势的大湘西旅游产业集群、绿色生态食品与生物医药产业链以及水电能源、锰锌矿产、物流边贸等产业，打造国内外知名的旅游胜地。坚持精细精准，打好扶贫开发攻坚战。因地制宜加强基础设施建设和地方产业发展，做到一乡一策、一村一策，一户一个脱贫计划，实施精准扶贫；重点帮扶特困村、特困户，保障贫困群众的基本生活；提高贫困地区基本公共服务水平，加强贫困地区教育，增强“下一代人脱贫致富能力”，增强其自我发展能力。

（四）加快推进新型城镇化，促进城乡统筹发展

一是构筑大中小城市和小城镇协调发展的城镇体系。加快推进长株潭城市群建设，加快发展两型产业，充分发挥其在全省的核心增长极作用。做大做强区域中心城市。完善城市功能，提升产业聚集度，提高发展质量和水平，增强城市聚集和辐射带动能力。将常德、郴州、怀化、永州打造成省际边界中心城市，将衡阳、岳阳、益阳、娄底、邵阳、张家界、吉首打造成区域性中心城市，以支撑和带动区域经济发展。积极发展县城和小城镇，着力支持县级城镇

的提质扩容，发挥其统筹城乡发展的桥梁纽带作用。加强县城工业园区、生活居住区、交通枢纽和生态环境建设，进一步强化其聚集能力，支持一批县城做大做强，发展成为中小城市。结合历史文化名镇、旅游名镇创建，积极实施县城中心镇和次中心镇提质扩容，打造一批高品质、功能型、特色型精品小城镇，使之成为向周边农村提供生产生活服务的功能中心。

二是推进城乡一体协调发展。协调好城市群以及城镇密集地区的城乡空间发展布局，协调好城镇建设、产业发展、耕地保护和生态环境保护方面的关系。着力提高城市带动农村发展的能力，积极推进城市基础设施、公共服务向农村延伸，形成覆盖城乡、布局合理的基础设施网络和城乡公共服务网络。健全城乡统筹发展的体制机制，加快破除城乡分割的体制障碍，建立健全与新型城镇化相适应的户籍、土地、社保和公共服务等制度，有序推进农业转移人口市民化。

（五）深化改革创新，为经济结构调整提供体制机制保障

一是推进有利于经济结构调整的所有制改革。进一步深化国有企业改革，加快建立现代企业制度，完善国有资产管理体制，加快国有企业技术、经营管理、人力资源管理等改革创新，提高国有企业效率、活力和竞争力。积极发展国有资本、集体资本、非公有资本等交叉持股、相互融合的混合所有制经济。大力支持非公有制经济发展，完善产权保护制度，清理和废除对非公有制经济的一切不合理规定，创造条件让非公有制企业进入特许经营领域，鼓励非国有资本参与国有企业改制重组、合资经营、参股国有资本投资项目等，建立民间资本进入微利或非营利性市政公用事业领域的激励和补贴机制，创造更加宽松的非公有制经济发展环境。

二是加快建立有利于经济结构调整的市场体系。充分发挥市场在资源配置中的决定性作用，探索制订负面清单，建立公平的市场准入制度。完善重要公用事业、公益性服务、网络型自然垄断环节政府定价机制，建立符合市场导向的价格动态调整机制。加快推进水、电、天然气、交通、电信等领域价格改革，重点推进发电企业、燃气供应企业、自来水生产企业与用户直供改革，放开竞争性环节价格。建立健全农产品期货制度，建立产销区利益补偿机制等，

完善资源性产品和农产品价格形成机制。建立城乡统一的建设用地市场，在符合规划和用途管制的前提下，允许农村集体经营性建设用地出让、租赁、入股，实行与国有土地同等入市、同权同价，完善对被征地农民的合理、规范、多元保障机制，完善土地租赁、转让、抵押二级市场，建立征地补偿与保障标准的动态调整机制。推动资源配置依据市场规则、市场价格、市场竞争实现效益最大化和效率最大化。

三是健全有利于经济结构调整的财税和投融资体制。深入推进财税体制改革。理顺省以下财政体制，明确省与市县事权，理顺省与市县收入划分，建立健全县级基本财力保障机制。优化财政支出结构，扩大提高一般性转移支付规模和比例，加大对县级财政转移支付力度，加大对贫困地区、革命老区、民族地区和生态功能区的倾斜力度；改进和完善省对市县的配套政策，逐步取消竞争性领域专项和地方资金配套；加大对农村基础设施、就业、社会保障、教育、医疗卫生、科学研究、生态环境、公共安全等公共服务领域的投入。积极稳妥推进税制改革，全面实施增值税转型改革，加快资源税改革，推动环境保护费改税，推动地区间建立横向生态补偿制度，探索碳排放权、排污权、水权交易制度，促进技术进步、结构调整和发展方式的转变。加快推进投融资体制改革。对经营性基础设施允许多种形式的融资创新。统一招投标平台建设，提高招投标管理的透明度。加快长株潭城市群金融改革创新，健全促进经济结构调整和发展方式转变的地方金融体系。积极发展中小金融机构，加快设立村镇银行等新型农村金融机构，推动民间资本进入金融业。发挥金融支持经济结构调整和转型升级的作用，引导信贷资金支持实体经济、支持“三农”和小微企业、支持消费升级，鼓励创新、创业型中小企业融资发展。

四是完善有利于经济结构调整的政府管理体制和考核评价体系。加快转变政府职能。按照建设服务型、法治型政府的要求，减少政府对微观经济运行的干预，真正把政府工作重点集中到经济调节、市场监管、区域协调、社会管理和公共服务等方面来。深化行政审批制度改革，最大限度精简行政审批事项，取消对能够由市场机制有效调节的经济活动的审批，进一步减少保留审批事项的审批环节，优化审批流程，大力推行阳光审批、网上审批。推进行政效能建设，严格实行首问负责制、限时办结制、责任追究制，转变作风，改进服务，提高效率，着力营造公平、公正、公开、可预期的发展环境。优化发展成果考核评价体系。更多采用经济结构、资源环境、人的发展等方面的指标，更加重视对结构优化、自主创新、资源节约、环境保护、就业和民生改善等方面的评价，并逐步把各类单项评比、达标、表彰等考核事项纳入统一的考核体系，形成较完善的体现科学发展观的评价体系。强化考核结果的运用，引导各级政府把工作重心转到调结构、促两型、惠民生上来。

B.31

走城乡一体的新型城镇化道路

朱 翔*

近些年湖南省城镇建设迅速推进，取得了令人瞩目的成就。2012 年全省城镇人口 3097.06 万，城镇化水平 46.65%。全省初步形成了以长株潭城市群为核心、区域中心城市为依托、县城和中心镇为基础的大中小城市和小城镇协调发展的城镇体系。

但总体来看，城镇化仍然是湖南省经济社会发展的“短腿”，2012 年湖南省城镇化水平比全国平均水平要低 6.2 个百分点，城镇化水平明显滞后于工业化水平，城镇发展的质量也不算高。湖南省现已进入城镇化推进的关键时期。湖南的城镇化，应当强调以人为本，更加重视质量的提升，而不仅仅是圈地造城，盲目扩张。贯彻落实党的十八届全会精神，走城乡一体的新型城镇化道路，深化体制机制改革，推进城乡统筹发展，对于湖南加速建成小康社会，不断提高人民的物质、文化生活水平，都具有非常重要的意义。

一 将新型城镇化作为推动湖南发展的重要手段

湖南是一个传统的农业大省，农村人口多，城镇化水平低，城乡二元结构矛盾突出。2000 年全省城镇化率 29.75%，2012 年提高到 46.65%，其间年均递增 1.40%。结合 2020 年湖南全面建成小康社会的发展目标，全省城镇人口每年需要净增 100 万 ~ 120 万人，因此城镇化的任务相当繁重。

加快推进城镇化，既可拉动投资，又能促进消费，是有效扩大内需、加速经济发展的重要手段。就湖南的情况来看，城镇化率每提高一个百分点，能够

* 朱翔，湖南师范大学教授、博士生导师。

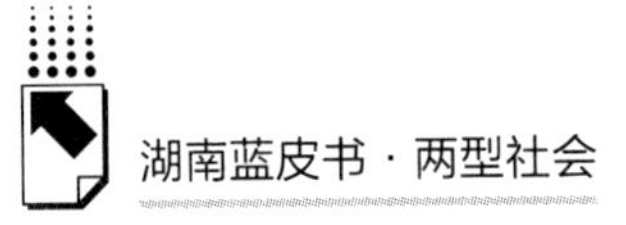

安排40万人就业，拉动3500亿元的投资，扩大1500亿元的消费。

城镇化能够促进土地增值，带动房地产和服务业的发展，从而有效激活地方经济。结合湖南省情，现阶段可侧重在大城市边缘区，在典型的农业地区，在开发区及其周边地区开展城乡一体化的试点工作，并与基础设施和公共服务设施建设相结合，以显著拉动区域经济的发展。

湖南的城镇化速度要与经济社会发展速度相协调。针对每年新增加的城镇人口，必须进行基础设施、公共服务以及相关领域的配套建设，这就需要相当大的经济投入，单靠政府财力是难以负担的。因此，必须调动多方面的积极性，并借助外界的力量，以减轻政府的财政压力。

在强调城市群和中心城市带动作用的同时，还要重视小城镇尤其是县城的协调发展。从严控制特大城市的人口规模，引导乡村人口更多地向中小城市和小城镇转移。湖南新增的城镇人口中，一半由县城和建制镇吸纳，1/4由中小城市吸纳，还有1/4由大城市和特大城市吸纳。需要降低农民进城的门槛，需要政府给予政策优惠和资金补贴，以促进新型城镇化的有序推进。

二　采取得力措施，推进湖南城乡一体化建设

湖南“三农”问题的解决，不能就农业论农业、就农村论农村、就农民论农民，不能把农民排斥在工业化和城镇化的进程之外。必须跳出“三农”看“三农”，通过城乡资源共享、人力互助、市场互动、产业互补，通过城市带动农村、工业带动农业，建立城乡互动、良性循环、共同发展的一体化体制。湖南农业的问题需要工业参与解决，湖南农村的问题需要城市参与解决，湖南农民的问题需要依靠劳动力转移来解决，“三农”问题的解决需要工业化和城镇化的强力支撑。必须实现农业与工业、农村与城市、农民与市民之间的合理转换与良性互动。没有城市的积极参与，没有工业的有力支持，农村全面小康就难以顺利实现。

湖南“十三五”规划和中长期规划的制订，要把农村经济与社会发展纳入整个国民经济与社会发展体系，以城乡一体化发展为路径，打破城乡界线，优化资源配置，更多地关注农村、关心农民、支持农业，实现城乡共同繁荣。

只有减少农民，才能富裕农民，“减少农民”是解决三农问题的根本出路。农村剩余劳动力的适时转移与充分就业，是实现农业现代化、促进经济长期繁荣的必要前提。

改变目前城乡规划分割、建设分治的状况。编制城乡统筹发展系列规划，包括城乡统筹产业规划、城乡统筹用地规划、城乡统筹基础设施规划，促进城乡分割的传统二元结构向城乡一体的现代一元结构转变。建议在长株潭地区结合城市群两型社会建设，开展城乡一体化的规划试点。政府增加对农村道路、交通运输、电力、电信、商业网点设施等基础设施的投入。农村工业向城镇工业园区集中，城市基础设施向农村延伸，城市社会服务事业向农村覆盖。加强现代农业基础支撑，着力构建集约化、专业化、组织化、社会化相结合的新型农业经营体系。

建立城乡一体的劳动力就业制度、户籍管理制度、教育制度、土地征用制度、社会保障制度等，给农村居民平等的发展机会、完整的财产权利和自由的发展空间。统筹城乡社会保障，包括农村公共卫生、农民养老保险和医疗保险、农村社会保障制度。现阶段湖南省要把统筹城乡教育作为统筹城乡发展的首要工程。缩小城乡教育差距，优先发展农村教育，增加农村教育投入，构建城乡教育发展共同体。

三　推动农村土地的有序流转和合理利用

结合土地制度创新，在城乡土地流转领域，湖南应积极先行先试，关键在于让农民获得更多的财产收益，促使其更好更快地融入城市，并弥补地方建设用地的缺口。

湖南农村宅基地的问题是：布局散乱，粗放利用，存在着一户多宅、超标占地的情况，农民只有使用的权利，退出机制不够健全，形成大量空心村、闲置地，导致乡村用地的不合理。采用经济手段推动农村闲置宅基地的退出与流转，使农民用闲置宅基地可置换商品房、农民公寓房或货币补偿。稳妥推进农民宅基地抵押担保转让，探索增加农民财产性收入的新路子。

建立起适合湖南省情实际的土地要素有序流动、平等交换、合理利用的土

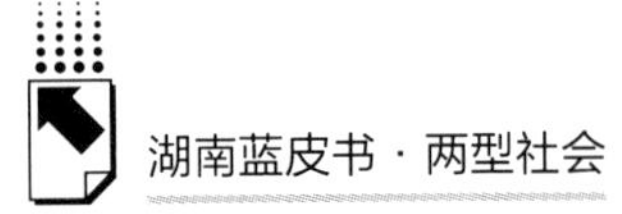

地市场。对农村居民整户连续八年以上在城镇有稳定职业并购置住房，已成为事实的城镇居民的宅基地实行收回补偿机制，其承包地经营实行依法、自愿、有偿流转。

在洞庭湖区，建设一系列现代化大农场，将当地的农业劳动力转变为农场职工，使其享受国家职工待遇，比如医疗、保险、养老、住房等，相对集中居住，所腾出的宅基地和村镇用地用于二次开发。建议在岳阳市君山区、常德市澧县开展先行先试。

在长株潭城市群，尝试“开发区＋乡镇”的城乡统筹发展模式。将开发区与附近的乡镇合并，创建园区与乡镇一体化的管理模式。可选择湘潭高新区＋河口镇或杨家桥镇开展先行先试，全面整理乡镇土地，优化调整功能分区，提高建设用地的利用效益。

在大湘西地区，构建一系列各具特色的生态农庄，重点发展观光农业和生态农业，把旅游业、服务业与大农业紧密地结合起来。可选择永定区、慈利阳和、凤凰县开展先行先试。

在湘南地区，推广现代化的农业合作社发展模式，实行市场导向型的农工商一体化经营，以此促进农民的梯度转移，推动土地的梯度流转，提高农民的经济收入，增强农业抗御风险的能力。

四　调整行政区划，将一部分县改为市或区

在新型城镇化背景下，国家“县改市”拟重新开闸。针对湖南省县城和中心镇规模偏小、带动能力偏弱、功能不完善等问题，现阶段需要着力培育综合实力较强、发展潜力较大、产业特色突出的地方性城镇，并将一部分县提升为县级市或改设为中心城市辖区。

建议将道县改设为道州市，作为永州市南部的中心城市，辐射带动江永、江华、蓝山、新田、宁远的发展，并对接桂北地区。将宁乡县改设为宁乡市，作为长沙市西部增长极和市域次中心城市，并辐射湘中地区。将澧县、津市合并为澧州市，作为常德市次中心城市和澧水流域主体增长极，积极对接长江黄金水道。将邵东县改设为邵东市，作为邵阳的战略性新兴产业基地。将新宁县

改设为崀山市，促使崀山尽快成为高层次的国际旅游目的地。将攸县改设为攸州市，作为株洲市南部的中心城市。建议将长沙县改设为星沙区，在湘潭市新设易俗河区，在株洲县新设渌口区，在常德市新设德山区，改怀化市中方县为中方区。

五　推进城市群建设，集中与分散相结合

大城市的集聚功能和规模效益都比较好，但中心城区规模过大，往往会产生严重的“城市病”。以长沙市为例，中心城区交通阻塞问题突出，大气质量明显下降，$PM_{2.5}$污染问题突出。基于这样的背景，把中心城区继续做大，尤其是提高内城区的容积率和开发强度，显然是不合适的。到 2020 年，长沙城区人口应控制在 500 万人以内，但要做大做强一系列卫星城，比如浏阳、宁乡、湘阴、汨罗、平江等县（市）。在平汝高速通车后，从浏阳永安到平江县城仅需 50 分钟，平江已被纳入长沙市 1 小时经济圈的范畴。

解决城市病最好的办法就是建设城市群。湖南的新型城镇化，要走的是一条城市群与就地城镇化并举的道路。从全省来看，需要抓紧建设长株潭、洞庭湖（以岳阳、益阳、常德为中心）、湘南（以衡阳、郴州、永州为核心）三大城市群，再就是湘西城镇带（以张家界、吉首、怀化、邵阳、娄底为核心）。长株潭城市群建设的重中之重是长沙市的整体提升和创新驱动，长沙高铁片区成为当前重点开发的区域；再就是株洲、湘潭两市的产业结构优化。洞庭湖区城市群建设的重中之重是做大做强岳阳市城陵矶港区，积极参与长江经济带的开发建设；再就是推动澧县—津市融城，通过二广高速对接湖北省荆州市，走二广高速从澧县到荆州尚不足 90 公里。湘南城市群建设的重中之重是培育产业承接的平台：衡阳抓紧壮大电子信息产业；郴州重点培育好以北湖区、苏仙区为核心，以永兴—宜章为纵轴、以汝城—资兴—桂阳—嘉禾为横轴的“大十字”；永州积极承接劳动密集型加工制造业。湘西城镇带重点培育生态型产业，张家界、自治州侧重于旅游观光产业，怀化侧重于先进制造和商贸物流，娄底侧重于循环经济、资源深加工和现代物流，邵阳侧重于先进制造和特色产业。

B.32 湖南走绿色、低碳新型城镇化道路对策研究

蔡建河　刘海涛*

走绿色、低碳新型城镇化道路，是提升城镇化质量、促进可持续发展的必然要求。湖南近年来城镇化绿色低碳发展明显进步，但差距仍然巨大。要进一步以转变城镇化发展方式为核心，采取有力措施，推动绿色、低碳新型城镇化进程。

一　湖南推进绿色低碳新型城镇化的进展

近年来，湖南绿色低碳城镇化建设逐步推进，取得了明显进展。长株潭作为全国两型社会建设试验区，走在全省前列。

（一）城镇生态环境不断改善

2012 年全省县城污水和垃圾处理全覆盖、城镇污水处理率和生活垃圾无害化处理率达到 85% 和 82.3%。湘江沿岸各市加大污染治理力度，整个湘江流域Ⅰ～Ⅲ类水质断面占 87.5%，比 2007 年提高 5 个百分点。以湘江风光带建设为载体，湘江沿岸城市大力推进两岸河谷、湿地保护、森林公园等生态项目建设。长沙社区环境综合整治工程荣获联合国“人居环境良好范例奖”，株洲由全国十大污染城市转变为生态宜居城市、全国卫生城市，湘潭跻身国家园林城市行列，衡阳市常宁塔山瑶族乡等一批乡镇和村晋升为国家级生态乡村。

* 蔡建河，湖南省人民政府经济研究信息中心区域经济研究处处长；刘海涛，湖南省人民政府经济研究信息中心。

2012 年，全省城市绿化覆盖率达到 36.79%，14 个地级城市空气质量全部达到国家二级标准。

（二）污染治理力度加大

各市加大淘汰落后产能力度，重点减排工程建设成效显著，城镇污水处理厂管网、污泥处理，垃圾处理场渗滤液处理等配套设施建设完善工作全面铺开。全面推进重金属污染治理，2011 年全省废水中铅、镉、砷的排放量分别比 2007 年削减 32.49%、26.76% 和 15.33%。2012 年全省推出包括湘江流域重金属污染治理、氮氧化物减排、长株潭大气污染联防联控、城镇污水处理厂及生活垃圾处理设施配套建设等十大环保工程，涉及总投资 600 多亿元。继续加强环保基础能力建设。省和 14 个市州监控中心、信息与统计、环境应急等系统全部建成，水、气重点污染源在线监控网络体系基本建成。

（三）产业绿色低碳发展加快

城镇产业结构调整力度加大，两型产业比重提高。2012 年七大战略性新兴产业占地区生产总值的比重为 10.3%，高新技术产业增加值占工业增加值比重达 36.3%，6 个高耗能行业占规模工业比重比 2007 年降低 10.2 个百分点；文化和创意产业增加值达 1175 亿元，占 GDP 的比重达 5.3%，居中部地区第一。“十一五”全省万元 GDP 能耗下降 20.4%，科技进步对经济增长的贡献率为 51.5%。2011 年工业废弃物利用率达到 81%，高出全国平均水平 10 个百分点。循环经济逐步发展，株洲清水塘、岳阳云溪工业园等园区形成循环产业链。全省大力推广包括新能源发电、“城市矿产”再利用、重金属污染治理、绿色建筑等在内的十大清洁低碳技术，规划项目 800 多个，总投资达 800 多亿元，一批项目已经启动。

（四）绿色建筑与交通开始起步

2012 年全省绿色建筑创建面积 326 万平方米，2 个项目列入国家绿色建筑示范项目，3 个项目获住建部绿色建筑评价标识。长株潭出台民用建筑节能条例，实施大型公共建筑节能监控和改造。2013 年全省着手开展绿色建筑行动，从2014年开始各级政府投资新建的公益性公共建筑以及长沙市保障性住房，要全部执行绿色建筑标准。绿色交通工具得到采用。《长株潭城市公共客运行业清洁能源、节能与新能源汽车推广方案（2012～2015年）》出台，一批新能源、天然气清洁能源公交车投入运营。株洲成为全国低碳交通运输体系建设试点城市，公共自行车租赁系统正式投入使用。长沙规划建设12条全长220公里的“绿道”。

（五）积极倡导绿色低碳生活

绿色创建走向法制化、标准化。2012年颁布《绿色湖南建设纲要》，全省两型标准达到16个，节能减排地方标准15个。两型创建工作全面展开，包括两型学校、社区、村庄、城镇、景区、企业、机关、市场门店、农民专业合作社及两型家庭等十大重点领域。全民共建两型社会的氛围逐步形成。群众参与两型社会建设的积极性提高，更多市民钟情于绿色出行，选择理性消费、务实消费，注意节约用电、用水、用气，两型消费模式逐渐显现。

二　湖南低碳绿色城镇化建设存在的问题

目前，我国及湖南城镇化的绿色低碳发展中，工作重心仍是针对已经形成的问题进行治理。城镇化发展方式转变依然任重道远。

（一）对绿色低碳城镇化的认识有待深化

我国城镇化发展很快，但对城镇化发展规律的把握仍然不足。长期以来，政府更多地是从经济增长的角度看待城镇化进程，把促进工业化、发展房地产业等作为城镇化重点工作。城镇化发展中一些更重要的基础性问题，如怎样建设高质量可持续发展的城镇、形成健康有序的城市社会，反而未受到足够重视。近年来，由城市扩张带来的“城市病”日益突出，人们这才逐步意识到建设宜居城镇、绿色低碳城镇的重要性，并采取了一些措施。但这些措施缺乏系统性和深入性，一些环境治理政策也仍然是“软约束”，相对于促进GDP增长的政策，其刚性程度远远不够。

（二）城镇多年积累的环境“负债”仍然很多

城镇绿色低碳建设要解决的问题仍然非常多。重金属污染问题治理难度大。国家要求“十二五”末湖南重点区域重金属排放在2007年的基础上削减15%，湘江流域涉重金属企业数量比2008年减少50%，重金属排放量比2008年减少50%。但由于有色采选冶等涉重金属产业是湖南传统支柱产业，既有历史遗留问题也有新增排放量问题，结构调整涉及大量企业关停、整合、搬迁，要从根本上解决问题短期内难有可能。污染减排任务仍然艰巨。“十二五”期间湖南规划的化学需氧量、氨氮、二氧化硫和氮氧化物绝对削减量分别要达到2010年的36%、40%、28%和29%，但目前省内减排潜力不足，重点行业企业减排空间小，基础处理设施建设进展慢，新增领域指标减排困难大。水环境污染依然严重。2012年全省7330.8公里长的河湖水域水质监测评价表明，全年Ⅱ类、Ⅲ类、Ⅳ类、Ⅴ类及劣Ⅴ类水质河长分别占64.3%、31.2%、3.9%和0.6%，水环境状况仍不容乐观。环保能力建设尚待加强。基层环保部门监察、监测能力仍不能适应形势的需要，特别是县级环保部门缺乏必要的大气污染、重金属污染监测手段，监督管理难以到位；基层环保专业技术人才缺乏，农村环境监管机制不健全。

（三）城镇内涵发展模式有待深入探索

绿色低碳城镇的构建，应是贯穿城镇的规划设计、城镇建设、城镇运行、城镇管理的一个完整过程，是涵盖城镇社会、经济、文化等各个领域的系统工程。这一工作最根本的要求，就是要具有前瞻性，将问题防患于未然，而不是等各种问题出现以后再进行治理。各发达国家城镇化模式或有不同，但系统地具有战略性地“将工作做在前面”是其共同经验。如何系统地实现城市建设与运行管理的绿色低碳化，湖南与国际先进水平比仍存在巨大差距。

三　建设绿色低碳城市的对策建议

（一）稳步推进绿色交通建设

我国国情决定城镇必须建设高效、绿色、低碳的交通体系。要借鉴发达国家成功经验，重点做好以下工作。

实行公交优先战略是当务之急。发展公共交通既是提高客运效率的必由之路，也是创造绿色就业岗位的有效途径。以美国为例，每投入公交100万美元就创造36个岗位，每年全美公交创造的就业岗位达到170万个。湖南要加快制定可行的公交优先发展战略，提高投入水平，不断提高城镇公交保障能力。

一是基础设施保障。城镇道路公交优先，根据需要开辟和拓展公交专用车道。增加公交线路，满足通达性要求。特大城市和大城市适时发展轨道交通。建设好公交站台，保证上下通畅安全。

二是车辆保障。根据公交线路旅客流量，合理足额配置车辆数量，提高公交车质量和舒适性，控制公交超载程度。加快以绿色能源及低排放公交车替换高排放汽车。

三是服务质量保障。加强各项安全措施，保证公交安全，重视公交对于旅客尤其是老弱病残者的人性化服务。四是个性化公交。将城镇出租车纳入准公交范围，根据城镇规模配备足够车辆，提高服务水平。

自行车是很多发达国家城镇普遍推崇的短途绿色交通工具。中国城市人口密度高，尤其适合发展自行车绿色交通。一是要保障自行车通行道。纠正近年来机动车道挤占自行车道的错误做法，恢复并拓展正规安全的自行车道路，有条件的地方设置自行车专用道。二是加大投入，建好城市自行车租赁系统，提供足够的自行车停车场地。打击自行车偷盗现象。对于城镇电动车，要控制速度，保障安全。

有效管理私家车。城镇交通中限制私家车使用是很多发达国家的重要政策。我国在堵车严重的城市应理直气壮地实行这一措施。一是在道路优先次序上，要优先确保行人、公交车、自行车的道路使用权，私家车不能任意挤占其他道路；二是要根据城镇交通状况，以私家车定时禁停、高额停车费、高峰时段限行、加强违规处罚等措施，控制城镇私家车的使用；三是倡导“拼车”等做法，减少私家车流量。

大力推进城镇交通智能化。充分发挥信息技术在交通体系管理中的作用，有效管理和引导城镇交通流量，合理配置交通资源，严格维护交通秩序，提高交通管理水平。

在更高层面上，城市对于未来的交通规划要加强前瞻性。要建设紧凑型城

市，尽量使城镇的居住区、商贸服务区、文化场所、学校、医院等集中配套，减少城镇交通流量。对可能发展成为大城市或特大城市的城市，轨道交通是可行发展方向，对未来轨道交通和其他重要干线应预留线路，建设之前可用作城镇绿化带。

（二）大力促进产业转型

实行环保优先战略，保护属于全体人民的“自然资本”。严格落实企业环境保护责任制。加快发展低碳绿色产业，加快淘汰落后产能。要牢牢把握以下方向。

大力推进清洁生产。近年我国防治产业对环境影响的重点，多关注末端治理环节，总体情况仍不理想。国际上比较成熟的思路是推行清洁生产。清洁生产已从最初的末端治理转向生产过程中的控制。国际经验表明，清洁生产不仅不会增加成本，反而因为生产效率增加而提高了生产力，并在生产过程中因污染预防而大大节省了昂贵的“末端”处理费用，有利于推动产品“绿色化”并提高国际竞争力。我国存在严重的产能过剩，加快污染企业与落后产能的淘汰势所必然。政府要创新发展思路，通过有效的政策和法律手段，支持企业清洁生产技术改造和创新，限期强制淘汰不达标企业，促进产业结构优化升级。

积极发展生态园区。生态工业园是继经济技术开发区、高新技术开发区之后中国的第三代产业园区。生态园区能最大限度地提高资源利用率，从源头上将污染物排放量减至最低，实现区域清洁生产。生态产业园可分为绿色产业园、集成的生态产业园、网络生态产业园等不同层次。湖南城镇当前可将重点放在绿色工业园上面，其特点是要求园区企业以清洁生产技术进行生产，园区管理部门对企业实行严格的环境管理。各园区要积极借鉴国内外先进经验，有的放矢地推进绿色园区建设。政府在用地、政策扶持、资金支持方面，应根据绿色工业园“绿化”程度，优先考虑绿色工业园。

发展绿色低碳新型产业。大力发展环保产业，开发绿色技术，为防治环境污染、改善生态环境、保护自然资源等提供最有力的技术和产品支持。积极发展太阳能、风能等清洁能源。把握居民消费升级趋势，大力发展绿色服务业。例如，针对居民居室、墙面绿化需求，应将花卉产业服务链延伸至每个家庭，为居民提供价格实惠的花卉产品和养护服务，这将是一个巨大的市场。

（三）打造城市美好居住空间

对于城镇居民而言，居住寄托着生活的梦想。要将现代文明成果更充分地运用和体现在城镇居住空间建设上，为每个市民打造美好的居住空间，而不是只关注房地产与GDP。1994年《中国21世纪议程—中国人口、环境与发展白皮书》即提出，“人类居住区发展目标是促进其可持续发展，建成规划合理、环境整洁、优美、安静、居住条件舒适的人居住宅”。建设绿色生态住宅小区是新型城镇化的发展趋势。2001年我国就已发布《绿色生态住宅小区建设要点与技术导则》《中国生态住宅技术评估手册》等。新型城镇化进程中，应将建设绿色生态住宅作为发展方向，加快探索和普及步伐。

要以创新理念做好绿色生态住宅小区规划，建设生态、优美、健康的居住环境，实现节能、节地、节水、节材、环保的可持续发展。应在功能性、生态性、科学性、经济性和超前性相互协调统一的基础上，更加突出完善“绿色生态”特性，做到空间结构合理、自然要素兼备、服务设施完善、节能技术广泛运用，形成自然生态和人工生态复合、自然环境和人工环境融合的优良居住环境。

要全力推动绿色建筑革命。要借鉴先进国家绿色建筑发展理念和技术。当前，要重点注意以下方面：积极运用新型建材，使用无污染材料、可再利用材料、密实保温材料等。开发各种节水、节电、节能和生态建筑技术，使用太阳能、风能等替代能源，增强居住环境的健康性和舒适性。尽可能减少建筑对自然环境的不利影响，在采用自然通风和自然采光技术方面下大力气，以节省照明和降温方面的能源消耗，并要有利于人体健康。要推广住宅工业化生产技术，商品住宅应发展精装修房。

要营造住宅小区良好的公共环境。通过绿化和良好的通风设计，为小区创造具有较好空气质量的“小环境”。小区建筑设计应保证自然采光，公共场所照明应考虑节能技术及再生能源的利用。小区水环境应做到安全卫生、节约用水、收集和利用雨水、提高水资源循环水平，排水应采用雨污分流系统。声环境，应通过建筑空间的合理安排，避免小区内外源噪声紧邻居民生活区，小区中设置的公共设施应采取减震和隔音措施。

小区要推进智能化、数字化管理和服务。应具备网络化、智能化、数字化的服务管理系统，系统应能支撑安全、舒适、高效、便利、节能的居住环境和高质量的物业服务。

生活垃圾及废弃物的管理与处置，应参照国际先进经验，进行分类处理。

（四）大力打造城市绿化“升级版”

相比国内其他城镇而言，湖南城镇绿化总体水平不落后。但相比发达国家的城市，湖南在城镇绿化的密度、人均占有量、质量、美观度上差距非常大。建设绿色低碳城镇，不仅在城市绿化方面作用巨大，而且可创造巨大内需，带动绿色经济发展。

要提升城镇绿化理念。目前，我们对城市绿化的认识基本还停留在栽树种草以创造视觉景观的阶段，但发达国家经历公园运动、城市造美运动、田园城市、绿带等发展阶段，目前的主导理念是建设“生态园林”。以城市生态平衡为主的园林绿地系统代替传统的以视觉景观为主的园林绿地，是当今城市园林发展的方向。对一个现代化城市而言，城市绿化不再是简单的装饰工程，而应纳入整个大环境建设格局中，并与城市建设、环境治理等诸多因素紧密地融合在一起。绿地系统要向网络化方向发展，城镇绿地系统的功能由单一化向多元化转变并趋向生态合理化。我们要以建设生态文明为目标，全面提升湖南城镇绿化水平。

要将城镇绿化纳入科学规划、法制管理的轨道。这是发达国家的共同经验。例如，新加坡政府对建设园林城市不仅有规划目标，有实施办法，而且不同地方的绿化有不同的规范要求和标准，并辅以严格的检查监督。日本东京都从 1981 年开始，制定“城市绿化总体规划”。2000 年，东京都城市规划局和环境局共同完成“绿色的东京规划”编制，规划既有战略高度又极具可操作性。这些非常值得湖南的城镇借鉴。

要大力推动城镇绿化科技进步和文化品位提升。合理选择绿化植物，注意保持生物的多样性；种植对消除不同的环境污染有不同的特殊功效且对人无害的植物，减少汽车尾气、烟尘等环境污染；通过合理的绿地布局与乔、灌木搭配，满足居民室外日常活动需求。在城市建设用地紧张的今天，要营建立体化的绿化系统。除加强常规的大地绿化、社区绿化、街坊绿化和庭院绿化外，还要做好墙面绿化、阳台绿化和屋顶绿化等三维立体的绿化体系，构建多层面的城市绿化环境。要将绿化科技与文化创意产业有机结合，使之绿化美化并彰显城市特色。要在城市绿色空间适度纳入野生动物，形成类似欧美城市中人与自然和谐的生态体系。

要形成城市绿化的合力。政府承担城市公共空间绿化的任务，要加大投入力度，该花的钱要花，不要只讲经济效益。要通过完善法规政策，使各市场主体承担相应的绿化义务，引导专业化企业投身绿化事业。发展城镇绿化服务产业，鼓励每个家庭开展家居绿化。通过广泛动员和完善机制，如通过冠名权、树木领养、绿地义务承包等方式，吸引城市居民投身公益绿化事业。

（五）以更大力度治理影响百姓切身利益的城镇环境污染

环境污染当前备受人民关注和批评，要加大治理力度，从根本上扭转污染严重的局面。当前，湖南要重点做好以下工作。

推进全局性的污染治理工作。针对突出的环境问题，2012 年湖南推出十大环保工程，这对改善城镇整体环境十分重要。要科学规划、明晰每一步目标和期限，严格监督、确保实实在在的成效。要调动全社会参与的积极性，尤其要发挥群众的监督和支持作用。

每个城镇都要注重水环境建设。一是保护好水源地不受污染，水源地及输水沿线都要制定严格的分级保护措施，除对工业设施的污水排放要制定严格标准外，对洗车场、车辆修理厂、金属制品行业等污水排放也要严格进行管理。通过植树造林和湿地等保持水土、净化水质。

二是完善城镇生产生活用水的循环处理和利用系统。要开发各种水处理技术和节水措施，建立雨水、污水分流系统，用蓄水池收集和储存雨水，以及进行污水的中水处理等。将可回收处理的雨水和中水补充到循环水系统中，实现水的循环利用，减少原水的消耗。

三是推广使用高渗透性铺装材料。城市广场、步道、停车场等应尽量采用具有高渗透性的铺地面砖，也可采用带孔隙的地砖、植草砖等，减少对土壤的密闭覆盖面积，以利雨水快速渗透、补充地下水。

净化城镇空气。除城镇绿化、湿地建设等措施外，还要大力控制空气污染。一是控制城市煤烟型大气污染，逐步提高清洁能源、新能源在能源结构中的比重。二是大力治理机动车尾气污染。这些我国都有相应的政策，发达国家也有比较成熟的经验可供借鉴，应认真把各项工作扎扎实实抓起来。三是控制工厂废气的污染。要制定并实施严格的达标排放标准，使各类企业限期达标，坚决淘汰不能达标排放的企业。四是治理其他类型的空气污染，例如建筑扬尘、各种灰尘、餐馆油烟气污染等。应制定有效的施工与卫生规范，严厉处罚违规行为，将污染降到最低。

B.33

长沙市墙材革新促进两型城市建设的调查

长沙市人民政府研究室*

发展新型墙体材料，有利于保护耕地和生态环境，促进资源综合利用，是两型社会建设的一项重要基础工作。为改变传统墙材资源破坏大、能源消耗高的状况，长沙市大力实行“禁实、限粘、利废、推新”的墙改政策，开展墙体材料革新，以节约有限的土地资源，有力地促进了两型城市建设。为进一步巩固长沙市“禁实”成果、加快推进墙材革新，我们专门开展了调研，相关情况及建议如下。

一　长沙市墙材革新推进现状

长沙墙材革新启动21年来，经过全社会的努力和各项墙改政策的落实，城区与三县（市）及望城区已于2011年底圆满完成限时禁止使用实心黏土砖的任务，墙体材料产业保持快速发展，新型墙材总量基本满足市场需求，在节能降耗、资源节约和循环利用方面取得了明显成效。

（一）组织机构和政策法规体系逐步完善

长沙作为全国首批墙体材料革新试点城市，于1991年成立了市墙改领导小组和长沙市新型墙体材料办公室（以下简称市墙办），归口市经委建材局管理。“十一五”期间，为加强墙材革新与建筑节能工作，长沙市成立了以主管副市长任组长的建筑节能与墙材革新工作领导小组。2008年12月市墙办调整

---

* 报告执笔人：唐曙光、马琤、王启贤。

为归市建委管理，履行建筑节能与墙材革新管理职能，更名为“建筑节能与新型墙体材料管理办公室”（以下简称市节能新墙办），2012 年加挂“绿色建设发展指导办公室”牌子，墙材革新、建筑节能、绿色建设实现了工作机构一体化，各县（市）也相应调整墙改与建筑节能管理机构和职能，长沙市墙改与建筑节能管理机制逐步理顺和完善。同时，长沙市相继出台《关于加快发展新型墙体材料的通知》《关于进一步推进墙体材料革新和推广节能建筑的实施意见》等一系列政策性文件，墙改政策法规体系逐步完善。

（二）墙改专项基金调控作用进一步增强

2010 年 8 月 1 日以前，长沙市城市规划区内执行住宅 4.6 元/m^2、非住宅 4.0 元/m^2 的征收标准。为进一步贯彻《湖南省新型墙体材料推广应用条例》，长沙市墙改专项基金从 2010 年 8 月 1 日起，全面执行《湖南省财政厅、省经济委员会关于印发〈湖南省新型墙体材料专项基金征收使用管理实施办法〉的通知》（湘财综〔2008〕53 号）精神，按建筑面积 10 元/m^2 的征收标准进行征收。长沙市墙改基金返退工作严格按照省、市规定执行，没有发生一例擅自缓征、减免、私自截留、挪用基金的情况。2006～2012 年，仅长沙市市区墙改基金返退达 12288 万元，用于新墙材生产企业设备更新和技术改造经费达 2468 万元，投入于墙改技术攻关的科研经费达 899 万元，有效发挥了基金的经济调控作用，有力激发了开发商推广和使用新墙材的积极性，墙改专项基金杠杆调控作用明显增强。

表 1　2006～2012 年长沙市墙改基金征收返退及使用情况

单位：万元

年份	基金征收	基金返退	基金支出	基金专项支出	
			财政批准预算计划	技改补贴	科研课题
2006	1679	372	630	393	118
2007	2100	819	514	320	28
2008	2500	1821	828	450	90
2009	3700	1111	724	55	204
2010	8441	1634	810	350	199
2011	15700	2749	788	450	130
2012	12000	3782	1190	450	130
合计	46120	12288	5484	2468	899

（三）新型墙材生产及应用比例和社会效益大幅上升

长沙市墙改20多年，实心黏土砖的生产和使用得到有效遏制，新型墙材的生产与应用迅猛发展。新型墙材产量由1990年的0.3亿块标准砖增加到2012年的31.90亿块，通过湖南省认定的新型墙材企业达到71家，新型墙材占墙材生产总量的比例由2.3%上升到79.6%。长沙市市区建筑工程应用新型墙材占比由3%提高到现在的84%，高于全国新型墙材应用量平均水平（46%~50%）。全市关停并转实心黏土砖厂87家，压缩实心黏土砖产能17亿块。新型墙材产品由1990年仅有的蒸压灰砂砖、混凝土空心砌块和煤渣空心砌块（淘汰产品）3个产品发展到当前的蒸压加气混凝土砌块、混凝土多孔（空心）砖与砌块、页岩烧结多孔（空心）砖、轻质墙板等“砖、块、板”三大类十几个产品品种，节地、节能、环保、社会效益十分明显。

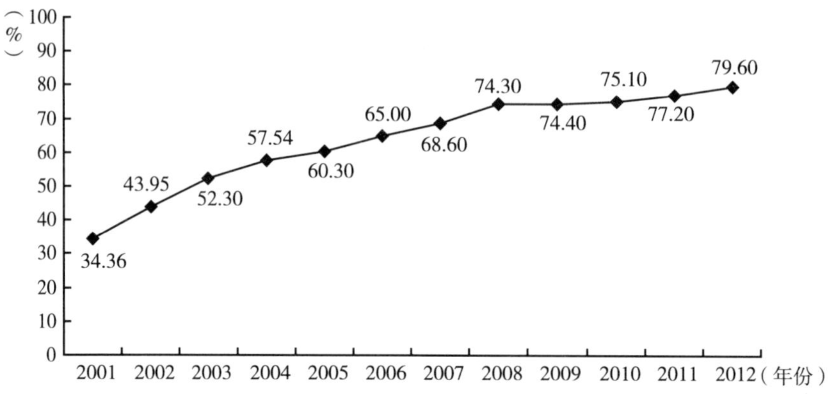

图1　2001~2012年长沙市新型墙材占当年墙材比例

表2　2001~2012年长沙市墙改社会效益各项指标数据统计

年度	新墙材产量（亿标砖）	新墙材占墙材比例（%）	节约土地（亩）	节约能源（万吨标煤）	减排 SO_2（吨）	减排 CO_2（吨）
2001	8.59	34.36	1400	5.32	1330	23940
2002	11.33	43.95	1900	7.02	1755	31590
2003	13.37	52.30	2200	8.29	2073	37305
2004	17.16	57.54	2800	10.64	2660	47880
2005	17.96	60.3	2932	11.14	2785	50130

续表

年度	新墙材产量（亿标砖）	新墙材占墙材比例(%)	节约土地（亩）	节约能源（万吨标煤）	减排 SO_2（吨）	减排 CO_2（吨）
2006	19.50	65.0	3218	12.09	3023	54405
2007	21.00	68.6	3317	12.46	3115	56070
2008	22.80	74.3	3762	14.14	3535	63630
2009	22.93	74.4	3783	14.22	3555	63990
2010	25.78	75.1	4254	15.98	3995	67500
2011	28.9	77.2	4373	16.43	4108	69400
2012	31.90	79.6	4827	18.12	4331	73167

说明：2010、2011、2012 年减排 CO_2 的数据按国家新的系数调整。

（四）新型墙材产业层次逐步提升

近几年，长沙市新型墙材产业层次逐步提升。第一条规模以上生产线（国华加气，年产 10 万立方米）以及湖南省最大规模（长乐建材，年产 50 万立方米）蒸压加气混凝土砌块新建生产线项目相继在长沙建成投产；2010 年中南地区单线生产能力最大的页岩烧结空心制品生产线在长沙县春华镇落成（长沙县春华鹰宏环保建材有限公司）；同年底，全国领先的高强度烧结砖生产线的引入（长沙经沣高新建材有限公司），引导长沙市烧结制品朝高附加值方向发展；2012 年，湖南投资规模最大的砼空心制品生产线（华坤建材科技有限公司）建成投产，为长沙市推广应用自保温配筋体系奠定坚实基础。大规模先进装备和自动化水平较高建设项目在长沙的相继建成，引领带动了长沙市新型墙材行业发展，有力推动了新型墙材产业转型升级，长沙市墙材革新进入新的发展阶段。

（五）综合利废逐步规模化

新型墙材企业综合利用固体废弃物潜力巨大。“十一五”期间，长沙市新型墙材企业逐步发展壮大，新型墙材企业每年消纳的固体废弃物逐年增加，2006 年长沙市新型墙材企业消纳粉煤灰、脱硫石膏、煤矸石等固体废弃物不足 60 万吨，但到 2012 年，新型墙材企业年消纳固体废弃物达 217 万吨。为消纳地铁建设产生的大量轨道工程渣土，长沙市创新利用轨道工程渣土生产烧结类新型墙材，2012 年 9 月，长沙县黄花镇木马机砖厂被授予“长沙市轨道渣土综合利用示范企业”，成为长沙市第一家具备规模化消纳渣土的新型墙材企业，可年消纳轨道渣土 10 万方，取得了很好的经济和社会效益。同时，长沙市积极鼓励综合利用建筑固体废弃物生产新型墙材，全市已有 2 家新型墙材企业、8 条利用建筑固体废弃物生产轻骨料混凝土多孔砖生产线，可实现年消纳建筑废弃物 28 万吨，具备年生产 30 万立方米轻骨料混凝土多孔砖的产能，长沙市墙材企业综合利废正逐步实现规模化。

（六）新型墙材科研开发成果丰硕

长沙市充分利用墙改基金，开展墙改科研课题研究，在基础理论研究、新产品新工艺、自保温墙材体系、标准导则及图集编制等方面取得丰硕成果。其中“新型混凝土横孔连锁空心砌块干砌墙体应用技术”获“湖南省科技进步一等奖”；“复合夹心保温墙体及其平面外受力性能研究”获湖南省政府颁发的科技成果进步二等奖；近几年，我们加大了对自保温墙材及其体系的研究，“配筋混凝土砌体结构拓展应用关键技术研究”“新型墙体材料隔热性能研究”“混凝土剪力墙复合加气混凝土砌块自保温体系研究”“点状分布冷热桥节能墙体关键技术与应用”等一系列墙改科研课题，先后通过了省建设厅、省科技厅组织的专家评审鉴定，成果均达到国际国内先进水平。

二　长沙市墙材革新存在的主要问题

（一）墙改机构建设有待进一步加强

当前长沙市、县墙改管理机构行政级别偏低，人员编制紧张，协调范围广，工作开展难度较大，机构建设有待进一步加强。长沙市节能新墙办承担全市墙材革新、建筑节能和绿色建设三大工作职责，目前仅有 13 名人员编制，行政级仅为正科级事业单位，与武汉、南京、郑州、合肥等中部省会城市的墙改节能机构相比，无论是人员编制还是行政级别均有较大的差距。望城区、三

县（市）级墙改管理机构已相继成立，但有的机构还不是独立法人机构，如浏阳市和宁乡县，有的虽有机构，人员配备未到位，工作开展困难。

（二）专项基金的经济杠杆作用未充分发挥

基金的专款专用率不高，每年征收和支出比例不协调，存在基金“借用”现象，未充分发挥专项基金的调控引导作用。一是望城区、长沙县、浏阳市和宁乡县基金征收标准与省、市文件规定相差甚远，且未按要求予以返退，不能有效发挥墙改基金的经济杠杆作用，区县墙改工作开展较为艰难。二是市、县墙改基金返退后结余部分，没有按基金管理要求，充分用于墙材革新的专项支出。三是经济适用房、保障性住房、村民（居民）安置房等政府主导建设的工程尚未列入墙改基金征收范围。

表 3　长沙市墙改基金专款专用及基金沉淀情况

单位：%

年份	基金沉淀率	基金使用率	年份	基金沉淀率	基金使用率
2006	40. 30	59. 70	2010	71. 00	29. 00
2007	36. 50	63. 50	2011	77. 47	22. 53
2008	-5. 96	105. 96	2012	58. 57	41. 43
2009	50. 40	49. 60	合计	61. 47	38. 53

注：2008 年因金融危机，当年返退基金中有大部分来自往年，故 2008 年基金沉淀率为负数。基金沉淀率 =（基金征收额 - 基金返退额 - 基金支出额）/基金征收额；基金使用率 = 100% - 基金沉淀率。

（三）优势企业集群缺乏，尚不能完全满足建筑节能的需求

整体而言，长沙市新型墙材生产者以中小企业居多，未形成优势新墙材企业集群。受技术、装备与工艺的局限，部分企业产品生产能耗高，不能严格按照产品质量标准组织生产，重产量、轻质量，片面追求生产和销售的最大化，致使性能不稳定、含水率高、干缩值大的产品进入工地，加之施工不当，墙体开裂、渗水的现象时有发生。当前，建筑维护结构节能对长沙市新型墙材产品在隔热保温性能方面提出较高要求，但建筑业普遍认同且同时具备轻质、高强和优良保温隔热性能的主导产品较为缺乏，如蒸压加气混凝土砌块，产量大、热工性能优

良，因产品强度低、干缩值大等易出现墙体裂渗而不宜大面积用于外墙，而代表新墙材发展方向的自保温墙材如陶粒保温砖、自保温配筋砌块、PK 横孔空心砌块等因产能小、一次性投资成本高，产量尚不能满足节能建筑规模化应用需求。

（四）“禁实推新”工作城乡差别较大

长沙市区和县（市）城区按墙改要求已基本实现了“禁实”，而广大农村地区使用实心黏土砖建房的现象仍然普遍存在，非黏土类和节能型新型墙材的使用还处在起步阶段。目前，由于小城镇和农村还没有建立墙改基金经济调控的制约机制，也没有成熟配套的产品和技术支撑，群众应用新型墙材积极性不高，推广应用新型墙材还存在较大困难。

三　加快推进墙材革新的对策建议

长沙新型城市化和两型城市建设进程的不断加快，对全市墙材革新工作提出了更高的要求，我们必须加快推进墙材革新步伐，促进耕地保护、能源资源节约和环境保护，促进经济增长方式转变，实现科学发展。针对长沙市墙材革新工作的现状和问题，我们有如下思考和建议。

（一）完善政策法规，创造墙改工作良好的外部环境

强化政策导向，以市政府名义出台指导全市加快发展和推广应用新型墙体材料的实施意见，积极发挥调控作用。加快出台综合利废相关管理办法，规定各相关管理部门分工负责，通过行政、经济、市场化措施手段予以激励和推行，形成综合利废长效机制。推行墙改绩效管理机制，将墙改工作各项指标完成情况纳入市政府对区（县、市）政府节能减排考核中，层层抓好墙改目标任务的落实。

（二）加强基金管理，发挥墙改基金的经济杠杆作用

切实加强基金的征收和管理工作，提高基金的征收率。督促区、县（市）墙改管理机构提高基金征收标准，同时对使用新型墙材的建设工程积极返退墙改基金，充分发挥墙改基金的经济杠杆作用；加大墙改基金使用力度，集中资

金重点扶持优势、骨干企业技改升级，支持保温节能与开发利用各类固体废弃物生产新型墙材的新建和技改项目；积极投入资金用于新型墙材应用示范项目，引导建设项目积极采用高质量和良好隔热保温性能的新型墙材；开展农村地区新型墙材应用示范项目的补贴，逐步扩大农村地区新型墙材的应用比例。新墙材生产、应用项目，符合循环经济或建筑节能要求的，除享受专项基金补贴外，可按照规定享受节能减排综合财政政策引导资金的扶持。

（三）制定优惠政策，促进固体废弃物综合利用

加大对粉煤灰、煤矸石、山砂等工矿固体废弃物综合利用的力度，积极推进以建筑固体废弃物和轨道工程渣土等建筑弃土为原材料的新型墙材的生产；推进固体废弃物综合利用，以优惠政策吸引企业积极参与；加大宣传力度，引导建设工程项目积极采用综合利废产品，鼓励大型公共建筑、政府投融资项目积极选用；加强对综合利废企业的生产监管，确保企业严格按照国家相关标准组织生产。

（四）巩固“禁实”成果，推进城区“禁黏”和农村“推新”工作

在巩固城区“禁实”成果的基础上，根据国家墙改“十二五”规划要求，在长沙市城市规划区范围内逐步限制以黏土为主要原材料的墙材产品的生产、销售和使用，最终达到禁止使用的目标。把发展新型墙体材料与推进新型城镇化有机结合起来，引导农民转变建房用材观念，为新型墙体材料进入农村建筑市场创造条件；有序推进乡镇、农村“禁实”，制定新墙材试点推广的政策方案以及墙改基金政策导向的奖扶激励措施，采取先试点后推广、分期分批稳步推进的方法，引导、扶持，鼓励小城镇和农村建房使用新型墙材；举办墙改政策、应用技术等各种形式的宣传活动及农建队伍的培训；扩大和新增新型墙材企业，满足当地农村地区建房需要；严格控制黏土砖取土范围和规模，严禁占用耕地建窑和擅自在耕地上取土。确保用五年左右的时间，长沙市基本实现市城郊片区、小城镇和新农村建设的“禁实”，形成新型墙材在农村地区逐步推广的新局面。

（五）培育优势产业集群，发展自隔热保温墙材

在现有新墙材产业的基础上，结合长沙市资源现状和市场规模，按照因地

制宜、均衡布局、扶优扶强的原则，规划出本地区新型墙体材料发展远景；明确发展重点和主导产品，积极培育年产能在一亿标砖以上的新型墙材骨干企业；引导建立新型墙体材料产业化基地，力争形成优势企业集群；鼓励企业引进国内外先进设施设备，提升行业整体装备水平，促进产业全面升级；实施企业节能技术改造，大力推广先进节能生产工艺，提高企业节能减排水平，到2015年，实现新型墙体材料产品生产能耗下降20%；扶持符合地方气候特点的自保温墙体材料产业，发展墙体自保温技术体系，扩大保温节能墙体材料市场规模。鼓励企业多元化发展，支持各种形式的重组联合，提高产业集中度，推动新型墙体材料产业规模化、管理现代化、装备自动化、生产标准化。

（六）加大墙改科研开发力度，推动新兴墙材的规模化应用

认真贯彻执行国家产业政策，适时调整发布鼓励、限制、淘汰的墙体材料生产技术、工艺、设备及产品目录。充分利用墙改专项基金，加大对墙改科研的投入力度，以新墙体自隔热保温技术体系和综合利废新型墙材为重点，着力完善相关标准、图集及规范，为新型节能技术和综合利废型新型墙材规模化应用提供技术支撑；鼓励企业自主研发和引进能耗低、生态环境污染程度小，性能优异、可产业化生产及规模化应用的新型高效节能墙体材料；探索产学研模式，充分整合科研机构、高校和新型墙材生产或工程建设企业等社会资源，创新性开展墙材革新领域的有关科研课题研究，促成研究成果转化为生产力。

（七）推进墙改机构建设，为墙材革新事业提供人才保障

加强市、县级墙改工作机构建设，参照省墙改办模式，对墙改干部队伍实行参公管理，提高市级墙改管理机构的行政级别，适当增加人员编制，补充墙改技术专业工作人员，明确人员经费从财政资金预算中列支，保证墙改基金专项用于发展新型墙体材料的相关支出，扎实推进各项墙改工作的开展；在县（市）建立与市级机构一致的独立法人县级墙改管理机构，让墙改机构成为能“引得进人，留得住人”的平台，为墙材革新事业提供人才保障。

B.34

长株潭低碳城市群建设的基本经验浅探

彭新沙　田大伦　甄 翌*

全球变暖已经成为当代人类社会面临的最重大挑战之一。城市是温室气体排放的主要来源和能源消耗的主要渠道。因此，城市在应对气候变化、抑制全球变暖方面具有举足轻重的决定性地位和作用，低碳城市的发展也就成为必然趋势。长期以来，出于历史和自然资源原因，长株潭城市群的产业结构一直以高耗能产业为主，产业整体能源消耗强度、CO_2 排放强度都较高，因而城市环境污染十分严重。2007 年 12 月 14 日，经国务院批准，长株潭城市群与武汉城市圈一起成为"全国资源节约型和环境友好型社会建设综合配套改革试验区"（简称两型社会试验区，下同），自那时以来的 6 年中，长株潭城市群开展了大规模的两型社会建设，其中，包括低碳经济、低碳社会建设在内的低碳城市建设与两型社会建设的方向和本质完全一致，是推进两型社会建设的重要内容和切入点之一。但是，笔者发现，一方面，在低碳城市群建设中，社会上存在一些错误认识，例如"两型社会建设吃亏论""低碳转型阻碍发展论""低碳城市建设在湖南过于超前论"，等等；另一方面，在学术研究中，已有的文献很少全面系统回顾总结长株潭低碳城市群建设的实践过程与成功经验，绝大多数文献都主要是谈长株潭三市应该做什么、怎么做。上述几种错误认识增加了工作阻力；而学术研究缺乏对实践过程的系统总结，又使得其实证性与理论性均不足，降低了研究成果的可靠性和应用价值。本文正是在这种背景下，主要从三市一体化和低碳社会视角，试图在系统回顾三市低碳城市建设实践基础上，总结其成功经验，以雄辩的事实驳斥上述"吃亏论""阻碍论"

* 彭新沙，湖南商学院教授、硕士生导师；田大伦，中南林业科技大学教授、博士生导师；甄翌，湖南商学院旅游学院副教授、博士。

“超前论”，增强人们搞好低碳城市建设的信心，同时为长株潭城市群两型社会建设的纵深推进、为探索低碳城市群发展的新模式，提供有价值的理论素材和实践启示。笔者认为，通过试验区各方面6年来的大胆探索，长株潭低碳城市群建设已经取得很大进展，积累了许多成功经验，这些经验主要可以归纳为以下五个“结合”。

一　政府、市场、企业相结合

低碳城市群建设是一个复杂的系统工程，既要强化政府宏观调控功能，又要充分发挥市场配置资源的决定性作用，还必须努力调动企业作为市场主体的积极性。

首先，试验区始终坚持“省统筹、市为主”方针，既注重形成整体合力，又发挥了各市的主动性、积极性，推动了三个市扬长避短、同步协调发展。

其次，始终坚持市场化运作，优化资源配置。在环境治理、投融资、城乡一体化等许多方面进行了市场化探索。例如，开展流域生态补偿、排污权交易、环境污染责任强制险试点；出台鼓励和支持企业上市、中小企业融资的优惠政策；探索农林用地承包经营权的价值化、交易许可、市场化流转等改革实验等等。

再次，始终坚持发挥企业在低碳城市建设中的基础主体作用。一方面大力扶持企业开发生产低碳产品、提供低碳服务；另一方面，把企业作为推动低碳经济的主力，积极鼓励和支持其推行减量化生产、清洁生产。例如，株洲冶炼集团近年来坚持“低碳发展、绿色冶炼”之路，取得显著成绩：2010年上半年数据显示，与2005年相比，废水排放总量减少约90%，粉尘排放量减少约40%，二氧化硫排放量减少约60%，当期产出的工业废渣全部实现综合利用，2010年底实现工业废水零排放，废水复用率达到95%以上。正是依靠远大集团、湘潭电机、南车时代、中电科技第48研究所、株洲冶炼集团等一大批企业、机构的努力，长株潭城市群的低碳建设才具有现在的高水平。

二　务虚与务实相结合

“虚”与“实”指的是思想与行动、理论与实践。低碳城市群的建设既需要扎扎实实的行动，又离不开正确的思想观念与科学的理论和规划的引导。长株潭低碳城市群建设过程中始终坚持务虚与务实相结合的原则，取得了良好效果。

在务虚方面，重视顶层设计，强调规划先行，力促理论研究，努力更新观念，为实践提供了科学的理论指导和方向引领，尽可能减少了行动的盲目性。2007 年底至 2008 年底，长株潭两型社会试验区聘请国内外著名研究机构和众多专家学者，用了整整一年时间进行试验区改革建设的顶层设计。制定了《长株潭城市群资源节约型和环境友好型社会建设综合配套改革试验总体方案》（以下简称《方案》），编制了经过提升的《长株潭城市群区域规划》（简称《区域规划》），并同时获得了国务院批准。这标志着长株潭试验区建设的顶层设计获得了中央政府的认可与支持。同时，启动了专项规划、示范片区规划、标准体系的编制实施工作。2008 年底完成 10 个专项规划的编制，2009 年底专项规划数量增加到 19 个，并完成 6 个示范片区规划。2009 年以来，研究制定两型社会综合评价标准体系以及“两型城镇”“两型园区”“两型企业”等 16 项标准。还根据上述《方案》和《区域规划》，制定了《关于全面推进长株潭城市群两型社会改革试验区改革建设的实施意见》（以下简称《实施意见》）以及其他 10 个专项改革方案。在理论研究方面，省两型社会建设工作办公室（简称“两型办”）已启动了多批课题研究工作，先后组织编写出版了“两型社会建设在湖南”丛书（一套共 5 本）、《湖南省“四化两型”战略学习读本》《两型湖南》等理论书籍；省社科院、中南大学、湖南大学、长沙理工大学、中共湖南省委党校、湖南工业大学等省内高校和科研机构，相继成立了两型社会的有关研究机构。2009 年 1 月，湖南省委、省政府还专门成立了长株潭两型社会试验区领导协调委员会智力办公室（简称“长株潭智力办”）。相关机构开展了大量有关理论与政策研究，省社科院每年编写出版的《长株潭城市群蓝皮书》、省政府经济研究信息中心每年编写出版的《湖南两型社会发展报告》，成为省市党委与政府决策的重要实用参考资料。

在务实方面，试验区根据科学发展观的要求和人民群众的利益与愿望，按照有关规划、标准和实施方案，紧紧抓住低碳城市建设的重点领域（低碳产业、低碳交通、低碳建筑、低碳观念培育及低碳消费等）开展工作，使以绿色低碳为特征的战略性新型产业强劲发展（主要表现在风电产业发展迅速、光伏产业开局良好、国家新能源汽车生产基地初具规模），低碳交通建设大规模展开（主要表现在地铁建设取得明显进展，城际轨道交通建设开始起步，低碳公交车大批投入运营，城际公交线路已经开通，城市公共自行车租赁系统建设在株洲市进展显著、湘潭市全面启动、长沙市开始试点），低碳建筑进一步受到重视（主要表现在颁布实施了一批相关文件、工作方案、技术标准；开展低碳建筑示范试点工作，支持龙头企业发展；坚持“政府推动、市场运作、企业参与”的原则，扎实推进建筑节能工作），低碳理念日益普及，低碳消费逐步兴起。

三 科技创新与制度创新相结合

长株潭低碳城市群建设过程中，始终把科技创新与制度创新放在极为重要的位置，并且将二者有机结合起来，走出了一条成功创新之路。

从科技创新来看，主要做法包括：建立科技创新平台；充分发挥各类园区的作用；积极推动产学研结合创新。在科技创新平台方面，主要采取了设立重大科技专项、建立以高校和重点实验室为载体的科研平台、在优势领域建立技术创新战略联盟等方式。例如，针对长株潭城市群节能减排关键技术问题，设立实施了一批节能减排重大科技专项项目，集中突破了200多项关键瓶颈和共性技术难题。在发挥园区作用方面，一是突出高新技术产业开发区的引领作用；二是注重创新基地试点；三是积极推进科技成果转化机制试点。长沙高新区已被国家科技部确定为中西部地区首个部省共建的“创新型园区”。湘潭市高新区2009年升级为国家级高新区。长沙梅溪湖创新科技园已全面启动，将努力成为高起点、高水平、国际化的技术研发中心。还重点打造了长沙光伏产业园、湘潭风电产业园、株洲航空产业园等创新示范区。在产学研结合创新方面，一是在风电、轨道交通、电动汽车等优势产业领域建立了一批技术创新战

略联盟；二是企业与科研机构、高校建立密切联系，共同开展低碳技术攻关；三是引导鼓励院士、专家领军创办高科技企业。例如，黄伯云院士领衔创办航空刹车片企业。辰通集团与东北大学共同承担国家“863”计划项目，研发出世界领先的电解铝节能技术与装备，在全国推广后，每年可节约电力47亿千瓦时，相当于新建一个葛洲坝电站。

从制度创新来看，主要集中在三个方面：一是规划和标准创新；二是政策法规创新；三是体制机制创新。从规划和标准创新来看，试验区高度重视规划创新的统领作用，在规划理念、规划体系和规划实施方面都有创新。理念创新首先表现在注重“顶层设计”，其次是运用“反规划”理念，编制实施基本生态控制线规划，优先进行禁止建设区域的控制，并在环保部支持下率先进行规划战略环境评价，尝试从决策源头上严格控制环境污染。规划体系创新主要表现在同步编制总体改革方案、区域总体规划，以此为纲，编制各类各级专项规划、专项改革方案，使之成龙配套、互相补充和衔接。其中有许多规划是全国首创，如《长株潭城市群城际轨道交通网规划（2009～2020年）》《长株潭城市群系统性融资规划》等。规划实施机制创新则主要表现在，在全国率先设立“两型办”并在其中设置规划局，从而使规划和标准工作有了一个统一的专门管理与研究的组织机构。另外，建立城市群规划局长联席会议制度、公众参与规划制度等。从政策法规和体制机制创新来看，湖南省及各级地方政府和人大，按照科学发展观和两型社会理论要求，以国家相关政策法规为依据，在全面清理现行政策法规的基础上，着力建设由宏观综合类（总体指导方针和宏观改革方案等）、具体制度类（具体政策和具体法规）和运行实施类（政策法规的执行办法、运行程序、考核评价标准等）三级构成的两型社会政策法规体系，并将其与体制机制创新有机统一起来。目前，这一政策法规体系和体制机制体系已具雏形，有力推动了资源节约、环境保护、产业结构升级、科技和人才管理、土地管理、投融资、对外经济、财税、城乡统筹、行政管理等十个方面的体制机制创新。例如，在资源节约体制机制创新方面，建立了资源节约价格杠杆调节机制，实行绿色电价，试行分质供水和阶梯式水价。在环境保护体制机制创新方面，积极探索市场化运作机制，实施环境污染责任强制性保险试点，实行省级财政生态补偿，创造“户分类、村收集、乡中转、县处理”的农村垃圾分类处理机制等。

四 高碳化存量转型与低碳化增量提升相结合

发展中国家的低碳城市建设与发达国家有很大不同，是在工业化、城市化、信息化尚不发达的历史条件下进行的，必须在保证经济社会发展的前提下推进低碳建设。因此，低碳建设与经济社会发展之间的短期矛盾更加突出。这种矛盾集中表现在高碳化存量转型与低碳化增量提升如何有机结合上。试验区正确应对挑战，把挑战变成动力和机遇，通过科技创新和制度创新，重点抓住低碳产业、低碳交通、低碳建筑等领域进行突破，比较好地实现了高碳化存量转型与低碳化增量提升的有机结合。其主要做法如下。

（一）以大力发展新兴低碳产业引导和“倒逼”高碳产业转型

长沙市在编制战略性新兴产业发展规划的基础上，积极推进生物、新能源、电动汽车、新材料、节能环保、工程机械、航空航天、电子信息、文化创意等产业的发展，并形成了自身优势。比亚迪 K9 纯电动客车、中国电子科技集团 48 所的太阳能光伏电站、远大集团的低碳建筑等，就是典型代表。株洲市重点发展风电装备、电动汽车、新能源、新材料、轨道交通等战略性新兴产业，在煤电一体化、风力发电、电动汽车、光伏产业、高速列车等行业取得了较大突破。南车时代公司的新能源客车节能减排性能居国内领先水平，株洲电力机车研究所的轨道交通高速机车交流技术执国内牛耳。湘潭市把发展低能耗、低污染、高效率的产业项目作为优选方向，重点发展壮大先进装备制造、清洁能源、汽车及零配件、电子信息等战略产业。目前，该市湘电风机、吉利汽车三期等重大产业项目建设进展顺利，清洁能源、新材料、电子信息等新兴产业不断延伸产业链条，集群化初具规模，生产能力达 500 多亿元。这些新兴低碳产业的迅速发展，有效降低了资源、环境压力，增强了产业结构的活力和竞争力，压缩了传统高碳产业的生存空间，对传统高碳产业产生了“倒逼”效应，引导长株潭城市群产业结构向“低碳、高效、清洁”方向发展。

（二）加快传统产业提质改造和老工业基地升级转型

长株潭城市群试验区在重视发展新兴低碳产业的同时，十分重视以低碳化增量提升改造高碳化存量，通过技术改造、产业替代和关停并转等措施促进传统产业转型升级。同时，三市之间注意互相协调、错位发展，突出各自特色，形成整体互补性竞争优势。

长沙市运用多种手段进行落后产能淘汰和传统产业技术改造。一是集中整治了湘江及其支流的120多家造纸厂，其中淘汰关闭54家，通过引进零排放技术及建设造纸循环工业园整治70家。二是整合国家淘汰落后产能奖励基金、污染物削减补偿、土地出让金返还等资金渠道，成功实施了坪塘老工业基地产业退出工程，完成后将实现每年分别减少CO_2、SO_2排放量19万吨、2600吨。三是推动传统优势产业高新化，引导钢铁、有色金属、石油化工等行业根据价值链、产业链和技术链的现状，瞄准产业价值链高端，整合资源，联合攻关，广泛采用国内外高新技术成果进行改造，促进传统产业向高新化发展。

株洲市在制定循环经济发展试点方案和“5115”工程计划的基础上，通过积极发展循环经济，大力推动传统产业的低碳化改造，重点推进有色、化工、陶瓷等重点骨干企业的低碳化改造升级。特别是对清水塘工业区的改造转型是这方面的典型。2008年，成立清水塘循环经济工业区管委会，并获批国家级循环经济试点园区，首先在6平方公里的重金属污染区依法关停了污染严重的企业（生产线）13家，推广清洁能源企业121家，落实节能减排措施企业20家。2010年6月，又开工建设总投资达3.6亿元的清水塘重金属污水处理工程，竣工后将从源头上根治清水塘地区50多年来形成的工业污染。2013年，株洲市开始在15.38平方公里的核心区推进清水塘老工业区整体搬迁改造，明确了全面退出冶炼和重化工业、建设生态新城的总体定位。

湘潭市坚持把“调高、调轻、调优”作为传统产业转型升级的主攻方向，努力加快冶金、机电等传统优势产业的规模化、现代化、高新化。为此，2008～2010年共投入工业技改资金达460多亿元，启动实施了一大批重大技改项目，使传统产业焕发了生机。例如，湘潭钢铁公司通过十大节能技改形成了每年30万吨标准煤的节能量，高炉煤气回收率达到99%，固体废物综合利用率达到95%，污染排放合格率达到96%。通过推进工业化与信息化的深度融合，全市95%以上的制造业企业实施了信息化改造，32家企业成为国家级和省级制造业信息化企业，湘潭市成为全国制造业信息化城市。同时，湘潭市坚持实行“五小企业”退出政策，近几年共关闭“五小企业”118家，确定30家重点能耗企业逐步停产或关闭。另外，重点推进了竹埠港老工业基地的产业转型，2011年8月，湘潭市政府向省政府递交了责任状，明确竹埠港地区化工企业必须在2014年底前全部关停。2012年5月，湘潭市成立以市长任组长的竹埠港“退二进三”工作协调领导小组，按照关停、退出、治理、建设四步走的战略部署，加快推进化工企业关停搬迁工作。截至2013年底，该区域26家化工企业中已有15家与工程指挥部签订了关停协议。

五 学习借鉴与因地制宜相结合

对于湖南而言，低碳城市群建设是一个新生事物。但国内外不少地区尤其是一些发达国家，在这方面起步比较早，效果比较好，积累了比较丰富的经验教训。因此，必须虚心学习他人的先进经验。但这种学习不能“全盘照抄”，应该结合本地区实际。长株潭城市群试验区坚持高起点建设与因地制宜相结合的原则，既虚心学习借鉴国内外经验，又立足于省情市情，走出了一条学习借鉴与因地制宜相结合的低碳城市群建设之路。

（一）通过“走出去”“请进来”方式虚心学习先进经验

2008年以来，湖南省及长株潭试验区先后组织多个代表团赴日本、丹麦、德国、韩国、俄罗斯等国家进行专题考察，每次都有明确的主题和任务分工，要求每个成员重点围绕低碳城市群建设中的“经济发展”“城市建设”“环境保护”三个方面深入考察、比较，再结合本地实际提出自己的看法和建议，取得了很大收获。长株潭试验区不仅派团走出去学习考察，而且主动把国外专家请进来，为低碳城市群建设出谋划策。目前，试验区已经建立利用外国专家学者为试验区改革建设工作服务的长效机制。一是建立了长株潭试验区智力办，二是与国务院外国专家局签署了引进国外智力为长株潭试验区服务的合作

框架协议。试验区还通过国际招标、国际会议或论坛的形式邀请国外专家学者为长株潭试验区提供智力支持。例如，省两型办为了将长株潭三市中心地带的“绿心”地区打造成为高标准的两型社会建设的示范区，通过国际招标方式征集“绿心”地区规划方案，并在这个基础上编制完成了《长株潭城市群生态绿心地区总体规划（2010～2030年）》。

（二）以国际化、前瞻性视野规划低碳城市建设

低碳城市建设是一个具有典型时代特征和国际社会普遍关注的问题，各国都在认真研究和探索符合本国特色的道路，新的理论、方法和经验不断涌现。湖南省和长株潭城市群试验区借鉴它们的成功经验，十分重视以国际化、前瞻性视野规划低碳城市建设。首先，以国际化视野定位试验区建设。2007年12月15日湖南省委常委会扩大会议明确提出，要以国际视野对试验区的改革建设进行“顶层设计”，并将试验区的发展定位为打造具有国际品质的现代化生态型宜居城市。其次，特别重视以国际化视野规划示范区和重点工程建设。例如，长沙市梅溪湖国际服务区就是国际视野与湖南特色的巧妙融合。依据规划，服务区总体将以3000亩梅溪湖湖泊为核心，环湖依次建设CBD建筑群、高品质住宅区，呈放射状布局城市功能组团，最大程度地实现人、自然、城市三者之间的互相交融。在这里，国际高端产品的研发、展览都将有一条龙的服务，新产品研发后，可通过会展中心第一时间向全世界推广。

（三）根据本地实际探索低碳城市建设的特色道路

低碳城市建设是长株潭试验区两型社会建设的重要内容之一，它是与试验区的成立一起启动的。随着实践的发展，试验区对低碳城市建设重要性的认识不断提高，2009年明确提出“建设全球首个低碳城市群”的目标，并从规划、产业、交通、建筑、能源、技术、消费、社区管理、环境保护等多方面积极探索。在城市规划方面，长沙市强化低碳理念，把低碳经济发展、低碳城市建设内容纳入规划，把低碳指标纳入全市“十二五”规划，并制定低碳型城市建设专项规划。在低碳产业、交通、建筑、能源、技术、消费方面，三市均结合本市产业结构调整方向和城市建设目标，大力发展有自身特色优势的产业和产

品。在社区管理方面，株洲市积极开展低碳社区创建试点，重点在炎陵县开展低碳县创建工作，在市区开展低碳区、街道、社区等低碳建设试点。在低碳社区内推广太阳能应用，建立污水回收利用和雨水回收系统，开展垃圾分类处理和回收利用等资源节约行动，试行资源价格改革。在环境保护方面，湘潭市构建“立体环保”机制，在全省率先实现污染源在线监控；推行节能减排科技支撑行动“1126”工程，主要污染物减排指标提前实现“十一五”规划目标；五个县（市）区污水处理厂全部建成投产，在全省率先全面完成城镇污水处理“三年行动计划”。

六　结论

综上所述，长株潭低碳城市群建设的实践证明，在欠发达的内陆省份，低碳转型与加快发展是可以有机结合、互相促进的，国家设立两型社会试验区十分必要也非常重要，将对全国产生很强的示范带动效应。长株潭低碳城市群建设是在两型社会试验区背景下展开的，是两型社会建设的重要内容之一，也是推进两型社会建设的重要切入点和有力抓手。长株潭城市群的低碳化建设才刚刚进行6年的初步实践，我们对低碳城市群发展特点和规律的认识还比较肤浅零散，“十二五”乃至今后更长时期长株潭低碳城市群的建设任务仍然非常艰巨，需要我们在总结经验教训的基础上继续积极实践，大胆探索出一条既有湖南特色又具有普遍意义的低碳城市群发展道路。

B.35

湖南省两型旅游景区评价指标体系构建

罗 芬　钟永德　李志斌　赵智慧*

一　引言

湖南省委、省政府于2010年颁发了《关于加快经济发展方式转变，推进“两型社会”建设的决定》（湘发〔2010〕13号），提出了湖南社会经济发展的“四化两型”战略，同时指出要加快旅游业作为国民经济支柱产业的发展，促进旅游业实现现代服务业的带动、示范功能的实施，减少在旅游开发、建设、经营、管理等过程中，各旅游相关者对生态环境的破坏，有效规划、设计、建设和管理旅游设施，促进旅游业与经济、社会、环境、文化的协调发展，推动湖南旅游产业更加展现“资源节约，环境友好”的两型特性，加快建设湖南省两型旅游区（点）的步伐，使旅游业在湖南省两型社会配套改革试验区的国家战略中发挥更大的作用。

湖南省两型旅游景区评价指标体系的构建可以强化湖南省两型社会旅游区（点）发展过程中的资源节约和环境友好措施的实施，提升湖南省两型社会旅游产业建设的生态品质，优化湖南省两型社会旅游产业结构。

二　两型旅游景区指标构建原则

一是坚持以生态学基本原理为指导的原则。以生态学的系统性、动态性、平衡性等相关原理为指导，以维护生态系统的稳定平衡为终极目标，以生态学

* 罗芬，中南林业科技大学旅游学院教授；钟永德，中南林业科技大学旅游学院教授；李志斌，湖南省旅游局规划财务处；赵智慧，湖南省旅游局规划财务处。

基本原理作为本指标体系的理论支撑和行动指南，指导湖南旅游的全面发展，促进湖南旅游生态系统的稳定、平衡和可持续发展。

二是基于湖南旅游实际的原则。本指标体系主要立足于湖南旅游设施建设与发展现状，考虑湖南旅游设施的发展趋势，对使用范围广、游客接触频、规模体量大，且在游客旅游体验中会产生重要影响的两型旅游设施、管理、服务进行规范。

三是体现整体性与系统性原则。本指标体系认为要将两型旅游景区的建设纳入周边自然环境和人文社会当中，作为一个更大的旅游系统进行考虑。坚持旅游与经济、社会、环境相协调，以旅游生态系统自身的稳定平衡来促进湖南整个生态系统的稳定平衡。

四是评价指标刚柔兼顾的原则。本指标体系在考虑两型旅游景区柔性指标的基础上，为强调对两型旅游景区的有效管理，结合国内外最新的标准或规范，对两型旅游景区的规划、设施、服务、游憩与管理等提出相关刚性指标，以减少因个人差异而导致的评价差异。

三　指标体系的总体框架

（一）总体框架

湖南省两型旅游景区评价指标体系的构建需要基于四个方面的考虑。一是旅游规划的两型性。旅游景区规划是指导旅游景区发展的纲领性文件，但是众多的旅游景区规划在编制时考虑“环境友好”与“资源节约”两个方面不够突出，因而需要从规划基本要求与规划内容两个方面考虑。二是景区设施的两型性。旅游景区设施是旅游活动能否得以正常开展的基石，也是游客在旅游景区内可见性较强的一部分，需要对交通设施、能源、标识标牌、给排水、邮电设施、住宿设施、餐饮设施、购物设施、娱乐设施进行整体考虑。三是游憩活动的两型性。旅游景区需要持续不断地将“环境友好”与“资源节约”理念灌输给游客，强化其对两型旅游景区建设的必要性与急迫性的认同，需要从低碳旅游、游客行为、宣传教育方面进行考虑。四是景区管理的两型性。两型景

区的建设需要对规划、设施、游憩活动做整体考虑，也需要将与旅游景区密切相关的社区、旅游企业、资源管理、环境整治、安全防范等纳入考虑范围。其指标体系如图 1 所示。

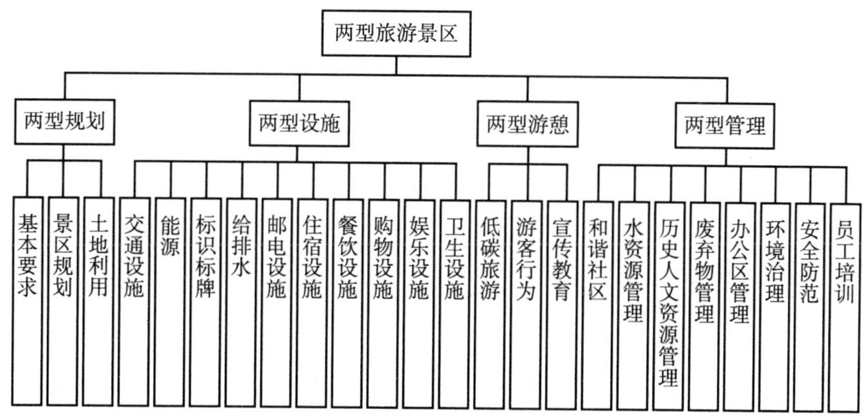

图 1　湖南省两型旅游景区评价指标体系示意

（二）评价指标体系

湖南省两型旅游景区评价标准在借鉴《中华人民共和国环境保护法》（中华人民共和国第七届全国人民代表大会常务委员会，1989）、《风景名胜区条例》（国务院，2006）、《旅游规划通则》（GB/T 18971）（国家质量监督检验检疫总局，2001）、《旅游景区质量等级的划分与评定》（GB/T 17775 - 2003）（国家质量监督检验检疫总局，2003）、《国家生态旅游示范区建设和运营规范》（GB 26362 - 2011）（国家质量监督检验检疫总局，2011）、《公共建筑节能设计标准》（GB 50189 - 2005）（国家质量监督检验检疫总局，2005）、《绿色旅游景区》（LB/T 015 - 2011）（国家质量监督检验检疫总局，2011）、《旅游饭店节能减排指引》（LB/T 018 - 2011）（国家质量监督检验检疫总局，2011）等相关法律、标准的基础上，从两型规划、两型设施、两型游憩、两型管理等五大类、23 个亚类进行具体指标的设计。具体请参见表 1。

（三）评分方法

1. 评分分为五个大项，并按内容设定分值，分为三类：一为基本指标，以"□"表示；二为加分指标，以"√"表示；三为负分指标，以"×"表示。

2. 有关分值的赋予，基本指标和加分打正分，负分指标打负分。旅游景区评定的总得分则为上述三类分数的总和。

3. 基本指标总分值为800分，加分指标总分值150分，负分指标总分值为-100分，评定实得分达到800分授予"湖南省两型示范旅游景区"。

4. 两型旅游景区评分细则见表1。

表1　两型旅游景区评分细则

评定项目	要　　求	分值类型	大项分值	分项分值	实际得分
1 两型规划			140		
1.1 基本要求				100	
	坚持先规划，后建设规划由具有旅游规划资质的单位进行编制	□		10	
	符合相应的审批程序	□		10	
	建筑改造设计符合GB 50189、GB/T 50378的规定	□		10	
	无随意在景区进行取土、挖沙、开石等行为	□		10	
	建设项目避开了具有保护价值的地貌景观，体量和外观与周边地貌景观相协调	□		10	
	对自然植被的侵占与破坏相对减少	□		10	
	减少了新建设施，利用和改造原有设施	□		10	
	不在自然保护区的核心区、缓冲区进行旅游开发	□		10	
	保持景区内生态系统的本土性	□		20	
	有违反规划的大型建设项目或破坏环境的项目	×		-10	
1.2 景区规划	景区规划符合要求	□		20	
1.3 土地利用	土地用地规划符合要求	□		20	
2 两型设施			420		
2.1 交通设施				110	
	道路交通设计符合JTG D20和JTG B042010的相关要求	□		15	

续表

评定项目	要　求	分值类型	大项分值	分项分值	实际得分
	可满足景区内交通需要且实用	□		5	
	利用山形、河流走向，减少山体开挖和对植被的破坏	□		5	
	对周边环境，包括地貌、动植物、水体采取保护措施	□		5	
	道路布局设计符合要求	□		5	
	道路穿越重要植物群落、生态敏感地段时采用了有效保护措施	□		5	
	施工和设施维护过程中，对周边环境、地貌、动植物、水体采取了保护措施	□		5	
	减少对沿线生态环境的干扰，对破坏的山体、植物群实施生态恢复工程	□		5	
	开挖后的土石方再利用	□		5	
	因地制宜设有标志性建筑和观景平台	□		5	
	道路设施建设就地取材，较多地使用本土材料	□		5	
	道路段进行了绿化，绿化带宽度符合要求	□		5	
	绿化以乡土植物为主，所占比例达70%以上	√		15	
	道路沿线绿化起到了边坡绿化和防护作用	□		5	
	旅游运输路线与旅游路线设计合理，有自行车和徒步等非机动交通方式	□		5	
	景区内交通实行了管理集中统一调度，车流量、车速控制合理	□		5	
	使用低能耗和清洁能源、低噪声和低排放量的交通工具	□		5	
	休息服务区的选址满足游客需求	□		5	
	休息服务区内布局合理，进行了功能分区	□		5	
	休息服务区内能提供沿线旅游信息	□		5	
	休息服务区内设置了生态厕所、休息椅、饮水设施、垃圾桶等服务设施	√		15	
	设有生态停车场，有足够的停车车位，管理措施到位	□		5	
	区内使用造成严重破坏环境或游览气氛的设施、设备或材料	×		-10	
2.2 能源				100	
	景区建立了能源管理制度	□		15	

续表

评定项目	要　求	分值类型	大项分值	分项分值	实际得分
	水、电、气、煤、油等主要能耗部门有定额标准	√		10	
	主要用能设备和功能区域应安装计量仪表	□		10	
	能源费用占营业收入比例控制合理	√		10	
	每月对水、电、气、煤、油的消耗量进行监测和对比分析	□		10	
	合理利用能源，燃料结构合理，使用清洁能源和可再生能源	□		5	
	制冷设施应采用节能技术与设施，温度控制合理	□		10	
	使用动态感应器、自动控制系统和节能型灯具	□		10	
	电力设施不影响景观质量，有处理能源污染的设施和措施	□		10	
	实施节能照明改造，室内采用节能灯具	□		10	
	使用节水设施及节水技术，使用节水卫生设备	□		10	
	定期对空调、供热、照明等用能设备进行巡查和维护	□		10	
	引进先进的节能设备、技术和管理方法，采用节能标志产品	√		10	
2.3 标识标牌				20	
	公共信息导向系统的设置应符合规定	□		10	
	标识系统设置满足游客需要，布局合理，统一	□		5	
	标识牌建造使用本土材料，造型原生态、独特新颖	√		10	
	设立环境保护标语牌、警示性标识牌	□		5	
2.4 给排水				20	
	给排水管道埋入地下，管道通畅	□		5	
	采用节水、循环用水等方式，减少污水排放量	□		5	
	景区污水经过处理排放，无直接排放现象	□		5	
	设有污水处理设施，污水排放符合标准	□		5	
	未建设污水处理设施，污水随意排放	×		-20	
2.5 邮电设施	无线通信塔架的设立不影响景观质量，位置设置合理	□		10	
2.6 住宿设施				30	
	景区内所有旅游饭店都为旅游绿色饭店	□		5	

续表

评定项目	要　求	分值类型	大项分值	分项分值	实际得分
	其他住宿场所(小型别墅、农家旅馆)等均为绿色客房	□		5	
	减少和控制客房内各类消耗性物品的使用量	□		10	
	推广使用节水设施及节水技术,使用节水设备	□		10	
2.7 餐饮设施				40	
	餐饮场所布局合理,数量基本满足游客需求	□		5	
	餐饮场所卫生符合 GB 16153 的规定	□		5	
	生活饮用水应符合 GB 5749 的规定	□		5	
	厨房有油烟净化处理措施	□		5	
	能提供安全、健康的绿色食品及原料	□		5	
	节约食品原料和成品,无浪费行为	□		5	
	无食用野生动物行为	□		5	
	不使用不可降解的一次性餐具	□		5	
	有捕食野生动物和采食珍稀植物现象	×		-20	
2.8 购物设施				30	
	购物场所布局合理,建筑与周围环境相协调	□		5	
	不销售以濒危物种或受保护物种为原料的商品和有害于重要文化与遗产保护价值的旅游商品	□		5	
	旅游商品原料采用了可再生原料	□		5	
	旅游商品简易包装,无不必要的过度包装	□		5	
	不使用不可降解塑料袋,使用纸袋和无纺布袋	□		5	
	不销售国家明令禁止销售的旅游商品	□		5	
	销售以濒危物种或保护物种为原料的旅游商品	×		-20	
2.9 娱乐设施				30	
	娱乐活动场地选址不破坏当地生态环境;娱乐项目内容规范,积极向上	□		10	
	游乐设施符合 GB/T 16767 的相关安全要求	□		10	
	无黄、赌、毒的违法活动	□		10	
	娱乐活动影响或损害当地生态环境或有黄、赌、毒案件发生	×		-20	
2.10 卫生设施				30	
	厕所布局合理,数量、分布与游客容量相适应,标识醒目	□		10	
	厕所内的各项设施应符合 GB/T 18973 的最低基本要求	□		10	

续表

评定项目	要　求	分值类型	大项分值	分项分值	实际得分
	垃圾箱布局合理，分类设置，标识明显	□		10	
3 两型游憩			100		
3.1 低碳旅游				50	
	倡导低碳旅游、绿色旅游，悬挂标语，发放宣传资料	□		20	
	设有休闲绿道、健康游步道，提倡游客步行或骑自行车游览	□		10	
	发放垃圾袋或游客自带垃圾袋，回收旅游活动产生的垃圾	□		20	
	开辟游客参与的植物造林场所	√		10	
	有能反映旅游区（点）文化特色或环保特色的便民交通工具，如骑马、人工抬轿、雪地摩托等	√		10	
3.2 游客行为				30	
	预防游客进入、禁止进入的相关保护区等行为的发生，建有实时图像监控设施	□		10	
	教育游客在旅游景区内不随意扔垃圾，鼓励游客主动收集垃圾	□		10	
	建立景区游客容量控制制度，动态控制游客数量	□		10	
3.3 宣传教育				20	
	利用各种方式传播和宣传两型旅游文化	√		10	
	采用多种方式对游客进行资源节约、环境友好的宣传教育	□		10	
	制定相应的游客守则，内容简明扼要、通俗易懂	□		10	
4 两型管理			140		
4.1 和谐社区				30	
	社区社会秩序稳定，治安状况良好，居民对外来游客态度友善	□		6	
	使用本地产品和服务，当地的采购份额逐步提高	□		3	
	有专项两型旅游宣传、科学研究资金	√		10	
	与大专院校和科研机构开展了两型科学研究	□		3	
	成立旅游者志愿服务组织	□		3	
	对于社区居民进行教育，使居民了解两型知识	□		3	

续表

评定项目	要　求	分值类型	大项分值	分项分值	实际得分
	当地居民参与景区建设决策	□		3	
	聘请熟悉本地情况的导游，社区居民占旅游景区员工总数的比例大于30%	□		3	
	景区管理部门有负责处理社区事务的机构人员	□		3	
	为社区居民创造就业机会、当地居民在旅游从业人员中应占有一定比例	□		3	
4.2 水资源管理				20	
	无随意填埋、占用自然景观水体，破坏自然水脉行为	□		4	
	地表水质量符合 GB 3838－2002 的规定	□		4	
	各类旅游设施及活动没有对自然水体造成污染	□		3	
	水上交通游览船只使用电动式动力或汽油机	□		3	
	建立雨水收集和利用系统	□		3	
	重点保护的水体资源，确定保护范围，设置保护标志和保护设施	□		3	
4.3 历史人文资源管理	基本符合 LB/T 015－2011 的相关规定	□		10	
4.4 废弃物管理				20	
	电子门票使用比例较高，减少纸质门票	√		10	
	垃圾处理定点、隐蔽、封闭并及时清运	□		5	
	垃圾按照“可回收垃圾、不可回收垃圾、有害垃圾”进行分类处理	□		10	
	垃圾处理场及垃圾集中场地远离景区	□		5	
4.5 办公区管理				20	
	制定水、电、纸张、公务车辆使用制度和计划	□		4	
	节约办公用品，基本实行无纸化办公	□		4	
	淘汰高耗能办公设备，采购时优先选用节能产品	□		4	
	有节水措施，有明显的节水提醒标识和节水设备	□		4	
	控制空调温度，利用自然光照明，加强电源管理，采用节能灯具	□		4	
	建立了景区旅游信息化系统	√		10	
4.6 环境治理				20	
	对景区内项目建设施工之前进行环境影响评价和社会影响评价	□		3	

续表

评定项目	要　　求	分值类型	大项分值	分项分值	实际得分
	对景区内重点保护的地表形态、地貌景观,植物群落等场所设立了保护范围和标志	□		2	
	对珍稀野生动物的繁殖地、栖息地设立了保护隔离区和缓冲区	□		2	
	对濒危物种、植被、景观、历史文化遗产和污水处理建立了监测系统	□		3	
	景区环境整洁,无污水、污物,无乱堆现象,建筑物及各种设施设备外观整洁,无污垢、无异味	□		4	
	景区进行了 ISO 14000 环境管理体系认证	√		10	
	景区空气质量达到 GB 3095 的要求	□		3	
	景区声环境质量达到 GB 3096 的要求	□		3	
4.7 安全防范				10	
	建立了景区的防火电子监控系统和完善的防火安全制度,消防设施设备齐全、完好、有效	□		5	
	制定对各类突发环境事件的处理预案,有档案记录	□		5	
4.8 员工培训				10	
	制订了员工资源节约、环境友好教育培训计划	□		5	
	落实培训制度、机构、人员及经费	□		5	
	有培训绩效评估和改进意见,员工的受训比率达到 100%	√		10	
	总得分				

四　结论

湖南省两型旅游景区评价指标体系的构建必须坚持以节约资源与保护环境的基本国策为依据，以科学发展观为指导，以生态理念为核心，对湖南省内的旅游设施建设与管理进行全面规划、优化配置，引导和规范旅游设施的建设与管理，实现湖南省旅游产业和生态环境、社区居民之间的协调发展。

B.36

湖南省环境服务业发展的现状、问题与对策研究

谢锐　尹似雪*

湖南省是中部地区的重要省份，其多年发展工业的直接结果是环境质量不断下降。同时湖南省是两型社会建设综合配套改革试验区和第一个开展环境服务业试点的省份，对湖南省环境服务业发展进行分析具有特殊的意义。本文总结分析湖南省环境服务业的发展现状、存在的问题，并提出了发展湖南省环境服务业的政策建议。

一　湖南省环境服务业的发展现状

（一）环境服务业产业占环保产业的比重较低，对相关产业的波及效应不强

从产业结构来看，截止到2010年湖南省环境服务业在环境产业中的比重仍然不高，低于14%，环境服务业还没有成为环保产业的核心部分。同时，湖南省环境服务业产品技术含量较低，在产品的标准化方面还有待改善。很多环境服务产品的生产依赖国外，国产化水平较低，一些技术含量较高的环境服务产品需要从国外进口，常规的产品则存在过剩和重复建设的现象，产业结构还有待优化。

利用影响力系数和感应度系数来度量产业波及效应，其中，影响力系数通

* 谢锐，博士，湖南大学两型社会研究院副教授、硕士生导师，两型社会政策研究所所长；尹似雪，湖南大学经济与贸易学院。

过产业链接效应，度量发展环境服务业对国民经济其他相关产业的拉动作用，如果其值大于1，则表明发展环境服务业对其他产业的拉动作用大于国民经济各产业的平均水平；感应度系数通过产业链接效应，度量环境服务业发展对其他产业发展的支撑作用，如果其值大于1，则说明发展环境服务业对国民经济各产业的支撑作用大于社会平均水平。利用2007年湖南省45部门投入产出表测算湖南省环境服务业影响力系数和感应度系数的结果表明，2007年湖南省环境服务业的影响力系数和感应度系数分别为0.5086和0.4638，其值均小于1，呈现“低影响力，低感应度”的双低特征，这说明湖南省环境服务业辐射能力和产业波及效应较差，但是影响力系数大于感应度系数，环境服务业对其他产业的拉动作用大于其对其他产业的支撑作用。

（二）环境服务业具有很强的就业促进效应，是缓解就业压力的重要途径

产业的就业效应是指产业的发展对劳动力的吸纳能力，就业效应用劳动报酬系数来衡量，其值为一个部门的总投入中劳动投入所占的比重，该比重越高说明该行业对于劳动力需求越大，就业促进效果也越明显。利用2007年湖南省45部门投入产出表计算直接劳动报酬系数的结果为0.6171，在45个部门中是最大的，在一定程度上说明了湖南省环境服务业是劳动密集型产业，对就业的带动作用相对较强，进一步发展环境服务业有利于缓解湖南省的就业压力。

（三）湖南发展环境服务业的政策环境较好，但服务理念落后

“十二五”期间，湖南环境服务业发展面临良好的政策环境。第一，2007年12月长株潭城市群成为两型社会建设综合配套改革试验区，目前已经进入两型社会建设的第二阶段，发展环境服务业成为湖南省推进两型社会建设的重要手段。第二，2012年7月，湖南省正式成为首个环境服务业发展试点省份，标志着湖南省环境服务业发展试点工作进入全面组织实施阶段，这将全面提高环境服务业的水平，促进湖南省“十二五”环保目标的实现。但是，由于长期采取粗放式经济发展方式，忽视环境保护，虽然环境服务业的定义已基本上

与国际接轨，但服务理念与市场需求脱节，过分强调技术分类的完备性，按污染要素即市场需求提供综合服务的能力较弱。

（四）企业购买环境服务的意识增强，但还有待进一步加强

企业的环境责任应该包括两方面的内容：一是公司的环境义务；二是公司没有尽到相应义务而承担的不利后果。保护环境、降低污染已经成为普遍的共识。消费者越来越重视他们所消费商品的环保性，公众环保意识的增强会提高公众对环境质量和“绿色”产品的要求，企业基于市场需求的考虑，会减少污染产品的生产，降低产品的环境污染，从而承担起环境保护的责任，购买相应的环境服务。

但承担环境责任、购买环境服务势必会增加企业的成本，还有相当一部分污染型企业不愿意承担企业的环境责任。归根结底，是企业对自己的社会责任认识还不到位。从政府的层面来说，相关部门应加强对企业的宣传教育，督促企业履行保护环境的责任；从消费者层面来说，消费者应该更多地购买绿色产品，将消费偏好传递给企业，从而“倒逼”企业履行环境责任。

二　湖南省环境服务业发展中存在的问题

湖南省环境服务业起步晚，企业规模偏小，融资能力和技术竞争力不强，缺乏技术集成能力和综合环境服务能力。湖南环保产业的发展重心在环保装备制造业，而对环境服务业的重视不够，环境服务业的产业规模偏小，规模效益难以体现，2010 年环境服务业产值仅占整个环保产业的 14%。环境服务业的产业门类也不完备，产业缺乏核心竞争力，企业技术开发投入占销售收入的比例仅为 3.4%，在投资及运营模式上还有待创新。这具体体现在以下几个方面。

（一）环境服务业的产业结构不合理，市场化、专业化程度不高

湖南省的环保产品虽然门类较多，但是结构并不合理，尤其是环境服务业较为落后，环境服务业占整个环保产业的比重一直偏低。同时湖南省环境

服务业产品技术含量较低，在产品的标准化方面还有待改善。很多环境服务产品的生产依赖于国外，国产化水平较低，一些技术含量较高的环境服务产品需要从国外进口，常规的产品则存在过剩和重复建设的现象，产业结构还有待优化。

环境资源在某种程度上是一种公共物品，具有天然的公益性和非排他性。因此，长期以来我国环境服务主要由政府提供，私人资本极少涉足，这使得环境服务业市场化程度较低。某些环境服务如咨询服务、信息服务甚至技术方面的服务，并没有相应的环境企业提供，大部分是由有关的环保部门来提供。要提高环境服务业的市场化程度，需要发展大量专业性环境服务企业，并将一些环境服务职能从政府部门中剥离出来。目前，随着环境保护领域的改革，政府部门中的环境服务机构已经从行政管理机构中分离出来，但以前低效的工作习惯还未彻底改变。同时，与发达地区相比，湖南省环境服务业的专业化程度不高，产业分工的合理性还有待提升。如在环境工程设计施工单位中，专业化运营的并不多，以兼职单位居多，环保企业很少从事工程设计和施工。

（二）产业创新优势不明显

产业创新是指某一项技术创新或形成一个新的产业，或对一个产业进行彻底改造。湖南省的环保技术开发力量主要分布在高等院校或研究所，企业很少有自己独立的科研机构，大多数环保企业的技术创新能力较弱，还有待加大科研投入，2010 年企业技术开发投入占销售收入的比例仅为 3.4% 。环境服务业的产业门类也不完备，产业缺乏核心竞争力，在投资及运营模式上还有待创新。与环境服务业技术先进地区相比，湖南省在关键和核心技术的掌握上还有很大差距，不能充分满足经济发展的要求；由于行业的后发性，湖南省环境服务业底子差，行业基础较为薄弱，无论是企业市场竞争能力还是技术服务能力都有待进一步提高。在数量规模上，湖南省环境服务业也远低于发达地区水平。

（三）投融资机制有待创新

相对于东部沿海发达地区，湖南省对外开放的程度较低，湖南环境服务业本身的发展相对于东部地区来说也较为落后。湖南省吸收国外先进的技术、管

理理念、运营模式能力较差，环境服务业的发展方式还停留在政府投资主导阶段，将 BOT、TOT、PPP 等先进的运营模式运用到实际当中的还较少。目前，湖南省在环境服务业“三化”程度上做得较好的企业是湖南永清环保股份有限公司。湖南永清环保股份有限公司成立于 2004 年，于 2011 年 3 月在深交所上市，是目前湖南唯一一家上市环保企业。目前，它已经在国内多个区域和企业成功开发了合同环境服务项目，根据国内特点创立了“新余模式”，获得环保部和各地方政府的认可和大力支持。凭借领先技术、资本实力和地缘优势，永清环保目前已成为湘江流域重金属污染治理的主力军。

（四）环境服务业发展的动力机制尚不完善，还需进一步优化

湖南省环境服务业发展的动力机制包含供给和需求两大层面的因素。从供给层面来看，涉及行业自身发展、市场环境、企业责任；从需求层面来看，涉及政府部门的监管、环境法律法规、公众环保意识、国际公约与协定、政府采购、能源消费结构。虽然湖南省已经初步形成环境服务业发展的动力机制，但还存在很多的问题。

从产业的监管机制来说，湖南省环境服务业的监管机制还有待进一步完善。相对于发达国家，湖南省环境服务业基础较弱，在运行机制方面，与发达地区比还有很大的差距，监管机制不完善是当前湖南省环境服务业发展动力机制的一块短板。合理、有效的监管机制对于规范市场秩序、鼓励技术创新、促进产业的全面发展具有重要意义。健全环境服务业监管机制是当前湖南省迫切要完成的任务。从产业发展的市场环境来说，环境服务业的市场发展环境并不理想。经过对环境领域的改革，湖南省环境服务业的市场发展环境正在变好，但制约产业发展的因素还没有得到根本的改变。对新兴产业来说，良好的市场环境是保障行业健康发展的重要条件，有利的市场环境是产业起步发展的“助跑器”。从产业的法律法规方面来说，由于产业刚起步，湖南省目前还没有专门规范环境服务业发展的法规或引导性文件。目前，湖南省有关环境服务业的政策法规往往分散在综合的环境法规或产业政策中，内容不集中，协调性不够，能够促进产业发展的有效机制还未建立。出台专门的环境服务业法律、法规，使产业发展有法可循迫在眉睫。

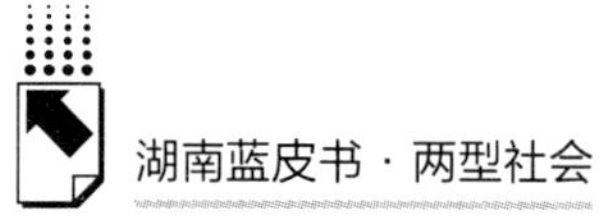

三 湖南省环境服务业发展对策研究

湖南省是第一个开展环境服务业试点的省份，当前，湖南省环境服务业产业结构正在优化，通过各方面的努力，环境技术的自主创新能力正在加强，关于环境服务标准化的工作也正在开展，环境服务运营私人化、专业化、市场化发展趋势愈加明显，未来还有很大的发展潜力。但是，也必须看到湖南省的环境服务业还处于层次较低的阶段，技术和专业化程度都有待提高。特别是与环境服务业发展相关的政策还有待创新，大部分环境服务都还是由公共部门在提供，市场化程度还不够高，投融资渠道也不够多样化。因此，我们提出以下政策建议。

（一）深化环境服务领域改革，加快市场化进程

引入竞争机制，努力形成有利于行业发展的市场竞争机制，无疑是深化环境服务领域改革、增强产业发展活力的有效手段。出于行政体制和环境产业的特殊性等原因，环境服务业在发展过程中逐渐形成了强烈的地方保护主义色彩，环境服务大多由政府部门提供。导致的直接后果是环境服务市场效率不高，市场规范性差。规范市场秩序，保证市场正常运转，引入竞争机制，进一步打破地方保护和产业壁垒，形成统一、开放、竞争、有序的市场环境，在对待本地企业和外资企业、本地资本和外资方面要公平，保证良好的市场环境。积极引导、因地制宜，鼓励有条件的地方进行环境服务改革试点，盘活环境服务市场。近年来，环境服务业领域推行的去行政化、引入多种形式的合同模式、允许民营企业进入都是对环境服务业市场改革的有效尝试。

（二）增强产业创新能力，大力推进环境服务业的技术创新

环境服务业属于高新技术产业，其技术创新能力的高低将直接影响产业的核心竞争力。在竞争激烈的环境市场中，环境技术的创新是实现产业发展的根本动力与源泉。①环境服务业的研发活动需要大量的资金投入，企业经营风险随之而来。此时，企业需要政府在税收和信贷方面给予支持和优惠。②在实

现产业技术自我创新的同时，还需要进一步加强与国际环境服务业的交流，努力实现环境服务业技术的知识外溢，积极吸收国外先进产业技术。③环境服务业是新兴产业，需要大量的人才投入。从整体上看，湖南省从事环境服务业的人员的素质水平低于总体经济部门的平均水平。湖南政府亟须在政策上向高校人才培养倾斜，加大力度实现校企之间的合作，解决湖南环境服务业的智力短缺问题。④必须充分完善市场竞争机制，实现企业的优胜劣汰，实现产业整体水平的快速提升。

（三）健全法律法规，营造良好的市场环境

政府在改善环境监管体系的同时，还需要进一步健全环境服务业的政策法规，加大监管和执法力度，使环保设施实现全范围、全产业链条的优化管理。政府还需要提升市场准入的相关标准，并出台相应的市场准入政策，以此实现环境服务业公开、公平、公正的市场准入制度。除此之外，政府在产业政策方面可以给予适当的优惠，对有重大技术创新的企业进行奖励，在增值税、营业税等方面可以适当予以减免，对于出口企业还可以给予出口退税的政策优惠。在有条件的地方，政府在进行官方采购的时候可以适当倾斜，进一步利用财政资金推动产业快速发展。在特殊情况下，政府方面还可以作为相关企业的第三方担保，实现以排污许可证为抵押物的担保交易，降低企业初期经营环保服务的风险。在审批企业市场准入资格方面，政府还需要优化审批程序，积极完善外资审批的法规体制。

（四）鼓励环境服务业企业创新运营模式，提高市场效率

环境服务业属于资金密集型行业，企业需要大量的资金购买设备、技术等，而且投资周期相对较长，企业一时难以收回资金。创新投融资模式和运营模式无疑是提高企业市场效率的重要手段，政府应该不仅仅从政策上给予环境服务企业优惠，还应该鼓励环境服务企业进行创新，如利用 BOT、TOT、PPP 等目前已经较为成熟的融资模式解决资金问题，还要借鉴国内外优秀环境服务企业的发展经验，提高本地环境服务业企业的市场效率。法国威立雅集团就是通过将自己定位为“公共服务运营商”、创新融资和运营模式在市场竞争中获得成功的。

（五）进一步优化湖南省环境服务业发展的动力机制，促进环境服务业发展

一是进一步改善产业监管体制，使用更为恰当的监管方式推动湖南省环境服务业的技术创新，并在此基础上完善国家相关产业发展政策。二是加快湖南省环境服务业市场化建设，并进一步完善市场体系。作为战略性新兴产业，环境服务业的发展需要健全、规范的市场环境。在社会主义市场经济体制下，环境服务业必须加快实现政企分离、政资分离，并构建能独立承担社会环境保护相关责任的主体。地方政府还需探索各式有效的、能刺激产业发展的经济政策，培育可持续发展的环境服务市场，并进一步鼓励、吸引国内外资金投入，加速实现湖南省环境服务业市场化。同时，在进行环境保护时必须有效解决地方保护主义的问题，保证环境服务业市场竞争的公平性，并有效地加快湖南省环境服务业市场的形成。三是营造有利于环境服务业发展的市场环境，发挥市场主体的积极性，通过对环境服务业发展形势的监测和分析，及时发现产业发展中的问题，加强政策引导，提出对策措施，促进环境服务业健康发展。

B.37

提升两型社会建设的文化内涵

刘解龙*

文化是人类社会发展特有的现象，是凝结于人们内心的集体精神体系与共同价值基因，是文明的核心与灵魂，并且可以通过各种具体形态与方式表现出来。人类社会越是发达，文化的内涵就越是丰富，对文化的需求就越是广泛，文化早已经成为一个社会或一个时代发达水平的主要标志。对于湖南来说，两型社会如果缺乏文化支撑，最终可能是苍白的甚至是难以持续的，而文化建设中缺乏两型社会的内涵，最终也可能是缺乏特色和竞争力的。因此，在湖南两型社会建设进入新阶段、打造两型社会建设升级版的时代，推进生态文明建设，需要加强与文化建设的结合，提升两型社会建设的文化内涵和文化竞争力，建设两型文化。

一　文化是推动时代发展的深刻力量

1. 文化的重要性日益突出

文化是一切文明的观念形态与精神内涵的总和。在我国的发展战略中，一直是把物质文化生活需要或者说是物质文明与精神文明结合在一起的。也就是说，重视文化的发展与繁荣从来没有从我们的视野中淡出过，而且在不断地加强和提升。然而，直到党的十七届六中全会通过《中共中央关于深化文化体制改革推动社会主义文化大发展大繁荣若干重大问题的决定》，对于文化的重视和发展才真正成为具体明确的国家战略，进入系统化发展的阶段。这说明，加强文化建设是我国经济社会发展到一个新阶段时谋求新发展和新突破的新战

* 刘解龙，长沙理工大学发展规划办主任、湖南省绿色经济研究基地首席专家、二级教授。

略和新主题，甚至可以说，一个以文化为主旋律的社会正在到来。当代中国进入了全面建成小康社会的关键时期和全面深化改革开放、加快转变经济发展方式的攻坚时期，一方面，文化越来越成为民族凝聚力和创造力的重要源泉、越来越成为综合国力竞争的重要因素、越来越成为经济社会发展的重要支撑，丰富精神文化生活越来越成为我国人民的热切愿望；另一方面，文化领域和文化形态的改革创新也将日益广泛和深刻，我国的改革发展与社会进步所取得的各种成就，也将以文化的形态凝聚与升华，形成时代文化与特色文化，成为整个中华文化体系中的新内容。文化的因素是社会发展中最为稳定、最深层次和最具凝聚力的力量，两型社会建设如果能够拥有文化力量的保障与推动，一定可以实现更高质量、更具内涵、更可持续的文明化发展。

2. 文化的导向性亟待加强

文化的重要性是不言而喻的，但文化在现实生活中的影响力却呈下降趋势。在我国，由于改革开放以来的快速发展和对外开放及全球化的影响，社会发展的多阶段性交叉现象广泛存在。在总体上，人们更多地将兴趣投入经济建设和财富增长之上。从文化的角度来说，改革开放使文化的社会性日益广泛，可文化本身的发展却没能跟上这一发展要求。社会发展到今天，需要文化的各种要素快速生长和发挥重要作用，让文化更有力地渗透到社会的各个层次与各个方面。在这个看似杂乱的社会变革发展阶段里，需要文化形成和发挥日益明显的导向作用。这种导向作用具体表现在两个方面：一是就横向结构来说，形成日益明显的文化要素与文化子系统，使得社会结构得以逐渐调整，并向有序化方向发展；二是就纵向结构来看，文化因素的增长和强大，在增强有序化因素的同时，更是增强了文明化发展的力量，引导和保障社会向文明化、健康化方向发展。从这个角度来说，两型社会建设的文化导向是不可缺少的，也是亟待加强的。

3. 工业化的文化性不断强化

我国正处于工业化中期，经济快速发展与工业化进程的快速推进是主旋律。而且我国的经济发展尽管从总体上说体现为工业化发展，但结构层次并不是单一和平面的，而是伴随着后工业化社会的诸多因素共同发展。工业化是经济变革、社会变革与文化变革的整体变革过程，形成相应的工业经济、工业社会与工业文明。工业化全面深刻地改变和重塑了世界的文化。两型社会建设是我国走新型工

业化、新型城市化道路的基本要求与目标，要基于生态文明建设对综合配套改革的宏观背景与发展趋势进行新的判断与把握，对新型工业化的文化内涵与特点有深入的理解。在对新型工业化的理解和定义中，人们更多地倾向于工业化与现代科学技术、生态环保、资源节约、组织结构和时代特点等方面的结合与创新，对于文化角度的理解与发展相对较弱。而事实上，新型工业化与传统工业化的重要区别就在于它与文化的结合以及自身体现的文化内涵。对于文化因素更加关注，是新型工业化与传统工业化的区别之一，是新型工业化的重要任务。在现代社会，推进新型工业化和新型城市化发展，都必须充分运用和依靠文化发展的特殊力量，兼顾文化发展的基本要求，增强经济社会发展的文化品质与文化内涵。如果说以信息化带动工业化是新型工业化的技术特点，那么以文明化提升工业化就是新型工业化的文化特征。在现代工业化进程中，体现人性关怀、体现文化内涵、体现文明价值的范围日益广泛，程度日益提高。作为探索工业化和城市化创新发展模式的两型社会建设，提升自身的文化性能更是题中应有之义。

4. 两型社会建设需要文化软实力

人们把文化视为软实力，软实力的特点是既具有硬实力的坚实性与支撑性，又具有自身的渗透力凝聚力，甚至比硬实力更加强大而持久。一个国家或地区，如果只有硬实力而缺少软实力，则不仅实力系统不完整，而且其硬实力也最终是实而不坚和坚而不久的。两型社会建设综合配套改革这样浩大的国家层次的战略工程，不是一个简单的资源节约与环境友好问题，而是发展道路与发展模式的巨大创新。我们要通过两型社会建设创造人类新的文明，这种新的文明既要拥有发达国家文明的优点，又要能更多克服它们存在的缺陷。两型社会建设能否在文化层次上立足，或创造两型文化，最终关系到这一改革的成败。因此，一方面需要培养和形成自身的文化软实力，另一方面也需要相应的软实力来保障和推动。

二　文化建设对两型社会建设的影响

1. 提出了两型社会建设目标的文化要求

一是从发展规律来看，社会的整体发展与可持续发展需要文化支撑和创造文化成果。两型社会建设是一项综合改革，是一种发展道路、发展模式的探索与创新，具有突出的社会性与战略性特点与要求。因此，经过第一阶段，湖南在经济或产业发展、制度体系建设等方面，取得了重要进展和众多成果。湖南的经济发展总量、发展质量、发展规模，各种两型社会的制度建设，如两型企业、两型园区、两型社区、两型学校、两型家庭、两型政府等，都提出了系统明确的指导与考核指标。也就是说，两型社会建设的经济子系统和制度子系统的成就引人瞩目，现在需要文化子系统也跟上来。而文化子系统跟上来，不是简单的文化建设，而是两型社会建设向文化层次深入与升级。

二是从现阶段形势来看，促进社会主义文化大发展大繁荣成为时代发展的新主题，改善了两型社会建设的时代环境，也开阔了两型社会建设的创新空间。两型社会建设如何自觉地与文化建设相结合，适应文化建设发展的要求，体现文化建设的成果等方面，应当在两型社会建设中得以体现。因此，对两型社会建设的目标来说，虽然还是两型，但已经不再只是资源节约与环境友好那么直观和具体了，文化的内涵与要求都不断增加和丰富。如果不重视在文化层次上的相应发展，两型社会建设就将不完整。尤其是对于作为两型社会建设核心区域的长株潭城市群来说，它不仅是一般意义上的文化发展的火车头，还应当是两型社会文化发展的核心区和示范区。

2. 提升两型社会建设品质的文化内涵

两型社会综合配套改革试验，是要把加快发展和优化人与大自然的关系有机结合起来，使我们在更高层次和更佳结构的文明形态上持续发展，而不只是仅仅处理好人与自然的关系。如果我们把两型社会界定为更加文明的社会，那么，资源节约与环境友好，就只是这一社会发展阶段的经济与技术方面的内容与特点而已。文化发展的内容显然已经隐含在其中。现在，我们更多地重视两型社会的经济与技术层面的内容与要求，对于制度和文化层面的内容与要求则相对少些。因此，在我国现有发展程度上，离开文化发展的要求建设两型社会，不仅必然导致基础薄弱，而且不符合大众与时代的要求，难以推进。同样，如果离开两型社会目标与文化内涵促进发展，唯 GDP 是求，必然方向错误，流于表面，难以持续。可见，从文明发展的角度来理解和推进两型社会建设，显然更加符合事物的发展规律与时代的发展要求。加

强两型社会建设中的文化建设，一方面要从文化的角度，增强两型社会建设的文化品质，提高文化对两型社会建设的服务力和影响力，另一方面要揭示两型社会建设的文化内涵、本质与规律性的元素，增强两型社会建设的文化品质与文化特色，形成独具特色的两型文化。所以两型社会应当增加文化的内容，两型社会必须是文化更加繁荣的社会。因此，一方面，两型社会建设不能与文化建设搞成两张皮，各自为政，如果各搞各的就会“两败俱伤”；另一方面，两型社会建设如果缺乏文化因素，必然是苍白的、低层次的和难以持续的。

3. 对两型社会建设成果需要进行文化提炼

其实，从社会系统论的角度分析，一个社会一般都由经济、政治与文化等几个方面组成，相互支撑与相互影响。因此，任何社会的发展都是有其相应的文化内涵的。只有提出相应的文化建设任务，注重发展的文化内涵，社会的发展才是完整的和协调的。因此，两型社会建设本身就应当包含相应的文化要求与追求。湖南经过这些年来的两型社会建设，在多个领域与多个层面取得了令人瞩目的成就。而且，在湖南未来的两型社会建设中，国家的宏观环境与发展战略也发生了一些变化，主要是对生态文明建设更加重视。对于这些成就，一方面，需要从文化的层次进行总结提炼提升，形成文化形态的两型社会建设成果。另一方面，要赋予两型社会建设相应的文化性质与文化任务。文化角度的提炼与提升不是简单的理论总结，理论总结与创新只是文化中的一个重要方面。一般来说，文化可以分为多种形态和多个层次，比如精神文化、制度文化、行为文化、物质文化等。对两型社会建设成果进行文化提炼与提升，赋予两型社会文化追求，都可以从这些方面进行。

三　以文化建设促进和提升两型社会建设

1. 增强两型社会建设的文化力量

两型社会建设实际上是我国加速社会整体文明发展的一种探索创新。而社会一般是由经济、政治和文化等几个部分或子系统组成一个有机整体而发展演进的。显而易见，在两型社会建设中，这几个部分所受到的重视和各自所发挥的作用不仅是有差别的，而且是不平衡的。其中较弱的部分是文化子系统的力量不够强大。因此，必须进一步加强和壮大两型社会建设的文化动力。一是文化的价值导向力。大力加强社会主义文化建设，有利于促进两型社会建设更好地体现社会主义的本质要求和符合社会主义发展方向。因此，要深入研究两型社会建设的文化内容，发掘两型社会建设中的真善美的价值内涵，大力发挥文化在两型社会建设中的价值导向作用。

二是文化的精神凝聚力。众所周知，尽管对文化可以从不同角度进行理解和概括，但有一点是明显的，即文化是长期积累并为公众广泛接受和自觉遵守的思想认知体系与精神价值体系，因而是凝聚人心、激发力量的不可缺少和不可替代的巨大精神力量，是一个社会运行发展不可缺少的重要支柱之一，也是标志人的全面发展和社会整体文明的主要指标。比如湖南开展的湖南精神的征集与评选，文化价值与影响就十分明显，在诸如价值导向、社会认同、凝聚人心、激发潜力、培育品质等方面，发挥着广泛持久的作用。

三是文化的支撑力。湖南的两型社会建设需要各种力量的综合推动，但现在更多的注意力集中于制度、技术、投资、市场等方面的体制机制创新，忽视文化的力量和文化创新推动，这显然是需要改进的。因而，湖南的两型社会建设，在文化动力与文化目标两个方面都需要进一步明确和加强。湖南的两型社会建设的内涵与目标，没有很好地将文化建设的内涵与要求纳入其中和体现出来。也就是说，湖南的两型社会建设，亟待培育和增强文化建设的机制与力量。然而，无论是传统文化还是现代文化，还没有与两型社会建设真正相适应的文化系统。一个显而易见的事实是，两型社会建设是以新型工业化、新型城市化为主旋律的，市场化、开放化、信息化、制度化等也是其基本内容。这些与传统文化与传统体制是存在广泛深刻冲突的。我国还没有充分经历和全面完成工业化、城市化、市场化的文明洗礼，缺乏相应的文化积淀。从这个角度来说，两型社会建设缺乏坚实的文化支撑。

2. 明确两型社会建设的文化指标

两型社会不是简单的资源节约型与环境友好型社会，而是整体发达程度更高的社会，是新型工业化、新型城市化基本完成的社会，是生产发展、生活富裕、生态良好的社会，是物质文明、精神文明、政治文明、生态文明和社会文明充分协调发展的社会。从这样的角度来说，两型社会是文化建设水平高的社会，人们的文化修养好、文化气息浓厚、文化事业与文化产业都发达，是这一社会的重要内容与基本特点。就这方面来说，湖南在资源基础与发展战略等方面都有相当的优势。但两型社会的文化可能比两型社会本身还要复杂。面临时代发展越来越重视文化追求，培育文化竞争力、文化产业竞争力、产业的文化竞争力，都应当体现在两型社会建设的过程与目标之中。能否使文化产业成为支柱产业，也是评价湖南两型社会建设进程与成效的重要指标。

3. 改进两型社会建设中的产业结构

湖南是文化传统久远、文化资源丰富的省份，因而拥有良好的促进文化大发展大繁荣的基础与优势。进入21世纪以来，随着建设文化强省战略的实施，文化不仅成为湖南发展的生力军，而且是湖南在全国竞争发展中的优势力量，已经成为千亿产业。从发展趋势来看，文化将成为湖南发展的越来越重要的支柱产业和文明基础。众所周知，由于文化产业化发展的第三产业性质与功能，更加符合两型社会建设的要求和目标，因而文化产业的大发展，将成为产业结构转型升级的一种新的“外生”力量。而且，文化的渗透作用，还会给湖南的两型社会建设或经济社会发展，增加更多的文化因素与文化价值，形成非文化产业的文化竞争力。

4. 以企业文化建设促进两型社会文化建设

企业是两型社会建设的重要主体，企业文化建设不仅是提高企业竞争力的重要途径，也是提升经济活动文化品质的重要内容。在企业文化建设中，一般将文化分为物质形态、制度形态、行为形态与精神形态等几个层次。需要特别强调的是，在企业文化建设中，要注重将企业社会责任作为基本的文化来追求和建设。同时，可以进一步参照企业文化建设的经验推进两型社会文化建设。既注重客观环境，也注重主观感受，既注重激励约束机制，也注重视觉听觉系统。从硬件到软件，从物质到精神及衣食住行等各个方面，都渗透两型社会的形象与内涵。现在，人们对于生产领域和生活领域的两型社会建设的要求是比较具体细致的，但在精神价值文化领域的建设则还难以做到全面深入。

四　以两型社会建设丰富和创新文化建设

1. 重视两型文化建设

任何形式与内容的文化创新，都必须立足于客观现实和时代要求，符合人民需要，并服务于经济社会发展，只有这样才有创新基础和发展前景。两型社会建设是一项事关社会发展模式与途径的长远的全面的战略创新，因此，建设与两型社会相适应的文化体系，不仅是建设两型社会所需要的，更是两型社会建设的主要成果与目标。在理论研究与实践探索过程中，尽管我们可以在学习借鉴与创新的基础上积极主动地进行两型文化建设，但更为重要的是，要联系两型社会建设的各个方面各个层次进行文化思考、文化提炼和文化创新，建设扎根两型社会、依托两型社会和服务两型社会的特色文化体系。一方面，形成相应的文化，另一方面，文化的传承和发展，要尊重传统与国情，也要联系实际和体现时代要求。只有与时代和实际紧密结合，才能具有坚实的基础，才能发挥实际的成效，从而获得发展的动力。因此，越是联系时代发展和现实需要进行的文化建设和创新，就越是具有生命力。所以，要增强湖南文化建设的特色、生命力与竞争力，必须把两型社会建设作为自身的时代坐标与创新基础，进而更好地建设湖南的两型文明和生态文明。

2. 用好两型社会建设成果

湖南要建设文化强省，要着眼于把已经拥有的文化优势充分发挥出来。建设两型文化，是湖南文化建设与两型社会建设的重要内容与目标，更是创新湖南文化建设特色的重要领域。湖南在这几年的两型社会建设中，深化改革、大力创新，积累了众多成果，这是提炼两型文化的宝贵素材，也是建设两型文化的良好基础。在这个问题上，要有两个改进。一是在认识上不知道对两型社会建设的成果进行文化层次上的总结提升，不知道两型文化是建设两型社会升级版的新任务与新要求，导致了两型文化建设素材的浪费，也影响了两型社会建设的高品质发展与高层次演进。因此要强调两型文化建设的重要性。二是在方法上找不到科学有效的途径推进两型文化建设，尽管在认识上知道了重要性，可不知道通过何种手段或创造什么条件，结合两型社会建设的成果，加强文化

建设力度，丰富文化建设内容，在全社会形成两型社会建设的文化氛围。因此，要加强建设两型文化的工作培训。解决好这两个问题，通过各种途径和多种方式促进两型文化建设，就一定能够增强两型社会建设的文化推动力和文化贡献力。

3. 丰富两型社会文化形态

越是现代社会，人们的文化追求就越是增加，文化的形体与形态就越是丰富多样，从而促进文化发展的方式与机制就越要不断创新。以两型社会建设的成果丰富文化发展，至少可以从这样一些方面推进。一是大众文化或群众文化，通过各种宣传两型社会的群体文化活动，让广大群体参与和感受，让两型文化承载生活内容，进入日常生活。二是高雅文化。通过文学创作、大型歌舞、摄影比赛、绘画艺术、诗歌创作、书法创作、理论研讨等，让两型文化更具雅致内涵与色彩，从而更好地与传统意义上的文化结合，开出精美的文化之花，结出丰硕的文化果实。三是组织文化，通过地区之间、社区之间、单位之间、家庭之间的集体倡议，服务两型社会建设，让两型文化生长在工作气氛之中，让两型文化扎根于社会各类组织机体之中。四是窗口文化，城市建设中的主题公园、艺术雕塑、博物馆、科技馆等，都可以开展以两型社会建设为主题的文化活动，在全社会形成浓厚的两型文化气息与景观。这样，就能够在各个环节促进两型文化的成长，实现两型文化的全覆盖。

4. 增强两型文化建设动力

从文化角度或文化形态上理解和建设两型社会，是一个新课题和新任务。解决好这个问题，既是两型社会建设的内容深化和品质提升的客观要求与紧迫任务，也是提高湖南文化建设品质与特色的重要内容和优势所在。我认为，一是在认识上要重视审视两型社会建设中的文化关系，赋予两型社会建设以文化内涵与责任，同时对湖南文化发展也提出两型任务与要求。二是在战略上要制定湖南省两型文化建设规划，整体规划与引导两型社会建设的文化提升和全社会的两型文化建设。三是在组织上鼓励社会各类主体参与或承担两型文化建设任务。四是机制上要设立两型文化建设基金等能够保障工作切实推进的机制。五是主体上要培养两型文化建设队伍，使他们成为两型文化研究和建设的先锋队与生力军。

B.38

资源节约靠市场　环境友好靠政府

任凌云*

资源节约型和环境友好型社会是全国人民的共同追求，从中央到地方都出台了一系列制度政策措施，但是这些制度政策措施效果并不理想。联合国环境报告指出：中国 2008 年消耗的矿物、化石燃料和其他原材料多达 226 亿吨，与全球第二大资源消耗国美国相比，中国的资源消耗量是美国的 4 倍。截至 2012 年年底，全国空气质量达标的大城市不足 1/4，约三成的主要河流和六成的地下水遭到了污染。为什么我国两型社会建设的制度政策措施不能够完全达到预期效果？其根本原因就是我国很多两型社会建设的政策制度设计没有充分理解市场和政府行政手段两种机制的各自特点，没有充分发挥市场机制和政府行政手段各自优势。怎么样才能设计出能够充分发挥市场机制和政府行政手段各自优势的两型社会建设政策制度呢？那就要遵循资源节约靠市场、环境友好靠政府的思路。

一　资源节约靠市场、环境友好靠政府的理由

（一）为什么资源节约要靠市场而不能靠政府的行政手段

一是政府很难准确评价一个产品真实的全生命周期内资源消耗情况，一个产品有很多种原材料和零部件，到消费者手中还要经过很多环节，要得到各个环节资源消耗情况的完全数据几乎不可能，没有准确的资源消耗数据，政府就不能确定哪些产品应该淘汰，哪些产品应该鼓励。二是市场能够对节

* 任凌云，湖南省安乡县发展和改革局。

约资源企业进行奖励，如果一个企业的产品比其他企业的产品在生产过程中节约了资源，那么其生产成本就肯定低一些，成本低一些市场竞争力就更强，产品获利能力就更大；如果一个企业生产的产品在使用过程中能够节约资源，那么其产品的卖价就可以更高一些，企业获利也就可以更多。所以资源节约不能靠政府行政手段，只有依靠市场竞争优胜劣汰才能选择出资源节约企业、工艺、产品。

（二）为什么环境友好要依靠政府的行政手段而不能靠市场

一方面，因为企业提高污染物排放标准，采取措施保护生态环境，就会增加其生产成本，减少企业的利润，所以企业不会主动提高污染物排放标准，减少污染物的排放，只能依靠政府强制行政手段才能减少污染物排放，保护好生态环境。就是利用市场机制让企业主动创新技术以减少污染物排放的环保收费和污染物排放权交易制度也必须依靠政府强制力量才能执行，并且会带来很多负面的影响。另一方面，因为污染物排放和生态环境保护看得见、摸得着、测得清，方便政府实时监控和人民群众监督。所以环境友好可以依靠政府，也一定要依靠政府。

当然，资源节约靠市场并不是说政府在资源节约方面不作为，只是要求政府不要通过审批和补贴等行政手段直接干预企业行为，政府还是可以通过征收资源税的方式间接影响企业行为。环境友好靠政府也不是说市场在环保方面就毫无作为，只是说只有在政府严格行政审批和事中监控的前提下，企业才会想最好办法来减少污染物排放、保护环境。

二　现行两型社会建设政策制度分析

我国在两型社会建设过程中使用了很多政府行政手段如制定控制资源浪费、鼓励资源节约的政策和企图利用市场机制促进环保的政策，结果这些政策有的确实起到了节约资源和保护环境的作用，但是产生了一些不好的副作用，有的纯粹是想当然的政策，不但起不到节约资源和保护环境的作用，反而造成不公平竞争和腐败。下面就对几个主要政策进行分析。

（一）节能审批不节能

首先，准确评估一个产品生命周期内资源消耗水平非常难，一定要准确评估的话，评估成本会非常高，本身就要消耗很多资源。其次，如果真的准确测定了这个产品的全周期寿命资源消耗水平，而且这个能耗水平超过了国家标准，但是生产这个产品又很赚钱，那么不是节能评价系统设计出了问题，就是我们整个经济制度体系出了问题。在没有改变节能评价系统和经济制度体系的情况下，就要求专家和政府官员有高尚的品德、不会被企业主收买。但是现实中所有专家和官员都品德高尚也是不可能的，不然就没有那么多贪污腐败分子了。综上所述，能够在市场上赚钱的高能耗项目即使实行节能审批也不可能真正被禁止，节能审批倒是给个别官员提供了寻租机会。

（二）财政补贴没成效

为了建立两型社会，我国出台了很多节能补贴政策。前面讲过了，准确评估一个产品全周期寿命内节约资源的真实水平非常困难，那么财政补贴也只能是瞎补贴。这些补贴政策在实际执行中不能真正起到节约资源作用，相反可能造成腐败和不平等竞争，甚至有些企业和官员勾结申报假项目骗取国家财政补贴资金。另外，即使政府对节能企业不补贴，市场也会给企业奖励，企业进行了节能改造，节约资源就直接降低了成本、提高了利润。因此，节能补贴政策对节能没有实质性作用，一定程度上增加了腐败、浪费和不公平竞争。

（三）政府定价违规律

根据商品需求定律，在其他条件不变的情况下，通过提高商品价格可以减少需求。中国价格管理部门制定了阶梯水价、阶梯电价、不同资源发电不同上网电价等价格政策来控制资源消耗。但是制定阶梯水价、阶梯电价、不同资源发电不同上网电价等价格政策的理论依据——价格双轨制理论存在严重缺陷。尽管价格双轨制理论获得了中国经济学领域最高奖项——中国经济理论创新奖，但是价格双轨制理论是一个已经被证明了的“只毒人不杀虫的 DDT”，就是这个理论提出者之一张维迎教授都承认，没有想到价格双轨制给中国带来了

那么严重的腐败。

阶梯水价、阶梯电价政策确实能够使用户更加节约水电资源，但是阶梯价格对自来水公司和电网公司自身浪费行为起不到控制作用，比如：安乡县自来水公司产销率不到40%，60%的水跑滴漏了。不同资源发电不同上网电价可以鼓励风电、太阳能发电，但有时候也会造成风能和太阳能发电的浪费。比如：一般在深夜用电量下降时，电网公司为了降低成本，他们首先减少风电上网，而风能是不能储存的。更重要的是不同资源发电不同上网电价的价格政策会导致非常严重的腐败，发电公司与电网公司结算也可能出现内外勾结把火电当成风电或者太阳能发电高结上网电价的问题，这些腐败金额随便就可以上亿元。

（四）环保收费和污染物排放权交易制度的缺陷

1. 环保收费制度存在缺陷

现行环保收费制度某种程度上说是把大自然对环境净化功能这个应该全体民众共同享受的权利转化成了环保部门的创收工具，环保收费往往都成为环保部门工作费用和员工福利。“哪里环境污染最严重，哪里的环保部门待遇就最好”的怪现象就证明了环保收费制度不是一个好制度。就算将环保收费全部用来改善环境，这个制度也不可取，欧美国家环境治理经验告诉了我们，环境污染了再去治理比事先要求企业达标排放、维护优良环境的成本要高得多。并且环保收费制度对控制污染物排放起不到任何控制作用，如果大家一样的交排污费，企业就可以把成本转嫁给客户，如果大家不是一样缴费，还会破坏市场经济秩序。并且环保收费离不开对企业排污量的准确测量，既然要准确监控，还不如要求企业达标排放，而不是交了钱就可以排放。

2. 污染物排放权交易制度存在缺陷

污染物排放权交易制度的本质就是将大自然对环境净化功能的全民权利无偿或者低成本送给污染企业，形成一种特许权。这种特许权为新进入的高标准排放企业设置了门槛，对现有污染企业起到了保护作用。在这种制度下，一个污染物排放量再少的企业都必须向现有企业购买排污权才能进入实行排污权交易区。这种制度设计还有一个严重问题，随着经济的发展，排污权将会成为一种非常稀缺的资源，很容易导致排污权炒卖，增加新进入企业成本，造成不公平竞争。这就跟城市出租车牌照、客运车线路被人为炒卖是一回事，一块出租车牌照最高炒到了120万元，一块客运线路牌最高炒到400万元。这样就使本属于人民的权利异化为少数人发财的工具。当然，在国与国之间、地区与地区之间的政府就污染物排放谈判可以运用污染物排放权交易制度来实现全球和地区污染物排放量的减少。

综上所述，环保收费和排污权交易制度要达到预期效果，关键在于政府部门实时监控污染物排放情况和严格执法，与企业自身积极性关系不大。因此，环保收费和污染物排放权交易制度企图利用市场机制让企业主动创新技术、减少污染物排放不切实际。但是污染物排放权交易制度可以用于各地区之间政府就污染物减排谈判。比如：碳排放交易制度用于国际多边二氧化碳减排谈判，在我国内部各省之间、省内各地级市之间污染物排放谈判也可以利用这种机制，这样就可以减少地方政府减排谈判的阻力。

（五）现行生态补偿政策制度的缺陷

其实我国生态补偿已经取得了长足进步，只是在城市水源地的发展与保护、生态屏障的建设、喀斯特地区水土保护、草原生态保护、自然保护区、自然资源开发中的生态保护的政策制度还存在一定缺陷，需要进一步完善。

1. 城市水源地保护的生态补偿政策存在缺陷

我国城市水源地跨区域，水源地要用水地保护水源质量，就要付出经济牺牲代价，但是一般都不能得到相应的经济补偿。比如北京水源地，就有一部分在河北，而长沙市的水源地是湘江上游的其他地市。这种水源地和用水地分离状态就造成了利益不能在区域内部统筹，没有形成完善的生态补偿机制。

2. 自然保护区和生态屏障建设的生态补偿政策存在缺陷

一方面，自然保护区和生态屏障区限制了当地对资源的开发，影响当地经济发展，造成居民返穷现象突出。另一方面，中央政府给予经济补偿，当地政府和居民也不会主动保护自然保护区和生态屏障区，造成自然保护区和生态屏障区的保护效果差。

3. 喀斯特地区和草原沙漠地区的生态补偿政策存在缺陷

一是土地经营权和收益权短期化，造成了喀斯特地区和草原沙漠地区过度开发。二是石漠化、沙漠化地区治理奖励补助没有形成长效机制，政府没有承担起监管职责。

4. 自然资源开发的生态补偿机制的缺陷

一是自然资源出让时，没有明确排污标准和生态保护责任。二是在自然资源开发过程中没有严格实行谁破坏谁补偿的原则和等量补偿原则。

（六）大城市汽车限购限行制度的缺陷

大城市限购限行制度存在不公平、歧视缺陷。限购行为是对后富的人和穷人的歧视，保护了先富的人，是通过牺牲穷人利益保护有钱人。限行存在权利歧视，有权势的人就可以上到不限行的牌照。其实通过提高资源税方式、提高汽柴油价格就可以减少人们使用汽车频率，通过提高尾气排放标准就可以减少污染物的排放，提价和提质的政策要求对所有人都是公平的。

二　两型社会建设政策制度设计

（一）完善资源税制度和建立普惠制社会保障体系

我国资源性产品的价格还远远达不到减少资源消耗的水平，比如中国电价油价水平还不到德国的50%，水价还不到德国的30%。然而在中国只要一提到涨水价、涨电价、涨油价就会遭到全民反对，引来骂声一片。为什么会这样呢？就是在现有制度政策下，资源性产品提价，增加人民负担，而涨价的好处被少数垄断利益集团得去了。应该说大幅度提高资源性产品的价格是建立资源节约型社会最有效的途径，但是怎样才能既大幅度提高资源性产品价格，又得到广大民众坚决拥护呢？那就是根据资源稀缺程度不同征收不同资源税方法以间接提高资源产品价格，而全部资源税都用来建立“学有所教、住有所居、病有所医、老有所养”的普惠性社会保障体系，以平均返还给每一个中国人。下面就资源税政策制度设计和社会保障体系设计进行一些简单介绍说明。

1. 完善资源税制度

一是所有存在稀缺性的资源都要收资源税。二是大幅度调高资源税税率，每一个资源税税率都用下面的方法确定。就是每种资源税征收能够使稀缺自然资源变成充分资源。以煤炭、水力、风力、太阳能几种主要发电资源为例说明，这四种资源中，只有太阳能是充足资源，就是要通过资源税使这四种资源发电成本价格基本一致。按照目前的科学技术水平，对煤炭资源和水力资源需要按70%征收资源税，对风力资源征收50%资源税，煤炭以煤炭销售额为计税基数，水力和风力资源为风电水电销售额。按照这种税率标准征收资源税后，我国电价将上涨1倍以上，就可以提高电价以达到节约用电的目的了。水资源税就可以污水处理成本或者海水淡化成本为对比，设计水资源的资源税率。三是对稀土、铁矿石等矿藏资源探明储量和计划使用年限，通过资源税征收提高价格，控制资源消耗量，将资源消耗控制在计划范围内。四是除了土地资源税外，其他资源税全部划归中央，并且全部用于中国人民普惠性社会保障体系建设，让全国人民平等享受资源税的好处。这样的资源税制度设计，就可以既达到节约资源目的，又能够得到人民群众的拥护。

2. 建立普惠性社会保障体系

普惠性的学有所教就是把国家对基础教育的投入按照人数平均分配给学生，学生自主选择学校。住有所居就是县市政府把城市土地出让金的1/3用于帮助本地首次购房者：不分富贵贫穷都给予人均20平方米的市场均价补贴，在别的城市已经购房了的要扣除已经补贴部分。病有所医就是不管是否缴纳医疗保险费，所有人都平等享受国家医疗保险补贴；要享受更高医疗保险标准的，都只能买商业医疗保险。老有所养就是所有60岁以上的老人都平等地根据其年龄差异享受不同标准的养老补贴；要享受更高养老保险标准的，就只能买商业养老保险，已有社保与国家补贴脱钩，转化为商业保险。

（二）创新环境保护审批和监管制度

1. 改革项目环保审批制度

改革项目投资体制中环保审批制度，在项目环保审批时不再做环评，不对企业环保措施进行审批，只对项目建设期和运行期对生态环境影响的程度设定

界限，对项目建设和生产过程中污染物排放标准进行审批。那么，怎样确定企业污染物排放标准呢？首先，通过调查一个环保区对污染物的自然降解能力确定该考核区的各种污染物最大容许排放量。接着就对该区域内产生污染物的现有产能和新增产能进行统计，再用该种污染物最大容许排放量除以产生该种污染物的产品总产能，就得到该种污染物排放标准。排污标准审批不是固定的，随着经济发展而变化，只要现有企业扩大生产规模或者新建生产企业，排污标准就要提高。新建项目按照新排污标准进行审批，原有项目也要按照新排污标准进行整改，整改无法达标就要关门大吉。项目环保审批要形成动态环保标准审批机制。

2. 创新污染物排放监管机制

有了污染排放物标准就需对现有企业实际排放情况进行实时监控，随时掌握企业生产污染物排放情况。只要发现污染物排放不达标就要停产整改，整改无法达标就关门大吉。

（三）建立全面完善的生态补偿机制以优化环境

1. 水资源保护利用生态补偿机制创新

一是建立明晰的水资源产权制度，把水资源分为收费水资源和免费水资源，收费水资源包括地下水、江河湖水、水库水，免费水资源包括雨水、沟渠水。二是建立市场化水资源价格体系。由若干个水资源公司管辖全国水资源，其管辖范围内收费水资源都是资产，水资源公司的销售水价以当地污水处理成本价为依据，根据水质不同，制定不同水资源的价格。水从上游自然流动到下流给另一个公司增加的水资源不属于销售关系，但是上游造成污染需要给下游赔偿。水资源公司销售收入的50%要作为上缴给国家的水资源税，水资源公司从其他水资源公司购水的进项水资源税可以抵扣，如果水资源公司经营自来水或者自己经营用水，参考其销售给其他客户的水资源征收水资源税。通过建立明晰的水资源产权制度和市场化水资源价格体系就能有效解决城市水源地生态保护资金来源问题。但是水资源水质保护和水源地生态保护离不开政府部门监管。因为水资源公司没有权力监管企业排污行为和人们对水源地的生态破坏行为。

2. 自然保护区和生态屏障建设的生态补偿机制创新

首先，建立自然保护区和生态屏障区管委会，由管委会从自然保护区和生态屏障区的原居民中聘请保护区工作人员，剩余的工作人员全部迁出自然保护区和生态屏障区，对迁出人员可以在环境比较好的农业区分配土地，保障他们的收入比原来更高。现在在洞庭湖平原购买农用地经营权的方法是可行的，在原来曾经非常繁华的洞庭湖平原的农村现在劳动力已经非常短缺。其次，给自然保护区和生态屏障区设定保护标准，再就国家自然保护区和生态屏障区管委会经营收益权和保护责任面向企业进行招标，谁需要政府补贴得少谁就中标。最后，政府每年对自然保护区和生态屏障区的生态环境进行考核，不合格就取消其经营保护资格，扣除其补偿金和押金。

3. 喀斯特地区和草原沙漠地区生态补偿机制创新

首先，对于喀斯特地区的耕地和草原沙漠地区的草场要确权，在保持国家有所有权的前提下，把喀斯特地区的耕地和草原沙漠地区的草场的经营权和收益权长期永久固定下来。只要确权了，经营者就会积极主动地保护自己的土地不被石漠化和沙漠化。其次，对通过沙漠、石漠治理而获得的土地，治理者不但永久享受土地经营权和收益权，还享有国家常年固定的生态补偿支持。

4. 自然资源开发的生态补偿机制创新

一是在自然资源出让时，明确排污标准和生态保护责任。既然矿藏资源储量可以探明，那么在矿产资源开采过程中可以准确地测量其对生态的影响。二是在生态补偿过程中严格实行谁破坏谁补偿的原则和等量补偿原则。

（四）创新环保部门薪酬制度

现在我国有一个怪现象：“哪里污染越严重，环保部门日子就越好过，员工福利待遇就越高”。之所以出现这种现象，就因为我国的环保部门的绩效考核薪酬制度存在逆淘汰问题。因此，必须改革创新环保部门的绩效考核薪酬制度。

1. 建立优胜劣汰的绩效考核机制

一是取消环保收费制度，只要企业按标准排放就不能收费或者罚款。二是环保部门罚款一律上交到中央，与地方政府收入脱钩。三是改革环保部门绩效

考核指标，实行最简单定量考核，以考核其辖区内出现环保事故数量、造成损失和社会影响大小为主，以考核群众对环保部门投诉为辅。四是对环保部门实行工资工作经费总包干制，节约归己，对环保部门创收行为一律参照贪污受贿严惩。

2. 建立环保部门工作人员薪酬制度

一是拿出财政给定环保部门的人员工资总额和工作经费总额的10%作为浮动，实行严格的打分制，零分的给90%的工资和工作经费，满分的就给全部工资和工作经费。二是考核不合格时，就开除占员工总额10%的不合格工作人员，并且更换部门领导。三是在环保部门创造一种动态弹性人员上岗机制，环保部门可以自主根据工作需要确定工作人数，分流方案就是通过调节在岗人员工资福利与分流工作人员工资福利差距控制在岗工作人员人数，如果选择在岗的人多了，就提高分流人员待遇，少了就降低分流人员待遇。工作需要安排分流人员回来上班不用请示上级主管部门，但是招收新人必须由本级政府统一安排。四是绩效工资与工作效率相关，机构工作人员越少，效率越高，绩效工资就越高。

三　新两型社会建设政策制度效果分析

（一）节约财政资金，鼓励真正的资源节约企业

取消各种节能补贴政策，既可以节约财政资金，又可以减少官员腐败，减少不公平竞争。通过增收资源税，资源价格比原来提高了1倍多，真正的资源节约企业节约相同资源，成本就节约了一倍以上，利润就成倍提高。政府不搞节能审批又可以减少资源浪费。

（二）节约资源又避免了价格双轨制弊端

征收资源税还能够控制自来水公司和电网公司自身的浪费行为。因为资源税在生产前已经征收，自来水公司漏掉的水也要交资源税，这样就迫使自来水公司加强管理，减少跑滴漏。通过资源税征收使风电、太阳能发电、水电、火

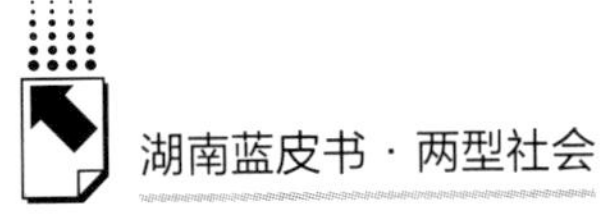

电成本基本一致，而且在深夜用电量下降时，电网公司通过降价减少上网电数量时，风电具有最大降价优势，减少火电上网可以节约煤炭。没有了资源价格双轨制可以减少资源交易中的腐败行为。征收资源税可以避免涨价好处都落入了相关垄断企业的腰包，养肥了少数人。

（三）有利于城乡垃圾资源化利用

城乡垃圾按照成分可以分成渣土垃圾、易腐质垃圾、可回收垃圾。渣土主要是一些无机矿物质，是一种没有环境污染、各种工程建设都少不了的需求量大的廉价资源。易腐质垃圾主要是蔬菜瓜果粮食加工处理食用后残剩物，可以用于制沼气和有机肥。可回收垃圾包括金属、塑料橡胶、纸张、残旧布料等，都是非常好的工业原料，都可以回收利用。通过征收高额资源税，可以让沼气、有机肥、金属、塑料橡胶、纸张、布料等原料价值成倍上升，使得城乡垃圾资源化利用更具有可行性。

（四）彻底解决地沟油用作食用油的问题

按照新的资源税政策，可以让石油价格上升一倍，使得石油价格超过每公斤 12 元，这个价格与一般的食用油价格差不多。地沟油作为炼油厂炼制汽柴油原料与石油相比就有了价格优势，在这种情况下，就不会有人再冒着坐牢危险把地沟油当作食用油卖了。实际上欧洲的地沟油就用于炼制汽柴油。

（五）缩小贫富差距，促进社会稳定

通过征收资源税建立“学有所教、住有所居、病有所医、老有所养”的普惠制社会保障体系可以实现社会起点公平。一方面，可以避免出现稀缺资源占有者利用自己对稀缺资源的垄断地位对其他人形成剥削，产生一个个超级富豪。另一方面，可以避免社会贫穷人士没有基本生产生活资源而有力无处使，避免出现极端贫困现象导致的社会动荡和革命。

（六）真正实现企业达标排放

在新环保政策制度下，环保部门对企业排放标准进行审批后，再对企业排

放行为进行实时监控，并且对外公布举报电话和企业排放标准。取消企业排污费和将环保罚款全部归中央后，环保事故发生与工作经费挂钩，企业超标排污不会再给环保部门增加一分钱收入，反而会被扣减工作经费。这样环保部门就不会再与排污企业玩“捉放曹”的游戏、搞分赃式环保执法了。有了环保部门严格执法和人民群众的监督，企业超标偷排污染物行为就无处可避责。

（七）促进生态环境优化

高标准的污染物排放可以减少污染物对水资源的污染，水资源产权和价格体制创新可以解决城市水源地生态保护资金来源问题。创新自然保护区和生态屏障区生态补偿机制，政府每年对自然保护区和生态屏障区的生态环境进行多次定期考核，确保自然保护区和生态屏障区环境越来越好，物种越来越丰富。通过对喀斯特地区的耕地和草原沙漠地区的草场确权提高经营者保护自己的土地不被石漠化和沙漠化的积极性。通过治理沙漠、石漠而获得的土地确权和政府常年固定的生态补偿支持，让人们不断向沙漠和石漠挑战。自然资源开发主体在利用自然资源过程中对生态环境破坏进行等量修复补偿。

实 践 篇

Case Studies

B.39 长沙市两型产业转型发展的初步探索

郭云杰*

建设两型社会，产业支撑是基础。2007 年 12 月，国家批准设立长株潭城市群两型社会建设综合配套改革试验区，作为长株潭试验区的核心和龙头，长沙率先全国探索两型产业转型发展之路，突出两型倒逼和创新驱动，深化产业转型升级体制机制改革，率先开展了两型园区、两型企业的创建，推动产业发展向两型生产方式转变，初步取得了一系列理论和实践成果。2007 ~2012 年，全市万元 GDP 能耗从 0.944 吨标准煤下降为 0.601 吨标准煤，万元规模工业增加值能耗从 1.10 吨标准煤下降为 0.341 吨标准煤。

一 考评体系突出两型要求

一是在发展理念上紧扣两型主题。全市注重用两型理念统领各项工作，提

* 郭云杰，长沙市两型办政策法规处处长。

出了“率先建成两型引领之市”，共圆“小康梦”“两型梦”“幸福梦”的发展目标。全市先后制定了“1+13”的改革方案、三年行动计划和《关于进一步加快两型社会综合配套改革建设两型引领之市的决定》等120多个两型政策法规，形成衔接配套、体系丰富的思路框架。

二是在指标设置上注重发展质量。作为考核部门，市绩效办增加了体现发展质量的指标及权重，设置了相关约束性指标，通过考核战略性新兴产业占比、高新技术产业占比、研发经费占比、科技投入、专利授权量等，引导企业加大技术改造升级力度，提高自主创新能力，从而摒弃以往那种高能耗、高污染、低产出的生产方式，走科技含量高、资源消耗低、环境污染少的新型发展道路。

三是在考核目标上淡化GDP。省委常委、长沙市委书记易炼红郑重提出，不再以GDP论英雄。从2010年开始，长沙市绩效考核取消了地区生产总值指标，不再直接考核地区生产总值增长数据，并且逐年降低经济指标权重，增加社会发展、民本民生和生态保护等方面的指标权重。在资源环境保护方面，对于节能节水、污染物减排、土地管理、耕地保护、环境质量、生态保护、城区绿地建设等，设置了相关约束性指标，以推动逐渐形成节约能源资源和保护生态环境的产业结构、增长方式和消费模式，进一步提高可持续发展水平。

二　标准体系强化两型引导

一是建立两型园区、企业标准。全市把园区和企业作为两型社会建设的重要平台和载体，推动园区和企业走循环经济、清洁生产之路。全市率先全国制定了两型园区、两型企业标准，着重考核园区和企业节能、节水、节地、资源综合利用、清洁生产、环境保护等内容。全市奖优罚劣，对符合两型标准的园区和企业给予100万元、10万元的奖励；对园区内企业近三年出现严重环境污染事故、较大（及以上）生产安全事故的，更是一票否决。并对其节能环保、清洁生产、再制造、资源综合利用等重大技术改造项目、科技创新项目等给予优先支持。对属于政府采购范围的，经国家、省、市认定的节能环保、自主创新等两型产品和技术，在政府采购活动中予以扶持。

二是培育两型园区企业。按照省“两型五进”（两型技术产品、两型生产生活方式、两型服务设施、优美生态环境、两型文化等两型要素进社区、进园区、进厂区、进校区、进办公区）要求，推动绿色建筑、节能节水改造、废物综合利用、清洁能源、产品两型化提质、绿色认证、优美环境、两型文化等“八进园区”“八进企业”。推广节能环保、清洁生产、资源综合利用等技术，鼓励企业研发绿色低碳产品，推进废物循环利用，引导工业行业和企业走节约发展、清洁发展之路。如长沙高新区、宁乡经开区等一批园区着力推进高层厂房、分布式能源、太阳能屋顶发电等技术和产品。湖南万容科技、湖南云中沥青等企业实行废物回收再生产利用，走出了一条“变废为宝”的循环经济发展之路；比亚迪新能源汽车、中电 48 所红太阳光电促进了节能与新能源的大规模运用；远大住工研发推行绿色住宅产业化，海尚科技创新畜禽养殖污染治理模式，成为向社会提供两型产品和两型服务的典型企业。

三是完善政策配套。全市陆续出台了引导园区科学规划布局、推进产业升级的政策意见，特别是探索了建设用地指标分类控制、生产用水超定额累进加价、区域落后产能整体退出、环境资源交易、河流生态补偿、环境风险企业强制保险等政策措施，为两型企业创建提供了政策环境。

三　工作机制追求不断创新

一是构建落后产能退出机制。全市科学提高落后产能标准，严格执行国家安全、节能、环保、质量约束性标准，结合长沙产业发展水平和产业结构优化调整目标，提高落后产能标准。全面排查，细化目标，建立详细的企业落后产能档案，确定淘汰落后产能和设备的计划和时间表，有步骤、分批次地进行淘汰。支持优势企业通过兼并、收购、重组落后产能企业，提高优势资源集中度，鼓励企业转型发展低碳产业。近年来关停 110 家“两高”企业和大量“五小企业”。坪塘老工业基地的 21 家污染企业全面关闭退出，成为全国“两高”产业区域整体退出样板工程。

二是构建产业发展准入机制。全市以发展两型产业为目标，严格环境的准入和退出机制，制定了《长沙市产业发展环境准入目录》和《长沙市产业发

展环境退出目录》，建立了项目污染排放总量审核、环评质量考核和集体审批制度，严格产业准入门槛，优先发展战略性新兴产业和现代服务业、现代特色农业，近年来否决高污染高能耗项目460个。

三是构建科技专项资金引导机制。市财政近5年投入约10亿元专项资金支持两型社会科技创新和重大科技成果转化，投入约15亿元提升产业技术层次，全市充分发挥科教、人才资源密集的优势，连续7年举办全国科技成果转化交易会，其中签约两型社会建设科技项目849个、金额488.76亿元，突破了一批共性技术、关键技术和核心技术，为两型社会建设提供有力的科技支撑；同时积极构建产业技术创新战略联盟，充分发挥企业在自主创新中的主体作用，促进创新要素和创新资源向企业集聚，提升企业创新能力，一大批两型社会建设科技成果实现产业化生产。

四是构建清洁低碳技术推广机制。全市制定实施了清洁低碳技术推广三年行动方案，集中推广新能源发电、脱硫脱硝、工业锅（窑）炉节能、"城市矿产"再利用等十大清洁低碳技术，2013年启动实施屋顶光伏发电、生活垃圾深度综合处理等49个重点示范项目，总投资47亿余元。长沙恒佳铝业有限公司锅炉节能改造、印山台水泥有限公司SNCR烟气脱硝、湖南合得利橡胶科技有限公司废旧轮胎无害化处理、长沙市桥驿固体废弃物填埋场沼气能源工程（电厂）、长沙现代服务业产业园、长沙国际创意城等一批项目建设全面展开。

五是构建产业园区整合提升机制。按照企业集中、产业集群、资源集约、功能集成的原则，对产业园区进行整合提升、布局优化，打造一批现代城市工业经济综合体，获批国家级园区5个。全市推进园区两型化改造，全面布局建设分布式能源系统，推进建设能源利用监测系统、废旧物资分类回收利用系统、污水处理回用系统等基础设施共享平台。全市不断提高开发园区土地投入产出效率，采取鼓励建设多层厂房和引进能在多层标准厂房生产的工业项目，严格审定工业项目的投资强度、建筑密度和建筑容积率等一系列措施，推进园区土地的节约集约利用。如长沙经开区提高项目准入标准，规定每平方公里投资不低于20亿元，产出不低于45亿元，税收达2亿元以上。隆平高科技园通过建设高层标准厂房，相比2004年、2005年到园区投资建设的11家中小企业建同等建筑面积低层厂房所占土地面积349.8亩相比，节地率达到92.93%。

表 1　2012 年省级以上园区增加值及产出强度情况

园　　区	规模工业增加值（亿元）	占比（%）	工业用地面积（平方公里）	单位面积增加值（亿元/平方公里）
长沙经开区	390.0	30.1	20.0	19.5
长沙高新区	368.1	28.5	15.0	24.5
浏阳经开区	108.0	8.3	5.6	19.3
宁乡经开区	107.8	8.3	13.5	8.0
望城经开区	103.9	8.0	17.3	6.0
隆平高科技园	59.7	4.6	3.0	19.9
天心经开区	49.8	3.8	2.7	18.4
雨花经开区	46.5	3.6	3.3	14.1
浏阳工业集中区	36.3	2.8	3.4	10.7
金霞经济开发区	14.6	1.1	18.4	0.8
暮云经济开发区	9.2	0.7	7.0	1.3

六是探索建立再制造产业发展推进机制。全市探索开展再制造产业基地和集聚区建设，促进产业集聚发展，形成再制造产业发展新优势。全市强化技术创新，继续发挥核心科技机构的作用，加强再制造关键技术攻关，鼓励科研院所和企业联合攻关，开展关键技术的推广和产业化应用，支持生产企业、研究设计单位开展有利于再制造的绿色设计。全市大力推进再制造试点工作，加快工程机械、汽车及零部件、机床、家电等再制造重点技术研发与应用，重点指导和督促列入国家试点的长沙（宁乡经开区、浏阳制造基地）再制造示范基地、中联重科、三一重工等再制造企业抓好再制造工作。

B.40

探索"两型"新路 打造云龙发展升级版

刘玉平*

自2009年4月18日挂牌成立以来，云龙示范区以为全国两型社会建设探路为使命，坚持敢闯敢试、先行先试、边干边试，全面铺开了20平方公里区域的开发建设，开工项目112个，完成固定资产投资312.4亿元，年均增幅72%；公共财政总收入从6000万元增长到6.6亿元，增长近10倍；累计融资到位112亿元，实际引资到位147亿元；批回土地2.2万亩，完成征地拆迁和土地整理2.5万亩；行政、人事土地管理等重点领域或关键环节的两型改革创新同步推进，圆满完成了两型建设第一阶段的工作任务，经济社会呈现又好又快的发展态势。

一 主要成果

（一）两型规划体系初步形成

一是规划体系体现国际视野。坚持两型统领，以国内示范、因地制宜、探索创新的原则进行顶层设计和规划编制。总体规划在全省五大示范区中第一个获得省政府批复。四年来，投入规划经费约5000万元，接洽国内外设计单位27个，完成规划编制成果45项，规划研究成果12个，基本构建了纵向到底、横向到边，全方位、多层次的两型规划体系，为全面铺开两型建设打下了坚实基础。

* 刘玉平，株洲云龙示范区党工委副书记、管委会主任。

二是规划指标实现量化。对构成两型社会最主要的要素与内容进行了大胆探索与突破，并着力进行量化细化，初步建立了土地利用、城乡统筹、生态保护、水文资源、交通建设、能源体系等六大两型控制指标体系，确立了耕地节约、水资源综合利用、节能与可再生能源利用等两型指标具体实施路径，增强了规划的可操作性。

三是规划管理得到强化。对规划编制、实施和监督实行全过程管理，出台了一系列两型规划控制指标和管理制度；紧扣功能组团与开发板块布局项目，不断优化项目选址；加大规划执法力度，确保了“规划一张图、管理一条龙、建设一盘棋”。

（二）两型建设框架基本搭建

实施基础先行战略，共铺开各类基础设施与配套工程项目46个，累计完成投资95亿元。一方面，路网建设快速推进。共启动新建或改造主次干道29条，总里程99公里，总投资83.9亿元。其中，云龙大道等7条道路相继竣工通车。40条乡村道路、总里程99公里得到提质改造。另一方面，配套工程同步跟进。沿老株长路、云龙大道等主干道共铺设水电气通信等各类管网100多公里。总里程达29公里的大型供电线路基本建成，重点片区配套建设加快实施。目前，云龙示范区50平方公里区域已基本具备开发建设条件。

（三）两型产业项目加快实施

一是策划包装引进项目。共策划包装重大开发项目120多个，总投资1300亿元以上，其中1亿元以上投资项目39个，10亿元以上21个。主要包括北部云峰湖国际旅游度假区的华强文化科技产业基地、体育公园、北欧小镇、游客集散中心；中部微软信息产业园、总部经济园、数码科技城、普洛斯物流园等；南部职教大学城、湖湘文化城、城铁云龙站场开发项目等。

二是招商引资争取项目。严守两型标准，瞄准国家大力扶持的重点产业重点行业中的龙头企业开展招商。累计与普洛斯、深圳华强等战略投资者成功签约50余个，合同引进资金近1000亿元，其中20亿元以上项目10个。

三是齐心协力建设项目。已开工建设项目 112 个，累计完成投资 312.4 亿元。其中，总投资 150 亿元的华强文化科技产业基地项目一期——方特欢乐世界从洽谈签约到建成开园仅用 2 年左右时间，并成功获批国家 4A 级景区，累计接待游客 254 万人次，实现总收入 4 亿多元。总投资 100 亿元的职业教育大学城已引进 11 所院校入园发展，完成投资 64 亿元，并有工贸、有色、铁科院、商院 4 所院校建成开学。此外，云峰湖体育公园、总部经济园、北欧小镇等 13 个超亿元项目均在有序推进。

（四）两型改革试验纵深推进

一是行政管理方面。实行大部门制，7 个部门不足百人承担一级政府的全部职能和市级经济行政管理权限。政务服务中心按照“同窗口进出、限时间办结”的要求，推行受理回单制、逾期代办制，缩短审批时限 50% 以上，减少许可事项 30% 以上。同时，优化中介论证、评审等手续，推行“两型综合评审”，实行行政审批“全程无偿代理”。

二是土地管理方面。累计共批回土地 2.2 万亩，完成征地拆迁 1.4 万亩；2012 年着力从征拆困境中破题，积极探索以村民为主体的村庄整治和土地整理新模式，铺开了 14 个社区 1.1 万亩的村庄整治和土地整理。

三是投融资管理方面。做大做强云龙发展（集团）等区域发展商，通过经营城市资源、参股融资有关项目、运作基金、启动债券发行等多种方式，初步形成了城市运营投融资体系，四年多累计引资 147 亿元。2012 年还首次成功发行云龙发展（集团）10 亿元企业债券。

四是人事管理方面。积极推进干部职工由身份管理向岗位管理转变，初步构建了“分类管理、档案封存、竞争上岗、按岗定薪、能进能出”的用人机制和“一人多岗、一岗多责”的岗责体系。

五是工作机制方面。围绕惠民利民、互动互促、引领激励和监督管理四大层面，加强机制体制等“两型软件”探索，着力以改革释放发展“红利”，以政策刚性保障群众全过程共享发展建设成果。探索了土地征收全程利益共享机制，打破以往土地征收“一锤子”买卖的旧模式，从生活安置、生产安置、就学、就业、就医、社会保障等诸多方面，构建了被拆迁群众“近期、中期、长期”紧密衔接的梯次利益格局。此外，还探索了两型生产与生活方式的引领和推进机制、高效整合的社会管理机制、村庄整治先行的土地整理和储备机制等13个机制，努力实现区域发展与群众利益的“双促双赢”。

（五）两型创建初有成效

树立两型集成理念，积极开展生态文明、绿色建筑、绿道系统等两型示范创建，集成两型元素。成功跻身国家智慧城市第一批试点，并被列为全国十个重点智慧城市试点示范之一；成功获批为国家绿色生态示范城区，并被明确为国家五个绿色生态示范城区之一；在科技部等7部委联合举办的第七届中国自主创新评选活动中荣获“中国自主创新园区生态文明奖”；云龙发展中心获批为“全国三星级绿色建筑”；总建筑面积152万平方米的“磐龙湖绿色生态城区”项目一次性通过省绿色建筑创建立项评审会评审，成为全省当前规模最大的绿色建筑群；规划并正在建设500公里的绿道系统，着力建成全国首个城乡绿道网络体系城区。

二　主要经验

回顾四年多来的创业和建设历程，有三条经验值得珍视。

（一）两型引领是灵魂

两型示范既是云龙示范区的使命所在，也是云龙示范区的特色所在。从挂牌成立伊始，我们始终坚持以国际视野、战略思维、两型理念谋划示范区发展，按照“田园都市、两型新区”的要求，把两型理念贯穿于云龙示范区规划、建设、管理以及招商选商等开发建设各项工作之中，“宜城则城、宜乡则乡、城乡统筹”的两型路子越走越宽广，前景更加美好，也得到了越来越多的客商青睐，两型招牌越来越响，“云龙”名片越来越靓。

（二）改革创新是法宝

两型社会建设是一项全新的系统工程，没有规律可循，也没有经验可借

鉴，必须解放思想，大胆创新。面对纷繁复杂的开发建设任务，我们始终坚持敢闯敢试、先行先试、边干边试，着力用经营的理念、改革的思路、市场的手段创造性地开展工作，积极探索政策性导向、市场化运作、公司化经营等新思路，突破土地、资金、人才等要素制约；大胆运用“串联”改“并联”“竞赛+考核”等新办法、新举措助推工作，创造了“云龙速度”，实现了云龙示范区超常规发展。

（三）体制保障是关键

华强项目不到两年就建成开园；云龙大道不到两年就建成通车；云龙发展中心不到一年就建成使用；短短四年时间，示范区已全面铺开16平方公里的开发建设。总结起来，云龙示范区高效运行的关键，在于市委、市政府高瞻远瞩、大胆放权，不但设计实施了一套精简高效的大部制运行体制，还明确了云龙示范区的“特区地位”，授予了市级行政经济管理权限等“特别权限”，给予了一系列“特殊政策”，鼓励大胆试验，为云龙示范区营造了宽松的发展环境。云龙示范区的过去，离不开这些体制的坚强保障；云龙示范区的未来，更应坚定不移地推行和落实这些好的体制机制。

三　未来发展思路

下一阶段，特别是2014年，既是贯彻落实党的十八届三中全会精神、全面深化改革的开局之年，也是云龙示范区“五年见成效”、纵深推进两型社会建设的攻坚之年。云龙示范区要以党的十八大和十八届三中全会精神为指引，紧扣市委、市政府的决策部署，加快推进两型集成、项目建设、基础配套、机制创新和作风转变，加快推动示范区全面深化改革，积极争当“打造株洲发展升级版”先导，以更高的目标、更硬的措施、更活的机制、更优的服务、更强的队伍，推动示范区快出形象、快成规模、快见成效。2014年主要抓好以下五个方面工作。

（一）抓项目、兴产业，提升新城形象

突出以项目建设的提速带动产业发展升级，按照“竣工使用一批、开工

建设一批、招商储备一批”三个一批思路布局工作力量，推动项目滚动发展，实现集中连片开发，重点加快“三大片区”建设，推动示范区快出形象。

一是加速打造北部旅游休闲区。重点发展旅游度假、运动健身、文化娱乐、休闲购物等产业，确保华强方特梦幻王国、方特酒店、丽景湾五星级国际酒店、创意产业园、水世界建成营业，云峰湖体育公园一个球场及公园会所基本建成；中奥冰雪乐园、奥特莱斯购物公园、北欧小镇二期住宅、游客服务中心、五星商业街、华强配套地综合开发、湖湘文化博物馆群及影视文化村等开工建设；力争电影博览园等项目签约落户。同时，积极引进实施一批特色餐饮、娱乐休闲等配套项目。

二是加速打造中部智慧产业区。重点构建信息产业、总部经济、高端物流、商务会展等新型产业和临空产业区，确保总部经济园一期、数码科技城一期、磐龙生态社区 CD 区等一批项目基本建成；普洛斯物流园、中特物流、太平洋仓储物流、太阳城、高新火电总部等一批项目开工建设；湖南微软创新中心（MIC）、中国移动大数据中心、智慧产业园、信息产业园、中南智慧城、太阳城等一批项目启动建设。

三是加速打造南部职教创新区。突出科教研发、人力培训、广告设计、软件研发等重点产业发展，加快湖南（株洲）职教科技园建设，力争株洲化工院开学招生，铁道职院、中医药高专、云龙医院尽早开建，微软 IT 学院、智慧广场、中南林业科技大学生态新城综合开发、碧桂园、金轮商住等启动建设。

（二）抓基础、强保障，提升功能配套

想方设法破解瓶颈制约，统筹示范区基础建设与功能配套同步发展，强化土地、资金等要素保障，全面提升示范区综合承载力。

一是加快基础建设。加快推进路网等基础建设，确保云龙大道延长线、云峰大道二期等 12 条道路共 16 公里竣工通车或建成路基；云瑞路一期、云海大道一期等 9 条道路共 7 公里启动建设。加快推进水、电、气等公共配套设施建设；加速龙母河综合治理工程建设，确保潜龙湖段初具形象，磐龙湖段合围成湖，周边相关景观工程开建；确保市就业创业指导中心、云田消防站、马鞍公路应急养护中心等建成使用。

二是加快征拆安置。土地征拆方面，加大土地征收全程利益共享机制等政策宣传力度，进一步加大土地征拆攻坚力度，积极创新市场化征地拆迁办法，努力破解征拆难题。安置房建设方面，加大市场化安置步伐，并加快安置房建设进度，新开工建设安置房14万平方米，续建安置房15万平方米基本建成，20万平方米安置房实现分房入住。

三是加快融资引资。投融资方面，加强城市经营，盘活经营好示范区有形与无形资产，创新融资方式方法，开展资本多元化运作，鼓励企业发债和上市，进军资本市场，进一步拓宽融资渠道，力争全年融资35亿元以上。招商引资方面，紧扣重点产业、重点片区、重点项目，全面推行精细化、目标化招商，提高招商效益，确保全年合同引资100亿元以上，实现到位资金35亿元以上。

（三）抓改革、优机制，提升两型实力

坚持以问题倒逼改革、目标倒逼改革、开放倒逼改革，积极创新体制机制，加快推进云龙示范区全面深化改革，不断聚集发展正能量，提升云龙软实力。

一是两型创建。建立两型指标任务体系倒逼两型工作机制，将两型指标任务细化分解到各责任单位和责任人，并加大督查考核力度，推动两型工作早出亮点、多出经验；强化两型集成理念，加快建设华强、职教城、磐龙湖、五星、云峰湖、菖塘等两型集成综合示范片区；积极采取资金奖励、政策扶持、标准引导、典型示范等方式方法，深入开展两型创建活动，推动两型技术产品、服务设施、文化等两型要素进社区、进景区、进校区、进机关、进家庭。

二是行政管理。大力简政放权，完善“两型综合评审”机制；加大开放力度，放宽市场准入，研究出台项目等入区“负面清单”，鼓励和引导社会资本广泛参与示范区开发建设；推行招商项目“全程无偿代办”，强化项目全程服务，努力打造一个环节最少、效率最高、成本最低、服务最优的政务环境。

三是土地管理。探索集体经营性建设用地使用权流转规范机制，有序引导集体土地加快流转，进一步做实做强社区集体经济；建立示范区土地利用规划与总体规划、产业规划“无缝衔接”机制，提高土地单位面积投资强度和产出效益，推动成片集中开发，促进土地节约集约利用；突出村民主体地位，加快推进村庄整治，进一步完善土地征收全程利益共享机制、土地整理储备和开

发利用的循环机制。

四是人事管理。探索政府雇员制、委派制等多种用工形式；畅通干部职员成长通道，构建非官本位的晋级机制；启动“云龙智库”建设，开展智力服务外包助力云龙两型建设，形成招才引智的长效机制。

五是城乡统筹。加快云田、鸡嘴山、龙头等城乡统筹示范点建设；开展农村集体资产资本化和农村集体经济股份制改革试点；建立新型城镇化与新农村建设统筹互动的机制，探索增加农民财产性收入的新路子；全面深化村级综合配套改革，探索建立共享型的社会事业体系、普惠型的社会保障体系、创业型的社会就业体系、服务型的社会管理体系。

（四）抓民生、促和谐，提升幸福指数

坚持以人为本，大力发展民生事业，让示范区发展建设成果更多更公平地惠及全示范区人民。

一是发展社会事业。加大教育投入，完成云田中学二期建设、学林公办幼儿园新建、龙头铺中学维修改造等就学工程；进一步完善基层医疗服务体系，完成龙头铺、云田两所卫生院和菖塘、交通四所村级卫生室标准化建设；着力提升公共服务水平，加快推进“智慧云龙”建设，启动文荟、北欧小镇、磐龙等社区服务中心建设。

二是强化社会保障。依托职教科技园的职教培训优势，开展订单式培训，提高失地农民的工作技能，推进城乡社保、医保等扩面提标，确保城乡居民社保实现应保尽保，城乡居民最低生活保障标准均按城市低保标准执行；进一步健全灾民、孤老、残疾人等困难群众救助机制，积极发展社会福利和慈善事业，努力改善弱势群体的生存状况和生活条件。

三是加强社会治理。健全社会治安防范体系，深入开展“平安镇办”“平安学校”和“平安单位”等创建活动，严厉打击各类犯罪，妥善处置各类矛盾纠纷。全力抓好信访维稳工作，坚持领导接访、干部下访制度，严格执行信访事项的办理、复查和复核三级终结制度，切实减少非正常上访，致力于将矛盾化解在基层。进一步加强安全生产工作，坚决预防和杜绝安全生产事故的发生。完善城乡应急管理体系，加强山洪、水灾、疫情等灾害事故的预警和防范，全力保障公共安全。

B.41

坚持三个发展　建设美丽九华

——湘潭经济技术开发区2013～2014年两型社会建设报告

湘潭经济技术开发区管理委员会

湘潭经济技术开发区（湘潭九华示范区）作为长株潭城市群两型社会综合配套改革试验区的示范区之一，从2003年底开始建设以来，经过十年高速发展，经济社会发展取得了显著成绩，已经成为湘潭经济增长的主引擎、项目建设的主战场和改革创新的主阵地，为湘潭乃至全省产业转型升级、两型社会建设探索了新的路径、积累了新的经验。2013年，在湘潭市委、市政府的正确领导下，湘潭经开区认真贯彻党的十八大和十八届三中全会精神，紧紧围绕建设“美丽新九华”主题，坚持转型发展、高端发展和创新发展，各项工作再上新的台阶。

一　2013年两型社会建设主要亮点

（一）打造对外开放新高地

在省委、省政府的高度重视和大力支持下，在湘潭市委、市政府的正确领导下，湘潭综合保税区于2013年9月成功获国务院批复成立。湘潭综保区是全省第二家也是长株潭第一家综保区。它的成立，将进一步提升湖南的对外开放水平，促进湘潭和周边地区以及全省的外向型经济发展，也为全省加快推进两型社会建设搭建了新的平台。

（二）实现经济总量新突破

没有一定的经济总量做基础，没有良好的经济发展效益做保障，开发区就没有发言权，特别是国家级经开区就会遭洗牌淘汰。在总体经济形势下行的压力下，经开区各项指标保持了平稳较快增长。全年实现技工贸总收入1053.2亿元，同比增长48.3%；完成工业总产值590.6亿元，增长45.5%；实现财政收入23.2亿元，增长22.89%；提前两年实现了省委、省政府和市委、市政府下达的建设千亿元园区的任务。特别是吉利汽车九华生产基地产量突破12万辆，产值过100亿元，一跃成为湘潭第二大工业企业，为湘潭市稳定增长、提振信心做出了突出贡献，创造了湘潭工业发展乃至湖南汽车产业发展史上的又一奇迹。

（三）争当产业转型新标杆

打造中国经济转型升级版是实现伟大中国梦的重要组成部分。作为国家级经开区，理所当然应承担起产业转型升级开路先锋的责任。2013年湘潭经开区在调整传统产业结构、引进战略性新兴产业、大力发展第三产业和淘汰落后产能方面四举并重，取得了产业转型升级阶段性成果。吉利汽车在保持传统车型产销两旺的良好态势上，英伦甲醇新能源汽车实现量产；湘潭锅炉29~70兆瓦燃气热水锅炉项目通过了国家级科技成果鉴定；中冶京诚400吨矿用车获得了湖南省首台（套）重大技术装备认定及奖励；年产值可达300亿元的泰富重工港口矿山装备制造基地一期7月15日正式投产；年产值可达百亿元的威胜智能配用电产业园项目全面开工建设；中国服务外包十强企业华拓数码一期投入运营，其二期万人级交付基地正加快建设，建成之后员工规模将超过10000人，成为全国规模最大、业务种类最多、客户覆盖最广、业务内涵最深、行业影响力最大的万人级金融服务外包交付基地；由继阿里巴巴和慧聪网之后国内第三大内贸B2B电子商务服务公司和国内最大的单品电子商务聚集平台——中国网库打造的湘潭实体企业电子商务产业基地投入运营，使经开区的产业发展承载能力提升到新的档次；园区企业退出机制使九华纸业等不符合两型要求的企业成功实现“退二进三”。

（四）探索社会治理新模式

经过一年多的筹备和建设，湘潭经开区智慧九华综合指挥平台于2013年7月正式投入使用，实现了辖区内公安、交通、城管、应急、民政和社区网格化管理一体化。智慧九华综合指挥平台是目前全省一流的信息化管理服务系统，其各类资源得到有效整合，流程化管理更加清晰，使办事效率和服务质量得到极大提升，除方便群众办事之外，也为及时有效处置突发性事件和公共服务事件提供了良好平台。特别是社区网格化管理，以社区为单位，将社会管理单元划分为更小的网格，每个网格配备一名网格员，完成数据采集、事件上报和居民服务三大职能，通过采用网格化、信息化的方式，实现社区管理的精细化，做到情况掌握在基层、问题解决在基层、矛盾化解在基层、工作推进在基层、感情融洽在基层，使之真正成为党和政府与人民群众保持血肉联系的沟通桥梁、为民服务解民困的有效阵地、构建和谐园区的重要正能量。

（五）扩大两型改革新成果

党的十八大特别是十八届三中全会，明确了全面深化改革的路线图。湘潭经开区充分利用两型社会建设示范区先行先试的有利条件，在巩固土地集约节约利用、严格执行入园项目投资强度标准和环保准入机制以及加强环境保护等两型改革试验成果上，继续深入推进改革探索。编制完成了城乡统筹片区详细控规，对生态保育区内的绿心予以严格控制保护；利用生态保育区天然资源，大力发展生态休闲旅游，重点建设健康养生城、休闲山庄、生态观光农业、绿色种植等项目；在借鉴株洲等城市先进经验的基础上，在湘潭市率先推行公共自行车租赁系统，倡导绿色出行、低碳生活，一期开通站点 52 个，投放自行车 1100 辆，得到了广泛好评；积极探索推进经济、社会、环境协调发展的新能源示范园区建设，提高太阳能、地热能、生物质能等新能源的应用水平；以西湖城和麓华新城项目为试点推广地热源热泵空调供热制冷及生活热水制备技术；推广太阳能建筑规模化利用技术及其应用，包括太阳能光热建筑一体化、太阳能光电建筑一体化、太阳能光伏光电建筑一体化和太阳能空调系统、太阳能照明系统、太阳能光热工业应用系统等；推广风电技术及其应用，鼓励推广使用小型风力发电设备，主要用于沿江风光带风光互补照明、九华湖德文化公园风光互补照明、城市绿色小区推广、城市道路照明工程等应用领域；加快推进与长沙大河西潇湘大道连接的沿江风光带九华段建设，使道路、防洪、景观、历史文化融为一体。

二　两型社会建设主要做法

湘潭经开区两型社会建设发展取得的成绩，得益于省委、省政府的高度重视和大力支持；得益于市委、市政府的正确领导；得益于上级各部门的大力指导和支持；得益于全区广大干部职工的艰苦奋斗；得益于广大征拆群众和投资商的理解信任和鼎力支持。在具体工作上，经开区的主要做法有以下几个方面。

（一）始终坚持解放思想

2013 年是湘潭经开区建园十周年。新十年，新征程。面对严峻复杂的国际国内形势，特别是经济下行压力，经开区党工委、管委会通过深入解读贯彻党的十八大精神，科学研判宏观形势，结合园区发展实际，于年初提出了经开区要实现“二次创业”的目标，确定了转型发展、高端发展和创新发展的总思路，明确提出九华要在二次创业期间追赶省内一流园区、挺进全省第一方阵、实现三个转变：从单一的园区经济向城市经济转变，从单一的经济园区向产城融合发展方向转变，从单一的生产型园区向生产，服务、消费型园区转变，把九华建设成为长株潭城市群新的中心城区。

（二）牢牢把握战略机遇

发展是硬道理，把握机遇是加快发展的硬道理。近年来，湘潭经开区牢牢把握国家中部崛起和设立两型社会综合配套改革试验区的机遇，特别是获批国家级经开区后，充分利用好国家级经开区的平台和政策利好，筑巢引凤，擦亮招商引资的金字招牌，先后引进了一批世界 500 强企业和国内外知名企业；牢牢把握长株潭上升为国家战略层面城市群的机遇，与长沙大河西先导区签署战略合作框架协议，推进与长沙的全面对接，加强两区在基础设施建设、产业发展、环境治理等方面的合作；加快推进沪昆高铁湘潭北站建设，打造长株潭城市群新的交通枢纽；加快连接长沙的九华大道北段和沿江风光带建设；牢牢把握国家进一步扩大对外开放、设立上海自贸区的机遇，加快湘潭综合保税区建设，抢占价值高地。

（三）突出抓好项目建设

抓好项目建设特别是重大项目建设，是决定经开区事业成败的关键之一。狠抓制度创新促项目建设。建立了招商引资工作机制，在项目入园之前严格评估测算是否有良好的经济社会效益，是否符合园区产业发展方向，是否符合两型要求；建立了项目建设工作机制，充分做好项目征拆、场平、立项、评审、建设、履约跟踪等全程服务；建立了领导联点机制，重大项目委领导联点，坚持现场办公、一线服务，协调解决项目建设过程中的困难和问题。狠抓工作执行促项目建设。每年开展“战高温、夺高产”劳动竞赛，狠抓七、八、九月黄金季节，科学调度；强化督查督办，每周一调度、一月一讲评，重特大项目日调度、周讲评。狠抓要素供给促项目建设。加大筹融资力度，拓宽融资渠道，做好策划包装，确保项目建设资金需求；加快推进征地拆迁，特别是重大项目的扫尾工作；加大土地报批力度，对一些重大项目急办快办，千方百计确保项目建设用地需求。

（四）深入推进改革创新

通过深入推进改革创新，先行先试，大干快上，不断激发干事创业活力。不断创新人事人才工作机制，全面推行竞争上岗制度。机关所有中层干部全体“起立”，打破“铁饭碗”，经过公开报名、竞争演讲、民主测评、组织考察、党工委会议研究等程序重新聘任上岗；实行全员聘用及双向选择的人事管理办法，除市管干部外，所有工作人员分为中层管理人员、职员和助理职员三个类别，全员聘用，实行以岗定薪、岗变薪变的薪酬制度；创新绩效考核机制，对年度工作绩效进行考察考核、量化评分和综合评价，并在绩效考核体系中加入服务对象满意度测评的要素，让广大人民群众和投资商有效监督干部职工作为，对每年绩效考核处于末位的干部职工采取诫勉谈话、降级使用、解聘等措施，激发他们工作的积极性和紧迫感。不断创新集约节约用地方式。由管委会投资建设标准厂房和产业社区，如为韩国三星量身建设2万平方米标准厂房和4.5万平方米产业社区，该企业占地不到20亩，每亩工业产值突破1亿元；建设20万平方米的创新创业中心，为创新型中小企业提供标准厂房集聚孵化；

推行货币安置，告别传统“留地安置、实物安置”的旧模式，高标准建设两型安置社区，有效节约了土地资源。不断创新政务服务机制，按照“小政府、大服务”的要求，搞好高效廉洁的政务服务。对授权行使的69项市级行政审批权力，完善办理制度，公开办理条件，优化办理流程，承诺办结时限，提升服务水平。设立政务服务中心，实行一站式受理、一条龙服务、一门式收费、承诺时限内办成，件均办理时限少于法定时限的1/3，资料齐备的办件“马上就办，立等可取”。

（五）不断优化发展环境

只有良好的环境才能吸引高端投资商，才能聚集人气，建设滨江新城，从而加快实现转型发展、高端发展和创新发展。2013年，湘潭经开区把发展社会事业、促进民生进步摆在了更加突出的位置。除建成智慧九华综合指挥中心、有效加强社会治理以及推行公共自行车租赁系统外，着重解决自建、两型安置农民的社会养老保险问题，由管委会“埋单”统一为经开区早期自建、两型安置的征拆农民购买养老保险，使其享受类似于城镇企业职工待遇的养老保险福利，彻底解决这部分群众的后顾之忧；引进了湘潭市和平小学等优质教育资源合作办学，在经开区构建起从幼儿园到大学完整的现代高端教育体系；制定出台了12年免费教育、11类42项免费国家基本公共卫生服务等多项惠民政策；优化园区公交线路，开通3条环区线路、车辆增加至26辆；九华居民可免费收看数字电视，等等。同时，加快推进社区农贸市场、大型商业综合体、中心医院等配套设施建设，不断提升园区的综合承载能力。严格贯彻落实中央、省、市政府改进工作作风、密切联系群众、“反四风”、厉行节约、反对浪费等系列文件精神，坚持艰苦奋斗、服务至上的创业精神，切实改进工作作风，不断提升服务质量和水平。

三　2014年两型社会建设重点

新十年，新起点，新征程。2014年，湘潭经开区将在市委、市政府的正确领导下，全面贯彻落实党的十八大和十八届三中全会精神，围绕“建设美

丽新九华”主题，按照转型发展、高端发展、创新发展的思路，突出工业转型升级，大力发展第三产业，加快产城融合发展；深化两型社会改革，全面发展社会事业，推进城乡统筹步伐。

（一）确保主要经济指标高增长，不断做大经济总量

把加快发展、做大经济总量作为经开区的头等大事，进一步缩小其与省内一流开发区的差距。全年计划实现技工贸总收入 1400 亿元，完成工业总产值 850 亿元，完成固定资产投资 370 亿元，实现财税收入 27 亿元。

（二）全面推进十大产业项目，壮大产业集群发展

2014 年，在打造吉利汽车、泰富重工两家百亿企业的同时，要实施的十大产业项目分别是：湘潭综合保税区，9 月之前一期建成并封关运行；泰富重工二期，力争建成投产；威胜电气产业园，力争建成投产；吉利新能源汽车，顺利实现并线生产，达到 5000 辆整车产能；吉利汽车零部件产业园，引进 3 家以上汽车核心关键零部件配套企业；恒润高科专用车生产基地，加快建设，力争建成试投产；湖南桑德环保产业园，加快推进固废处理项目建设；华拓数码项目，力争建成二期万人级交付基地；华电分布式能源站，一期力争建成投入使用；全创科技二期（韩国梨树集团项目），建成投产。

（三）大力推进十大基础配套项目，加快产城融合发展

2014 年，经开区将继续大力推进基础及配套服务设施建设，加快推进产城融合发展，要实施的十大重点项目分别是：沪昆高铁站前广场及连接线，莲城大道建成通车，建设配套主干道及站前广场；湘江风光带九华段，基本建成通车；九华大道北段，建成通车；湘潭市中心医院九华基地，力争建成投入使用；新九华中学和九华和平小学，建成投入使用；九华污水处理厂，一期建成投入运营；黄河索菲特大酒店、红星美凯龙、新都酒店等，建成投入运营；等等。

（四）积极推进生态保育区建设，加快城乡统筹步伐

加快推进经开区城乡一体化进程，积极推进生态文明建设，对 38 平方公

里的生态保育区进行科学规划和建设，打造美丽的田园化农村，率先实现城乡统筹发展。重点推进城乡统筹一期建设项目，建成城乡统筹主干道，拉开城乡统筹建设框架，完善城乡一体化公共交通服务；加快征拆农民向市民转变的过程，继续实施征拆农民“富而思进”十年培训工程；不断创新建成区管理模式，加强社区网格化管理，进一步发挥智慧九华综合指挥中心的服务功能，使人民群众办事更加方便、快捷、高效。

B.42

湘潭天易示范区 2013～2014 年两型社会建设报告

湘潭天易示范区管委会

2013 年，天易示范区紧紧围绕园区工作要点，以打造一个看得见、摸得着的两型社会建设示范区为目标，积极工作，主动作为，工作成效显著。

一　2013 年天易示范区两型社会建设情况

（一）特色突出，多项工作全省领先

2013 年，天易示范区两型社会建设工作稳步推进，其中三项工作实现省市率先：一是率先在全市组织两型园区的争创工作，成为全省唯一一家省级两型园区。二是率先在全市乃至全省公开招募和组织了天易两型志愿者队伍，宣传两型建设从我做起、向我看齐理念，来自社会各界的热心人士 200 余人的志愿者队伍，为推进湘潭天易示范区两型社会建设，注入了新的活力。三是率先在全省两型办的机构职能设置中，增加了两型政策和法律把关职能，其职能得到了省市两型办的高度认可，为两型示范区的发展保驾护航。

（二）措施有力，各方面工作亮点明显

1. 加强统筹协同，全盘推进示范区改革创新

2013 年是全省两型改革纵深推进阶段的关键之年，天易示范区各部门协同推进规划、行政管理、土地管理、财税金融、资源节约和环境保护、产业发展等改革创新，两型建设工作全盘推进，效果显著，提升了天易的创新能力和示范效应。

2. 推进示范创建，擦亮示范区两型招牌

2013年，紧紧围绕创建省级两型园区这一目标，天易示范区共培育和创建两型企业、机关、酒店、两型单位13家，成功获批省、市两型园区。目前，园区内共有市级两型企业5家（高耐合金、莲港紧固件、韶力电器、斯瑞摩、京湘供水），市级两型项目1个（高耐合金两型快速冷却退火炉项目），省级两型企业3家（韶力电器、斯瑞摩、高耐合金），天易示范区管委会获批省级两型机关、市级两型示范能力建设先进单位。

在抓好宣传推广、培训交流的同时，重点抓好典型推广。①推进太阳能光伏电站建设。通过高耐合金率先在园区内建设太阳能光伏电站，其节约用电成本的示范效应，令区内其他企业纷纷参观学习并积极建设，目前园区内已经有高耐合金、风动机械、江南钢结构、泰达机械、宏信产业园、圣达机械等数十家企业建设了光伏电站，建设面积在5万平方米以上，预计可光伏发电5000千瓦时，企业可节约用电成本15%左右。②推广水循环处理技术。我们要求参加两型示范创建的企业做到生产用水循环处理，目前已经有莲港紧固件、高耐合金、金驰电缆、韶力等企业建设了水循环处理系统，其中高耐合金还建设了雨水收集系统，推行生产性中水重复使用，大大提升了水资源的使用效率。③推广废旧资源再利用技术。湖南斯瑞摩科技有限公司开发新技术，利用“城市矿山”——镁废料生产涂层颗粒镁合金脱硫剂；湖南莲港紧固件有限公司利用园区及周边企业生产的边角余料生产紧固件、标准件；宏兴隆公司做到一颗莲子利用率100%，莲肉、莲心、莲叶都是宝贝，难以利用的莲壳都被运送到香菇基地作为原材料等。这些做法为示范区转型发展探索了路子、积累了经验。当前，正按“两型五进”要求，积极开展两型示范创建工作进企业、进机关、进酒店活动。

3. 组建天易两型志愿者队伍，带动全员争当两型先锋

为了深入推广“人人建两型，两型为人人”理念，2013年面向全社会招募两型志愿者组建天易示范区志愿者队伍，目前已招募了来自企业、行政事业单位、机关、学校、街道、社区等的志愿者近200人，有老师、学生、医生、律师、企业老总、中层骨干、社会热心人士、工人、干部等。来自各行各业的志愿者将用自己的行动和丰富多彩的志愿活动带动全社会争当两型先锋，为推

进湘潭天易示范区实现“一流园区，两型典范”的目标，注入强劲动力。

4. 推进株潭对接，促进片区战略合作

一是推进成立了示范区与株洲战略合作工作领导小组，并以县委、县政府办公室名义下发了《关于成立推进湘潭天易示范区与株洲天易示范区战略合作工作领导小组的通知》；二是多次赴株洲组织两地深度对接，协商两区合作意向。

5. 分工协作，齐抓共管，推进绿心保护工作

一是积极落实省市绿心保护工作任务。为了进一步落实省市下达的绿心保护工作任务，年初根据省市要求，制定《湘潭天易示范区管委会办公室关于明确生态绿心保护工作任务的通知》（潭天易办函〔2013〕8号）明确了示范区各部门绿心保护工作任务。二是学习宣传两型政策规划，绿心保护意识逐步深入人心。绿心保护“两条例一细则”和市政府2号令下达后，将相关政策文件整理成册，通过OA系统转发给示范区每一位工作人员。在2013年11月28日湘潭市两型知识电视抢答赛中天易示范区在全市11支队伍中脱颖而出，荣获了第2名的好成绩。制作了《走进金霞山》等系列专题宣传片，制作了中国森林防火吉祥物“威威”防火虎卡通形象防火宣传牌，通过湘潭县手机报发放了森林防火温馨提示，组织了金霞山登山比赛等，绿心保护意识逐步深入人心。三是建立金霞山管理专门机构，促进管理工作常态化。为对以金霞山为重点的绿心地区加强管理，县政府成立了以县长任组长、人大常委会主任任顾问的金霞山公园管理委员会，并明确由天易示范区管委会分管两型工作的副主任具体牵头负责，管委会办公室设在两型办。为规范运作，日常管理建立定期会商机制，按月调度、季讲评、年考核的机制协调，制定了《金霞山公园管理2013年目标考核办法》，对各成员单位和部门实行目标管理和百分制考核，确保湖南省绿心保护工作任务有效落实。

通过各部门认真履职，金霞山管理工作取得阶段性成效。示范区规划建设部和资源管理部正在抓紧进行金霞山广场、公园的电瓶车道建设等相关工作；林业局加大了林相改造工作力度，已经完成对金霞山公园游道两侧10米范围内的低改工作，正在制订今冬明春的补植计划；城管局在公园内安置垃圾桶20个、垃圾斗车12个，安排清扫保洁人员12人，坚持每天进行清扫并及时将垃圾清走，确保了金霞山的环境天天清洁、舒适、优美；民政局加强了殡葬管理，每天安排2~3人坚持对金霞山周边地带进行巡查；易俗河镇以林业站为主组建了一支金霞山森林公园防火巡逻队，每天下午4点到晚上10点半，巡逻队员在金霞山森林公园巡逻、执勤，提醒休闲游客和市民别吸烟，在2013年持续几个月高温无雨的气候环境下，防止了森林火灾的发生。通过常态化的管理，公园面貌得到较大改观，公园管理明显加强，群众满意度明显提高。

6. 整章建制，促进示范区法制建设

制定了《示范区诉讼事务管理工作制度（试行）》（潭天易办发（2013）1号），制度就两型办、涉诉部门的职责分工、应诉工作流程和原则、实行双代理人制度等进行了明确，为示范区应诉工作的规范化、制度化打下了良好基础。制定了《天易示范区管委会政府投资项目BT融资建设管理办法（试行）》，对BT模式适用范围、决策程序，BT项目合法性审查和成本控制，项目建设管理、回购总价的最终确定等做出明确规定，增强可操作性，使今后示范区BT项目的规范管理有章可循。

二　2014年工作思路

按照两型社会改革建设顶层设计的要求，紧紧围绕示范区争创“一流园区，两型典范”的战略目标，重点从六个方面着力，积极打造园区即景区、园在城中、城在景中的“三生协调”（生产方便、生活丰富、生态优美）景观。

（一）加强部门联动，着力激发两型建设活力

2014年是全面深化改革的开局之年，也是试验区第二阶段改革攻坚的关键之年，示范区各个部门要进一步按照省、市要求，凝聚深入推进两型社会建设的共识共为，形成深入推进两型社会建设的强大活力。要根据部门工作职责，结合示范区实际，吸收其他地区的先进经验，推进改革建设任务，深化行政管理、土地管理、投资融资、产业转型、区域协作、城乡统筹等方面的改革

创新工作，积极寻求“牵一发而动全身”的改革突破口，在全省和全国形成有示范效应的改革创新模式，激发两型建设活力，真正为全省及全国两型社会建设探索路子、积累经验、做出示范。

（二）培育两型文化，着力营造全区两型社会建设氛围

1. 加大宣传力度

充分依托电视、网络、报纸、杂志、手机报和示范区两型展示厅等，宣传、倡导低碳文明的生活方式，重点强化与《湘潭日报》《湘潭县报》和市县电视台、网络等媒体的合作，对示范区两型社会建设成就进行全方位宣传和推介，形成两型文化特色精品，发展富有价值的两型文化产品，提高市民认知度、认可度和参与度。

2. 举办两型主题活动

举办天易两型生产生活艺术节、垃圾分类比赛活动，积极推进两型知识进社区、进学校、进机关、进企业活动，激发市民践行两型理念，提升示范区影响力和知名度，进一步扩大两型文化的受众面和影响面。同时，充分利用两型志愿者队伍这个平台，发挥两型志愿者的示范、监督作用，积极策划节能灯普及、家庭节水、太阳能利用等主题鲜明、形式新颖多样、内容务实的两型志愿服务主题活动，通过常态化志愿服务活动，提倡两型行为，在全社会培养两型习惯。

3. 引导绿色低碳消费

积极倡导绿色健康环保的消费观念，开展能源紧缺体验、鼓励绿色出行、普及使用节能产品、使用节能环保购物袋、减少使用一次性用品等主题活动，鼓励企业大力开发绿色产品，畅通绿色产品销售渠道。完善落实政府绿色采购制度，发挥政府示范带头作用。

（三）以示范创建为平台，着力强化示范带动效应

2014 年我们将按照政府推动、社会参与、全民行动的原则，做好以下两方面工作。

1. 建立示范区两型示范创建标准

围绕项目入园规划设计、工程建设、设备采购、生产管理、楼盘管理等方面，编制《湘潭天易示范区两型企业、两型项目、两型楼盘、两型工地等示范创建指南》，出台《天易示范区两型单位管理办法》等，形成两型社会建设的标准和管理体系，引导示范区两型社会建设工作的规范和深入开展。

2. 系统推进两型社会示范创建工作

一是创建工作由“盆景”向“花园”转变。按“两型五进”要求，进一步开展两型机关、两型园区、两型企业、两型楼盘、两型家庭、两型项目等示范创建工作，通过典型引路，以点带面，打造更多的两型示范亮点，形成辐射带动效应。二是注重总结提升。已经创建成功的项目和单位，按照“提质、集成、见效”的要求，发挥各项目和单位的辐射和带动作用，形成一批创建模式，在省市推广。

（四）以节能环保低碳为重点，着力推进环境保护

1. 推进“三个一”绿色出行方案

一是示范区管委会普通公务用车每周工作日内停开 1 天。各部门将公务用车的车牌号码报送到示范区纪工委，由纪工委进行督促检查，并纳入部门绩效考核。二是引导市民一公里以内步行。由两型志愿者队伍组织一个一公里步行俱乐部，宣传一公里步行的低碳出行理念。三是推进一套自行车系统。建议 2014 年在区内大的商场和人流量较集中的企业门口设立 4 ~ 5 个站点，试行推广自行车系统，逐步推进园区绿色出行，既能缓解区内企业员工出门办事及上下班压力，同时也为天易两型社会建设增加新的亮点。

2. 清洁低碳技术推广“三结合”

一是把加强政府引导、搭建两型平台与发挥市场作用相结合。搭建示范区两型交流平台，组织企业交流会和两型成果推介会，选择先进适用、性价比高的清洁技术生产企业与园区内新入园企业、两型示范培育单位进行面对面洽谈，实施清洁技术分类指导，分步推广太阳能路灯、光伏电站、绿色建筑、分布式能源等，推进园区内企业生产和使用清洁技术。二是将清洁技术推广工作与争资争项结合起来。积极主动与上级部门进行对接，争取国、省对清洁技术

推广项目的政策、技术和资金上的支持。三是将推广工作与两型示范创建工作结合起来。力争两型示范创建企业及新落户园区的企业全面推广使用太阳能屋顶，并鼓励园区家庭带头安装光伏电站，率先在示范创建单位推广清洁技术，形成辐射带动效果。

3. 大力推行绿色采购

经过 2013 年的努力，示范区进入省市两型技术产品目录的企业有高耐合金、韶力电器、炜达机械、吉光飞利浦等 21 家，2014 年我们将加大引导企业申报两型技术产品的力度，一是引导更多的企业产品进入省市目录；二是积极加强与省市县政府采购部门的对接，争取列入省市目录企业在省市县政府采购中占有更大的份额；三是积极推进示范区重点工程建设和政府采购中执行《湘潭市政府采购两型技术产品暂行办法》《湘潭市采购两型技术产品实施细则》，争取市委市政府给予天易示范区重点工程建设加分和政府采购奖励，让区内两型企业直接从两型社会建设中获益。

（五）以绿心保护为重点，着力增强持续发展能力

一是认真贯彻和落实“两条例一细则”。按照《湖南省长株潭城市群生态绿心地区保护条例》的要求，协调各部门完成绿心保护的各项工作任务。二建立和完善绿心地区建设项目审批流程。《湖南省长株潭城市群生态绿心地区保护条例》出台后，绿心区域范围内可兴建的项目和控制建设区内的重大建设项目的建设单位，应当向省市两型部门提出申请办理相关审批手续，建议不要在绿心地区引进项目，如遇特殊情况，应完善项目报批手续。三是以金霞山公园为中心，协调各成员单位做好保护和管理工作。重点做好金霞山的环境卫生管理、森林防火、林相改造以及周边环境的整治、建设工作。

B.43

奋力打造昭山两型示范区升级版

——加快推进湘潭昭山示范区两型社会建设的实践和思考

湘潭昭山示范区管委会

在省委省政府、湘潭市委市政府的正确领导下，昭山示范区坚持两型引领，将建设好绿心生态、培育好绿心产业、提升好绿心功能、改善好绿心民生作为推进两型社会建设综合配套改革试验的基本目标，以建设国家级旅游度假区、国家级文化产业园、国家级生态文明示范区为核心举措，奋力推进两型示范区升级版建设。昭山一直坚持“打基础、拉框架、利长远”的战略思维，经过近年的艰辛创业和扎实工作，基本上化解了被三市边缘化的困境，走上了创新发展、高端发展、产城融合发展的快车道，不论发展态势、对外形象、园区承载能力，还是干部的精神状态、群众的支持程度等，整体上呈现跨越式发展的强劲态势，具备了大突破、大跨越、大发展的条件。

一 2013年发展与改革情况

（一）投入20亿元，着力推动昭山基础设施大建设、大畅通、大提质

昭山具有三市枢纽、生态绿心、文化名山、两型特区的核心优势。但是，如果没有强大的基础设施作为产业的支撑，昭山也极易产生“漏斗效应”，落不下产业、留不住客商。为此，我们全力以赴，投入20亿元大规模推进路网等基础设施建设。全面铺开路网、水电气等基础设施建设，地域空间的发展瓶颈被全面破除，已建成路基近24公里，“三纵四横”路网年底基本形成，即

将全部通车。全面破解交通线网对昭山发展空间的切割瓶颈，区内骨干道路下穿（上跨）京广铁路、京广高铁、沪昆高铁、京珠高速等15个节点全部获批，4个已启动建设。高速互通、跨江衔接工程全面推进。昭山衔接九华的过江通道工程前期工作已基本完成；京港澳高速昭山互通工程已经通过规划审查，即将开工建设，沪昆高速昭山互通的工作进展顺利；城际铁路昭山站综合交通枢纽工程及片区综合开发城市设计前期工作加快推进；泛昭山片区综合交通一体化工程前期论证工作已经启动。

（二）与国际一流机构、团队共同编制了昭山战略发展的蓝图，确定了打造“三个国家级”的发展定位

随着长株潭城市群集群功能的推进发展和昭山板块的崛起效应相叠加，昭山有机会成为三市的“仰望之山、瞩目之城”。要实现这一效应，必须与具备强有力、引爆力的产业项目相衔接，撬起板块崛起的内生力量。为此，我们以创新发展、高端发展的思维，将发展文化创意、生态旅游、高端商务作为产业发展的战略着力点，提出了打造“国家级生态文明示范区、国家级文化产业园、国家级旅游度假区”的战略构想，聘请国际一流团队编制昭山以三大主导产业为核心的产业整体规划，从战略高度谋划昭山的新一轮发展。

（三）着力加快产业发展，已落地开工建设的三大战略型产业项目总体进展顺利

昭山晴岚（含昭云大道）项目累计完成投资10亿元，精品酒店近期将投入运营；中建仰天湖绿色养生示范城项目累计完成投资22亿元，已完成昭山范围内90%的征拆工作，征拆面积4166亩，会展中心进入内装阶段；昭山风景区提质改造及周边片区整体开发项目累计完成投资4亿元。同时，我们坚持以最好的资源引进最好的项目的招商思路，加大了产业项目的招商力度，《湖南日报》新媒体产业园、设计创意园（含程泰宁院士工作室）、包括湖南交通科学研究院在内的三家高水平设计院等一批文化产业项目已经或即将落户，正在与深圳华侨城、光线传媒、湖南电视台等多家文化龙头企业开展深度对接，

均进入商务谈判阶段；与省旅游局合作共建旅游产业示范园项目会商进展顺利，昭山产业发展迈出实质性步伐，开局总体良好。

（四）着力强化资金、土地、征拆等要素保障，为产业项目落地奠定了坚实基础

在严格执行湘潭市征拆新政策的前提下，不断创新征拆工作机制，以最快速度推动征拆工作，全年完成征地拆迁 8414 亩，签订房屋协议 1150 栋，征地拆迁量占湘潭市总量的一半以上；完成土地报批 2044 亩，土地上市 1495 亩。融资工作取得重大进展，全年融资到位资金 26.5 亿元。坚持国有资本回归市场，以市场手段做好有限要素资源的经营，即将完成注册资本 50 亿元的昭山投资控股有限公司的组建工作，它实行政府主导、企业主体、市场化运行模式，将为昭山发展带来强劲的可持续增长引擎；积极搭建各类创新人才汇聚平台，面向全国公开选聘了一批善于城市经营、产业运营、项目管理、技术管理、国际合作的高级职业经理人，为昭山长远发展储备精英人才。

（五）坚持民生为本、民生优先的发展理念，大力推进社会事务建设，赢得了越来越多群众的信赖和支持

把安居、社保和就业作为征拆的重要后续工作。按征拆新政全部实行货币安置，加快建设高标准安置房，引导征拆户购买商品房性质的安置房；建立并完善全覆盖的社会保障体系，给予被征地农民 15 年养老保险补贴和 3～5 年的医疗保险补贴，城乡居民社会养老保险参保率位居全市前列。利用引进的项目保障被征地农民就业，强化基层组织在就业保障方面的责任，确保了失地农民“不失业、不失居、有保障”。把加快文教卫等事业发展作为凝聚人心的重要保障。成功引进全市最好的小学——和平小学，目前昭山和平小学和公办幼儿园已开工建设，将于 2014 年秋季开学（开园）；最好的公租房——两型公寓已经开工，为入园企业的人才引进做好配套服务。把维护社会大局和谐稳定作为加快发展的重要基础。综治维稳信访工作在全市园区考评中连续三年排名第一，2013 年被评为省级社会管理综合治理先进单位。

二　2014 年发展基本思路

总体思路：以十八届三中全会精神为指导，以科学发展为主题，以改革创新统领全局，以全面建成小康社会为主抓手，注重引进和培育生态旅游、文化创意、高端商务三大主导产业，扎实推进项目大招商、产城大融合、效能大提升，进一步深化国家级生态文明示范区、国家级文化创意产业园、国家级旅游度假区建设。主要经济指标预期目标：确保完成全社会固定资产投资 90 亿元，同比增长 45%，力争完成 100 亿元，同比增长 60%；完成财政总收入 5.5 亿元，同比增长 32%；完成技工贸总收入 130 亿元，同比增长 30%。围绕上述目标，我们将着力推进以下五项重点工作。

（一）完善城市功能，提升区域价值

一是优化片区规划设计。进一步研究示范区功能定位，抓住《长株潭城市群区域规划》调整的有利契机，确保完成昭山片区总体规划调整工作。完成虎形山、凤形山、朝阳渠、王家晒渠、湘江风光带等景观规划设计，完成综合交通枢纽修建详细规划设计及全区商业网点、绿道系统等专项规划，完成电力、燃气、通信、给排水等各专项规划。

二是加速推进基础设施建设。破解道路建设制约瓶颈，全面完成下穿（上跨）高铁、高速、城铁交通节点建设。昭山大道、湘江风光带昭山段、昭云大道等道路全面建成并通车，“三纵四横”路网网络格局全面形成。京港澳高速昭山北互通工程基本建成，启用沪昆高速昭山南互通线，配合市政府启动昭华大桥建设，加快建设大昭山片区综合交通一体化工程，昭山对外联系通道基本打通。

三是加强生态建设和环境保护。积极规划和建设一批重大生态环境项目，争取各项生态指标达到国家级生态文明示范区标准。积极推进大昭山森林公园建设，启动全区综合防灾工程和林区景区生态修复工程，放大生态优势，形成生态绿心品牌价值。

四是提升城乡管理科学化水平。巩固提升市容环境综合整治成果，健全城市

管理体制和运行机制，深化环卫体制改革，做好重点区域环境整治工作。加快数字城管平台建设，健全城市管理考核长效机制，推行智能化、精细化、常态化管理。

（二）主攻项目建设，强化产业支撑

一是强势推进战略项目。全区安排重点项目 32 个，完成投资 77 亿元以上，其中市级重点项目 23 个，完成投资 72 亿元以上。加快三大战略项目建设，中建仰天湖绿色养生示范城项目完成投资 15 亿元，昭山晴岚项目完成投资 12 亿元，昭山风景区提质改造及周边片区整体开发项目完成投资 4 亿元。

二是加快产业项目培育。构筑形态多样的生态文化旅游产业，加快引进华侨城、红星美凯龙等集团，打造具有典范效应的文化旅游产品。加强与省旅游局对接，实现省级旅游产业示范园开工建设，确保被列为全省旅游综合改革试点区域。做好创建昭山国家 4A 级景区迎检筹备工作，确保 2014 年底通过验收。加快省级生态文明景区试点建设，确保 2014 年各项创建指标达标。建设具有集群效应的文化创意产业园，加强与光线传媒、湖南广电集团对接，昭山影视文化创意园签约并开展前期工作；加快推进设计产业园、新媒体产业园、湖南智慧旅游大数据中心建设，完成设计产业园主楼和院士工作室的主体建设，启动省交通科学研究院建设，引导关联产业入园发展，形成规模效应。发展具有强大带动功能的高端商务和生态总部经济产业，认真谋划沪昆高速以南特别是城铁片区的高端商务、生态物流等产业发展，启动生态总部经济区建设。

三是突出抓好招商引资。突出招商引资工作的龙头作用，创新招商方法，坚持高端招商，招大商、引强商、选优商，研究制定切合示范区实际的招商引资政策。加大招商引资力度，根据总规策划论证好产业项目引进内容，建立招商项目目录。积极加强与主导产业龙头企业对接，引进两个主导产业战略项目并启动建设。

四是积极争取上级项目资金。加大政策研究力度，密切跟踪国家、省、市投资导向，包装、策划两个以上项目进入国、省计划范围。

（三）深化改革创新，激发发展活力

一是深化国有资本与城市资源经营改革。全面推进创新型国有资本与城市

资源运营平台的建设，按照“政企分开、政府引导、企业主体、市场运作”的原则支持湖南昭山投资控股有限公司做实、做强，充分发挥市场在优化示范区要素资源配置方面的主导性作用，充分发挥职业经理人机制在推进企业改革、运营、发展中的生力军作用，充分发挥城市资源性项目的经营性功能。

二是深化财政管理体制改革。深化预算编制改革，坚持“综合预算、零基预算、绩效预算”的原则，提高预算编制质量，严格预算执行。简化支出审批流程，规范支出管理，大力压缩一般性支出。积极应对税制改革，完善乡镇基层财政分配机制，推进基层财政管理体制改革，建立新型的乡镇公共财政制度。

三是推进绩效考核办法改革。坚持定量考核与定性考核、平时考核与年度考核、群众考评与领导考评相结合，逐步推行分类考核管理。注重考核结果运用，把考核结果作为衡量干部能力、评价干部政绩的重要依据。

四是推进行政审批制度改革。积极建设服务型政府机构，实施新一轮行政审批制度改革，进一步完善项目审批“绿色通道”，优化审批流程，提高行政效能。深化政务公开工作，完成政务中心建设，探索推行网上审批和网上行政监督。

五是推动两型体制改革。构建科学系统的生态文明制度体系，严格执行生态保护规划，强化生态红线保护，推动建立并实施绿心地区生态补偿机制。全面落实绿色建筑指标体系，争创绿色示范区，形成更广领域、更高层次的两型示范效应。

（四）改善社会民生，提高幸福指数

一是加快农业基础建设。加快城乡统筹发展，积极推进新型城镇化，按照“南提、北进、东拓、西统筹”整体发展思路，高起点编制并实施新型城镇化发展规划，建设美丽乡村。引导社会资本投入农业领域，探索土地入股、信托等形式的土地经营权流转，探索建立土地流转交易平台。

二是不断提高民生保障水平。落实好改善群众生活的十件实事。实施更加积极的就业政策，拓展失地农民就业渠道，加强政策扶持和技能培训，加快开发已引进项目的就业岗位，鼓励以创业带动就业。进一步加大社会保障费征缴

力度，落实被征地农民社保资金的发放，加快完善覆盖城乡居民的社会保障体系。积极推进农村危房改造。完成农贸市场、生活超市等配套设施建设，推进“一刻钟便民服务圈”建设。

三是深化精神文明创建。积极培育和倡导富有昭山精神的核心价值观，引导全社会树立文明和谐、开放包容、诚信友爱的价值取向。以文明交通、文明礼仪、文明服务为重点，大力实施全民素质提升工程，发现、培养和宣传推广一批先进典型。深入实施文化惠民工程，加强公共文体设施建设，积极推进文化下乡。

四是全面发展社会事业。加快优质教育资源向昭山汇聚，启动昭山长郡中学、昭山乡公办幼儿园建设，完成昭山和平小学、昭祥幼儿园项目建设，确保2014年秋季开学。加快昭山、易家湾安置区建设，两型公寓建成并投入使用。完善基层医疗基础设施，引进一所三级甲等医院。

五是全力维护社会和谐稳定。深入开展“平安昭山”创建活动，依法打击各种违法犯罪活动。完善领导干部接访下访和包案化解信访机制，畅通和规范群众诉求表达、利益协调、权益保障渠道。健全重大决策社会稳定风险评估机制，完善视频监控系统等技防建设，搭建基层信访维稳平台，形成健全完善的社会治安防控体系。及时做好舆情引控，营造和谐稳定的社会环境。

三　加快昭山跨越式发展的思考及建议

（一）如何加快推动昭山周边区域融合发展

昭山推动跨越式发展的最大瓶颈在于空间有限。昭山作为长株潭三市的地理中心和国家交通大动脉的交会中心，有其不可比拟的经济地理优势与发展潜力，但若不能与周边区域联动发展、融合发展，势必在战略上会逐步形成产业布局上的短视、发展资源上的短板。因此，加快推动昭山周边区域融合发展十分必要。建议省级层面加大对该区域的支持力度，加强长沙、株洲、湘潭三市的高位协调，对三市结合部位的发展进行整体谋划、分区实施，特别是要加快推进三市结合部位地段的路（桥）网连接、产业项目协作、公共服务共建、城市功能整合等工作，这样可以使地处三市结合部的昭山区域真正从“边缘”

转化为“中心”，从“发展屏障”转化为“共享空间”，推动形成交通便捷、配套完备、产业高端、生态优美、功能齐全的大昭山地区融合发展辐射圈。

（二）如何支持昭山示范区推进更高层次的综合配套改革试验

我们在推进招大商、大招商的进程中，遇到的突出问题是以毗邻三市之地利，却达不成整合三市之人和。建设好、发展好昭山，必须集聚三市的要素资源，特别是人力资源，以人气的提升、人力的集聚来带动其他要素的集聚。对此，提出三个方面的设想。一是在省级层面加大对昭山的政策、资金支持力度，在融资、招商等方面给予特殊优惠政策，将省会展中心、艺术中心等省级重点项目落户昭山，形成规模以带动该区域发展。二是打破与省会（长沙）的户籍、社保、就业、金融等方面的壁垒，在昭山构建“自由就业区”，增强昭山的引才能力。三是从长株潭三市发展全局出发，打破行政区域壁垒，消除企业落户在“行政区划界限”上的客观障碍，建成无市域行政区划的现代服务业集聚区，提升区域整体竞争力。

（三）如何支持昭山示范区通过引进重大战略项目引爆区域发展

昭山拥有长株潭最宝贵的生态资源，我们也一直坚持以最好的资源、最优惠的条件引进最好的产业。根据区域经济结构深度调整、分工深刻变化的趋势，要坚持不搞低水平重复建设、不搞低层次同质竞争，依据差异化定位和错位发展要求，把高端服务业作为主攻方向，在区域经济分工中占据高位、在产业链条中占据高端。我们深知重大产业项目对昭山区跨越发展的重大意义，对于增强经济发展后劲、调整产业结构、实现“三量齐升”、推动“四化两型”，具有重要作用。我们现在对接的华侨城、红星美凯龙、湖南电视台等都是行业的龙头企业，有足够的带动力，能形成强大的震撼力、集聚力、引爆力，对于区域土地价值升值、产业格局的奠定将起到至关重要的作用。特别是引进华侨城项目，目前已进入关键阶段，建议省级层面加大支持力度，省委、省政府主要领导与华侨城集团高层进行高位协调；同时，将华侨城项目列为全省重大产业引进项目，主动加强对接，争取早日达成合作，早日收获丰硕果实。

B.44

常德经济技术开发区 2013～2014年两型社会建设报告

常德经济技术开发区产业发展局

一 2013年两型社会建设情况

2013年，面对错综复杂的宏观经济形势，常德经开区在常德市委市政府的大力支持下，抓住实施"1115"工程的有利机遇，迎难而上，奋力有为，以创千亿元园区为目标，始终坚持两型发展，较好地完成了年初目标。

（一）经济保持平稳增长

全年实现地区生产总值80亿元，同比增长13%；完成工业总产值244亿元，增长13.6%；完成固定资产投资85亿元，增长37%；内、外资到位48亿元，增长42%；进出口完成2.56亿美元，增长41%；财政总收入突破11亿元，增长34.8%；公共财政预算收入7.15亿元，增长55.4%。

（二）项目引进和推进较快

全区共引进项目34个，合同引资83.88亿元，其中亿元项目20个；内、外资到位资金共48亿元，其中内资42.5亿元，外资9000万美元。华电常德电厂复工建设，集商住、购物、休闲、娱乐于一体的红星美凯龙项目成功签约。奔驰重卡、忠旺集团、南车产业园、力元新材能源包等一批战略投资项目正在对接洽谈和落实之中。全年新开工项目23个，已完成土地平整拟开工项目8个。全区新投产项目17个。

（三）存量企业不断壮大

全年净增规模工业企业4家，规模工业总数达112家，规模工业完成总产

值 226 亿元，增长 7.69%；新增 5 家高新技术企业，全区高新技术企业达到 25 家；被省经信委认定为战略性新兴产业企业达 23 家；共申报专利 89 件，有 113 件专利获得授权，其中发明专利申报 28 件，发明专利授权 11 件。“1115 工程”项目企业进一步壮大。

（四）城市建设不断提质

全年共投入城建资金 22.14 亿元，重点保证了“三改四化”路改工程高效推进。桃林路、善卷路、德山北路、德山中路全按照预期实现竣工通车；完成了污水管网年度建设任务，建成沅水防洪大堤一期、东风河护堤绿化等工程，姚湖公园动工建设。完成棚改 2000 户，启动了龙虎桥维修改造、玻制巷改造等 15 大棚改项目。开工建设安置房 1060 套，竣工 649 套。

（五）要素保障得到加强

全年征地 2444 亩，拆迁 504 户。全区金融机构存款余额 37.11 亿元，同比增长 16.3%；贷款余额 26.82 亿元，同比增长 27.6%；其中新增贷款 5.43 亿元，同比增长 55%；区内有 2 家小额贷款公司、1 家融资性担保公司；引导各企业参加各级银企洽谈会，签约项目 55 个，融资额达 131 亿元；其中德源公司实现项目贷款授信 31 亿元，贷款到位资金 15 亿元。规划建设标准化厂房基地 8 个，计划总投资 6.6 亿元，已完成 4.25 亿元，已建成标准化厂房 27.2 万平方米。

（六）节能降耗达标

全年 GDP 能耗下降 3%，其中规模工业万元增加值能耗下降 14.5%，完成年初下达的约束性指标；全年共实施节能项目 6 个，其中申报国家级节能奖励资金项目 4 个，分别为湖南金龙电机有限公司投资 24000 万元建设异地整体搬迁升级改造工程项目，湖南金帛化纤有限公司投资 6900 万元建设的 15000 吨/年锦纶工程塑料切片项目，湖南金健米业有限公司投资 53900 万元建设的稻米资源循环经济开发及产业化项目，湖南金丝鸟麻业有限公司投资 5100 万元建设的利用再生黄麻纤维加工环保土工布项目；申报市级节能奖励资金项目

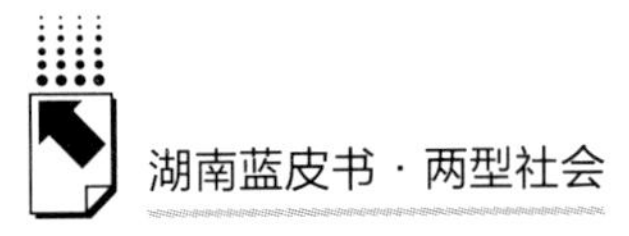

2个，分别为顺达纺织投资500万元建设的纺织新节能技术项目，贝特莱尔投资1200万元建设的高效LED照明灯具示范项目。

二　存在的困难和问题

目前，常德经开区正处在攻坚克难的关键时期、爬坡过坎的紧要关口，还存在一些困难，主要为：一是经济总量还比较小，发展速度还比较慢，基础设施还比较弱，城市功能还不配套；二是受货币政策影响，加之贷款抵押物不足，德源公司以土地融资为手段、以银行信贷为支撑的传统融资模式遭遇瓶颈；三是受指标计划影响，部分项目用地批不回来，项目迟迟落不了地；四是一些战略投资者、大型央企放慢了投资步伐，中联液压、武陵酱酒、三一二期等一批可以支撑经济加速发展的重大项目，未能按计划快速如期推进；五是园区间的竞争日趋激烈，自身区位、环境不具备优势，招商形势更加严峻。

三　2014年两型建设主要思路

2014年常德经开区两型园区建设的总体思路为：全面贯彻党的十八大和十八届三中全会精神，围绕“推进二次创业、建设千亿园区”主题，紧紧扣住项目建设中心，坚持现代工业与现代城市同步建设、经济与社会同步发展，朝“1115工程”项目率先发展，经济总量、运行质量、人均量率先提升，小康社会建设目标率先实现的目标迈进，将常德经开区建设成为两型建设的示范区、改革创新的试验区、新型城镇化的样板区、城乡统筹的先行区。主要预期目标是：技工贸总收入达到500亿元，规模工业产值增长30%以上，规模工业增加值增长30%以上，固定资产投资增长35%以上，财政总收入增长35%以上，全面完成省市下达的节能减排约束性指标。

（一）提质提效，掀起招商引资热潮

坚持以项目建设为中心，成立招商引资项目建设指挥部，建立健全项目跟踪落实制度，从项目的策划、洽谈、签约到开工建设、投产运行的各个环节，

明确局办和工作人员全程抓好协调和服务，并形成完善的检查、督促、考核、奖惩机制。形成既有大招商、招大商的浓厚氛围，又有大项目顶天立地、中小项目铺天盖地的招商实效。全年引进资金 100 亿元以上，其中外资到位 1 亿美元，签约 3 个 10 亿元以上的重大项目。

一是精心策划包装项目。依托政策包装项目。充分利用国家宏观调控、支持战略性新兴产业发展、促进传统产业改造升级的政策，抓住东部沿海地区产业转移的机遇，研究世界 500 强、国内 100 强企业和央企投资方向，包装一批符合产业发展方向、战略投资者感兴趣的项目。依托资源禀赋包装项目。依托常德现有粮、棉、油、生猪、淡水鱼等丰富的农产品资源，石膏和磷矿等矿产资源优势，包装一批特色项目、深加工项目。依托本区专业园区和产业基础包装项目。围绕六大主导产业，重点突出特色园区和主导产业上下游配套产品开发包装，促进产业链条延伸和产业集聚发展。依托科技成果包装项目。大力开展产学研合作，鼓励各类科技人才带项目落户经开区，把技术优势转化为现实生产力和产业优势。

二是创新方式引进项目。突出专业园区招商，加大专业园区标准化厂房的建设力度，加快建设樟木桥、何家坪、永丰标准化厂房，启动体量为 10 万平方米的创意创新创业大厦建设，力争全年新建标准化厂房 50 万平方米以上；推行专业人员定点招商，组织高层次、专业化、务实性、开拓精神强的招商人员，常驻北京、上海、深圳和长沙，加强与常德设在当地办事处的联系；和工商联、侨联、台办、商会、驻外联络处等组织和社会团体保持经常性联系，开展活动，多渠道、多途径开展招商引资。

三是科学评价、把关项目。明确项目落户条件。新引进项目要符合环保要求、国家产业政策、经开区产业发展方向及投资强度要求，重点从产业类别、经济效益、投资强度和科技含量等方面设置评价指标，建立科学的项目评价机制。

（二）突破瓶颈，掀起项目建设热潮

2014 年，力促金富力、稀土永磁体、经编产业园等 25 个项目完成前期准备工作，上半年开工建设，确保中锂新材料、恒安五期、常德三一二期等 12

个项目建成投产。

一是强化要素保障。努力实现年度报批土地6000亩的目标，为项目落地提供用地支撑；全年征地5000亩以上，拆迁600户以上，新建1000套安置房，建好龙潭庵、青山和永丰安置小区；综合运用财政投资、银行贷款、土地出让、合作开发和上级政策支持等方式，多渠道筹集建设资金，全年计划融资30亿元，确保到位资金20亿元以上。

二是强化工作调度。建立项目三级调度机制，强力推进项目建设。工委管委每月对项目推进的情况进行一次专题调度，主要听取重大项目推进情况汇报，解决项目推进过程中存在的突出困难和问题；联系项目的区级领导每旬要重点调度一次，分析和协调联系项目推进过程中的具体问题；负责项目的责任部门主要负责同志和具体联系人员每周必须到项目建设现场，做到问题在现场处理、矛盾在现场化解。

三是强化责任考核。健全项目推进责任制。工业项目、城建项目、三产项目和民生项目都要制定责任制，建立区级领导、相关部门和具体责任人三级联动的责任体系。每一个项目都要明确具体的任务和时间节点，倒排工期，责任到人。要加强工作督查。每个月对项目推进的情况进行一次专题督查，及时报工委管委以便掌握项目的实时动态。对于督查发现的各类问题及时交办，限时解决；对敷衍塞责、推诿扯皮人员，一经发现，严肃处理；对工作出色、成绩突出的先进典型，要大力宣传、优先提拔重用。要严格考核，把项目推进工作作为年度绩效的一个重要方面进行考核，而且要加大考核权重，形成以项目论英雄、看项目排名次、凭项目兑奖惩的考核导向。

（三）帮扶企业，掀起产业发展热潮

帮助投资者不断创业，促成企业增资扩股、做大做强，形成“落地一个，壮大一个，引进一家，带来一串”的联动效应。紧紧围绕六大主导产业“发展三新、提升三优、培育中小微”，力争到2017年底，建成四个百亿园区，培育十个50亿元以上骨干企业。即以机械装备、电子及新材料、生物医药产业为重点，大力发展战略性新兴产业；以林纸加工、食品加工、纺织服装产业为重点，改造提升优质传统产业；支持培育一批“专、精、特、新”中小微企

业；建设装备制造、电子及新材料、食品加工、循环经济等四个百亿园区；培育金健米业、恒安纸业、金帛化纤、大汉汽车、云锦纺织、三一重工、力元新材、金天钛业、常德华电、武陵酒业等十个 50 亿元以上骨干企业。

（四）建管并重，掀起城市配套热潮

一是精心规划，优化空间布局。通过科学规划来提升城市品质，来经营城市产生效益。建立区级规划决策机构，认真搞好功能分区、产业布局、片区及融城等规划。2014 年重点是完成 160 平方公里概念性城市总体规划，完善 70 平方公里道路专项规划，加快推进公共汽车等公用设施布点规划的编制，有序推进城市美化亮化和孤峰公园、枉水和沅江风光带“一点两线”等风景点的策划规划。组织编制辖区内村镇建设规划，将村民建房纳入规划控制范围。制定城镇居民安置小区及农民集中居住区规划。

二是建设精品，增强承载能力。基础建设投资 50 亿元以上，重点是规划建设“三带”：做活水文章，打造融自然景观、人文景观和现代都市景观于一体的沅水风光带、枉水风光带、东风河风光带。着力打造“三园”：以旅游观光为主的孤峰公园、以市民休闲为主的姚湖公园、以户外体验为主的森林公园。重点建设“五路”：德山大道南延段、乾明北路、文峰路、善卷南路、尚德路，进一步完善外成环、内成网的城市道路格局。切实抓好“十大棚改房产项目”：对龙虎桥维修改造二期、演舞堆维修改造、洞北社区一期、晒谷岭社区一期、玻制巷二期、茅湾社区、演舞堆社区一期、老城东区三期等八个棚改项目进行有规模、上档次的整体连片开发，争取完成棚改 3000 户、征收 1000 户的工作任务，继续稳步推进绿地新都会、铭州置业等房产项目。在充分利用好德源公司融资建设平台，继续稳步扩大财政对城建投资的基础上，认真包装策划一批基础设施配套项目，主动对接央企及鼓励社会资本参与园区建设。

（五）强化服务，掀起环境优化热潮

一是培育服务平台。完善生产生活配套，有针对性地引进大型商场、生活超市、影院等项目，开发建设高品质居住小区、人才公寓。发展社会中介服务，鼓励银行、保险、会计师事务所、审计师事务所、律师事务所等机构进驻经开区。建设公共服务平台，支持企业建设公共试验平台、检测平台、基础数据信息平台及外向型物流平台等，减少企业营商成本。

二是完善服务体系，推行首问负责制。客商来园区咨询或办事，遇到的第一个人即为相关事项责任人，所办事项无论是否在其职责范围内都要给予认真答复或帮助，直到客商满意为止。完善并联审批制。今后，项目经区工委、管委组织评审同意入园后，各审批职能部门要在最短时间内办理项目开工全部手续，提高办事效率。实行一站式办结、全程代理制。政务服务中心从便民服务向报批报建服务转型，成立投资促进服务中心，专门服务项目建设，一个窗口对外、一条龙服务、一站式办结，实行全程代办，提高办事效率。

三是加强服务监管。重点整治职能部门、机关干部乱收费、乱摊派、乱罚款之风和行政不规范、不作为、乱作为等行为，切实加大正风肃纪力度，及时查处和公开曝光一批典型案件。对基层组织强买强卖、强行参工参运、阻工闹事等破坏经开区发展环境的人和事，坚决发现一起、查处一起，给予重拳打击，对组织参与上述行为的村居干部，要严肃查处。

B.45

走转型升级之路　建两型和谐之区

——益阳高新区两型社会建设情况及经验

益阳高新技术产业开发区

益阳高新区地处"泛珠三角"和"长三角"的辐射交汇点，是长株潭城市群两型社会建设示范区的重要区域，是长益常经济走廊和环洞庭湖经济圈的重要组成部分，2011 年 6 月经国务院批准升级为国家高新技术产业开发区。近年来，益阳高新区相继被认定为"国家推行新型工业化示范基地""国家火炬计划益阳先进制造技术产业基地""国家高技术产业基地益阳信息产业园""湖南省高等院校科研院所科技成果转发及产业开发基地""湖南最具投资价值园区""湖南省汽车零部件产业特色园区""湖南省服务外包示范区""湖南省知识产权示范园区"等称号。2013 年，益阳高新区面对严峻复杂的国内外经济形势，坚定不移地走两型发展之路，园区主要经济指标平稳增长，社会大局和谐稳定，发展后劲明显增强。全年实现地区生产总值 171.6 亿元，增长 12%；工业总产值 397.8 亿元，增长 22.35%；工业增加值 125.78 亿元，增长 14.3%；高新技术产值 222.78 亿元，增长 29.14%；财政收入 18.14 亿元，增长 16.12%。

一　2013 年两型社会建设主要情况

（一）着力将传统型产业园区建设成高新技术型园区

作为欠发达地区的园区，前些年益阳高新区与其他园区一样，一直注重于把园区打造成为工业集中区和聚集区，偏重于多引项目、多上项目，而在引进项目、新上项目的质量和科技含量方面关注甚少，这导致的最终结果是园区产业附加值低、创新能力弱、环境污染大、发展速度慢。近年来，益阳高新区不断加大科技投入，高度重视自主创新能力建设，通过高端切入国际、国内科技先进领域，提升整个园区核心竞争力。2013年，园区全面实施科技创新工程，通过加大资金帮扶和制定优惠政策等方式支持入园企业加强创新能力建设，特别是重点鼓励企业设立技术研究中心、工程研究中心等研发机构。目前全区有国家企业技术中心、工程技术研究中心5家，省企业技术中心、工程技术研究中心17家，产学研技术创新联盟3个，各种公共服务平台82家。高度重视推进“政企产学研”合作，园区企业已与国内外20余所高等院校和科研机构以共建实验室、研发中心或合资企业等形式，建立了产学研一体化长期合作机制。目前区内拥有博士后流动站5个，企业从事研发人员中教授35人、博士58人，各类研发人员200多人，22家企业与12家科研院所建立了合作关系，逐步形成了具有特色的区域创新体系。实现了72个项目的成功对接，形成了一批具有自主知识产权、高附加值、技术含量高的产品。如中科恒源开发的300瓦~1000瓦风力发电机及风光互补独立供电系统产品，性能大大优于国内外同类产品，实现了“轻风启动，微风发电”，成功解决了我国50%的地区无法利用风能资源的难题，填补了世界空白；宇晶科技的主导产品“多线钢丝切割机”为国内首创，填补了国际空白，系列产品曾获得中国教育部科技进步一等奖、中国机械工业科技一等奖。在园区建设了“中南大学博云科技园”“清华大学科技园益阳分园”等产学研合作平台。规划启动了益阳高科城建设，与以色列合作建立以色列科技园。从2013年开始，以云计算物联网传感技术为核心，启动了智慧园区建设，围绕智慧设计、智慧技术平台、智慧传感系统、智慧成果孵化转化、智慧产品检测、智慧公共服务、智慧政务商务等应用领域，打造完整的智慧产业集群，重点将东部产业园规划建设成“智慧硅谷”，力争打造中部地区智慧产业高地。

（二）着力将政府投入型园区建设成资本运作型园区

经过多年的发展，我们深刻认识到我们存在的最大问题就是园区的开发建设资金以政府投入为主，而进行资产经营和资本运作不够。为此，我们切实增强市场经济意识，按照现代企业运作模式，在抓好资本运作、打造资本园区方面做了一系列有益探索。2013年，我们按照现代企业制度模式，理顺了高新区资产经营总公司与子公司的资产关系、管理关系、业务关系。区属企业益阳高新区资产经营总公司出资3000万元参股了湖南新材料产业投资基金，出资4000万元参

股了湖南益阳湘江高新产业投资基金，出资 3000 万元参股农村信用社改制为农村商业银行，采取 IPO 形式参股了益华水产、笔电峰、增元护理设备等园区拟上市企业。加大高新区债券发行力度，成功发行债券 15 亿元。积极筹备组建小额贷款公司，吸收社会资本按上市公司模式打造了湖南花鼓文化传播有限公司。出台了支持鼓励企业上市的专门政策，大力扶持园区企业上市融资。探索加大准 BT 模式直接和间接融资力度，拓展当前园区重点基础设施项目和公益项目资金来源。

（三）着力将单一发展型园区建设成复合发展型园区

在多年的发展过程中，我们认为，以纯工业要素打造的单一封闭式园区已无法适应时代和发展需要，现代园区应该是生态、经济、人文有机结合的复合型园区。园区建设和发展不能单纯就工业论工业，园区不能只有企业和厂房、办公楼和宿舍，更应该有教育培训、研究开发、创业孵化、先进产业、现代物流、金融服务、商贸居住、休闲娱乐等相关配套设施。从 2013 年开始，园区高度重视与产业发展相配套的设施建设，通过引进战略投资者，加快在园区建设行政商务中心、会展中心、影视中心、国际酒店、艺术广场、住宅小区建设等一系列项目。加快了益阳现代物流园和海关商检机构建设，积极鼓励发展工程咨询、管理咨询、技术咨询、评估拍卖、金融担保、法律服务、市场调查、研究开发、监测认证、招投标、职业介绍、财务顾问、会计审计、房地产中介、广告咨询及中介服务机构等。

（四）着力将治理型园区建设成和谐型园区

高度重视民生改善。2013 年以来，我们不断加大财政投入，重点加大了对城中村、城乡结合部、弃管小区的改造力度，提升城市形象，改善居民生活环境；为了系统有效解决拆迁群众的安置问题，全年共筹集资金 2 亿多元，新安置历年群众 2000 多户，按照城市居民小区标准建设完善了安置小区配套设施。创新社会管理。坚持以群众工作统揽社会管理，在区、乡镇（街道）建立了群众工作部，建立健全了群众工作服务站制度，定期选派干部下基层开展群众工作；全面推行村级“四位一体”管理模式，切实加强农村基层组织建设；加大群众矛盾纠纷调处力度，形成了“点面结合，条块结合”的网格化矛盾调处模式。加大政务公开力度。项目建设、拆迁、医疗、社会保险等与人民群众利益密切相关的政策、措施全部做到公开透明，阳光操作；建立高新区新闻发言人制度，定期对高新区范围内的重大经济合同、重大建设项目等重要事项进行公开发布。强化廉政制度建设，制定了全区权力运行流程图，修订了部门工作规则，制定了76项廉政风险防范措施；制定了高新区招商引资项目例会审批制度、经济活动廉政合同制度、工程建设领域配套制度等，真正做到以制度规范行为，以制度防范腐败。通过这些举措，有效化解了民怨，构建了和谐的党群、干群关系。

二　两型建设的主要经验

2013年，益阳高新区在推进两型园区建设方面的措施过硬、成效显著，在具体实施过程中，主要有以下四点体会。

（一）必须坚持改革开放

我们深切地感受到，要加快建设两型园区，必须解放思想，深化改革创新，优化体制机制，切实提高运用好“两种资源”“两个市场”的能力和水平，全方位扩大开放，以大开放实现大引进，以大引进实现大合作、大聚集，促进大投入、大发展。在园区快速发展过程中，我们深刻体会到，思想解放的程度决定了对外开放的深度，对外开放的深度决定了招商引资的强度。只有加大“走出去”和“引进来”力度，才能使我们立足更大平台、更广领域、更高层次，实现更大的跨越。

（二）必须依靠科技创新

两型发展就是要走资源节约型、环境友好型发展路子，坚持科技引领、创新驱动、高新产业支撑，是益阳高新区建设两型园区、实现跨越发展的根本之策、必由之路。近年来，我们不断深化“政金产学研”合作，引进了一大批高科技项目，园区一大批企业也通过科技创新，提高产品科技含量，扩大了销售市场。目前，园区企业先后承担各级科技项目200多项，其中国家和省科技计划项目150多项，国家级主要科技计划项目有21项，其中“863”项目3项，“973”项目1项，火炬计划项目5项，国家重点新产品4项，其他国家级

专项8项。申请专利技术1200项，授权480项，拥有发明专利237项，其中获国际大奖3项，国家技术发明一等奖1项，国家其他科技类大奖8项。参与了50余项国际国内行业标准的起草与制定。近年来累计开发新产品261项，实现科技成果转化67项，实施省级以上科技计划106项。2013年，完成高新技术产值222.78亿元，占到了规模工业总产值的50%以上。

（三）必须恪守民本至上

我们在建设两型园区过程中体会到，只要真正把民生问题放在突出位置，真正做到经济发展与解决民生问题同步考虑、同步推进、同步解决，我们的党群关系、干群关系就能更加和谐，我们的工作也就能更容易推动。近年来，我们一直坚持“以民为本、民生优先”，在处理涉及园区群众利益问题时，优先考虑群众利益，在经济发展与群众利益相冲突时，我们始终做到让利于民。在建设资金极其紧张的形势下，我们千方百计筹措资金，加快推进各项民生工程建设，重点抓好城中村改造、拆迁安置、城乡居民社会保障、劳动就业等工作，特别是按照城市居民区标准打造的庄园式安置房，让拆迁群众实现了与城市居民基础设施共享、公共服务共享、资源利用共享、开发效益共享。在我们切实把群众当亲人对待的同时，人民群众也以极大的热情支持我们的工作，在与其他地区竞争一些特殊项目时，我们总是以供地的时间、施工的环境等优势获得投资者青睐。

（四）必须坚持统筹发展

要加快建设两型园区，必须高度重视园区的统筹发展。要重视抓好产业、区域、城乡、经济发展与社会管理、近期与长远的统筹发展。近年来，我们在强调发展四大优势主导产业的同时，统筹发展文化创意、服务外包、电子商务、现代物流等新兴产业；在加快东接东进，促进东部产业园发展的同时，统筹加快朝阳产业园发展；在加快发展中心城区的同时，统筹加强乡镇新农村建设；在加快经济发展的同时，统筹抓好了社会事务管理；在抓好有利于近期发展的项目建设的同时，也统筹抓好了有利于远期发展的项目建设。正是由于始终注重统筹发展，在当前复杂的宏观背景下益阳高新区也能在推行两型园区建设中取得显著成效。

B.46

推进标准化建设 提升汨罗循环经济产业园核心竞争力

湖南汨罗循环经济产业园区管委会

2011年汨罗循环经济产业园区被国家标准委、发改委正式批准为循环经济标准化试点单位。近年来，园区按照“减量化、再利用、资源化”的原则，锲而不舍地推进试点工作，提升再生资源产业。园区综合实力快速壮大、循环经济强势崛起。

经济总量强势扩张，2013年完成工业总产值236亿元，同比增长34%；实现税收8.1亿元，同比增长39.6%；规模工业增加值突破63.7亿元，增幅达31%，综合经济实力继续以较大优势领跑岳阳各省级工业园。产业集群高度集聚，集聚再生资源回收和加工企业156家，其中规模企业70多家，形成有色金属加工、塑料、橡胶、碳素、电子废弃物拆解等再生资源特色产业集群，成为国家循环经济试点示范园区、全国主要再生资源产业基地。基础设施日臻完善，园区规划面积18平方公里，已建成核心区10平方公里，累计投入11亿元，建成了较为完备的道路、管网、电力、通信、供水、燃气等基础设施。品牌效应持续彰显，2005年，被纳入全国首批循环经济试点；2006年，“建设湖南汨罗等再生资源回收利用市场和加工示范基地”载入国家“十一五”规划纲要；2010年，成功跻身全国首批7个“城市矿产”示范基地行列，实现了由全国试点向全国示范的成功转型。

一 坚持主攻方向，着力夯实工作基础

（一）注重早谋划、早安排，做好前期准备工作

一是强化组织领导。成立了高规格的实施领导小组，下发了汨办〔2013〕

34 号文件，由市委书记、市长任顾问，分管副市长任组长，园区主要领导任副组长，市发改局、质监局、工信局等单位主要负责人为成员，组建了精干的工作专班，设立了办公室、专家咨询委员会、项目组、法规组、宣教组，把标准化建设纳入园区各部门、企业及其负责人的年度目标任务考核范围，为开展试点工作提供了坚实的组织保障。

二是强化规划指导。根据国家标准委关于循环经济标准化试点工作的指导意见，园区精心编制了《试点工作规划》和《试点工作实施方案》，明确指导思想和原则，制订工作目标和主要任务，以规划引领试点工作的有序开展。整个规划方案思路清晰、重点突出、要点分明，按照三年试点时间分阶段逐步组织落实，第一阶段为调研策划与宣传发动，第二阶段为标准修编与发布实施，第三阶段为内部自查与完善标准体系，第四阶段为总结整改与巩固提升。通过规划指导，园区试点工作由浅入深、循序渐进、层次分明。

三是强化保障措施。在制度保障方面，建立循环经济标准化试点评价激励制度，制定节能减排综合考核标准，实施节能减排效果评价。在资金保障方面，纳入财政预算，安排 80 万元专项经费专门用于循环经济标准化试点工作的开展，对制定国家、行业标准的主要起草、参与单位给予一定的资金支持。

（二）注重多层次、多形式，做实基础推进工作

一是全方位宣传。充分利用电视、网络、广播、报刊等媒体，采取会议、讲座、展览、简报、“标准月”活动、知识竞赛等形式，加强标准化理念的推广和标准化知识的普及，重点抓好节能、节水、环保方面标准的宣传。累计发放宣传册 5000 册，举办知识讲座 25 期，培训人员达 3000 多人次，循环经济标准化知识宣传培训普及率达到 100%，标准培训有效率达 90%，形成了“全园学标准、行动用标准、考核按标准”的良好局面。

二是多层面参与。大力推进园区、企业、专家等多方参与的工作格局，园区层面主要发挥组织领导、规划编制、基础建设、工作推动和经费投入等方面的职能作用。企业层面充分发挥在产品、管理、质量等方面进行标准修订编制和有效实施的主体作用。专家层面由湖南省标准研究院、湖南大学、湘通咨询公司的专家教授组成技术服务团队，给予标准制定、研发、汇编等全程指导。

三是信息化融合。搭建信息平台，推进标准化与信息化的深度融合。对现有园区门户网站和中南再生资源网进行扩容升级，将信息技术融入标准化建设各个环节。建立了园区标准基本信息数据库、标准制修订信息管理系统、标准信息发布与交流平台。法律法规和政策性文件、内部标准和外部标准实行了网上发布；标准计划立项、研究制定、审批发布与复查复审等标准制修订环节实现了在线管理；园区与企业、企业与企业、园区和企业与社会各界之间实现了网上互动。

（三）注重高标准、高要求，做严核心关键工作

一是严格标准制定，健全标准体系。收集、整理了与循环经济标准化相关的外部标准 252 个，法律法规及政策文件 197 个，为园区标准体系建设提供了可遵循的依据；收集整理国家标准 212 个、行业标准 51 个、地方标准 6 个；修订管理标准 2084 个、技术标准 1472 个、工作标准 1118 个，标准覆盖率达 96%，构建了以管理标准、技术标准和工作标准为主要内容的标准体系。

二是严格标准实施，推进高效运行。开展示范建设，引导和鼓励工作基础较好、有积极性的园区企业开展循环经济标准化试点，以点带面，全面推进。目前，已有同力循环、鑫祥碳素、银联湘北铜业、五祥科技等 13 家代表性企业开展标准化试点工作，编制完成了技术、管理和工作标准 1121 个，达到了 3A 级企业标准化良好行为要求。

三是严格标准评价，促进良性循环。对园区 53 家企业，特别是 13 家具有行业代表性的企业的标准运行情况进行及时跟踪和评价，重点评价标准的执行情况及所产生的经济社会环境效益，运用效益评价手段，寻找企业标准与相关政策性文件和国际标准、国家标准、行业标准、地方标准的差距，从而提高了标准的适用性和有效性。

二　坚持特色引领，致力提升实施成效

（一）探索了可行路径

在探索循环经济标准化试点的过程中，我们成功创建了一条符合园区实际

的可行路径。

一是创新工作方式。在上级质监部门的指导下，实施领导小组和工作专班负责工作推进和组织实施；咨询机构负责指导标准的修编和把关；省质监局标准化处负责定期组织召开联席会议，检查工作进度，把握工作重点、要点、亮点，部署下一阶段工作。

二是创新工作模式。突出“政府主导、部门主管、企业主动、社会主张”的工作模式，政府主导是在市政府和园区党工委、管委会的高度重视下，调动一切要素资源保证试点工作的顺利开展；部门主管是在上级质监部门的指导下，组织专业团队开展业务咨询服务；企业主动是指企业主动融入试点工作，通过标准化体系的建立和实施，提升生产、经营、管理效益；社会主张是指通过标准化体系的建设、运行和宣传、发动，进一步扩大影响，让全社会了解标准化、熟悉标准化、认同标准化、支持标准化。

（二）提升了发展质量

一是提高了资源利用效率。标准化促进了技术创新，加速了技术扩散，成为推动循环经济发展的主要技术基础和技术保障。园区以循环经济标准化试点为契机，加快技改、更新设备、自主创新，在园区再生资源循环利用过程中，主成分及伴生成分的直接利用率达到90%以上，固体废弃物的综合利用率达到70%以上。

二是提高了招商引资水平。园区按照标准化试点要求，精心制定了《园区招商引资优惠政策》，从用地政策、税收优惠、规费减免、金融支持、项目申报等方面做出了明确规定，提高“招商门槛”，完成了从招商引资到招商选商的成功转变。

三是提高了生态环境质量。试点工作的成功实践，有力地改善了生态环境、防治了环境污染。通过试点，2013年，园区工业固体废弃物处理率达97%，各类排放物综合回收利用率96%，工业废渣、废气和废水排放达标率100%，污水集中处理率92%，单位产值能耗（0.68吨标准煤）、单位工业增加值用水量（18立方米）都达到了节能减排要求。

（三）增强了竞争优势

一是提升了行业标准。建立废旧物资回收标准、电子废弃物和报废汽车拆解标准、废旧有色金属利用标准以及相应的产品质量标准，共制定各类标准298个。平桂制塑、鑫祥碳素分别成为湖南省PVC行业和国家碳素行业标准制修订单位。制定了湖南省首个《石墨粉》《石墨异形件》企业联盟标准，结束了碳素行业无标生产、检验的历史；制定了《冰铜》《铜锭》《紫铜排》《紫铜锭》4个新型铜产品标准。金龙铜业运用新型铜产品标准，引进先进技术设备，使铜粗炼回收率提升至98.5%，每年节省了1.5万吨标准煤，实现了废水、废气、废渣内部循环和多级利用。

二是加速了转型升级。科研方面，拥有国家级科研机构1个，省级企业研发中心4个，省高新技术企业17家，8项发明获得国家专利和省科技进步奖，专利授权量达147件，高新技术工业增加值占规模工业增加值的比重达14.87%。分拣方面，拥有万容、同力等大型拆解企业，具有年拆解电子废弃物440万台（套）、报废汽车6万辆的能力，拆解智能化水平达到国际领先水平。回收方面，拥有回收企业206家，网点5100多个，网络遍布全国30个省（市、自治区），回收国内再生资源的能力居于领先水平。加工方面，拥有振升铝材、中联铝业、金龙铜业、三兴机械、鑫祥碳素等一批产业链上龙头企业，拥有中国驰名商标5个、湖南省著名商标7个，是纽约期货市场铜价的监测点、全国再生塑料价格的监测点，实现了由简单的废品回收向生产中间产品和终端产品转变。

三是扩大了资源集聚。以再生资源集散市场和加工示范基地建设为承载平台，努力建设“回收大网络、交易大市场、加工大车间、拆解大园区”，推进主导产业规模化。2013年，园区再生资源回收量达到162万吨，同比增长3.2%；加工量达到91万吨，同比增长1.5%；交易额实现164亿元，同比增长8.3%，成为全国重要的再生资源集散基地、全国知名的铜材基地、全省八大有色金属加工产业集群之一。

三　坚持长远谋划，努力突出后续支撑

开展标准化试点、提升核心竞争力，体现更多的是我们对这项工作的不断

深化、理性把握和使命担当。以后，我们将建立推进标准化建设的长效机制，使之走上制度化、规范化、常态化的发展轨道。

一是在强化职能上下功夫。进一步坚持将循环经济标准化建设作为园区工作的重中之重，贯穿始终。在机构上，园区设立循环经济标准化建设管理办公室（与园区循环经济办合署办公），明确将标准化建设作为园区循环经济办的重要职能，做到管理有部门、工作有任务、推进有专人；规模以上企业设立专门机构，明确专门负责人，配备标准化员，确保标准化工作落到实处。

二是在经费保障上下功夫。进一步探索建立循环经济标准化工作的投入机制，园区在编制各局办财政预算时，将开展循环经济标准化建设作为专项纳入预算范围，每年安排一定的工作经费作为推进园区标准化建设的专项资金；规模以上企业在编制年度预算时，按比例从销售收入中提取一定的工作经费专门用于标准实施和研发。

三是在严格奖惩上下功夫。进一步研究制定奖惩措施，将循环经济标准化建设列入园区各局办绩效考核范围。同时，积极引导和鼓励园区企业参与循环经济标准的研制，将循环经济先进地方标准、企业标准列入市级科技成果奖的评定范围，积极推荐主要技术标准研制成果列入省级以上科技进步奖励范围。

四是在上下联动上下功夫。进一步加强主管部门和业务部门的联系，形成推进合力。建立园区循环经济标准化联席会议制度，由园区邀请湖南省、岳阳市、汨罗市质监局、省标准化研究院专家领导给予技术指导，定期会商解决园区在推进标准化建设中的重大事项和难题，实现推进标准化建设的无缝对接。

B.47

以“产城融合”理念引领郴州出口加工区两型社会建设

郴州出口加工区（郴州高新技术产业园）管委会

近年来，郴州出口加工区（郴州高新技术产业园）（以下简称园区）与时俱进，开拓创新，按照“融山谐水建园造城”的理念，立足“产城融合”这一核心，紧扣打造“千亿园区”目标，着力把园区建设成“四化两型主战场”“郴州起飞主引擎”，通过实施“产业高端集群化、园区发展城市化、宜居宜业生态化”三大战略，两型社会建设有序推进，实现了经济总量、人均量和运行质量“三量”提升。

一 坚持科学发展理念，2013年园区两型社会建设取得丰硕成果

2013年，园区坚持以强化两型社会理念为引领，以建设两型平台为基础，以构建两型产业体系为重点，以推进重点领域和关键环节的改革创新为动力，突出项目建设，突出生态保护，突出机制构建，两型社会建设工作进展顺利，取得了初步成效。

（一）以产业转型升级为突破口，加快构建两型社会产业体系

2013年，园区从抓工业、抓产业项目、抓三产服务业转型升级入手，不断夯实发展载体，推动两型社会建设提质增速。通过几年坚持不懈的努力，柿竹园、金贵、金旺、台达、华磊、华录、炬神、格兰博、格瑞普等优势企业“龙头”地位日益巩固，有色金属深加工、装备制造、电子信息等三大产业集群日益壮大；新材料、新能源等战略性新兴产业正在崛起；商贸、物

流、现代服务等产业渐成规模。2013 年引进项目 76 个，开工项目 21 个。

一是工业发展转型提质。扎实推进了循环经济建设，2013 年，实现规模以上工业企业工业总产值 405.45 亿元，同比增长 65%；实现工业增加值 132.77 亿元，同比增长 61.81%；实现高新技术产品产值 307.97 亿元，同比增长 51.2%，占园区规模以上企业工业总产值的 79%；万元规模工业增加值能耗降低 20.13%。金贵银业成功上市，成为郴州市民营企业第一家、全市第二家上市企业。

二是新兴产业蓬勃发展。通过引进高技术、高产出、低能耗项目，发展新兴产业，推动园区转型升级步伐。台达二期、炬神电子二期、格瑞普锂电池、格兰博智能机器人、协丰电子二期、华录数码商务显示系统生产线等一批战略新兴产业项目快速推进。飞利浦、华磊光电、华卓光电、华特科技、长奇新能源等 LED 项目聚集发展。新兴产业的茁壮成长带动了全区经济发展、社会发展，全面提升了城市发展形象。

三是现代服务业加速集聚。近年来，园区服务业发展态势良好，成果丰硕。金融服务业态日趋完备，中国交通银行、中国银行在园区设立支行，中国人保财险设立分支机构，华融湘江银行在做入驻前期工作，中国建设银行在进行选址工作，第二家小贷公司正在积极筹建。金伯利大厦、林邑中央、淘宝商城、中源国际城、有色金属物流等项目加速推进。

（二）以科技改革创新为切入点，切实增强两型社会建设活力

立足于建设开放型经济和两型社会，大力发展新型工业化，加快建设创新体系。

一是创新平台加速建设。创建国家高新区进展顺利。格兰博公司成功获批湖南省家居智能机器人工程技术研究中心、湖南省企业技术中心；强旺公司成功获批湖南省有色金属连续挤压工程研究中心等省级以上企业研发机构。7 家企业列入“小巨人”计划，5 家企业列入“创业”计划。

二是自主创新能力不断提升。园区规模以上工业企业实现研发经费 11.2 亿元，同比增长 45.4%，占园区规模工业增加值的 6.25%。新增高新技术企业 9 家，累计达 39 家。全年获授权专利 30 多件。

三是研发型项目不断增多。中山大学和中国地质大学联合在园区投资有色

金属研发项目，建立国家级实验室。郴州雨源高科技术开发有限公司建立环保产品实验室，现正在进行设备调试。中大控股有限公司投资的郴州高科创新产业孵化中心项目，总投资 3 亿元，以有色金属产业园为平台，打造集产、学、研、企、管融于一体的孵化基地。

（三）以改善民本民生为着力点，全面推动两型社会建设惠及民众

积极推进基础设施及城市化配套项目建设，加快产城融合进度，其目的就是要让群众和百姓共享两型社会建设的成果。城市化为企业的生产生活创造了必要的好环境，民生工程让当地百姓共享了发展成果。

一是基础设施日臻完善。郴永大道（园区段）、林邑大道（北段）、中昆总部基础设施、金田大道、东波避险搬迁安置，以及酒店、楼盘、商场、公园、游园和村组道路硬化等一大批基础设施及城市化配套项目、民生工程开工建设和竣工，促进了社会事业的发展，提高了园区城市化水平，为园区全面实现“十二五”目标奠定了坚实的基础，注入了强劲的动力。

二是民生工程扎实推进。为民办实事和“一村（居）一事”工作全面推进，农村环境面貌和生产、生活条件得到明显改善。东波避险搬迁工程完成主体工程建设，“马年”马上有新房。全面推进公寓式安置，板桥 8、14 组安置小区全面竣工，既壮大了集体经济，又实现了村民增收。

三是社会事业全面发展。进一步理顺了教育卫生管理体制，加强学校、医院管理和提质改造，办学条件和就医环境不断改善。市第六十七完全小学建设进展顺利，市第一人民医院东院项目开工建设。白露塘镇人均纯收入突破两万元，获评为全省 50 个最具民生幸福感乡镇之一。

四是社会管理不断加强。大力推行新型城乡医保、新型农村社会养老保险政策，认真落实农资补贴、城乡低保、医疗救助、民政救助等惠民政策，园区社会保障覆盖面不断扩大、体系不断完善。生产安全和食品药品安全治理不断强化，风险防控、矛盾化解能力不断提升，社会大局和谐稳定。

（四）以加强生态建设为闪光点，不断提升两型社会建设竞争优势

生态环境建设是实现人与自然和谐相处的必然要求，也是两型社会建设的

重要任务。2013 年，园区高度重视生态环境建设，彰显了园区两型社会建设的新优势。

一是加大生态环境建设投入。投资 30.65 亿元，开工建设道路 20 条，其中郴永大道（园区段）、金田大道、新江路、滨湖路、东河东路等道路竣工通车。公租房（保障性住房）建设进展顺利。园区规划馆建成运行，成为园区新名片。大力推进金贵液态渣节能技改、金旺铋冶炼、台达二期、富士产业园等市级重点项目建设。

二是严把环保审批准入机制。正确处理好环保审批服务与园区经济发展的关系，严格执行环保产业政策，严把环保审批准入机制。严格按照环评和“三同时”管理，大力控制有毒有害物质排放，拒绝审批有污染的建设项目。大力推进规划环评工作，完善工作机制，启动区域环境影响评价，将“公众参与”制度化，有效防止“两高一资”项目上马和低水平重复建设。

三是加强土地资源集约节约利用。提高土地利用效率，2013 年，园区不断加强道路、供电、供水、排水等基础设施和城镇功能区建设，大大提高了基础设施共享资源用地的集约度。同时，引导用地单位盘活存量建设用地，做到“存之有根，盘之能活”，有力地缓解了由新增建设用地指标紧张导致的供地压力。

四是持续优化人居环境。积极开展“五创”“绿城攻坚”“点亮郴州”等活动，加快“两河两湖四公园”项目建设和湘江流域重金属污染治理，加强治超、查违、节能减排和环保工作，形成了山水相融、宜业宜居的生态环境新格局。园区建成区绿化覆盖率达 39.98%，人均公园绿地面积为 9.53 平方米。

二　理性研判形势趋向，充分正视园区两型社会建设中存在的困难和问题

2013 年，园区虽然在两型社会建设方面做了很多工作，也取得了较好的成绩，但也存在一些不容忽视的矛盾和问题，主要表现在：一是经济总量不大。经济总量小，发展不足、发展不充分仍然是我们的主要矛盾，拉动经济发展，支撑地方财政的骨干型、税源型大项目好项目还不够多，特

别是高科技含量、高附加值的项目还很少。二是用地指标匮乏。目前，园区项目建设加快推进，项目建设用地需求量大，但项目的迅速增加与建设用地日趋紧张的矛盾日益突出，严重制约了项目进展。三是污染治理任务艰巨。工业经济产业层次低，工业经济运行质量相对较低，污染治理任务仍然艰巨。

三　继续深化改革创新，努力开创2014年园区两型社会建设新局面

2014年是全面深化改革的第一年。园区作为改革开放的先行区和试验点，必须率先树立优化结构、提高效益、降低消耗、保护环境的绿色发展、可持续发展理念，以节能降耗、保护环境为前提，推动两型社会建设健康有序开展。

（一）进一步突出招商引资，在选优择强上增创新优势

继续坚持把好环保审批准入关，紧扣招大引强，大招商，招大商，着力引进一批环境污染小、投资总量大、技术含量高、产业链条长的项目入园，积极打造新的经济增长极。

一是围绕主导产业选项目。引导园区优势企业在扩大生产规模的同时，以商招商，做好上下游产业配套文章，延伸产业链条。依托有色金属新材料、电子信息、新能源、先进装备制造等优势产业和战略性新兴产业，加快形成具有国际竞争优势的新的产业集群。

二是围绕龙头企业选项目。园区目前大项目、大企业还太少，我们要瞄准重点地区、重点产业、重点企业，立足产业升级和产业延伸，进一步创新招商引资方式，提高招商引资实效，重点做好重大项目的引进工作，力争创维、富士重工、远大空调、福城东谷电子商务产业园等一批具有战略带动性的龙头企业签约落户。

三是围绕两型示范选项目。用好“湖南省承接产业转移示范园区”这一招牌，积极拓展新兴产业领域，扶持LED产业做大做强，加快推进建设

企业总部、研发检测、电子商务、现代商贸、现代物流等一批现代服务业项目。

（二）进一步推进转型升级，在发展质量上取得新提升

一是提升主导产业。深入推进“产业转移发展三年行动计划”，坚持运用高新技术、先进智能技术和现代信息技术，改造提升四大主导产业，促进产业向高端化、集聚化、品牌化发展。加快有色金属“五个一”战略体系建设，支持金贵银业、金旺铋业做大做强，加速湖南南方稀贵金属交易所郴州总部和世界有色金属博物馆、柿竹园矿山博物馆项目建设。

二是壮大新兴产业。围绕电子信息、新能源、新材料、生物医药、装备制造、节能环保等重点领域，加快发展战略新兴产业，突破关键项目、核心技术，增强配套能力，形成战略新兴产业竞争新优势。坚定 LED 产业发展的信心，加快华卓光电、华特科技等 LED 产业园一期项目和中科恒源智能微网项目建设，加速形成 LED 特色产业。

三是加速现代服务业发展。要把加快发展现代服务业作为重大战略来实施，研究制定扶持政策，不断提升现代服务业在园区的比重。大力发展生产性服务业，重点抓好有色金属物流仓储、福城东谷电子商务物流园、惠尔物流等项目建设，做大做强一批现代物流企业。大力发展金融、保险、融资租赁等金融服务业和林邑中央电子商务基地等现代流通业。加快形成“2.5 产业”、楼宇经济集聚效应。

四是加速加工贸易发展。要进一步放大郴州出口加工区的优势，启动出口加工区扩区升级工作，发挥保税物流功能，大力发展加工贸易和服务贸易，支持加工贸易企业转型升级。力争郴州出口加工区升级为综合保税区。

（三）进一步深化改革创新，在破解发展瓶颈上实现新突破

当前，生产要素约束日趋加剧，必须要以改革的理念创新发展机制，破解要素瓶颈，增强资源节约型、环境友好型社会发展动力。

一是创新投融资方式，着力破解资金不足瓶颈。继续巩固和发展银园、银企合作，大力开展 BT、BOT 等模式融资，拓宽融资渠道。积极培育风险投资

基金、产业投资基金，探索园区高科投公司发展实体经济，吸引外资、民资共同参与园区开发和城市建设，实现园区建设投融资机制良性循环。

二是坚持集约节约利用，着力破解土地供应不足瓶颈。要积极探索和不断完善园区土地集约节约利用机制，建立健全土地征收、储备和供应“三位一体”的机制和管理体系，大力发展工业地产，节约集约用地，加快组织重点项目农用地和集体建设用地报批及征用拆迁补偿、安置工作。要正确把握政策导向，积极争取更多的土地占补平衡开垦指标，对重点项目建设用地要快报快批，确保重点项目、好项目的用地需求。要依法依规处置闲置土地、违章建筑，严格落实土地“双控”指标，促进园区可持续发展。

三是坚持疏导结合，着力破解征地拆迁瓶颈。要坚持以人为本、依法行政、按章办事的原则，既要满足项目建设用地需要，又要切实保障失地农民利益，进一步加大项目征地拆迁力度，加快推进公寓式安置小区建设，将征地拆迁工作变成让人民群众共享园区发展成果的实现形式。

（四）进一步强化创新驱动，在跨越发展中展示新亮点

一是做强创新主体。充分发挥企业的创新主体作用，激发其创新原动力，增强其产业创新能力。构建科技型企业、高新技术企业、创新型领军企业梯队发展格局，新增省级以上研发平台3~5家，确保高新技术产业产值达到园区总产值80%以上。深化知识产权战略，推进品牌和商标战略，培育一批在国内外有影响、在行业内有地位的知名品牌和名优产品。

二是完善创新载体。完善园区创新载体建设，加速集聚创新资源。加大国家级高新区创建力度，力争2014年成功创建为国家级高新区，力争建成1~3家特色产业技术研究院（中心）。与中南大学、湖南大学、中山大学、上海复旦大学、上海交通大学等国内外高校开展产学研创新合作，加大郴州战略性新兴产业孵化基地、大学生创新创业基地等孵化器和上海中昆总部经济园、上海国家技术转移中心产业转移联盟建设力度。

三是集聚创新人才。完善富有竞争力的引才、用才、留才和服务人才工作体系，放大人才引领优势。创造条件让知识产权、专利等无形资产、品牌可以评估入股、融资，使科技人才价值显性化。加强人才队伍保障体系建设，对企

业领军人才、优秀人才和紧缺人才给予特殊政策支持，以切实增强对高层次人才的吸引力。建立健全创新平台和载体，为优秀人才提供发展机会、提供发展的平台载体。

（五）进一步注重民生工程，在构建幸福园区上打开新局面

一是抓就业增收。继续为征地群众提供免费就业培训，建立技能性人才培训基地，多渠道开发就业岗位，确保培训新增劳动力 3 万人、新增就业 3 万人。

二是抓安置小区建设。把解决征地农民的生产生活保障问题作为头等大事，加快推进公寓式安置小区建设，尽快让拆迁农民入住花园小区并成为居民。

三是抓公共服务。坚持“一流园区办一流教育”的理念，加快完全小学建设步伐，加大白露塘中学的改造升级力度，使园区职工子弟好上学、上好学。加快园区文化艺术中心建设，推进基层体育健身路建设。完善镇、村公共设施，大力推行“一村一事”工程。

四是抓社会保障。提高城乡社会保障覆盖率，确保农村居民医疗、养老保险以及低保的全覆盖，保障困难群众的基本生活需求。

大 事 记

Chronicle of Major Events

B.48

2012年湖南两型社会建设大事记

2月10日 《长株潭城市群环境同治规划（2010~2020年）》（湘环函〔2012〕33号）下发实施。

2月10日 湖北省、江西省、湖南省共同签署《加快构建长江中游城市集群战略合作框架协议》。

2月23日 湖南召开省委常委会议，听取长株潭试验区工委关于推进全省两型社会建设有关工作的汇报。会议原则同意工委提出的2012年把握四条基本原则、突出六大任务、抓好六项工作的总体思路，强调要在推进体制机制、改革创新和专项立法、推进重大项目和标准性工程等方面取得突破。

2月28日 湖南省环境保护工作会议在长沙召开。会议指出将首先在长株潭地区开展机动车尾气治理，全力推动株洲清水塘、衡阳水口山、郴州三十六湾和娄底锡矿山等重点区域污染防治方案的实施。

3月3日 十一届全国人大第五次会议湖南代表团向大会提交《关于支持湖南株洲市清水塘老工业区实施产业升级企业整体绿色搬迁的建议》。

3月14日 湖南省委常委、长株潭试验区工委书记张文雄主持工委书记

办公会，部署 2012 年两型社会建设改革重点工作。

3 月 14 日 湖南省政府发布《湖南省“十二五”环长株潭城市群发展规划》（湘政办发〔2012〕16 号）。

3 月 27 日 昭山晴岚项目暨昭云大道在湘潭昭山示范区昭山乡开工建设。

3 月 30 日 湖南省委常委、长株潭试验区工委书记张文雄到省委党校为主体班学员做专题报告，从“高处着眼、实处着力、小处着手”阐述两型社会建设的现实意义和目标任务。

3 月 30 日 湖南省委组织部授予省两型展览馆“湖南省干部教育培训现场教学基地”称号。

3 月 31 日 国务委员、公安部部长孟建柱视察两型社会展览馆。

4 月 12 日 湖南省委党校、湖南行政学院授予省两型展览馆“中共湖南省委党校、湖南行政学院教学基地”牌子。

4 月 13 日 湖南省两型办与湖南省旅游局联合发布《湖南省两型示范旅游景区创建活动实施方案》（湘旅联字〔2012〕3 号）。

4 月 20 日 湖南省委、省政府发布《绿色湖南建设纲要》（湘发〔2012〕9 号）。

4 月 22 日 湖南省政府与人力资源和社会保障部签署《共同推进长株潭城市群人力资源和社会保障事业改革与发展备忘录》。

4 月 25 日 长株潭试验区工作会议暨两型示范创建总结动员会在长沙召开，全面部署长株潭试验区及全省两型社会建设工作。

4 月 25 日 湖南省政府出台《湖南省人民政府关于支持长株潭城市群两型社会示范区改革建设的若干意见》。

5 月 12 日 全国人大常委会副委员长司马义·铁力瓦尔地一行视察两型社会展览馆。

5 月 18～20 日 以“开放崛起，绿色发展”为主题的第七届中国中部投资贸易博览会在长沙举行。

5 月 20 日 湖南省政府以《湖南省人民政府关于请对长株潭城市群“两型社会”试验区近期重点改革事项给予支持的函》（湘政函〔2012〕112 号）致函国家发改委，争取国家对现阶段两型社会改革建设中需要突破的重要改革事项给予支持。

5月23日 湖南省政府召开全省环境保护工作首次联席会议，研究实施十大环保工程等重大事项。

5月25～27日 中共中央政治局常委、国务院总理温家宝来到湖南就推进连片特困地区扶贫开发工作进行调研。其间他对湖南两型社会建设给予充分肯定，指出通过两型社会建设，长株潭城市群增长极和辐射带动作用显著增强，全省区域协调发展、联动发展的总体态势初步形成。要求继续以长株潭城市群两型社会综合配套改革试验区改革建设为载体，着力推进资源环境、土地管理、财税、价格、国有资产监管、投融资等重点领域改革。

5月31日 湖南省两型办发布两型城市、两型建筑、两型交通、两型旅游景区试行标准。

6月3日 长株潭城市群两型社会建设评估专家咨询会在北京召开。

6月5日 为纪念世界环境日40周年，湖南省委书记周强、省长徐守盛发表署名文章《加强环境保护实现绿色发展》，要求加快长株潭城市群两型社会试验区改革建设，强化能源资源节约，大力加强环境治理和生态建设，建立健全节约资源和保护环境的体制机制。

6月5日 湖南省两型办、省环保厅联合举办湖南省“资源节约环境友好”知识竞赛。

6与8日 湖南省两型办与湖南省农办联合发布《湖南省两型示范农业农村创建活动实施方案》（湘农办〔2012〕61号）。

6月9日 中央政治局委员、全国政协副主席王刚率全国政协常委视察团视察两型社会展览馆。

6月12日 全国政协副主席、香港特别行政区原行政长官董建华视察两型社会展览馆。

6月13日 由湖南省两型办、中南大学、武汉大学、湖南大学、湖南科技大学、湖南省社科院和湖南省政府经济研究信息中心联合共建的两型社会改革建设协同创新中心在长沙成立。

6月13日 长株潭试验区推进重点改革工作会议召开，调度推进湖南省两型社会建设十大改革举措。

6 月 20 日　湘潭九华经开区与长沙大河西先导区签署战略合作框架协议，双方将在基础设施、产业发展、生态建设三大方面加强合作，实现互惠共赢。

6 月 20 日　省政府召开常务会议，研究长株潭城际铁路建设、实施居民阶梯电价和十大环保工程等工作。

6 月 20 ~ 21 日　“中德可持续发展对话”在长沙举行。

6 月 28 日　益阳市东部新区总投资 75 亿元的“江南古城”文化旅游项目正式签约。

7 月 15 日　湖南省政府办公厅印发《环长株潭城市群城乡统筹示范工程实施方案》（湘政办发〔2012〕65 号）。

7 月 20 日　湖南省政府印发《关于长株潭试验区 2012 年推进重点改革工作有关问题的会议纪要》（湘府阅〔2012〕46 号），明确十项重点改革牵头部门的工作职责。

7 月 26 日 ~ 8 月 6 日　湖南省委常委、长株潭试验区工委书记张文雄率团对俄罗斯、匈牙利、罗马尼亚三国进行访问，宣传湖南两型社会建设的成果，寻求可持续发展领域的合作。

7 月 30 日　香港大公报“百年大公看湖南——2012 年港媒高层聚焦湖南‘四化两型’采访活动”启动，对湖南省两型社会建设做了系列报道。

8 月 1 日　湖南省科学技术厅授予省两型展览馆“湖南省科学技术普及基地”称号。

8 月 1 日　湖南省首部两型社会公益广告片（共 5 集）开始在省内主要电视媒体黄金时段播出。

8 月 9 日　湖南省实施十大环保工程动员大会在长沙举行。

8 月 10 日　湖南省两型展览馆提质改造完成。

8 月 13 日　由湖南省委宣传部、长株潭试验区工委举办的“科学发展，成就辉煌——走进两型社会试验区”集中采访报道活动在橘子洲头启动，新闻连续报道 40 天。

8 月 16 日　湖南省政府颁布《长株潭城市群区域规划条例实施细则》（湘政发〔2012〕29 号）。

8 月 19 日　国侨办、省委宣传部、中国新闻社组织的“四化两型看湖南——行走中国·全球华媒高层湖南行”活动启动。

8月24日 马克思主义理论研究和建设工程国情考察组对湖南两型社会建设进行重点调研。

9月9日 长株潭试验区工委书记会议在长沙召开，专题研究长株潭试验区第一阶段改革建设评估报告及下一阶段两型社会建设工作。

9月12日 2012年中国湖南国际旅游节在郴州东江湖畔开幕。开幕式上，湖南省两型办与保护莱茵河国际委员会（ICPR）签订环境保护、旅游开发合作备忘录。

9月14日 湖南省委召开常委会议，审议长株潭试验区两型社会改革试验评估报告。

9月17日 工业和信息化部为湖南省有线电视网络股份有限公司发放经营许可，同意其在长株潭地区开展基于有线电视网的互联网接入业务、互联网数据传送增值业务、国内IP电话业务；同时，广电总局也为三家基础电信企业集团公司发放相关广电业务经营许可证。经营许可的发放标志着三网融合业务试点进入大力发展阶段。

9月19日 湖南省委常委、长株潭试验区工委书记张文雄主持召开协调会，研究推进洞株路长沙段项目。

9月26日 株洲云龙示范片区与湘潭昭山示范片区、株洲天元示范片区与湘潭易俗河示范片区分别签署了战略合作框架协议，重点在规划对接、基础设施、产业发展、生态建设等方面加强合作，实现互惠共赢。

9月26日 由省委、省政府主办的“科学发展成就辉煌——党的十七大以来湖南经济社会发展成就展览”在长沙市博物馆开幕，全方位、多角度地展示了党的十七大以来湖南科学发展特别是两型社会建设的辉煌成就。

9月27日 湖南省十一届人大常委会第三十一次会议表决通过了《湖南省湘江保护条例》《湖南省韶山风景名胜区条例》《湖南省植物园条例》等地方性法规。

10月8日 湖南省委书记周强视察两型展览馆。

10月8~10日 世行项目经理、高级城建专家保罗·普鲁斯先生率专家督察团，对世行贷款湖南城市发展项目进行检查。

10 月 10 日 湘江长沙综合枢纽工程蓄水通航仪式在长沙市望城区举行。

10 月 12 日 湖南省委常委、长株潭试验区工委书记张文雄为省委党校主体班做辅导报告，从历史、哲学、文化、战略、实践等五个方面，对两型社会建设做了深入的阐释。

10 月 13 日 湖南省两型办会同省林业厅、省环保厅、共青团湖南省委、省志愿者服务工作委员会等单位举办的湖南省首届“关爱自然候鸟天使”志愿者服务活动正式启动，面向全社会特别是高校招募“候鸟守护者”，开展“为候鸟迁徙保驾护航”守护行动和“拒绝野味，为候鸟迁徙保驾护航”宣传推广行动。

10 月 15 日 中国科协授予两型展览馆“全国科普教育基地”称号。

10 月 17 日 湖南省两型办和湖南省妇联联合举办的“两型社区节暨两型示范家庭评选活动”启动。

10 月 19 日 湖南省两型办和共青团湖南省委、省少工委、省文明办、省教育厅、省科技厅、省环保厅共同主办的“争当两型小先锋”湖南省少先队主题社会实践活动正式启动。

10 月 22 日 湖南省委、省政府召开湘江长沙综合枢纽工程库区污染综合防治工作动员大会。

10 月 25 日 湖南省委办公厅、省政府办公厅批准《长株潭城市群两型社会示范区建设工程实施方案（2011～2015 年）》。

10 月 30 日 湖南省两型办和省文联共同举办的“长株潭两型社会试验区文艺采风创作活动”启动。

11 月 7 日 《长株潭城乡规划“两型性”研究》通过专家评审。

11 月中旬 湖南省两型办组织召开 2012 年度湖南省两型示范创建单位评审活动。

11 月 14 日 湖南省两型社会示范区建设座谈会召开。

11 月 21 日 中共中央政治局常委、国务院副总理李克强在北京主持召开全国综合配套改革试点工作座谈会。省委常委、长株潭试验区工委书记张文雄代表湖南省在会上做典型发言。

11 月 26 日 全国政协副主席白立忱视察两型社会展览馆。

11 月 30 日 《湖南省长株潭城市群生态绿心地区保护条例》经湖南省第十一届人大常委会第三十二次会议通过，自 2013 年 3 月 1 日起施行。

12 月 2 日 全国人大常委会副委员长、民革中央主席周铁农视察两型社会展览馆。

12 月 7 日 湖南省十大清洁低碳技术推广工作会议召开，会议部署在长株潭试验区重点推广十大先进适用、具有示范带动作用的清洁低碳技术。

12 月 10 日 湖南省两型办、省农办联合印发实施《关于加快两型农业农村建设的意见》（湘两型改革〔2012〕31 号）。

12 月 12 日 湖南省社会科学界第三届学术年会就“文化建设与两型社会建设”专题在中南大学举行。湖南省委常委、长株潭试验区工委书记张文雄出席会议并做主题报告，指出两型文化的核心是生态文明，湖南一定要以两型文化引领两型社会建设。

12 月 31 日 长株潭两型社会展览馆 2012 年全年接待参观客人 254495 人次，其中，接待党和国家领导人 7 人。开馆累计接待参观客人 364660 人，其中接待党和国家领导人 20 人，接待外国政党政要、社会知名人士 36 人，受众遍及 46 个国家和地区。

皮书数据库

权威报告　热点资讯　海量资源

当代中国与世界发展的高端智库平台

皮书数据库　www.pishu.com.cn

皮书数据库是专业的人文社会科学综合学术资源总库，以大型连续性图书——皮书系列为基础，整合国内外相关资讯构建而成。该数据库包含七大子库，涵盖两百多个主题，囊括了近十几年间中国与世界经济社会发展报告，覆盖经济、社会、政治、文化、教育、国际问题等多个领域。

皮书数据库以篇章为基本单位，方便用户对皮书内容的阅读需求。用户可进行全文检索，也可对文献题目、内容提要、作者名称、作者单位、关键字等基本信息进行检索，还可对检索到的篇章再作二次筛选，进行在线阅读或下载阅读。智能多维度导航，可使用户根据自己熟知的分类标准进行分类导航筛选，使查找和检索更高效、便捷。

权威的研究报告、独特的调研数据、前沿的热点资讯，皮书数据库已发展成为国内最具影响力的关于中国与世界现实问题研究的成果库和资讯库。

皮书俱乐部会员服务指南

1. 谁能成为皮书俱乐部成员？

- 皮书作者自动成为俱乐部会员
- 购买了皮书产品（纸质皮书、电子书）的个人用户

2. 会员可以享受的增值服务

- 加入皮书俱乐部，免费获赠该纸质图书的电子书
- 免费获赠皮书数据库100元充值卡
- 免费定期获赠皮书电子期刊
- 优先参与各类皮书学术活动
- 优先享受皮书产品的最新优惠

社会科学文献出版社 SOCIAL SCIENCES ACADEMIC PRESS (CHINA) 皮书系列
卡号：1791646734793996
密码：

3. 如何享受增值服务？

（1）加入皮书俱乐部，获赠该书的电子书

第1步 登录我社官网（www.ssap.com.cn），注册账号；

第2步 登录并进入“会员中心”—“皮书俱乐部”，提交加入皮书俱乐部申请；

第3步 审核通过后，自动进入俱乐部服务环节，填写相关购书信息即可自动兑换相应电子书。

（2）免费获赠皮书数据库100元充值卡

100元充值卡只能在皮书数据库中充值和使用

第1步 刮开附赠充值的涂层（左下）；

第2步 登录皮书数据库网站（www.pishu.com.cn），注册账号；

第3步 登录并进入“会员中心”—“在线充值”—“充值卡充值”，充值成功后即可使用。

4. 声明

解释权归社会科学文献出版社所有

皮书俱乐部会员可享受社会科学文献出版社其他相关免费增值服务，有任何疑问，均可与我们联系

联系电话：010-59367227　企业QQ：800045692　邮箱：pishuclub@ssap.cn

欢迎登录社会科学文献出版社官网（www.ssap.com.cn）和中国皮书网（www.pishu.cn）了解更多信息

法律声明